भगवा का राजनीतिक पक्ष

वाजपेयी से मोदी तक

भगवा का राजनीतिक पक्ष

वाजपेयी से मोदी तक

सबा नक़वी

अनुवाद

तृणा मुकर्जी

वाणी प्रकाशन

वाणी प्रकाशन

4695, 21-ए, दरियागंज, नयी दिल्ली 110 002

फ़ोन : +91 11 23273167 फ़ैक्स : +91 11 23275710

शाखाएँ

अशोक राजपथ, पटना 800 004, बिहार

कॉफ़ी हाउस कैम्पस, महात्मा गांधी मार्ग, इलाहाबाद 211 001, उत्तर प्रदेश

महात्मा गांधी अन्तरराष्ट्रीय हिन्दी विश्वविद्यालय, वर्धा 442 001, महाराष्ट्र

www.vaniprakashan.in
marketing@vaniprakashan.in
sales@vaniprakashan.in

BHAGVA KA RAJNEETIK PAKSH : VAJPAYEE SE MODI TAK

by Saba Naqvi
Translated *by* Treena Mukerjee

ISBN : 978-93-89012-00-2
Non-Fiction/Politics

प्रथम संस्करण 2019

मूल्य : ₹ 599

यश प्रिंटोग्राफ़िक्स, नोएडा-201 301 (उ.प्र.) में मुद्रित

वाणी प्रकाशन का लोगो मक़बूल फ़िदा हुसेन की कूची से

आभार

आभार *आउटलुक* में बीते घटनाओं से परिपूर्ण पन्द्रह वर्षों का, वहाँ बने मित्रों का जो अब चिरस्थायी हैं, सभी सहकर्मियों और विनोद मेहता का जिन्होंने यह साबित कर दिया कि फक्कड़ इन्सान बेहतरीन सम्पादक बन सकता है। *इंडिया टुडे* का आभार, जहाँ सबसे पहले राजनीतिक रिपोर्टिंग का अवसर मिला, आभार अपनी यात्रा के आरम्भ में मिले, सहकर्मियों और सम्पादकों के अनुभवी परामर्श का।

लेखिका की बात

सबसे पहले मैं एक सवाल का जवाब दूँ जो मुझसे बहुधा किया जाता है : आपने एक मुसलमान होकर भाजपा को कैसे कवर किया? मेरी पहचान कदाचित् कुछ भाजपा सदस्यों के ज़ेहन में भी एक सवाल रही होगी लेकिन सच तो यह है कि मेरे लिए यह कभी कोई मसला नहीं रहा है। विगत वर्षों में जिस तरह की पहुँच मुझे हासिल हुई है, मैं दल के बेशुमार सदस्यों को इसका श्रेय देना चाहूँगी जिन्होंने मुझे मेरी पहचान से नहीं अपितु मेरी व्यावसायिक योग्यता के बूते पर परखा। मेरे राजनीतिक कवरेज में मेरा तथाकथित 'मुस्लिम' होना कभी कोई मुद्दा नहीं रहा है, और ऐसे कई बेहतरीन पत्रकार हैं जो अल्पसंख्यक पृष्ठभूमि से हैं और अपनी व्यावसायिक ज़िम्मेदारियाँ पूरी दक्षता के साथ निभाते हैं। यह ज़रूर है कि सोशल मीडिया पर मुझपर हमले होते हैं पर यह भी सच है कि मैं किसी भी दिन भाजपा के दफ़्तर में प्रवेश पा सकती हूँ। अब जब इस प्रश्न से निपट लिया गया है, आइए आगे बढ़ें।

अपने व्यवसाय की तमाम ख़ामियों के बावजूद मुझे अपने पत्रकार होने से प्यार है। संवाददाताओं की दुनिया की विशिष्टता नियत कार्य के दौरान आपसी सौहार्द और दलों के दफ़्तरों में रोज़ाना हाज़िरी देना होता है। यह दिनचर्या अब मैं पीछे छोड़ आयी हूँ, लेकिन उन समस्त सहकर्मियों और मित्रों का तहेदिल से शुक्रिया जिन्होंने नयी ख़बरों और घटनाओं से मुझे अवगत रखा और ख़बरों की दुनिया से मेरी दूरी नहीं बनने दी। शुक्रिया उन मित्रों का भी जो मेरे व्यवसाय से नहीं लेकिन जिन्होंने अपनी सूचना और विचार मुझसे साझा किये हैं। वे जानते हैं कि वे कौन हैं।

चूँकि यह किताब मेरे पत्रकारिता के अनुभवों से ही निर्मित हुई है, मुझे यह स्वीकारने में कोई दुविधा नहीं कि पत्रकार अत्यन्त समतावादी होते हैं। ऐसा इसलिए भी कि अपने कार्य क्षेत्र में उन्हें विनीत भाव से हर तरफ़ मुलाक़ातों के लिए अनुरोध करना पड़ता है, उद्धरणों की माँग करते रहना पड़ता है और अन्ततः कहानी के प्रकाशित होने का सब्र के साथ इन्तज़ार भी करना पड़ता

है। एक अच्छे रिपोर्टर को चाहिए कि वह सवाल करे और इस ख़ुशफ़हमी से बचे कि उसके पास तमाम जवाब मौजूद हैं। स्वयं को महा विद्वान समझने की भूल कभी नहीं करनी चाहिए। उत्सुकता और विनम्रता बेहतरीन पत्रकारिता के लिए आवश्यक तत्त्व हैं।

राजनीतिक बीट में सबसे बेहतरीन पत्रकारिता का सेहरा महिलाओं के सर ही बँधा है और आज भी यही स्थिति है। यह राजधानी की पत्रकारिता की एक विलक्षण विशिष्टता रही है। अलबत्ता जिस मुद्दे का परचम मैं हाथ में लेना चाहती हूँ वह यह कि कुछ दृष्टिगोचर अपवादों को दरकिनार कर देखा जाये तो पत्रकारिता में महिलाओं का मार्ग एक सीमा के बाद प्रशस्त नहीं हुआ है और बहुधा अपने पुरुष सहकर्मियों की तुलना में उन्हें कहीं कम पारिश्रमिक भी मिलता है। मैंने अक्सर विलक्षण महिला पत्रकारों को उनके प्राप्य श्रेय से वंचित ही देखा है।

इस किताब का अंग्रेज़ी संस्करण ऐसे वर्ष में प्रकाशित हुआ, जब हम हॉलीवुड से आयातित एक जुमले 'इंक्लूजन राइडर' से भी वाक़िफ हुए, जब ऑस्कर से नवाज़ी एक अदाकारा ने कार्यक्षेत्र में कलाकारों और क्रू सदस्यों को भर्ती किये जाने में विविधता की आवश्यकता पर बल दिया। इस बात ने सारी दुनिया का ध्यान अपनी ओर खींचा और चर्चा का विषय बना। इसका अर्थ है कि एक निश्चित सीमा तक सामाजिक विविधता की आवश्यकता है। विशेषकर मीडिया को इस सन्दर्भ में सतर्क रहना होगा क्योंकि यह माना जाता है कि वह भारत के हर व्यक्ति की कहानी को स्वर देती है। लैंगिक परिप्रेक्ष्य के लिहाज से भारतीय मीडिया इस ज़िम्मेदारी को बख़ूबी निबाहते हुए हर तरह की बीट या असाइनमेंट में महिलाओं के दख़ल और मौजूदगी दोनों को दर्शाती आयी है। लेकिन जहाँ तक सामाजिक विविधता का ताल्लुक है, हम अब भी आश्चर्यजनक रूप से एकान्तिक हैं।

द सेण्टर फॉर द स्टडी ऑफ़ डेवलपिंग सोसाइटीज (सीएसडीएस) द्वारा 2006 में मीडिया के अभिजात वर्ग के सामाजिक प्रोफाइल पर एक सर्वेक्षण हुआ। इसमें प्रिंट और टेलीविज़न के 315 निर्णयकर्ताओं के सर्वेक्षण के दौरान यह तथ्य सामने आये। प्रिंट में 90 फ़ीसदी और टेलीविज़न में 79 फ़ीसदी समाज के उच्च्य वर्ग से थे; 3 फ़ीसदी मुस्लिम थे, दलित और आदिवासियों की नुमाइन्दगी नहीं थी।

इसके मद्देनज़र, मेरा यह विश्वास है कि अब वर्ण–वर्ग के ढाँचे को लेकर वास्तविक आत्मविश्लेषण करना बहुत ज़रूरी हो गया है। यहाँ मेरी मंशा कतई आरक्षण या कोटा की माँग नहीं है। मीडिया समय–समय पर अपने ढाँचे के

विश्लेषण की सतत प्रक्रिया करता रहे, इससे वह स्वयं को ही अधिकाधिक समृद्ध बनाता रहेगा।

व्यक्तिगत रूप से मैं इस अद्भुत, ख़ब्ती, सनकी और आवेशित मीडिया का हिस्सा बनकर बहुत आनन्दित हूँ। मैं उन सारे अख़बारों का शुक्रिया अदा करना चाहती हूँ जिनमें मैं आलेख लिखती हूँ, उन वेबसाइट्स का हार्दिक धन्यवाद जो मुझे नियमित रूप से लिखने के लिए आमन्त्रित करते हैं; उन तमाम टेलीविज़न चैनलों के नियमित आमन्त्रणों को कतई नज़रअन्दाज़ नहीं किया जा सकता जिनकी बदौलत अब मुझे राह चलते और हवाई अड्डों की कतार में लोग पहचानने लगे हैं। अन्त में एक बॉलीवुड हीरो की तरह मैं अपनी माँ का शुक्रिया अदा करती हूँ कि यहीं से कुछ अफ़सानों का आगाज़ और अंजाम तय हुआ है।

अनुक्रम

वाजपेयी के नाम वह सहर

पत्रकारिता यदा–कदा हमें ऐसे मक़ाम पर ले जाती है जहाँ से हम इतिहास का बनना देख पाते हैं। 19 मार्च, 1998 की सुबह मुझे अटल बिहारी वाजपेयी के शपथ ग्रहण समारोह को कवर करने का कार्यभार सौंपा गया। मैं साल भर से भाजपा का मीडिया कवरेज देख रही थी और उस दिन तत्परता से ख़ूब जल्दी समारोह को कवर करने पहुँची। समारोह राष्ट्रपति भवन के खुले प्रांगण में सादगीपूर्ण तरीक़े से आयोजित था। जो कुर्सियाँ खाली पड़ी थीं, धीरे–धीरे भरने लगीं और अब वह वक़्त हमारे सामने था, बिना किसी ताम–झाम के जिसकी ख़ातिर हम वहाँ उपस्थित थे। मधुर स्वभाव वाले सौम्य अटल जी (उनका लोकप्रिय नाम) अपने मित्रों सहित, जो राजनीति के हर तबक़े से थे, पधारे और हिन्दी में अपना शपथ ग्रहण किया। उनके बाद बारी थी लालकृष्ण आडवाणी की, वह अनुशासनप्रिय, आत्मसंयमी शख़्स जो हर मायने में भाजपा के सत्तारोहण के प्रधान निर्माता रहे थे।

समसामयिक राजनीति की दृष्टि से यह एक महत्त्वपूर्ण क्षण था। भाजपा आख़िरकार 'अछूत' विशेषण से स्वयं को मुक्त करने में सफल हुई थी, जो उन दिनों बहुतायत से भाजपा के लिए उछाला जाता था, क्योंकि पार्टी अपने लिए सहयोगी दल जुटाने में असमर्थ रही थी। 1998 में सबसे बड़ी पार्टी के रूप में उभरने के बाद भी भाजपा पूर्ण बहुमत से दूर थी। ज़बरदस्त व्यावहारिकता की मिसाल देते हुए क्षेत्रीय पार्टियों के साथ एक कॉमन मिनिमम प्रोग्राम (न्यूनतम साझा कार्यक्रम) पर सहमति की गयी (इसका मतलब था अपने चुनावी घोषणा–पत्र के तीन वायदों को परे रखना–अयोध्या में राम मन्दिर का निर्माण, भारतीय संविधान की धारा 370 को रद्द करना जिसकी बदौलत जम्मू–कश्मीर राज्य को ख़ास दर्जा मुहैया है और तीसरे यूनिफॉर्म सिविल कोड (समान नागरिक संहिता) को कानूनी स्वीकृति)।

आज अगर पुनरावलोकन करें, तो ऐसा समझना भूल ही होगी कि इन मुख़्तलिफ़ राजनीतिक दलों का एक साथ आना मात्र कांग्रेस के विरोध स्वरूप गठबन्धन था। इसकी धुरी एक ऐसी पार्टी थी जिसकी विशिष्ट वैचारिकता विभाजन के पश्चात् निर्मित भारत की धर्मनिरपेक्ष अवधारणा को सीधे चुनौती देती थी। विभाजन पश्चात् भारत के निर्माण का श्रेय अधिकतर भारतीय राष्ट्रीय कांग्रेस (इण्डियन नेशनल कांग्रेस) को जाता है क्योंकि यही पार्टी अधिक काल तक सत्तारूढ़ रही, यह और बात है कि बीच–बीच में अन्य गठबन्धन की सरकारें भी सत्ता में आयीं, जो अपने आप में अव्यवस्थित साबित हुईं और अपना कार्यकाल पूरा कभी नहीं कर पायीं।

अतः वाजपेयी का यह क्षण न केवल भाजपा की केन्द्रीयता का सूचक था, अपितु समझदार गठबन्धन का द्योतक भी था। भाजपा के इस प्रथम चरण के शासन काल में जिन लोगों का योगदान रहा उनमें वाजपेयी जी और आडवाणी जी के अलावा कुछ दिग्गज नाम हैं जैसे, एक समय के ट्रेड यूनियन कार्यकर्ता और समाजवादी नेता जॉर्ज फर्नांडिस जो एन.डी.ए. या नेशनल डेमोक्रेटिक अलायन्स के अहम और केन्द्रीय शख़्सियत रहे, उस दिन कर्नाटक के पूर्व मुख्यमन्त्री स्वर्गीय रामकृष्ण हेगड़े और पंजाब के पूर्व मुख्यमन्त्री सुरजीत सिंह बरनाला ने भी शपथ ग्रहण की।

एक ओर जहाँ क्षेत्रीय नायक भारतीय राजनीति पर अमिट छाप छोड़ते दीख रहे थे, वहीं दूसरी ओर राजनीति का भविष्य भी कार्यवहन की शपथ लेता वहाँ विराजमान था। नीतीश कुमार जो आगे चलकर बिहार के मुख्यमन्त्री बने और नवीन पटनायक जो कालान्तर में ओडिशा के मुख्यमन्त्री बने।

1998 की उस सुबह के समारोह की मैं चश्मदीद गवाह रही, गवाह रही देश के राजनीतिक परिदृश्य के बदलाव के उस चिह्न की ...जो बदलाव का आग़ाज़ मात्र थी।

× × ×

अलबत्ता इस ख़ास दिन अटल जी कुछ बदमिज़ाज और अप्रसन्न थे। क़िस्सा यह था कि उन्हें अपने ख़ास और करीबी साथी जसवन्त सिंह को वित्तमन्त्री न बनाने की सलाह दी गयी थी क्योंकि आर.एस.एस. ने इसे वीटो (अस्वीकार) कर दिया था।

विश्वसनीय सूत्रों ने बाद में इस बात का खुलासा किया कि आर.एस.एस. के तत्कालीन प्रमुख के.एस. सुदर्शन ने व्यक्तिगत रूप से वाजपेयी को जसवन्त सिंह की वित्तमन्त्री पद पर नियुक्ति के लिए मना किया था। (बाद के दिनों में लाल कृष्ण आडवाणी अपने निजी वार्तालापों में यह कहते पाये गये कि वाजपेयी को उस वक़्त आर.एस.एस. प्रमुख की सलाह को नज़रअन्दाज़ कर देना चाहिए था)।[1]

जो बात प्रत्यक्ष उभर कर आयी, वो आर.एस.एस.–भाजपा के परस्पर विध्वंसी दबाव के खेल का प्रदर्शन था जो आगे चलकर वाजपेयी युग को चिह्नित करने वाली थी।

1996 में सरकार की अगुवाई करते हुए, जो मात्र 13 दिन ही चल पायी थी, वाजपेयी ने जसवन्त सिंह को अपना वित्तमन्त्री नियुक्त किया था। 1998 इस लिहाज़ से अलग था कि जहाँ 1996 की 13 दिन की चली सरकार से बहुत अधिक अपेक्षाएँ नहीं थीं, वहीं 1998 में भाजपा अपने इतिहास में, कार्यकाल पूरा करते हुए 'असली सरकार' चलाने को कृतसंकल्प थी।

यही वजह थी कि औरों की राय मायने रखने लगी। आर.एस.एस. का मानना था कि जसवन्त सिंह कुछ ज़्यादा ही मुक्त बाज़ार के हिमायती हैं। एक अपरम्परागत, उदार व्यक्तित्व, जिसका संगठन (आर.एस.एस. के लिए उपयोग में लाया गया एक और शब्द) की प्रस्तावित छवि के साथ ठीक तालमेल नहीं बैठता था। मुद्दे की बात यह थी कि उस वक़्त आर.एस.एस. को एक ऐसा वित्तमन्त्री चाहिए था जो उनके अपने परिभाषित स्वदेशी ब्राण्ड के अर्थशास्त्र की, उसकी संरक्षण वाली नीतियों की, तत्परता और सख़्ती से प्रचार और वकालत करे।

पोर्टफोलियो (विभागों) को लेकर आख़िर लम्बी चली तकरारों में आर.एस.एस. ने वैचारिक शुद्धतावादी डॉ. मुरली मनोहर जोशी के पक्ष में ज़ोरदार तक़रीर की (जिनको बाद में मानव संसाधन विकास मन्त्रालय का कार्यभार सौंपा गया)।

अटल जी अड़ गये। हालाँकि वो जसवन्त सिंह को वित्तमन्त्री न बनाये जाने की बात पर चुपचाप राज़ी हो गये थे, उन्हें यह बात नामंजूर थी कि वित्त मन्त्रालय आर.एस.एस. अपने उम्मीदवार के ज़रिये चलाये।

आख़िरकार एक समझौता हुआ और यशवन्त सिन्हा को वित्त विभाग का ताज पहनाया गया। एक तरह से वाजपेयी ने अपना बदला भी ले

लिया, यशवन्त सिन्हा आर.एस.एस. से नहीं थे, एक भारतीय प्रशासनिक सेवा अधिकारी थे जिन्होंने राजनीति को अपना कॅरिअर (आजीविका) बना लिया था। वे पहले एक समाजवादी की हैसियत से जनता दल (जे.डी.) में शामिल हुए थे और फिर 1996 में भाजपा में शामिल हुए। एक और बात जो वाजपेयी के हक़ में रही वो यह कि यशवन्त सिन्हा चन्द्रशेखर के अल्पकालीन प्रधानमन्त्रित्व कार्यकाल में वित्तमन्त्री रह चुके थे, (नवम्बर 1990–जून 1991) और यह अनुभव उनके पक्ष में रहा।

× × ×

नाटक के दो और पात्र दक्षिण भारत से थे जिन्होंने 1998 की वाजपेयी सरकार में अपनी अहम भूमिका निभायी। यद्यपि उन्हें दिल्ली में कम ही देखा गया, फिर भी किसी चतुर कठपुतली संचालक की तरह अपने–अपने राज्य की राजधानियों, हैदराबाद और चेन्नई में बैठे अपने हाथ में डोर थामे यह ऐसे राजनीतिज्ञ थे, जो किसी लिहाज़ से भी नज़रअन्दाज़ करने लायक नहीं थे। चन्द्रबाबू नायडू जो आन्ध्र प्रदेश के मुख्यमन्त्री थे और आज भी हैं और तेलुगु देशम पार्टी (टी.डी.पी.) का नेतृत्व करते हैं। 1998 में जब वे 'धर्मनिरपेक्षता' के कौल और करार में उलझे थे, उन्होंने भाजपा को बाहरी समर्थन देने का निर्णय किया, जिसका मतलब था कि उनकी पार्टी सरकार में अगर योगदान नहीं देगी तो उसको गिरायेगी भी नहीं। इसका यह भी मतलब था कि वो और उनके जैसे अन्य क्षेत्रीय नेता अब अपने राज्यों के लिए कई फ़ायदेमन्द सौदे करने की स्थिति में थे, और धर्मनिरपेक्षता को लेकर अपने क़दम कभी रेखा के भीतर तो कभी बाहर रखने का दिखावा भी हो रहा था। नायडू के साथ परेशानियाँ हालाँकि परदे के पीछे तक ही सीमित रहीं।

ऐसा ऑल इण्डिया अन्ना द्रविड़ मुनेत्र कज़घम पार्टी के बारे में क़तई नहीं कहा जा सकता, जिसका नेतृत्व दिवंगत जे. जयललिता कर रही थीं जो अपने राज्य में तो सत्ता से बाहर थीं पर संसद में उनके 18 सांसद थे।

अदाकारा से राजनीतिज्ञ बनीं जयललिता कालान्तर में सरकार में शामिल ज़रूर हुईं लेकिन ऐसा अनिवार्य समर्थन–पत्र (मैण्डेटरी लेटर ऑफ़ सपोर्ट) को लेकर वाजपेयी की जान साँसत में डालने के बाद ही हुआ।

19 मार्च, 1998 तक के मेरे अनुभवों में सबसे ज्वलन्त स्मृति है वो कुछ घण्टे, जो मैंने अटल जी के निवास 7 सफ़दरजंग रोड के बाहर बिताये थे। अन्दर विराजमान भाजपा के वरिष्ठ और सहयोगी दलों के नेता जैसे जॉर्ज फर्नांडिस के चेहरे तनावपूर्ण थे। जयललिता के समर्थन–पत्र की प्रतीक्षा में सब घण्टों एक झुण्ड में बैठे रहे थे, जिस पत्र को तत्कालीन राष्ट्रपति के.आर. नारायणन के पास भेजा जाना था। इस अन्तहीन इन्तज़ार का असर सब पर भारी था, सहयोगी दलों ने अपने पत्र राष्ट्रपति के.आर. नारायणन को 12 मार्च को ही भेज दिये थे, सिवा जयललिता के जिन्होंने 48 घण्टे उनको इन्तज़ार करवाया। इस क्षण के नायक, ज़ाहिर है अटल बिहारी वाजपेयी थे जिनके चेहरे की चिढ़ इन्तज़ार में बैठे हम सब को साफ़ दिखाई दे रही थी।

आख़िरकार पत्र आया। कालान्तर में जयललिता एक असंयमी सहयोगी ही साबित हुईं जिनकी सरकार को गिराने में अहम भूमिका रही। नतीजतन 1999 में पुनः चुनाव हुए। उनका एन.डी.ए के साथ सम्बन्ध–विच्छेद यथार्थ में गठबन्धन के लिए दुःख के भेश में सुख या वरदान ही साबित हुआ। एन.डी.ए. अगला चुनाव आसानी से बहुमत के साथ जीत गयी। तत्पश्चात्, द्रविड़ मुनेत्र कज़घम (डी.एम.के.) ए.आई.डी. एम.के. के स्थान पर तमिलनाडु से सहयोगी दल बन शामिल हुआ लेकिन तब तक मोहतरमा जयललिता कई छोटे तूफ़ान उठा चुकी थीं। एन.डी. ए.के. लिए उसके प्रारम्भिक दिनों में सबसे बड़ी चुनौती जयललिता को झेलना और उससे बच निकलना था।

× × ×

जिस उल्लेखनीय दृश्य का अब मैं वर्णन करने जा रही हूँ, उसे मैंने वाजपेयी निवास के बरामदे (पोर्टिको) से प्रत्यक्ष देखा था। एन.डी.ए. का शासनकाल मात्र दो माह पुराना था और अभी से एक संकट सिर उठा रहा था।

मैं उस लम्हे को याद करूँ जब मोहतरमा आगबबूला होती वहाँ पहुँची थीं और उसके बाद जो भी घटित हुआ, वो मेरी याद में बख़ूबी दर्ज है। निहायत ही गर्म दिन था। एक वातानुकूलित टाटा सिएरा गाड़ी पोर्टिको में दाख़िल हुई। पहले एक अनुचर गाड़ी से उतरा और गाड़ी के

दरवाज़े के ऐन नीचे एक चौकी रखने को लपका। फिर वो लबादा जिसमें उन दिनों मोहतरमा ख़ुद को ढाँपे रखती थीं, उस लबादे की परतें हवा में गुब्बारे सी फूलती–लहराती नज़र आयीं। एक राजसी पैर नमूदार हुआ, फिर दूसरा, फिर मोहतरमा ख़ुद नमूदार हुईं, मीडिया की तरफ़ अपनी मीठी मुस्कान फेंकती। वो मुड़ीं, लबादा घूमा और वो वाजपेयी की बैठक की जानिब आमदरफत हुईं।

मुलाक़ात के ख़ात्मे पर मोहतरमा दनदनाती हुई बाहर हाज़िर थीं, अपने घूमते लबादे को सँभाले आनन–फानन एक पत्रकार सम्मेलन करने की ठान चुकी थीं।

इस सारे नाटकीय परिप्रेक्ष्य में जसवन्त सिंह मेजर डोमो (प्रबन्धक) का कार्य बख़ूबी निभा रहे थे, अपने संरक्षण में मोहतरमा को आँगन में शामियाने तक लिवा ले गये। प्रधानमन्त्री का संसद में दिया आश्वासन कि वो धारा 356 का दुरुपयोग नहीं होने देंगे (जो राज्य सरकार की बर्ख़ास्तगी में केन्द्र सरकार के हाथ को प्रतिबन्धित करती है)। इससे बेख़बर या ओढ़ी हुई नावाक़िफ़ियत, जो भी हो, मोहतरमा ने पत्रकारों से मुख़ातिब हो यह ऐलान कर दिया कि भाजपा सरकार से वो उम्मीद रखती हैं कि तमिलनाडु में डी.एम.के. सरकार पर अपना दबाव बनाये रखे। 'उन्हें मालूम है, उन्हें क्या करना है' लापरवाही से यह जुमला फेंक गाड़ी में बैठ रवाना हो लीं। देवीजी के इस जाग्रत रूप पर भाजपा के शिष्ट नेतागण काँपते नज़र आये ।

× × ×

1998 की चुनावी दौड़ में भाजपा धारा 356 का दुरुपयोग न करने को प्रतिबद्ध थी, ऐसा दुरुपयोग जो कांग्रेस पार्टी ने कई दफ़ा अपने शासन काल में किया था।

यह बात साफ़ ज़ाहिर थी कि अटल बिहारी वाजपेयी यह दर्शाना चाहते थे कि उनकी पार्टी संघवाद का सम्मान करती है और बढ़ावा देती है। दबंग जयललिता ने (जो पहले ही ए.आ.ई.डी.एम.के. के लिए छह बर्थ निकाल चुकी थीं) भाजपा का आह्वान कर उससे तमिलनाडु में डीएमके सरकार को अस्थिर करने की और स्वयं पर लगे तमाम भ्रष्टाचार के मामलों से निपटने में उनकी मदद करने की बात रखी। दिवंगत प्रमोद

महाजन ने मुझे बताया कि इस रस्साकशी में एक वक़्त ऐसा भी आया, जब झुँझलाहट में भाजपा ने जयललिता को यह तक सूचित कर दिया था कि वो धारा 356 पर अपना दर्जा बदलने को तैयार है बशर्ते 'आप हमें इस बात का आश्वासन दें कि संवैधानिक परिप्रेक्ष्य में हमारा दामन बचा रहेगा।'

जिस दृश्य को मैंने वाजपेयी के बरामदे से निहारा था, उसके मूल में उस वक़्त के यूनियन स्पेशल सेक्रेटरी (गृह) अशोक कुमार थे, जिन्होंने अपने तमिलनाडु राज्य के दौरे के बाद डी.एम.के. प्रशासन को क़ानून और व्यवस्था के मामले में दोषमुक्त करार दिया था। मोहतरमा के आगबबूला होने का वाक़या हम सब देख ही चुके थे, जिनकी तुष्टि हेतु उस असहाय अधिकारी का तबादला करना पड़ा था।

इस पूरे प्रकरण में प्रधानमन्त्री कार्यालय (पी.एम.ओ.) और गृह मन्त्रालय के बीच का तनाव कमज़ोर कड़ी स्वरूप उभरा, जिसने इस अटकल को हवा दे दी कि आडवाणी और वाजपेयी के बीच सब कुछ सामान्य नहीं था। विविध परिकल्पनाओं से बाज़ार गर्म था और एक सवाल जो बार–बार उछाला जा रहा था वो यह कि तमिलनाडु में अपनी टीम भेजकर क्या गृह मन्त्रालय ने 'जानबूझकर' बर्र के छत्ते में हाथ नहीं डाला था? परस्पर स्पर्धा में लगे आडवाणी और वाजपेयी की अगुवाई में दो प्रतिद्वन्द्वी सत्ता केन्द्र पर लगातार अटकलें लगना वाजपेयी जी के नेतृत्व में. एन.डी.ए. कार्यकाल की विशिष्टता बनी रही।

कुछ ही घण्टों में जयललिता ने नवनिर्मित सरकार की चूलें हिला दी थीं। साथ ही उन्होंने वाणिज्य मन्त्री रामकृष्ण हेगड़े और शहरी विकास मन्त्री राम जेठमलानी से इन मुद्दों पर बातों से प्रहार और कहा–सुनी का ऐसा सिलसिला आरम्भ किया, जो आज की तारीख़ में उल्लेख के लायक नहीं है। दो महीनों में ही ऐसा प्रतीत होने लगा था कि जयललिता और उनकी जंगों को लेकर जुनूनी हद तक व्यस्तता ने सरकार को न केवल पंगु बना दिया, उसकी साख को भी आँच आयी थी। जहाँ कुछ लोगों का यह मत था कि वाजपेयी उनके साथ नरमी से पेश आ रहे थे, वहीं जयललिता को दिसम्बर 1996 में क़ैद की सज़ा भुगतनी पड़ी, और साथ ही, भ्रष्टाचार के तमाम मामलों से जूझने का दबाव भी अवश्य उन पर हावी रहा होगा। अन्ततः जयललिता सरकार के गिरने का सबब भी बनीं और उसी सरकार के सत्ता में पुनरुत्थान की गवाह भी रहीं।

शुरुआत सफ़र की

जनसंघ पार्टी की नींव सन् 1951 में श्यामा प्रसाद मुखर्जी ने रखी थी जिसका स्पष्ट ध्येय स्वयं को आर.एस.एस. की राजनीतिक भुजा स्वरूप स्थापित करना था। करीब ढाई दशक पश्चात् 1977 में जनसंघ का कई अन्य पार्टियों के साथ विलय हो गया जो सैद्धान्तिक रूप से वामपन्थी, दक्षिणपन्थी और मध्यमार्गी थे; सब आपात्काल के बाद के दौर में कांग्रेस पार्टी के ख़िलाफ़ हो गये थे और इस प्रकार जनता दल का निर्माण हुआ; पूर्व जनसंघ के सदस्य आर.एस.एस. के प्रति अपनी निष्ठा को लिए बैठे थे, 'दोहरी सदस्यता' के मुद्दे पर तीन साल की छोटी अवधि में ही दल का विघटन हो गया। जनसंघ के पूर्व सदस्यों ने अब अपनी एक अलग पार्टी बनाने का विचार किया, जो उन्हें अपने मार्के की राजनीति करने की स्वतन्त्रता देती जिसकी उत्पत्ति आर.एस.एस. के सिद्धान्तों से थी। इस आशय से भाजपा की 6 अप्रैल, 1980 को स्थापना हुई और अटल बिहारी वाजपेयी इसके प्रथम अध्यक्ष नियुक्त हुए।

अपने पहले अध्यक्षीय भाषण में वाजपेयी ने आर.एस.एस.–जनसंघ के सम्बन्धों को ज़्यादा तूल न देते हुए जयप्रकाश नारायण (जेपी के नाम से लोकप्रिय) की विरासत पर ध्यान केन्द्रित किया। मुझे लगता है ज़्यादातर सदस्यों के लिए यह बात हैरान कर देने वाली रही होगी। जयप्रकाश नारायण एक समाजवादी नेता थे जिनकी कांग्रेस के विरुद्ध छेड़ी गयी सम्पूर्ण क्रान्ति ने आगे चलकर आपात्काल को न्योता दिया था, और जनता पार्टी अस्तित्व में आयी थी।

अपनी आत्मकथा 'माई कंट्री, माई लाइफ़' (मेरा देश, मेरा जीवन) में लालकृष्ण आडवाणी लिखते हैं,

> "राजनीतिक हलक़ों में अटकलों का बाज़ार गर्म था कि क्या नयी पार्टी जनसंघ का पुनरुत्थान करेगी। अटल जी ने अपने

अध्यक्षीय भाषण में इन सारी अटकलों को बड़ी स्पष्टता और दृढ़ता सहित 'नहीं' कहते हुए नकार दिया। ''हम पीछे नहीं लौटेंगे। हम किसी भी प्रकार से इस अवधारणा को प्रतिपादित नहीं करना चाहते कि जनसंघ का पुनरुत्थान होगा। हम जनता पार्टी के अपने अनुभवों का उपयोग करेंगे। हमें अपने इस साथ पर गर्व है और यद्यपि अब हम उससे अलग हैं, किसी भी सूरत में इस अतीत को अस्वीकारने की हमारी मंशा नहीं है...''[1]

अपने कार्यकाल की अधिकांश अवधि में अटल बिहारी वाजपेयी यह चाहते रहे कि सैद्धान्तिक परिवार के रूप में न केवल भाजपा आर.एस.एस. से एक दूरी बनाये रखे, अपनी पार्टी के कट्टरपन्थी तत्त्वों से भी यह दूरी बनी रहे।

× × ×

मैंने भाजपा पर सन् 1997 से लिखना शुरू किया और अपने पहले कार्यभार स्वरूप एक दिग्गज जनसंघी विचारक से मिलने मुझे चित्रकूट की यात्रा करनी थी (जो उत्तर प्रदेश और मध्य प्रदेश की सीमा पर स्थित है)। इन्होंने ही अपनी पार्टी की जनता पार्टी में विलय की योजना बनायी थी और जनसंघ पार्टी भंग कर दी गयी थी।

दिवंगत नानाजी देशमुख हिन्दू दक्षिणपन्थियों के आदर्श नेताओं में दिग्गज का स्थान रखते थे। जनता पार्टी प्रयोग की विफलता के बाद उन्होंने सार्वजनिक जीवन को त्याग उत्तर प्रदेश के अति पिछड़े हुए इलाकों में समाज सेवा करने की ठान ली थी।

इस आशय की पूर्ति हेतु कार्यक्षेत्र चित्रकूट का चुनाव यथोचित रहा, जहाँ एक किंवदन्ती के अनुसार श्रीराम ने अपने चौदह वर्ष का वनवास का कुछ समय बिताया था। भारतीय राजनीति में हिन्दू दक्षिणपन्थी पुनरुत्थान में श्रीराम जी की आदर्श स्वरूप छवि के सन्दर्भ में, इसके औचित्य पर ग़ौर करना मुनासिब होगा।

बहरहाल, नब्बे के दशक में चित्रकूट भारत के उन तीर्थस्थलों में शुमार था जिनकी छवि साफ़–सुथरी थी। पण्डे और पण्डितों, जो देवता और भक्तों के बीच मध्यस्थता का खेल खेलते हैं, लालच से रहित थे और

न ही यहाँ मोक्ष प्राप्ति की इच्छा लिए भक्तों का सैलाब देखने को मिलता था। अलबत्ता यह स्पष्ट रूप से आज भी याद है कि हर जगह पर, क्या छत, क्या दीवार, क्या गली और नुक्कड़–बन्दरों की फ़ौज विराजमान, ऐसे बन्दर जिन्हें पूजे जाने और लाड़ की आदत–सी हो गयी थी, ऐसे बन्दर क़तई नहीं जिन्हें आप मारे डर के भगा दिया करते हैं।

इस छोटे–से धूल–धूसरित शहर की पौराणिक महत्ता बहुत बड़ी थी। उत्तर प्रदेश–मध्य प्रदेश सीमा पर बुन्देलखण्ड के पठार पर स्थित चित्रकूट रामायण की कथाओं से गूँजा करता था। कामदगिरि पहाड़ी शृंखला जहाँ मान्यतानुसार श्रीराम ने लक्ष्मण और सीताजी के साथ निवास किया था; गुप्त गोदावरी की गुफाएँ जहाँ श्रीराम जी को अपनी श्रद्धांजलि अर्पित करने समस्त नदियों का मिलन हुआ; और मन्दाकिनी नदी के तट पर वह सुरम्य जानकी (सीता का एक और नाम) कुण्ड जहाँ किंवदन्ती अनुसार सीताजी अपने दैनिक स्नान के पश्चात् थोड़ा विश्राम को बैठती थीं।

इतना सब होते हुए भी, गर्मियों में चित्रकूट नरक बन जाता था जब तापमान 50 डिग्री छूने लगता था। मुझे याद है बन्दरों के भय से उभरते हुए मैं उस जगह पहुँची और एक सुर्ख गुलाबी रंग के भवन की ओर चल पड़ी जिसका नाम नानाजी देशमुख ने अपने मित्र दिवंगत रामनाथ गोयनका के नाम पर रखा था, जो इण्डियन एक्सप्रेस समूह के संस्थापक थे। नानाजी ने मुझे बताया कि किस तरह उस शक्तिशाली अख़बार के संस्थापक ने इन्दिरा गाँधी को बहला–फुसलाकर उन्हें जेल से आज़ाद करने पर मना लिया था। आपात्काल के दौरान उन्हें सत्रह महीने का कारावास हुआ था। उन्होंने मुझे यह भी बताया कि वह आर.एन.जी. (रामनाथ गोयनका जी का लोकप्रिय नाम) ही थे जिन्होंने उन्हें 1977 के चुनाव में खड़े होने की सलाह दी थी।

जैसा मैंने पहले ही ज़िक्र किया है, नानाजी जनसंघ पार्टी के जनता पार्टी में विलय के मुख्य निर्माता रहे जो उनकी रिहाई के बाद सम्भव हुआ। मोरारजी देसाई के मन्त्रिमण्डल का हिस्सा बनने से उन्होंने इनकार कर दिया था। वो मुझसे कहा करते थे, "जनता पार्टी प्रयोग सदस्यों के जनसंघ और आर.एस.एस. की दोहरी सदस्यता के कारण नहीं, अपितु इस कारण विफल हुआ कि मोरारजी देसाई, जगजीवन राम और चरण सिंह, तीनों ही प्रधानमन्त्री बनने का ख़्वाब देख रहे थे।"

जनता पार्टी के विघटन के पश्चात् अकस्मात् ही नानाजी ने सार्वजनिक जीवन को त्याग आर.एस.एस. कोष के सबसे नेक कार्य, जिसका नाम 'राष्ट्र निर्माण' था, के साथ जुड़ने का मन बना लिया। उत्तर प्रदेश के गोंडा ज़िले को उन्होंने चुना जहाँ से संसद में उनका पदार्पण हुआ था। उन्होंने एक परियोजना बनायी जिसके नतीजे बेहद प्रभावित करने वाले थे–दो साल में 2,000 नलकूप लगाये गये और 2,800 गाँवों में खेती की उन्नत तकनीक इस्तेमाल हुई। इस परियोजना का मुख्यालय जयप्रभाग्राम नामक भवन में था, जो उनके परम मित्र जयप्रकाश नारायण के नाम पर रखा गया था, जिनके साथ 1974 के बिहार आन्दोलन के दौरान नानाजी का एक स्थायी सम्बन्ध बन गया था। वही आन्दोलन जिसकी वजह से इन्दिरा गाँधी ने आपात्काल लागू किया।

चित्रकूट में गोयनका स्मारक से सटा हुआ एक बाह्य गृह था, जिसका नाम सिया–राम कुटिया था और यही नानाजी का ठिकाना था। मुझे याद पड़ता है मैंने नानाजी का ध्यान दीवार पर महात्मा गाँधी की तस्वीर के साथ लगी आर.एस.एस. के संस्थापक के.बी. हेडगेवार, एम.एस. गोलवलकर उर्फ़ 'गुरुजी' की तस्वीर की ओर खींचते हुए पूछा था, "क्या आर.एस.एस. ने गाँधी जी को गृहीत कर लिया है?"

"मैं कोई विरोधाभास नहीं देखता हूँ....गाँधी की तरह ही आर.एस.एस. भी इस तथ्य को मानता है कि भारत गाँवों में बसता है....अगर आर.एस.एस. का वजूद नहीं होता, अपना जीवन देश के प्रति अर्पित करने का विचार भी मेरे मन में नहीं उठता। नानाजी देशमुख आज जो कुछ भी हैं, आर.एस.एस. की बदौलत हैं।"

राजनीति की मुख्य धारा से सेवानिवृत्ति के बाद नानाजी ने आर.एस.एस. के देश निर्माण की परिकल्पना का प्रतिनिधित्व करने का बीड़ा उठाया। उन्होंने आदिवासियों और जनजातियों के लिए स्कूल निर्माण को प्रोत्साहित किया जिनमें उनको अपनी हिन्दू पहचान से अवगत कराया गया; आयुर्वेद अनुसन्धान केन्द्र खोले गये; एक ग्रामीण विश्वविद्यालय का निर्माण हुआ जहाँ ग्रामीण लोगों को प्राचीन भारतीय शास्त्रों की शिक्षा दी गयी। 'प्राचीन सुरम्य भारत' और उसके सबसे प्रमुख चिह्न गौमाता को वर्तमान आधुनिक युग में प्रतिष्ठित करना भी उनका निज मिशन बना। नानाजी को अपनी गौशाला पर बड़ा गर्व था, जिनमें दस अलग नस्ल की गायें पल रही थीं। उन्होंने मुझे अपनी गौशाला दिखाने की पेशकश भी की।

पुनरावलोकन करने पर मुझे नानाजी का हार्दिक धन्यवाद करना चाहिए जिनकी बदौलत मैंने एक बिल्कुल ही नयी दुनिया का नज़ारा किया—मैंने पहली बार कई लोगों को पूरी शिद्दत और बड़े भक्तिभाव के साथ गौमूत्र के सैम्पल एकत्रित करते देखा। मुझे हैरान होने का मौक़ा दिये बग़ैर नानाजी मुझसे बोले थे, 'क्या तुम्हें मालूम है कि वैज्ञानिक अब अनुसन्धान में इस नतीजे पर पहुँच रहे हैं कि गाय के दूध से बने देसी घी में कोलेस्ट्रोल नहीं होता?' उनकी बात पर मैं बस कुछ फुसफुसाती ही रह गयी थी, इतनी अधिक मात्रा में एकत्रित गौमूत्र का दृश्य मुझ पर इस क़दर हावी था!

इन मुलाक़ातों से जो सबसे महत्त्वपूर्ण सबक मैंने हासिल किया वो यह कि भारतीय दक्षिणपन्थियों का, दिग्गज भारतीय उद्योगपतियों के साथ बहुत करीबी रिश्ता था। मिसाल के तौर पर उनके प्रमुख अनुयायियों में उस वक़्त के बॉम्बे डाइंग के कर्त्ताधर्त्ता नुस्ली वाडिया थे।

'मैं उनकी माँ दीना को, जो जिन्ना की बेटी थी, बख़ूबी जानता था,' नानाजी ने मुझसे कहा था। उन्होंने एक स्कूल की तरफ़ इशारा करते हुए बताया था कि वह गुरुकुल शिक्षा पद्धति पर आधारित है जिसका नाम एन.आर.आई. उद्योगपति स्वराज पॉल के छोटे भाई सुरेन्द्र पॉल के नाम पर रखा गया था। हम बाद में रामनाथ आश्रम भी गये थे, जो 200 आदिवासी छात्रों का छात्रावास था जिनकी दिनचर्या योग से आरम्भ होती थी। लेकिन मेरा ध्यान तो विवरणिका (ब्रोशर) ने आकृष्ट किया।

उसमें लिखा था 'भगवान श्रीराम ने अपने करुणामय व्यवहार से वनवासियों का हृदय जीता था...वनवासी भगवान श्रीराम की शक्ति थे'।

उस दिन नानाजी बातचीत के मिज़ाज में दिखे और उन्होंने अपनी सर्वाधिक महत्वाकांक्षी परियोजना के बारे में मुझे बताया जिसके अन्तर्गत दम्पतियों को चुन, उन्हें 'सांस्कृतिक, नैतिक और आर्थिक विकास' का निर्देश देकर सौ गाँवों के समूह में भेजा जाता था। उन्होंने कहा, 'मेरा काम सात पीढ़ियों तक चलेगा'। मैंने उनसे पूछा कि क्या उनका ध्येय मात्र सामाजिक उत्थान था या 'हिन्दू राष्ट्र' का निर्माण करना था?

'हमारे देश में हिन्दू–मुसलमानों को लेकर कोई समस्या ही नहीं है। राजनेता इन्हें बनाते हैं और जहाँ तक हिन्दू राष्ट्र का सवाल है, वो श्लेष (वर्ड प्ले) के अलावा और कुछ नहीं है।'[2]

वे सारी विषयवस्तु जो जनसंघ को सैद्धान्तिक रूप से प्रिय रही थी,

सत्रह वर्ष बाद अपनी पूरी भव्यता के साथ एक बार फिर खुलकर सबके समक्ष थी, जब नरेन्द्र मोदी ने 2014 के चुनावों में भाजपा को शानदार जीत दिलायी। हालाँकि इस कायापलट की शुरुआत मेरे चित्रकूट दौरे के कुछ महीने बाद ही हो गयी थी क्योंकि उसके अगले वर्ष ही, भाजपा अपने राजनीतिक इतिहास में, केन्द्र में पहली बार सत्ता में आयी और गठबन्धन सरकार के प्रमुख के तौर पर उसने पहली बार सत्ता की शक्ति का मद चखा।

× × ×

1980 के भाजपा के स्थापना दिवस पर ही अटल बिहारी वाजपेयी ने यह बात ज़ाहिर कर दी थी कि पार्टी में उनकी छवि एक उदारवादी की रहेगी। भारत के संघीय स्वरूप में उनकी आस्था का भी परिचय उनके उस दिन के भाषण से मिला और इसकी झलक उनके दीर्घकालीन और अत्यन्त प्रभावशाली संसदीय कार्यकाल के दौरान उनके द्वारा दिये कितने ही और वक्तृत्वों में भी दिखी। लेकिन गणतन्त्र में यदि चुनाव जीतना ही किसी राजनीतिक दल की सफलता का परिचायक बन जाये, अपने भाषण के दौरान अटल जी के कहे उद्गार का फिर कोई मायने ही नहीं रह जाता।

1984 में, अपनी स्थापना के चार साल बाद ही भाजपा की यह स्थिति हुई कि संसद में उसके मात्र दो सांसद रह गये और स्वयं वाजपेयी अपने संसदीय चुनाव क्षेत्र ग्वालियर, मध्य प्रदेश में शर्मनाक हार का मुँह ताक रहे थे। (वे कांग्रेस के दिवंगत नेता माधवराव सिन्धिया से दो लाख से अधिक वोटों से हारे)। यह वो आम चुनाव था जो इन्दिरा गाँधी की हत्या के बाद हुआ और इसमें कांग्रेस की जीत में सहानुभूति एक बहुत बड़ा कारक बना। कांग्रेस ने अपने अब तक की सबसे बड़ी जीत हासिल की।

भाजपा के समक्ष अब जो संकट था, वो उसके अस्तित्व को लेकर खड़ा हुआ। अस्सी के दशक ने गंगा नदी के इलाके में जाति के आधार पर पहचान की राजनीति का उद्भव होते देखा जो न केवल कांग्रेस के लिए एक चुनौती स्वरूप सामने आयी, वरन आर.एस.एस.--भाजपा के मूल सैद्धान्तिक मतों के लिए भी चुनौती थी, जिनका लक्ष्य (उसूलन) जातियों में विभाजित समस्त हिन्दुओं को एक करना था। एक समय ऐसा भी आया

जब भाजपा अपनी मूल विचारधारा के साथ प्रयोग करने को उद्धत हुई, जो सम्भवतः वंशवादी राज और जाति राजनीति की प्रतिक्रिया के तौर पर आरम्भ हुई थी। बहरहाल, इसका नतीजा राम मन्दिर आन्दोलन का जन्म था जिसने आने वाले दिनों में राजनीति की शक्ल बदल दी और भाजपा एक राष्ट्रीय शक्ति के रूप में उभर कर आयी।

राम जन्मभूमि आन्दोलन की शुरुआत दरअसल वी.एच.पी. (विश्व हिन्दू परिषद) ने की थी, जिनका अभियान तीन स्थलों पर केन्द्रित था, अयोध्या, काशी और मथुरा। इस अभियान में बाद के दिनों में लालकृष्ण आडवाणी भी शामिल हुए और ज़ोरदार अभियान और रथ यात्रा आरम्भ की जिसका केन्द्र–बिन्दु अयोध्या थी, जो मान्यतानुसार भगवान श्रीराम की जन्मभूमि थी। भाजपा/आर.एस.एस. का यह दावा रहा है कि बाबरी मस्जिद का निर्माण मुस्लिम शासकों द्वारा एक मन्दिर ध्वस्त कर हुआ है। अयोध्या मुद्दे पर कई प्रभावशाली किताबें लिखी गयी हैं पर यहाँ उन पर टिप्पणी आवश्यक नहीं, क्योंकि इसमें राजनीति, इतिहास, धर्म और मिथक शामिल हैं और यह सब विवादास्पद हैं।

सन् 1990 में लालकृष्ण आडवाणी द्वारा निकाली सोमनाथ से अयोध्या तक की रथ यात्रा एक ओर जहाँ अपने पीछे उथल–पुथल और दंगों के निशाँ छोड़ रही थी, वहीं 'राष्ट्रीय हिन्दू' जैसी एक नूतन चेतना देश के मानसपटल पर अपना अस्तित्व चिह्नित कर रही थी।

6 दिसम्बर, 1992 में बाबरी मस्जिद के ध्वंस के बाद इन्हीं लालकृष्ण आडवाणी ने आगे चलकर कहा कि तीखे तेवर और आचरण मात्र से भारत को जीता नहीं जा सकता और उनकी यह उक्ति रिकॉर्ड में दर्ज है। 1993 के बाद, सहयोगी दलों की खोज और बढ़त के आधार पर वोटों की हिस्सेदारी का दौर इस प्रकार प्रारम्भ हुआ। पुनरुत्थान के जनक आडवाणी अब अपने पूर्व निश्चित निर्णय से पूरी तरह पलट गये और भाजपा को अब पहले से कहीं ज़्यादा उदारवादी छवि बनाने की आवश्यकता के पक्षधर बन गये।

इस दौरान अटल बिहारी वाजपेयी, जिन्होंने राम मन्दिर आन्दोलन से शुरू से ही एक दूरी बना रखी थी और जो निजी वार्तालापों में इसके आन्दोलनकारी रुख़ के सख़्त ख़िलाफ़ थे, भाजपा के उदारवादी छवि वाले नेता के रूप में मान्य होते चले गये और इसलिए पार्टी ने यह निर्णय लिया कि 1998 का अभियान उनके इर्द–गिर्द, व्यक्तित्व उन्मुख होगा–एक

सांसद की हैसियत से न केवल उनका दीर्घ और सकारात्मक कार्यकाल बल्कि उनकी कमाई हुई इज़्ज़त और मित्रता जो सभी राजनीतिक दलों में स्पष्ट दिखती थी, उनके पक्ष को बहुत दृढ़ करती थी।

क्या वाजपेयी वाक़ई राम मन्दिर आन्दोलन के विरोधी थे? मुझे यक़ीन है किसी स्तर पर, उनके सुरुचि बोध को ही अगर लें, इससे उन्हें वास्तव में विकर्षण रहा होगा, विशेषकर जिस प्रकार यह मन्दिर–मस्जिद प्रकरण फल–फूल रहा था। मुझे याद है गुजरात के सूरत में उनके एक अभियान के दौरान मैं उनके साथ थी। अभियान के दौरान एक दिन जैसे ही वह अपनी गाड़ी से बाहर निकले ही थे कि एक कार्यकर्ता बड़े तैश में 'जय श्रीराम' चिल्लाने लगा और आज भी मुझे यह स्पष्ट रूप से याद है, वाजपेयी जी कुछ खीजते हुए अपने शायराना अन्दाज़ में पलटकर उस व्यक्ति से बोले थे, 'बोलते रहो जय श्रीराम और करो मत कोई काम!' यह उन वाजपेयी लम्हों में से था जिसे मैं हमेशा याद रखूँगी।

कमोबेश इसी दौरान वाजपेयी ने मुझे उनका साक्षात्कार करने की अनुमति दी जो इंडिया टुडे नामक रिसाले में प्रकाशित हुई जहाँ उन दिनों मैं काम करती थी।

यह साक्षात्कार भाजपा पर किये गये मेरे सबसे पहले आलेख का एक हिस्सा था। उस साक्षात्कार के दौरान हमने मुख़्तलिफ़ मुद्दों पर बात की पर साक्षात्कार का मुख्य ज़ोर भाजपा और आर.एस.एस. के सम्बन्धों पर था, वे दोनों को एक–दूसरे से अलग रखना चाहते थे, 'ऐसा कहना कि भाजपा के संचालन की डोर आर.एस.एस. के हाथ में होगी, कितना हास्यास्पद है, जबकि यह सर्वविदित है कि भाजपा की और आर.एस.एस. की अपनी अलग विचारधारा और दृष्टिकोण है और भाजपा एक अधिक वास्तविक स्थिति के साथ तालमेल बैठाने में चेष्टारत है।'[3]

1998 के चुनाव अभियान की एक और याद अभी भी ताज़ा है जब एक संवाददाता ने भाजपा के प्रधानमन्त्री से बड़ी बेबाकी से (ऐसा आज के समय में असम्भव–सा प्रतीत होगा) पूछ लिया था कि अगर उनकी पार्टी चुनाव हार गयी तो क्या होगा जिसके उत्तर में वाजपेयी अविचलित भाव से आँखों में चमक भर बोले थे, 'फिर होगा अगली बारी, अटल बिहारी।' (1998 में चुनाव अभियान का नारा था 'अबकी बारी अटल बिहारी') अपने पर हँसने की उनकी यह क़ाबिलियत उन्हें पारम्परिक राजनीतिज्ञों से बिल्कुल अलग छवि प्रदान करती थी।

4 दिसम्बर, 1997 भारत को तत्कालीन राष्ट्रपति श्री के. आर. नारायणन ने 11वीं लोकसभा भंग कर दी। यह संयोग ही रहा कि उस दिन भाजपा ने अपना पहला अखिल भारतीय मुस्लिम युवा सम्मेलन दिल्ली के एक स्टेडियम में आयोजित किया था। यह विडम्बना वाजपेयी से भला कहाँ छुप सकती थी और उस दिन भी, वह भला चुटकी लेने से कहाँ चूकते, सो बोले–'लोगों को ऐसा ज़रूर प्रतीत होगा कि हमने ही राष्ट्रपति जी के साथ मन्त्रणा कर लोकसभा भंग करायी, क्योंकि हमारा इसी दिन यह मुस्लिम सम्मेलन होना तय था।'

मुझे बख़ूबी याद है यह बात ख़ास तौर पर पार्टी संवर्ग (कैडर) ने बतायी थी कि आयोजन में 'जयश्री नाम' के नारे न लगाने की उन्हें हिदायत दी गयी थी। स्वाभाविक था कि मैं इस सम्मेलन में जाती। मैंने पाया कि राम के नाम पर वहाँ चुप्पी थी और एक के बाद एक नेता मंच पर चढ़कर शेर पढ़ रहे थे और मुस्लिम नायकों की शान में कसीदे, ऐसे नायक भी जिनके बारे में मैंने कभी सुना भी न था, कुल मिलाकर बात मज़ेदार–सी ही थी! लालकृष्ण आडवाणी जी ने बढ़–चढ़कर भारत की मिली–जुली संस्कृति (गंगा–जमुनी तहज़ीब) का बख़ान किया।

उन्होंने हिन्दुओं के सूफी दरगाहों पर जाने की बात की और मिओ मुस्लिमों* को सुनने की भी। के.आर. मलकानी ने, जो एक अनुभवी जनसंघी नेता थे, और उन दिनों दीनदयाल अनुसन्धान संस्थान के परिचालक भी, अपनी तरफ़ से दो बेहद ख़ूबसूरत मिसरे कहे जिन्हें मैंने अपनी रिपोर्टर वाली नोटबुक में अच्छे विद्यार्थी की तरह दर्ज कर लिया–'राम–रहीम एक हैं, कृष्ण–काबा एक हैं'। यह उक्ति उन्होंने पूरी तरह एकता की भावना के चलते कह डाली पर दूसरे ही दम वह यह कह गये कि 'अटल जी अगर इस्लामाबाद से भी खड़े हो जायें कोई मुस्लिम उनका विरोध नहीं करेगा' जिस पर अटल जी उन्हें बस घूरते रह गये।

बहरहाल, उस दिन मेरे लिए जो नुक्ता–ए–ख़बर रही वो लालकृष्ण आडवाणी जी का दिया हुआ बड़ा अर्थपूर्ण बयान था जिसमें उन्होंने मुसलमानों से अयोध्या के बाबरी मस्जिद पर से अपना दावा वापस ले लेने की गुज़ारिश की और यह आश्वासन भी दिया कि मथुरा और काशी के मामलों में निपटारे के लिए वे ख़ुद वी.एच.पी. के साथ कौल और क़रार करेंगे।**

× × ×

6 दिसम्बर, 1992 में हुए बाबरी मस्जिद ध्वंस को इस बीच कुछ साल गुज़र चुके थे। अब 1998 था और नायक अटल बिहारी वाजपेयी थे।

लोकसभा चुनावों के लिए लखनऊ से जिस दिन उन्होंने अपने नामांकन–पत्र दाख़िल किये, उन्होंने ठेठ एक छद्म धर्मनिरपेक्ष की तरह ख़ुद को पेश किया। यह एक ऐसा वाक्यांश था जिसे आने वाले दिनों में उनके करीबी सहयोगी लालकृष्ण आडवाणी नियमित इस्तेमाल करने वाले थे। एक तरीक़े से यह कहना अनुचित न होगा कि वाजपेयी जी ने हर ईश को ख़ुश रखने की कोशिश की। उन्होंने सुबह एक हवन आयोजित किया; तत्पश्चात् एक क्रिश्चियन कॉलेज गये जहाँ उन्होंने न्यू टेस्टामेंट के अवधी संस्करण का लोकार्पण किया; उनके दिन का ख़ात्मा एक इफ़्तार आयोजन में सम्मिलित होकर हुआ जहाँ नगर के नामी–गिरामी लोग मौजूद थे।

इसका भला और क्या अर्थ निकाला जा सकता था सिवा इसके कि जिस पार्टी ने राम मन्दिर आन्दोलन की अगुवाई की थी, 1998 में वही पार्टी अब ध्रुवीकरण के प्रत्युत्तर को कुंद बनाने का बड़ा चेतन प्रयास करने में लगी थी। इसका मात्र यह अर्थ न निकाला जाये कि यह उन नये मतदाताओं को आकर्षित करने का महज़ एक हथकण्डा था जो पारम्परिक रूप से उनके प्रतिरोधी थे। यह नये सहयोगी दलों को आकर्षित करने के लिए तथा क्षेत्रीय दलों का बीजेपी के साथ गठबन्धन की राह आसान करने के लिए था। भाजपा उन लोगों की ओर अपना हाथ बढ़ा रही थी, जो अब तक भगवा को नकारते आये थे।

यह ध्यान रखने की ज़रूरत है कि भाजपा की विचारधारा उस वक़्त इतनी स्वीकार्य नहीं थी जितनी आज के दिन है, और भाजपा को इसके लिए कहीं–कहीं नर्म रुख़ अपनाना पड़ा था। वाजपेयी के नेतृत्व वाली भाजपा छोटे क्षेत्रीय दलों को यह विश्वास दिलाने के लिए प्रयत्नरत थी कि वो निश्चित रूप से उन दलों के लिए विकल्प साबित हो सकती है, जिनका अब तक विश्वास भाजपा ने हासिल नहीं किया था। साथ ही, भाजपा यह कहने का भी प्रयास कर रही थी कि केन्द्र में कांग्रेस के विरुद्ध किसी भी प्रकार की व्यवस्था में मुख्य भूमिका निभाने का वक़्त और ज़रूरत दोनों अब सामने थे, जो गठबन्धन के अस्थिर दौर में स्थिरता ला सकते थे। इन सबका दारोमदार बस एक शख़्स पर टिका हुआ था, जिसका नाम अटल बिहारी वाजपेयी था, एक ऐसे नेता जिन्होंने आर.एस.एस.

के साथ अपने जीवन भर के जुड़ाव के बावजूद अपनी उदारवादी छवि को अक्षुण्ण रखा था।

प्रारम्भ से ही, अपनी विचारधारा का अंशशोधन, भाजपा के राष्ट्रीय राजनीति में उत्थान की प्रमुख विशिष्टता रही। चूँकि वाजपेयी का दौर मूलतः गठबन्धनों का था, इस सन्तुलन को बहुत सोच–समझकर पेश किया गया था। विगत दिनों पर दृष्टि डालें तो यह बात बख़ूबी समझ में आती है कि वाजपेयी सरीखी मँजी हुई और परिष्कृत शख़्सियत ही ऐसी कलाबाज़ी करने के क़ाबिल थी। यदा–कदा जब वो कट्टरपन्थियों की बात रख लेते, इस बात का विशेष ध्यान रखते कि गैर–अतिवादी की उनकी छवि बरक़रार रहे।

हमें यह बात क़तई नहीं भूलनी चाहिए कि वो एक दक्ष राजनीतिज्ञ थे और जब भी अपनी पार्टी की हिन्दुत्व कार्यसूची (एजेण्डा) से असहमत होते, उनके पास गठबन्धन के दबाव और खींचतान के बहाने की आड़ हमेशा उपलब्ध होती।

1998 में भाजपा ने अपनी ऐसी छवि प्रस्तुत की, जो तब तक की उसकी सर्वाधिक मान्य और स्वीकृत छवि थी। समस्या यह उत्पन्न हुई कि पार्टी के ही एक वर्ग ने यह सुझाना आरम्भ किया कि यह मात्र एक 'मुखौटा' है। भाजपा के वाजपेयी दौर की कथा के उपकथानक के बीज इसी में छुपे हैं।

सन्दर्भ

* एक जातीय उपसमूह जो हरियाणा और राजस्थान के मेवात क्षेत्र में फैला है–इनमें से कुछ ने अपनी समृद्ध मौखिक परम्परा को, जिनमें एक स्वरूप गाथा का भी है, 'पंडून की कदा' अर्थात् महाभारत के मेवाती प्रारूप को इस शैली में जीवित रखा है।

** इस वक़्त तक आते–आते कई वरिष्ठ भाजपा नेताओं को बाबरी मस्जिद ध्वंस परेशान करने लगा था क्योंकि लम्बी दीवानी (सिविल) और कानूनी लड़ाई शुरू हो चुकी थी। वी. एच.पी. का मूल अभियान मात्र अयोध्या तक ही सीमित नहीं रहा था बल्कि काशी, मथुरा और अयोध्या, इन तीन स्थलों की भी माँग उसमें शामिल थी (जो सब उत्तर प्रदेश में थे)। इनका दावा था, यहाँ मन्दिर ढहा कर मस्जिदों का निर्माण हुआ था।

मुखौटा

सन् 1997 में के.एन. गोविन्दाचार्य का नाम भाजपा में सबसे प्रभावशाली महासचिव के रूप में उभरा। विस्तार और पुनः अंशशोधन के दौर में एक ऐसे तमिल ब्राह्मण जिन्होंने वर्षों वाराणसी में गुज़ारे और अविभाजित बिहार में कार्य किया और जो बढ़िया हिन्दी बोलते थे। अपने से अलग पारम्परिक विचारधाराओं को समझने की उनकी बुद्धिमत्ता और अपने नटखट हास्य की वजह से वो अन्य खालिस आर.एस.एस. सदस्यों के बीच बिल्कुल अलहदा दीख पड़ते थे।

यह गोविन्द (मैं उन्हें इसी नाम से सम्बोधित करती थी) ही थे जिन्होंने भाजपा के जनाधार का उत्तरी भारत में उसके पारम्परिक गढ़–ब्राह्मण और बनियों के परे जाकर विस्तार किया।

मण्डल युग* के बाद का दौर था। आदिवासियों के बीच आर.एस. एस. ने अपना पारम्परिक काम तो जारी रखा ही हुआ था, इसके साथ ही उन्होंने अन्य पिछड़ी जातियों (ओबीसी) के नेताओं, जैसे कल्याण सिंह और उमा भारती को राष्ट्रीय मंच पर पेश करने की ज़रूरत पर बल दिया।

गोविन्दाचार्य के विषय में यह धारणा प्रचलित थी कि उनका प्रभाव वाजपेयी से कहीं ज़्यादा लालकृष्ण आडवाणी पर था। उदाहरणस्वरूप 1992 में भाजपा की एक राष्ट्रीय कार्यकारिणी बैठक के दौरान वाजपेयी अपने स्वभाव के विपरीत अपना आपा खोते हुए गोविन्दाचार्य से पूछ बैठे थे 'मेरा आप से एक सवाल है, किसी एक नेता को सम्मानित करने के लिए क्या यह आवश्यक है दूसरे को नीचा दिखाया जाये?' उनका इशारा साफ़ तौर पर गोविन्दाचार्य का लालकृष्ण आडवाणी के प्रति अति प्रशंसायुक्त मनोभाव की ओर था।

18 सितम्बर, 1997 को दो ब्रिटिश राजनयिक गोविन्द से मुलाक़ात करने पार्टी मुख्यालय पहुँचे। उनके साथ ब्रिटिश दूतावास द्वारा नियुक्त

एक भारतीय विश्लेषक भी था। उन्होंने बाद में यह बात स्वीकार की कि उनका ब्रिटिश राजनयिकों के साथ लम्बी अवधि तक विचार–विमर्श चला था हालाँकि भारतीय प्रेस में जो छपा था, उससे वो साफ़ मुकर गये थे।

जो घटना घटी, वो इस प्रकार थी : इस मशहूर मुलाक़ात के करीबन एक पखवाड़े बाद, 6 अक्टूबर को हिन्दी के कुछ अख़बारों में कई लेख छपे, जिनमें 'पंजाब केसरी' भी शामिल था जिसकी व्यापक खपत थी। इन लेखों में गोविन्द के कहे को यूँ उद्धृत किया गया, 'वाजपेयी भाजपा की आन्तरिक शक्ति नहीं हैं, वो महज़ एक मुखौटा हैं और मुखौटा रंगमंच (नाटक) में ही उपयोगी होता है।' उनकी एक और टिप्पणी में लगभग उन्होंने अपनी शेख़ी बघारते हुए कहा, 'आप इस वक़्त भाजपा में आर.एस.एस. के प्रतिनिधि से मुख़ातिब हैं। मैं एकमात्र ऐसा व्यक्ति हूँ जो सम्प्रति आर.एस.एस. और भाजपा के बीच का सम्पर्क है।'

जिस लेख ने सर्वाधिक क्षति पहुँचाई वो 'पांचजन्य' के पूर्व सम्पादक भानु प्रताप शुक्ला का लिखा हुआ था जो आर.एस.एस. के आधिकारिक प्रवक्ता थे। इस आलेख ने हलचल मचा दी, क्योंकि अन्दरूनी व्यक्ति होने के नाते शुक्ला जी का विश्वसनीय सूत्रों का करीबी होना लाज़िमी था, जो पार्टी के और आर.एस.एस. के अन्दर के हाल–चाल की पूरी जानकारी रखते थे। अन्य पत्रिकाओं ने आनन–फानन इस कहानी को तूल देकर यह और छाप दिया कि गोविन्द ने वाक़ई अटल जी को मुखौटा कहा था।

ग़ौरतलब बात यहाँ यह है कि वो ट्विटर और फेसबुक का दौर नहीं था और इस बात को फैलने में वक़्त लगा और जब यह बात फैली, गोविन्द के लिए सांघातिक परिणाम लिए आयी। वाजपेयी बुल्गारिया गये हुए थे और आते ही उन्होंने दो पत्र रवाना किये ।

पहला लालकृष्ण आडवाणी को हिन्दी में लिखा एक रूखा, संक्षिप्त–सा पत्र था जो कुछ इस प्रकार था–'अपने विदेश–यात्रा से लौटने पर मैंने श्री गोविन्दाचार्य जी का दिया हुआ साक्षात्कार पढ़ा। आपने भी अवश्य पढ़ा होगा। आपको विजयादशमी की हार्दिक शुभकामनाएँ।' दूसरा पत्र गोविन्दाचार्य को लिखा गया था जिसमें उन्होंने गोविन्दाचार्य से इस टिप्पणी के बाबत जवाब माँगा था, कहें टिप्पणी का जवाब तलब किया था।

बात यहीं ख़त्म नहीं हुई थी। दोनों ही पत्रों का मीडिया में रहस्योद्घाटन (लीक) हो चुका था। अगले दिन वाजपेयी जी एक पुस्तक

विमोचन समारोह में शिरकत कर रहे थे जहाँ भाजपा और आर.एस.एस. के दिग्गज नेता भी उपस्थित थे, उन्होंने फ़ब्ती कसी, 'मुझे आश्चर्य है कि मुझे यहाँ वार्ता के लिए आमन्त्रित किया गया है, मैं तो महज़ एक मुखौटा हूँ।'

बात अभी कुछ और बाक़ी थी। दो दिन बाद भाजपा के एक युवा सम्मेलन में शिरकत करते हुए वह काफ़ी मुखर होकर बोले, 'प्रधानमन्त्री को कोई दल नहीं बनाता, जनता प्रधानमन्त्री को बनाती है।' इस उक्ति में निहित तंज़ से आर.एस.एस. और भाजपा का नेतृत्व अछूता न रहा। उस दौरान किये गये कई जनमत सर्वेक्षण इस बात की पुष्टि कर रहे थे कि वाजपेयी जी की लोकप्रियता पार्टी की लोकप्रियता के मुक़ाबले कहीं आगे थी; गोविन्दाचार्य कितने ही विलक्षण और कारगर क्यों न रहे होंगे, अटल बिहारी उनसे निश्चित तौर पर अधिक शक्तिशाली थे।

के.एन. गोविन्दाचार्य का भाजपा में प्रभाव, आने वाले दिनों में काफ़ी सीमित हो गया और सन् 2000 के आरम्भ में वह अपनी इच्छा से पार्टी छोड़ने के लिए इस्तेमाल किया जाता रहा। जब मेरी उनसे बात हुई, उन्होंने मुखौटा टिप्पणी से साफ़ इनकार करते हुए स्पष्टीकरण किया, 'अटल और आडवाणी मेरे लिए राम और भरत सदृश्य हैं, और अटल जी रामायण के राम हैं।'

बात जो भी रही हो, 'मुखौटा' शब्द अपना काम कर चुका था। आते दिनों में विरोधियों के ज़बान पर चिपका यह शब्द अस्त्र–सा जब–तब वाजपेयी पर वार करने के लिए इस्तेमाल किया जाता रहा। जो इस शब्द ने सही अर्थों में किया, वाजपेयी परियोजना (मैंने इसे प्रोजेक्ट वाजपेयी का नाम दिया) के हृदय में छुपे बुनियादी भय को बेनक़ाब कर के रख दिया : एक ओर राजनीतिक पहुँच में उनकी स्वीकृति थी जो निर्विवाद थी, उनका दुर्जेय संसदीय अनुभव था, जनता पर हावी उनका अचम्भित कर देने वाला आकर्षण था। दूसरी ओर एक शुबहा था जो पीछा न छोड़ता था : क्या वाजपेयी और भाजपा की यह नयी उदारवादी छवि वास्तविक थी? क्या यह नागपुर स्थित आर.एस.एस. मुख्यालय में उच्चासीन सर्वेसर्वाओं द्वारा तय एजेण्डे पर डाला गया महज़ पर्दा तो नहीं था जो दल की छवि के लिए फ़ायदेमन्द था? क्या देश किसी निपुण रणनीतिकार के मिथ्या दिखावे की

ओट में सत्ता हासिल करने की क्रिया से छला जा रहा था? आख़िरकार, गोविन्दाचार्य द्वारा तथाकथित यह बयान दिया जा चुका था कि एक मुखौटे का प्रयोजन रंगमच (नाटक) में ही होता है।

× × ×

सन् 1998 में अटल बिहारी जी ने पूरे देश का दौरा किया और स्वास्थ्य, शिक्षा और सुरक्षा को लेकर सार्थक भाषण दिये। उन्होंने सार्वजनिक तौर पर स्वीकारा कि अयोध्या में राम मन्दिर निर्माण को लेकर, समान नागरिक संहिता (यूनिफॉर्म सिविल कोड) और हिन्दू राष्ट्र के पुनरुद्धार जैसे प्रश्नों से उन्हें चिढ़ होती थी। काशी और मथुरा को लेकर कभी–कभार पूछे गये प्रश्न भी उन्हें परेशान करते थे जिसके जवाब में वे चुप्पी साध लिया करते थे।

तथापि, इस बात से क़तई इनकार नहीं किया जा सकता कि एक भव्य राम मन्दिर का निर्माण भाजपा का मुख्य मुद्दा था जिसे दल नज़रअन्दाज़ नहीं कर सकता था, ऐसा मुद्दा जिसने उसके 1991 की चुनावी छलाँग में बड़ी भूमिका निभायी थी। इस आशय से वाजपेयी ने अपनी नीति में सूक्ष्म बदलाव करते हुए कहा कि भाजपा सरकार के लिए मन्दिर निर्माण हेतु अधिनियम लागू करना आवश्यक नहीं है। 'हम बातचीत के ज़रिये मुद्दे को सुलझायेंगे–ठीक उसी तरह जैसे हमने लखनऊ में शिया और सुन्नियों के बीच अज़ादारी विवाद का निपटारा किया था। क़ानून की कोई ज़रूरत नहीं है।'**

'भाजपा भगवान श्रीराम को भला कैसे अपने से अलग कर सकती थी?' कुशाभाऊ ठाकरे, जो बाद में दल के नेता भी बने, जैसी कुछ और आवाज़ें भी थीं–'क्या कोई भी श्रीराम रहित भारत की कल्पना कर सकता है?' उन्होंने मुझसे एक बार पूछा था और साथ ही पूरी सच्चाई से यह बात भी जोड़ी थी–'यह सब हमारा कार्यक्रम है, लेकिन शक्ति नहीं है।' यह एक प्रकार की शिष्टोक्ति थी इस बात पर बल देने की कि उनकी विचारधारा को त्यागा नहीं जा रहा, वरन् कुछ समय के लिए स्थगित मात्र किया जा रहा है।

यह बात इस किताब में बार–बार दोहरायी जायेगी–वाजपेयी दूसरे आर.एस.एस. कार्यकर्ताओं से इस लिहाज़ से अलहदा थे कि राजनीति उनके लिए सम्भावनाओं का हुनर लिए एक कला (आर्ट ऑफ़ द पॉसिबल)

थी। ऐसा नहीं था कि वो संघ परिवार के निकट नहीं थे, ऐसा सर्वविदित था कि उनके तत्कालीन आर.एस.एस. संघचालक रज्जू भैया के साथ बड़े अच्छे ताल्लुक़ात थे। लेकिन इसके साथ ही, सार्वजनिक जीवन के वे लोग जो चुनाव जीतने का गुर नहीं जानते थे, उनके प्रति वाजपेयी कदाचित् तिरस्कार का भाव ही रखते थे।

उन्हें राजस्थान के मुख्यमन्त्री भैरों सिंह शेखावत, जसवन्त सिंह और बाद के दिनों में प्रमोद महाजन की सोहबत ख़ूब सुहाती थी, और यह सारे राजनेता परम्परागत शैली के राजनेता थे। 'मुझ पर निश्चित रूप से दल का पूर्ण विश्वास रहा होगा अन्यथा मैं देश के सर्वोच्च सम्मान, प्रधानमन्त्री पद पर आसीन न होता'। 'मुखौटा' विवाद पर उनका यह बहुचर्चित बयान परदे के पीछे जोड़–तोड़ करने वाले गोविन्द जैसे आयोजकों के प्रति उनकी अधीरता का ही उदाहरण था।

कट्टरपन्थियों में भी तथाकथित रूप से, वे बहुत लोकप्रिय न थे। साध्वी ऋतम्भरा ने, जो राम जन्मभूमि आन्दोलन के दौरान मुसलमानों के ख़िलाफ़ अपने विष–वमन के चलते बहुचर्चित रहीं, उन्हें 'आधा कांग्रेसी' होने का ख़िताब दिया और विश्व हिन्दू परिषद के तत्कालीन मुखिया दिवंगत अशोक सिंघल के साथ तो उनकी बोलचाल ही बन्द थी।

जहाँ तक आडवाणी और वाजपेयी के सम्बन्धों की बात थी, उसमें परत–दर–परत जटिलताओं का समावेश था।दीर्घकालीन मित्रता और साथ के कारण निश्चित रूप से परस्पर सम्मान की भावना थी। आडवाणी अन्य आर.एस एस. कार्यकर्ता की तरह ही संगठनात्मक पहलुओं में दक्ष थे–वाजपेयी के पास इन सबके लिए ज़रा भी सब्र न था। एक बार जब वाजपेयी प्रधानमन्त्री की भूमिका में व्यवस्थित हो गये, उनमें और आडवाणी में किसका पलड़ा ज़्यादा भारी है, यह प्रश्न अनुत्तरित ही रहा। क्या आडवाणी जिनके हक़ में आर.एस.एस. और दल का समर्थन अधिक था या वाजपेयी जिनका आकर्षण जनमानस के बीच ज़बर्दस्त था?

विचारशील आडवाणी ने इस दौर को, जिससे भाजपा दल गुज़र रहा था, इन शब्दों में बख़ूबी स्पष्ट किया–'यह दल के सैद्धान्तिक आन्दोलन से जन आधारित दल में तब्दील होने का दौर है। इसलिए हर क़दम पर अड़चनें हैं। अब हाल के दल के घोषणा–पत्र पर उठे क्लेश को ही ले लीजिए, जहाँ दूसरे दलों के लिए यह घोषणा–पत्र महज़ काग़ज़ का पुलिन्दा हो सकता है वहीं भाजपा में इसके सूक्ष्म से सूक्ष्म अन्तर पर भी बहस हुई।'

कुल मिलाकर, 19 मार्च, 1998 के शपथ ग्रहण समारोह तक आते–आते भाजपा ने, जितना उसे श्रेय दिया जाता था, उससे कहीं ज़्यादा लचीलापन दिखाया।

आर.एस.एस. के साथ लगी गर्भनाल काटी भी नहीं गयी और वाजपेयी मुखौटा कई दलों को भाजपा के साथ शामिल होने को आश्वस्त कर गया। वाजपेयी जी ने ख़ुद बड़े कलात्मक ढंग से बात को ऐसे पेश किया–'कई बार सम्भव है परिस्थितियों ने हमें कुछ सख़्त होने को मजबूर किया हो, भाजपा हमेशा एक उदारवादी दल ही रहा है।'

इसमें क़तई दो राय नहीं है कि एन.डी.ए. के निर्माण में आडवाणी और वाजपेयी की दक्षता और राजनीतिक बुद्धिमत्ता का परिचय सबको मिला। यह विडम्बना ही है कि 1998 के चुनावी अभियान के दौरान अपने भाषणों में वाजपेयी यूनाइटेड फ्रण्ट पर (जो कांग्रेस को बाहरी समर्थन दे रहा था) कटाक्ष करते हुए कहते पाये गये, 'कहीं का ईंट, कहीं का रोड़ा, भानुमती ने कुनबा जोड़ा' यद्यपि भाजपा ने स्वयं कमोबेश यही किया था, फ़र्क़ फ़क़त यह रहा कि भाजपा ने इस कुनबे को कार्य करने लायक बनाया।

जहाँ तक गोविन्दाचार्य की बात है, वाजपेयी ने इसे अपने ख़ास हास्य के अन्दाज़ के साथ निपटाया। एक वक़्त ऐसा भी आया जब वे गोविन्द का नाम न लेते हुए अपने क़रीबी लोगों के बीच उन्हें 'रजनीशाचार्य' (एक आचार्य का सन्दर्भ जिनके प्रशंसकों की लम्बी सूची थी) के नाम से सम्बोधित कर उनकी करनी गिनवाते थे और मज़े की बात यह कि एक बार ज़ाहिर तौर पर वे उनका नाम भूल गये और उन्हें 'द्रोणाचार्य' सम्बोधन दे डाला!

सन्दर्भ

* मण्डल कमीशन ने अपनी रिपोर्ट में ओबीसी के लिए आरक्षण का सुझाव दिया था जिसे 1990 में तत्कालीन प्रधानमन्त्री श्री वी.पी.सिंह ने मान्यता दे दी थी। इसने भारतीय राजनीति की रूपरेखा ही बदल डाली। उमा भारती और कल्याण सिंह दोनों ही लोध समुदाय के थे, पिछड़ी जाति का समुदाय होने से जिसका आरक्षण सूची में नाम दर्ज था। आते दिनों में दोनों मध्य प्रदेश व उत्तर प्रदेश के मुख्यमन्त्री भी बने, हालाँकि, कार्यकाल छोटा ही रहा। उनको इस प्रकार उभारना भाजपा के क्रमागत विकास के लिए बड़ा अहम था।

** अब जब 2019 के चुनाव सामने हैं, नरेन्द्र मोदी जी की अगुवाई में यह मुद्दा एक बार फिर भाजपा का मुख्य मुद्दा है। अयोध्या में भव्य मन्दिर निर्माण की राह में कुछ कानूनी बाध्यताएँ हैं, और लगभग बीस साल बाद एक बार फिर सभी सम्बन्धित हिस्सेदारों को साथ लाकर मुआमले के निपटारे हेतु श्री श्री रविशंकर जैसे लोगों द्वारा कोशिश हो रही है। दोनों पक्षों के कई लोगों का यह मानना है कि लम्बे समय से चला आ रहा विवादास्पद ज़मीन के मुआमले का फ़ैसला कदाचित् 2018 में ही हो जाये। ग़ौरतलब बात यह है कि मई 2017 को सर्वोच्च न्यायालय ने भाजपा के नेताओं लालकृष्ण आडवाणी, मुरली मनोहर जोशी और उमा भारती के ख़िलाफ़ बाबरी मस्जिद गिराये जाने के आपराधिक मुक़दमे की फिर से सुनवाई शुरू कर दी है। सर्वोच्च न्यायालय की पीठ ने इस सम्बन्ध में दैनिक सुनवाई के आदेश दिये हैं और यही नहीं, अधिकतम दो साल की समय सीमा भी निर्धारित कर दी है, जिस मुक़दमे को 16 साल पहले तकनीकी आधार पर लखनऊ न्यायालय ने ख़ारिज कर दिया था।

खुला माहौल

प्रधानमन्त्री कार्यकाल के प्रथम छह सप्ताह अटल बिहारी वाजपेयी के लिए सख़्त रहे और इसका प्रधान कारण जयललिता का छल–कपट भरा रवैया तो था ही, साथ ही आर.एस.एस. और भाजपा को कई महत्त्वपूर्ण बदलावों का सामना भी करना पड़ रहा था।

यहाँ एक बात कह देना निहायत ज़रूरी है कि वाजपेयी के कार्यकाल में जो पहली भाजपा की सरकार सत्ता में आयी, वो काफ़ी मुखर थी और हर विषय पर अपनी राय देती थी। कई बार राय अलग–अलग होती थी और इसकी ख़ूबसूरती ही यह थी कि नेता और कार्यकर्ता दोनों ही पूरी स्वतन्त्रता के साथ अपने विचार प्रकट करते थे (2014 में भाजपा का अवतार अलग था)। पीछे नज़र डालते हुए मैं यह कहना चाहूँगी कि चूँकि भाजपा आलाकमान वाली संस्कृति से नहीं उपजी थी, इसलिए हर कोई अपने दर्जे से ऊपर उठने की आरज़ू रखता था जिसकी वजह से ओहदों और सहूलियतों के लिए तगड़ी ठेलमठेल होती थी। यह भले ही अप्रिय और अव्यवस्थित दिखता था, पर एक स्वस्थ प्रक्रिया थी।

एक संवाददाता के लिए यह मज़ेदार था, क्योंकि अब उसके पास सूचना के कई सूत्र थे। अव्वल तो वाजपेयी के अधीन पी.एम.ओ. बेहद खुलापन लिए था जिनके कई अधिकारियों को संवाददाताओं से बातचीत करने से कोई परहेज़ नहीं था। लालकृष्ण आडवाणी के नेतृत्व में गृह मन्त्रालय था जो संवेदनशील होते हुए भी, कुछ संवाददाताओं के लिए रोज़ाना हाज़िरी देना नियम–सा बन गया था। दल का दफ़्तर संवाददाताओं की एक और पसन्दीदा जगह बन गयी, नियुक्त किये गये प्रवक्ताओं द्वारा दिये गये दैनिक खुलासों के अलावा भी गोविन्दाचार्य जैसे आर.एस.एस. के प्रचारक थे जो वहीं रहते थे, और कभी भी किसी भी वक़्त उनके साथ अनौपचारिक वार्ता की जा सकती थी।

वो भी एक दौर था जब टीवी की ख़बरें अख़बारों की मुख्य .ख़बरों का ही अनुसरण किया करती थीं। हम में से कई संवाददाता पहले अशोक मार्ग पर स्थित दफ़्तर जाकर दल द्वारा दिया गया विवरण हासिल करते और फिर दफ़्तर के पीछे जाकर नेताओं को उनके दफ़्तरों या निवास स्थानों पर मिलते। ऐसा रिवाज़–सा बन गया था। (ऐसे ही एक अवसर पर मैं पहली बार नरेन्द्र मोदी से साल 1998–99 में मिली)। परिपाटी से हटते हुए, झण्डेवालान स्थित आर.एस.एस. दफ़्तर से भी अब पत्रकारों को सूचना विवरण (ब्रीफिंग) दिया जाने लगा जो इस बात का सूचक था कि भाजपा में उनकी पैठ अब कोई राज़ न था।

यह बात तब और भी स्पष्ट हुई जब भाजपा के लिए अध्यक्ष चुनने का वक़्त आया। आडवाणी अब केन्द्रीय गृहमन्त्री के रूप में सरकार में थे और अध्यक्ष का स्थान खाली था। कुशाभाऊ ठाकरे, जो एक निष्ठावान आर.एस.एस. प्रचारक थे और ख़ास भाजपा के साथ कार्य करने के लिए तैनात हुए थे। कुशाभाऊ ठाकरे को विकल्प बनाकर आर.एस.एस. ने भाजपा पर अपना कसा शिकंजा ज़ाहिर कर दिया हालाँकि, सरकार अपनी स्वायत्त छवि को बरकरार रखना चाहती थी।

स्थिति कुछ अटपटी थी और मनोरंजक भी! उन दिनों भाजपा के बाहर के दलों का यह सवाल 'कौन कुशाभाऊ?' आम था, फिर शिवसेना के प्रमुख के नाम और इस नाम के बीच के फ़र्क़ को आँकने में कुछ पल लगते थे। शिवसेना एन.डी.ए. में भाजपा की सहयोगी पार्टी थी।

कुशाभाऊ कोई अपूर्व राजनीतिज्ञ नहीं थे पर परदे के पीछे के एक बड़े क़ाबिल संयोजक थे जो किसी भी दीर्घावधि से कार्यरत कार्यकर्ता का अनिवार्य कौशल हो जाया करता था। 1998 में दल अध्यक्ष का पद सँभालने के बाद जब मैंने उन्हें स्वयं का वर्णन करने को कहा, वह बोले, 'मैं वो हूँ जो, पृष्ठभूमि में रहता है, दल के कार्यकर्ताओं के, हारे हुए उम्मीदवारों के, जिनके पास कुछ नहीं उनके आँसू पोंछता, अपना कान्धा देता...'[1]

यह बात स्पष्ट थी कि वे स्वयं की छवि परदे के पीछे की शख़्सियत के तौर पर ही रखना चाहते थे।

इस बात पर ज़ोर देना लाज़िमी होगा कि कुशाभाऊ उन व्यक्तियों में से थे जो सादगी से दल के दफ़्तर में रहते थे, सार्वजनिक भोजनालय में अपना भोजन करते थे। दल अध्यक्ष बनने के बाद उन्हें एक अलग कमरा

दिया गया जिसके गुसलखाने में एक हैण्ड शावर था, और मुझे याद है वे किस प्रकार इन छोटी–छोटी सुविधाओं से विचलित हो गये थे, उनके शब्दों में, "मैं चारपाई पर खुले में सोने का आदी हूँ। ताउम्र मैंने एक कमरे में गुज़ारी है, मैं इस दूसरे कमरे का क्या करूँ?" जब उन्हें सुरक्षा मुहैया कराने की बात आयी, वे फिर कुछ विरक्त हो बोले, "क्यों? क्या मैं ख़तरनाक हूँ जो मुझे सुरक्षा प्रदान की जाये?"

बहरहाल, कुशाभाऊ के ज़िम्मे बड़ा काम था, और उनकी तवज्जो अब एक ऐसे कार्य पर थी जो भाजपा के लिए भी कुछ अर्थों में महत्त्व रखता था–क्या एक वैचारिक आन्दोलन को सरकार के अधीनस्थ रख पाना सम्भव था? इस कार्यपूर्ति के संकेत कुशाभाऊ ने लालकृष्ण आडवाणी द्वारा अप्रैल 1998 में दल के राष्ट्रीय कार्यकारिणी सम्मेलन में दिये गये उद्घाटन भाषण से लिए। दल के तत्कालीन अध्यक्ष आडवाणी ने नये चुने अध्यक्ष की विधिवत नियुक्ति की घोषणा करते हुए स्पष्ट रूप से कहा था, 'केन्द्र में गठबन्धन सरकार का हित सर्वोपरि होना चाहिए। दल की राज्य स्तर पर बनी रणनीति, दल की राष्ट्रीय रणनीति के अधीनस्थ होनी चाहिए।' बाद के दिनों में नये नियुक्त अध्यक्ष इस बात को बारम्बार दोहराते रहे, 'राष्ट्रीय कार्यसूची ही भाजपा की कार्यसूची है। भाजपा की, स्वयं की गठबन्धन सरकार की कार्यसूची से पृथक्, कोई कार्यसूची नहीं है।'

तथापि, संघ परिवार का दीर्घकाल का अनुभव लिए कुशाभाऊ इस तथ्य से बख़ूबी परिचित थे कि सरकार पर उसकी निर्भरता भाजपा दल के अपने वजूद को अधिक दिन टिका नहीं पायेगी। 'अगर हम दल को सरकार से अलग नहीं कर पाये तो हाल कांग्रेस जैसा होना निश्चित है, पचास साल पहले, कांग्रेस मुझ जैसे आर.एस.एस. कार्यकर्ता के लिए भी एक आदर्श था, आज उसका हश्र देखिये।' कुशाभाऊ मुझसे अक्सर ऐसा कहते थे।

कुशाभाऊ एक दिलचस्प शख़्सियत थे; दिल्ली में चूँकि उनकी कोई विशेष पहचान नहीं बनी थी इसलिए उनके आरम्भिक दिनों में उन्हें वो महत्त्व नहीं प्राप्त हुआ।

सद्यः हारी कांग्रेस के डगमगाते, अस्थिर क़दम और सत्ता में आने की लालसा रखती स्वयं को बारम्बार परिवर्तित कर उभरती भाजपा, इन दोनों का अन्तर जिन लोगों के योगदान की वजह से सामने आया, वो कुशाभाऊ जैसी ही शख़्सियत थे। कुशाभाऊ अपने संग एक ज़मीनी कार्यकर्ता का

दीर्घ और प्रभावशाली अनुभव लेकर आये थे, ऐसे कार्यकर्ता जिन्हें मध्य प्रदेश में आर.एस.एस. और भाजपा का गढ़ बनाने का श्रेय जाता है। उनसे हुई मुलाक़ातों से ही मुझे भाजपा में संवर्ग–निर्माण (कैडर–बिल्डिंग) की भूमिका को समझने का मौक़ा मिला।

उनके शब्दों में, उनके नियत दो मुख्य कार्य थे–जैसा पहले भी ज़िक्र किया है, उनका यह मत था कि सरकार पर ज़रूरत से ज़्यादा निर्भरता, एक राजनीतिक दल की अपनी विशिष्टता और साख सोख लेती है और इस लिहाज़ से उनकी कोशिश यह रही कि किसी हद तक पार्टी की अपनी एक स्वायत्तता बनी रहे।

इसके साथ ही, उन पर यह ज़िम्मेदारी भी थी कि भाजपा और आर.एस.एस. संवर्ग को ऐसा प्रेरित रखें कि वो सरकार में किसी से भी किसी प्रकार के सत्ता या शक्ति के प्रलोभन की चाह न रखें, न उससे विचलित ही हों। यह बड़ा जटिल कार्य था क्योंकि यह मनुष्य की मूल प्रवृत्ति के ही विपरीत था। वाजपेयी दौर में, बहुतों ने बिला वजह एहसान लिए और नैतिक रूप से न हिचकिचाए, न शर्मिन्दा ही हुए। उदाहरणस्वरूप भाजपा सरकार द्वारा 2002 में पेट्रोल पम्प का आवंटन जो संवर्ग और उनके परिवारों के बीच हुआ, इस काण्ड का बवाल भला कौन भुला सकता है।

मुझे याद है मैंने कुशाभाऊ से पूछा था कि क्या उनकी भूमिका मात्र आर.एस.एस. के लिए पीछे बैठकर गाड़ी चलाने तक ही सीमित है? जिसके जवाब में उन्होंने कहा था, 'हमारे समीक्षक जो सिर्फ़ आर.एस.एस. का नाम किसी हौव्वे की तरह जपते हैं हमें ठीक से समझ पाने में असमर्थ रहे हैं। वे आर.एस.एस. द्वारा दूरस्थ नियन्त्रण (रिमोट कण्ट्रोल) की बात करते हैं, लेकिन आर.एस.एस. छोटी–छोटी हिदायतें ही देता है, बस एक या दो, बाक़ी अपना सारा कामकाज भाजपा स्वयं देखती–सँभालती है।'

मेरे यह चुटकी 'बस एक या दो हिदायतें', पर फ़ौरन अपने आप को दोहराते और कारण बताते हुए बोले थे–'केन्द्रीकृत नियन्त्रण एक ग़ैर–हिन्दू अवधारणा थी।'

ऐसा कहा जाता है कि दल प्रमुख की भूमिका में स्वयं को पूरी तरह ढाल लेने और उसमें तल्लीन हो जाने पर भी उनका सम्पर्क वाजपेयी के साथ बहुत सीमित था, जो दल सम्बन्धी मामलों को आडवाणी के साथ विचार–विमर्श कर लिया करते थे।

वाजपेयी की प्रचारकों के साथ बनायी गयी सोची–समझी दूरी एक ऐसी सच्चाई थी जिसको संघ को न केवल स्वीकारना पड़ा, उसे निबाहने के तरीक़े भी ढूँढ़ने पड़े।

उन दिनों की तस्वीरों पर अगर नज़र डाली जाये, अगर यह मेरी कोरी कल्पना की उपज नहीं है तो, मुआफ़ करें, कहीं–कहीं वाजपेयी निहायत बोरियत का भाव लिए दीख पड़ते हैं, ख़ासकर, ऐसी तस्वीरों में जिनमें शिरक़त कर रहे दूसरे लोगों की शख़्सियत उन्हें कुछ नगण्य लगती हो।

गृहस्वामी

अटल बिहारी वाजपेयी का कोई रंग फीका न था। सार्वजनिक मंच पर वो चार दशक का अनुभव लिए प्रधानमन्त्री पद पर आसीन हुए थे। सांसदों की पीढ़ियाँ जिनमें जवाहरलाल नेहरू जी भी शामिल थे, हिन्दी में उनके वक्तृत्व कौशल का लोहा मान चुकी थीं। विचारधारा का अद्‌भुत विरोधाभास जो उनकी शख़्सियत में झलकता था, उन्हें दिलचस्प विश्लेषण का विषय बनाता था।

इन दो तथ्यों को ही ले लें–आर.एस.एस. के साथ ताउम्र जुड़ाव के बावजूद उनकी छवि एक उदारवादी की ही रही। वे अविवाहित कहलाये यद्यपि उनकी एक भरी–पूरी गृहस्थी थी।

मेरे जैसे संवाददाताओं का जिस समय वाजपेयी कथानक से जुड़ना हुआ, उनकी उम्र सत्तर के दशक में पहुँच चुकी थी, और वह एक पूरी जी हुई ज़िन्दगी अपने पीछे छोड़ आये थे। प्रधानमन्त्री बनने के बाद ही उनका 'व्यक्तिगत जीवन' प्रकाश में आया। ऐसा क़तई नहीं था कि मुख्यधारा की मीडिया उनके निजी जीवन व्यवस्था की गोपनीयता में जबरन घुसपैठ करना चाह रही थी, यह साफ़ था कि प्रधानमन्त्री निवास के संरक्षक निश्चित रूप से उनकी गोद ली हुई बेटी नमिता और उसके पति रंजन भट्टाचार्य थे। इन दोनों की बेटी निहारिका वाजपेयी की आँख का तारा थी और उनका निवास उन दोनों की तस्वीरों से भरा हुआ था। वाजपेयी जी के घर की रूह अलबत्ता एक महिला थीं, जिनका नाम श्रीमती कौल था, जो ख़ुद को सुर्ख़ियों से दूर ही रखती थीं। उन्हें सार्वजनिक आयोजनों और सरकारी भोजों में कभी–कभार अगर देखा भी गया हो, उन्हें बहुत कम सुना गया।

उनका रिश्ता कानूनी और पारम्परिक विवाहों से अधिक और बेहतर निभा। वाजपेयी पर लिखी कई जीवनियों में कुछ साधारण बातों का

उल्लेख बार–बार आता है। वह ग्वालियर (मध्य प्रदेश) में अपने छात्र जीवन के दौरान राजकुमारी हक्सर से मिले जो नेहरू–गाँधी परिवार के दूर के रिश्ते में थीं। हालाँकि, उन्होंने विवाह श्री बी.एन. कौल से किया, वाजपेयी के साथ उनका रिश्ता ज़िन्दगी भर रहा। इस दौरान वाजपेयी राजनीति में व्यस्त हो गये पर उन्होंने कौल दम्पति के साथ सम्पर्क बनाये रखा और जब भी दिल्ली आते, उनसे मुलाक़ात करते थे। श्री कौल दिल्ली के रामजस कॉलेज में अध्यापन करते थे।

मुझे वाजपेयी के निजी जीवन की कोई ख़ास अन्दरूनी जानकारी नहीं है, कि वो क्या ख़ासियत रही होगी जिसने इस रिश्ते को इतने लम्बे काल तक जिलाये रखा, ऐसा रिश्ता जो समाज द्वारा स्थापित वैवाहिक बन्धन में नहीं बँधा था। यह बात भी उतनी ही सच है कि प्रेस में कभी भी यह चर्चा का विषय नहीं बना। इसकी वजह यह रही कि अटल जी ने इसे राज़ रखने की कभी कोई चेष्टा नहीं की। वो श्रीमती कौल के प्रति उतने ही समर्पित थे जितना श्रीमती कौल उनके प्रति रहीं और नमिता को वो हर लिहाज़ से अपनी पुत्री सदृश मानते थे। उन्होंने दुनिया से कभी कुछ नहीं छुपाया।

वाजपेयी के सेवानिवृत्त होने के बाद के दिनों में एक बार अचानक मेरी नमिता से भेंट हो गयी, और अन्य बेटियों की तरह ही, जो बेटों से अधिक अपने माता–पिता का ख़याल रखा करती हैं, वो बोलीं कि अब उनका अधिकतर समय बापजी (अटल जी को वो इसी नाम से पुकारती थीं) और अपनी माँ का ख़याल रखने में बीतता है। (श्रीमती कौल का अट्ठासी वर्ष की उम्र में सन् 2014 में निधन हो गया)

वाजपेयी 'अविवाहित' प्रधानमन्त्री रहे जिनका परिवार भी था और उसकी अपनी माँगें भी रहीं और किसी भी अन्य पारम्परिक गृहस्थ के परिवार की तरह ही, उनके प्रधानमन्त्री काल में परिवार अपने वज़ूद का एहसास बख़ूबी दिलाता रहा। 1996 में रंजन भट्टाचार्य प्रधानमन्त्री के दफ़्तर (पी.एम.ओ.) में ऑफ़िसर ऑन स्पेशल ड्यूटी (ओ.एस.डी.) नियुक्त हुए लेकिन जब तेरह दिन के अपने अति अल्पकाल के बाद सरकार गिरी, वो अपने होटल मार्केटिंग व्यवसाय में लौट गये।

1998 के दुष्कर चुनावी अभियान के दौरान जब वाजपेयी को एक परिवार के सदस्य की ज़रूरत थी, रंजन उनके इस अभियान में उनके साथ थे।

वाजपेयी के व्यक्तित्व पर कार्य करने के दौरान मेरा और रंजन का कई बार मिलना हुआ और बातचीत भी हुई। चुनावी अभियानों के दौरान उनके साथ अपने सफ़र का ज़िक्र करते हुए रंजन ने बताया कि 'बापजी बहुत अन्तर्मुखी और ज़्यादा लोगों से बातचीत नहीं करते, इसलिए मुझे उनकी निजी ज़रूरतों, उनके स्वास्थ्य का ख़याल रखने के लिए उनके साथ होना पड़ा। बापजी ने इस बात पर हमेशा ज़ोर डाला है कि मैं फ़क़त परिवार का एक सदस्य मात्र हूँ, उससे अधिक और कुछ नहीं। यह ज़रूर है कि उनके चुनावी प्रचार के दौरान मैं शामिल रहूँगा।'[1] 1998 के चुनावी अभियान के दौरान रंजन लगातार वाजपेयी जी के साथ नज़र आये और उनके अन्तर्गत कई कार्यों में, बिन बुलाये लोगों और पिछलग्गुओं के आये तमाम फ़ोन कॉल्स की छानबीन करना एक बड़ा काम रहा। मुझे याद है रंजन ने मुझसे कहा था कि किस प्रकार वह दो महीने में तीन बार अपना फ़ोन नम्बर बदलने पर विवश हुए थे।

वाजपेयी पर प्राप्त सूचना की अधिकता इस बात का सबूत थी कि भाजपा की यह पहली हुकूमत किस क़दर खुलापन लिए थी। जैसा मैं पहले भी ज़िक्र कर चुकी हूँ दल से बात होती थी, उनके परिवार वालों से बात होती थी, और उनके मित्र भी बातचीत में पीछे न थे। रंजन जहाँ विनम्र और व्यवहारकुशल थे, वहीं नमिता हमेशा स्पष्टवादी और मुँहफट रहीं। वो दिल्ली के एक नामचीन ग़ैर–सरकारी विद्यालय में अध्यापिका थीं और प्रायः अपने छात्रों को घर लाया करती थीं। चूँकि मैं उस सम्मानित बुज़ुर्ग पर एक आलेख लिख रही थी इसलिए, अक्सर वहाँ जाया करती थी। एक छात्र की माँ मुझसे बोली थीं, 'मेरे बच्चे यहाँ आकर धमा–चौकड़ी मचाये' रहते हैं, हरी घास पर ऊधम किये रहते हैं और वाजपेयी पर लदे रहते हैं। वो देश के आज प्रधानमन्त्री ज़रूर हैं, पर बच्चों के लिए सिर्फ़ नाना जी रहे हैं जिन्हें उनका वहाँ होना बहुत भाता था, नाना जी जो बहुत बड़े मकान में ढेर सारे बन्दूकधारियों के साथ रहते थे।'[2]

बन्दूकों और बन्दूकधारियों के अलावा दो कुत्ते भी थे, सैसी और सोफी जो घर भर में दौड़ा करते थे और इनके साथ ऋतु नाम की एक बिल्ली भी थी।

रंजन ने मुझे एक बार कहा था कि वाजपेयी जी एकान्तप्रिय थे और अक्सर अपने कुत्तों के साथ टहलने निकल जाया करते थे और ग़ायब हो जाते थे। अपने साथ कई बार वे नमिता के बिस्तर के पास टेबल

पर रखे सनसनीखेज़ आपराधिक उपन्यासों को ले उड़ते थे। संजीदा राजनीतिक जीवनियों और हिन्दी उपन्यासों के साथ वे लोकप्रिय अंग्रेज़ी उपन्यास पढ़ने का भी शौक़ रखते थे। 1998 के चुनावी अभियान के दौरान वो जॉन ग्रीषम को पढ़ रहे थे और अभियान के ख़ात्मे तक उन्होंने 'द क्लाइंट' और 'द फर्म' पढ़ डाली थी। मैंने उस ज़माने की वाजपेयी पर ऐसी असंख्य छोटी–छोटी बातें इकट्ठा की हैं, जो आज के ज़माने में असम्भव सा लगता है।

एक व्यक्ति और था जिसकी उस गृहस्थी में स्थायी उपस्थिति थी और वो थे हट्टे–कट्टे मुच्छड़ शिवकुमार जिसे उस दौर की बहुत सारी तस्वीरों में देखा जा सकता है। शिवकुमार लगभग तीन दशकों से, वाजपेयी के प्रधानमन्त्री बनने से पहले से उनके विश्वासपात्र सेवक रहे। वाजपेयी का संघ परिवार से कितना गहरा नाता रहा है, वह इस बात से भी पता चल जाता है कि 1969 में जनसंघ के कहने पर शिवकुमार ने अपनी वकालत छोड़ दी और अपना सारा वक़्त वाजपेयी के लिए कार्य करने में समर्पित किया और उनके साथ बने रहे। 'मैं अटल जी का चपरासी, रसोइया, सचिव, अंगरक्षक और निर्वाचन क्षेत्र प्रबन्धक, सब रहा हूँ।' प्रधानमन्त्री अटल जी के साथ अपने अनोखे रिश्ते का वर्णन करते हुए उन्होंने कहा था। काम के अलावा भी, उन्होंने अपनी कुछ बेहतरीन यादें मेरे साथ साझा कीं। 1993 की अमरीका यात्रा के दौरान जब सारी सरकारी औपचारिकता और वचनबद्धता वह निभा चुके थे, उन्होंने शिवकुमार को अपने साथ लिया और पहले डिज़नीलैंड और फिर ग्रैंड कैनियन का आनन्द उठाने चल पड़े। शिवकुमार याद करते हैं, नाना प्रकार की सवारियों (राइड्स) का लुत्फ़ उठाने के लिए अटल जी टिकट की पंक्ति में बार–बार जा खड़े होते। उम्र के साठवें दशक में क़दम धरे उनका उत्साह देखते ही बनता था!

यह सर्वविदित था कि वह भ्रमण के बेहद शौक़ीन थे, सिर्फ़ सरकारी औपचारिकता निबाहने के ही कायल न थे। इस लिहाज़ से बहुत कुछ नेहरू जैसे थे, जिन्हें विदेश भ्रमण बहुत भाता था। वाजपेयी जो हमेशा हमें धोती–कुर्ता पहने ही नज़र आये, विदेश में उनका परिधान सर्वथा अलग होता था।

धोती–कुर्ते के स्थान पर बन्दगला, तब के फैशन के अनुरूप पतलून और शर्ट में वे पहचाने ही नहीं जाते थे। उनकी शख़्सियत पर काम करते

हुए मैंने एक 'मोदी' को ढूँढ़ निकाला जो प्रधानमन्त्री के क़रीबी निकले; इनका नाम मुकुन्द था और न्यूयॉर्क शहर के ब्रुकलिन ईस्ट में इनका दवाखाना था और स्टेटन आइलैंड में उनका घर। उस समय वह भाजपा के विदेशी मित्रों के संगठन के संस्थापक–अध्यक्ष थे, और उन्होंने मुझे वाजपेयी के रेस्तराँ अनुभवों के बारे में बताया (वाजपेयी मैक्सिकन व्यंजनों के शौक़ीन थे) और किस प्रकार उन्होंने ब्रॉडवे पर 'एविटा' और 'फ़िडलर ऑन द रूफ़' जैसे शो का मज़ा लिया था।

जहाँ तक वाजपेयी की व्यंजनों के प्रति लगाव की बात रही, मैं अपनी तरफ़ से दो बातें उसमें और शामिल करती चलूँ। एक बार एक रात्रिभोज में मैं उनके पास बैठी थी। उन्होंने अप्पम और चिकन स्टू का भरपूर लुत्फ़ उठाया और इतना मगन थे कि लोगों के सवालों का सिर्फ़ सिर हिलाकर या मुस्कुराकर जवाब देते गये। ऐसा था उनका आचरण एक साथ ही मृदु, तटस्थ, सहज और मनभावन। कभी मुझे ऐसा एहसास भी हुआ है कि सवालों के जवाब देते हुए वह ऊब भी जाया करते थे, वहीं व्यवहार की सूक्ष्म बारीकियों पर उनकी पकड़ कमाल की थी। कहीं सवाल के जवाब में मृदु मुस्कान, कहीं एक चुटकुला, कहीं सुझाव। मेरा ऐसा मानना है कि उनका अस्पष्टता की ओर एक स्वाभाविक झुकाव था और बड़बोलेपन के प्रति अरुचि–सी थी।

एक और पुराने मित्र वाजपेयी के जीवन में अपना विशिष्ट स्थान रखते थे, सर्वोच्च न्यायालय में अधिवक्ता और भाजपा के तत्कालीन राष्ट्रीय कार्यकारिणी के सदस्य। नाम एन. एम. 'अप्पा' घटाटे। दोनों एक–दूसरे को सन् 1957 से जानते थे जब घटाटे सिर्फ़ वाजपेयी का वक्तृत्व सुनने संसद में आते थे। उस वक़्त के लोकसभा स्पीकर श्री अनन्तशयनम अयंगर ने ज़ाहिर तौर पर यह बात कही थी कि अगर सदन में अंग्रेज़ी वक्ताओं में वामदल के एम.पी. हिरेन मुखर्जी सबसे आला हैं तो हिन्दी वक्तृता में 'नवागन्तुक' अटल बिहारी वाजपेयी लाजवाब हैं।

जब यह बात घटाटे ने वाजपेयी से कही, अपने चिर–परिचित अन्दाज़ में उनका जवाब हाज़िर था, 'तो फिर बोलने क्यों नहीं देते हैं?'

अप्पा घटाटे का जीवन अब पूरी तरह वाजपेयी को समर्पित था। 1998 तक आते–आते वह अटल जी की संसदीय भाषणों के तीन संस्करण सम्पादित कर चुके थे, जिनमें उनके तीन वर्षों का अथक परिश्रम शामिल था। उन्होंने वाजपेयी जी के निजी और सार्वजनिक व्यक्तित्व के पार्थक्य

पर सविस्तार अपने उद्गार रखे, 'अपने निजी जीवन में वाजपेयी बड़े अल्पभाषी हैं और हमने घण्टों बिल्कुल मौन, एक–दूसरे से बिना एक लफ्ज़ कहे, साथ सफ़र किया है। जैसे ही वे सार्वजनिक मंच पर होते हैं, उनका व्यक्तित्व बिल्कुल बदल जाता है।' उनके व्यक्तित्व की छोटी–छोटी कुछ और दिलचस्प जानकारियाँ मैंने हासिल कीं : उन्होंने कभी वाहन चलाना नहीं सीखा और न धार्मिक तबीयत के थे और न ही वहमी। 1995 में जब तमाम मन्दिरों में भगवान गणेश जी के 'दुग्ध पान' की चर्चा थी, वह दिल खोलकर हँसे थे। घटाटे पर अटल जी का कुछ ऐसा सम्मोहन था कि वाजपेयी जी के सत्ता से बाहर होने के सालों बाद तक भी वह उनके सम्पर्क में रहे और उन लोगों को खोज निकालते रहे जिनमें वाजपेयी दौर की यादें बची थीं।

क्या वाजपेयी और आडवाणी कभी मित्र रहे थे? जब मैंने भाजपा पर लिखना और उसे कवर करना आरम्भ किया, दोनों एक–दूसरे से बहुत अलग शख़्सियत वाले व्यक्ति दिखे। वाजपेयी जहाँ खाने के बेहद शौक़ीन थे, वहीं आडवाणी बहुत मिताहारी थे। उनके पंडारा मार्ग निवास पर उनके साथ भोजन करने का सुयोग मुझे मिला, मात्र एक चपाती, एक कटोरी दाल और दो सब्ज़ियों में उनका भोजन हो जाता था। यही वजह है कि वाजपेयी के बनिस्बत वह ज़्यादा सेहतमन्द रहे, ख़ासकर अपने जीवन के उस चरण में जब यह दोनों अनुभवी नेता भाजपा को राष्ट्रीय स्तर पर स्थापित कर रहे थे। हालाँकि, वाजपेयी ज़्यादा वाक्पटु थे, आडवाणी अपने कथनों में ज़्यादा स्पष्टवादी रहे। अपनी प्रतिक्रियाओं में बिल्कुल स्पष्ट, और किसी भी तय वक़्त पर उन्हें क्या निर्णय लेना है या कौन–सा मार्ग अपनाना है, इस पर कभी भी वह अनिश्चय या ढुलमुल रवैया लिए नहीं रहे।

परमाणु परीक्षण पर विवाद

11 मई 1998 को, एन.डी.ए. के सत्ता में आने के दो महीने बाद ही, भारत ने राजस्थान के पोखरण मरुभूमि में एक ही समय में तीन परमाणु परीक्षण करने का दुस्साहसी फ़ैसला लिया। प्रभावी रूप में, भारत ने ऑपरेशन शक्ति (जो इसका सांकेतिक नाम रखा गया) के ज़रिये स्वयं को विश्व का छठा परमाणु शक्ति समृद्ध देश घोषित कर दिया; अमरीका ने तुरन्त प्रक्रिया जताते हुए भारत पर कई प्रतिबन्ध लगा दिये किन्तु इसके दो दिन बाद ही, दो अतिरिक्त परीक्षण फिर दोहराये गये।

अपनी किताब *'माय कंट्री, माय लाइफ़'* में पोखरण–2 पर एक दिलचस्प पंक्ति है। आडवाणी लिखते हैं, 'सबसे पहला और महत्त्वपूर्ण कार्य था भारत को एक परमाणु शक्ति समृद्ध देश बनाना–भाजपा के 1967 के बाद के हर चुनावी घोषणा–पत्र की यह एक अहम प्रतिबद्धता रही है।'[1] चूँकि भाजपा का गठन 1980 में ही हुआ था, इस बात से यह साफ़ है कि आडवाणी जी के लिए जनसंघ और बीजेपी अलग हस्तियाँ न थीं!

एक सप्ताह बाद ही पाकिस्तान ने अपना परमाणु परीक्षण कर डाला जिससे दोनों देशों के बीच तनाव काफ़ी बढ़ गया। ग़ौरतलब है कि दोनों देश आपस में गुज़रे दिनों में जंग लड़ चुके थे। 1974 में इन्दिरा गाँधी ने जब परमाणु परीक्षण किये थे, इसका सांकेतिक नाम 'स्माइलिंग बुद्धा' रखा गया था और यह पोखरण–1 के नाम से निर्दिष्ट है : वाजपेयी अब पोखरण–2 के साथ आगे क़दम बढ़ा चुके थे। परमाणु परीक्षण के नतीजतन सुरक्षा प्रतिष्ठानों और सभ्य समाज में यह वाद–विवाद की विषयवस्तु रही कि परीक्षण का फ़ैसला, रणनीति को मद्देनज़र रख देखा जाये तो क्या एक बुद्धिमत्तापूर्ण फ़ैसला था?

यह एक बढ़िया राजनीतिक फ़ैसला था जिसने भाजपा और उसके मूल चुनावी क्षेत्रों को न केवल एक ऊर्जा प्रदान की बल्कि उनमें एक आनन्द

की लहर–सी दौड़ गयी। अटल जी की कथित राजनीतिक कमज़ोरी, पाँच ज़ोरदार धमाकों के आगे अस्थायी रूप से ही सही, मिट गयी जिसका उल्लेख आडवाणी जी ने अपनी किताब में इस प्रकार किया है :

'बीते दौर पर नज़र डालूँ तो मैं यह पाता हूँ कि भारतीय जनता ने वाजपेयी सरकार के कई योगदानों को स्वीकारा और सराहा है...लेकिन हमारी सरकार की सर्वाधिक बड़ी उपलब्धि देशवासियों में एक गर्व की भावना, एक आशा, एक आत्मविश्वास की सृष्टि करना रहा, देश में भी और विदेशों में रह रहे देशवासियों में भी।'[2]

परमाणु परीक्षण का फ़ैसला अटल बिहारी वाजपेयी का सर्वथा निजी था और आरम्भ में यह उनके और उनके राष्ट्रीय सुरक्षा सलाहकार बृजेश मिश्रा तक ही सीमित था, और सरकार के बाहर डॉ. ए.पी.जे. अब्दुल कलाम जो उस वक़्त डिफेन्स रिसर्च और डेवलपमेंट ऑर्गेनाइजेशन (डीआरडीओ) के प्रमुख थे। आगे चलकर वह भारत के राष्ट्रपति बने। योजना का अन्तिम रूप पारित होने के बाद ही मूल दल (कोर टीम) ने इस 'ऐतिहासिक क्षण' का खुलासा गृहमन्त्री लालकृष्ण आडवाणी के समक्ष रखा। इसके बाद वित्तमन्त्री यशवन्त सिन्हा, रक्षामन्त्री जॉर्ज फ़र्नांडिस, योजना आयोग के उपाध्यक्ष जसवन्त सिंह और भाजपा मुम्बई के युवा नेता प्रमोद महाजन जो कालान्तर में प्रधानमन्त्री कार्यालय (पी.एम.ओ.) में राजनीतिक सलाहकार बने, को इससे अवगत कराया गया। भविष्य में वाजपेयी दौर को चलाने वाला यह ही मूल दल निर्दिष्ट होगा।

पोखरण–2 के पश्चात्, वैज्ञानिक सोच का आह्वान करते हुए, लालबहादुर शास्त्री के लोकप्रिय नारे 'जय जवान जय किसान' के तरह ही 'जय विज्ञान' का नारा दिया गया। लालबहादुर शास्त्री जी ने नारा किसानों और सैनिकों के राष्ट्र निर्माण में योगदान की सराहना में दिया था।

एक और नारा भी था जो उन दिनों धूम मचाये था और वो था– 'जय एटम बम'[3]–जो भाजपा के परमाणु परीक्षण के बाद के उत्साह को बख़ूबी वर्णित करता था। कुछ समय के लिए ही सही, भाजपा नेता और उसके संवर्ग इस ख़ुशफ़हमी में रह लिए कि इन पाँच धमाकों से देश का राजनीतिक समीकरण तब्दील हो चुका था।

ऐसी धारणा बन गयी थी कि जो भी इन परीक्षणों के विरोध में बोलता, उसे 'देशद्रोही' विशेषण से नवाज़ा जाता। भाजपा के तत्कालीन महासचिव (जो आज भारत के उपराष्ट्रपति हैं) वेंकैया नायडू ने खुले तौर पर उन सबको जो इस परीक्षण के विरोध में अपनी राय रखते थे, 'देशद्रोही' करार दिया था।

पोखरण–2 के बाद का दौर उस दौर का आग़ाज़ था, जब भाजपा ने बहुत ही प्रभावी तरीक़े से 'अत्योक्ति राष्ट्रवाद' नामक तकनीक का इस्तेमाल किया जिसने समीक्षकों का मुँह बन्द कर दिया। वाजपेयी काल में शुरू हुई इस तकनीक का चरमोत्कर्ष 2014 के पश्चात् के मोदी दौर में देखने को मिला। यहाँ यह कहना उचित होगा कि इन्दिरा गाँधी में जो एक राष्ट्रवाद कार्ड को भुनाने की कला थी, भाजपा उस कला की दबे–छुपे ही सही, प्रशंसक ज़रूर रही थी। 1971 में भारत के हस्तक्षेप के परिणामस्वरूप जब पूर्वी पाकिस्तान आज़ाद हुआ (जो बाद में बांग्लादेश कहलाया) अटल बिहारी वाजपेयी, जो जनसंघ के सर्वाधिक स्पष्ट और सशक्त वक्ता थे, ने इन्दिरा को देवी दुर्गा का सम्बोधन दे डाला था। पोखरण–2 के बाद संसद में वाजपेयी ने इस बात पर विशेष रूप से टिप्पणी की थी कि 1974 में जब इन्दिरा गाँधी ने भारत के परमाणु कार्यक्रम की घोषणा की थी, उन्होंने इन्दिरा जी की संसद में तारीफ़ ही की थी।

भाजपा इन धमाकों के माध्यम से 'राष्ट्रवादिता' को भुनाने का एक बढ़िया मौक़ा देख रही थी जिस पर अब तक कांग्रेस दल का ही वर्चस्व रहा था। 1998 पोखरण–2 पर कांग्रेस ने अपनी स्थिति स्पष्ट करने में जिस प्रकार का ढुलमुल रवैया दिखाया, इससे भाजपा की 'राष्ट्रवादिता' को काफ़ी हद तक मदद मिली।

अन्य बातों के अलावा भी, तत्कालीन कांग्रेस अध्यक्ष सोनिया गाँधी ने दस दिन और तमाम आत्मविश्लेषण के बाद परमाणु परीक्षण के विरुद्ध अपना बयान दिया। अपने पति राजीव गाँधी की सातवीं पुण्यतिथि पर कुछ कटुतापूर्ण ही उन्होंने यह बात कही, 'वास्तविक शक्ति संयम में है, शक्ति प्रदर्शन में नहीं।'

सोनिया की प्रतिक्रिया आने में विलम्ब का कारण उसके अपने ही दल में इन परीक्षणों को लेकर दो पृथक् दृष्टिकोणों का पनपना रहा। जहाँ तत्कालीन विपक्ष के नेता शरद पवार ने तत्परता दिखाते हुए इस 'राष्ट्रीय गौरव' का पूर्ण समर्थन किया, वहीं अखिल भारतीय कांग्रेस कमेटी (ए.आई. सी.सी.) के सचिव मणिशंकर अय्यर, कांग्रेस प्रवक्ता सलमान ख़ुर्शीद और आर्थिक मामलों के सचिव जयराम रमेश, यह तीनों जो सोनिया के क़रीबी माने जाते थे, ने उन्हें इसका विरोध और इस कृत्य की निन्दा करने की सलाह दी थी, हालाँकि शुरुआत में अखिल भारतीय कांग्रेस कमेटी के

विदेश कार्यालय के अध्यक्ष के. नटवर सिंह का मत ही, जो सतर्क प्रशंसा लिए था, व्यापक हुआ था।

अपने दल के सदस्यों के साथ हुए सलाह–मशविरे में सोनिया ने कथित रूप से इस बात को स्वीकारा था कि 'हवाओं का रुख़ भाजपा की जानिब है।' अन्ततः संशयवादियों ने यह तर्क दिया कि नेहरू–गाँधी विदेश नीति पर जो अब तक एक आम सहमति रही थी, इस परीक्षण से अटल बिहारी वाजपेयी ने उसको तहस–नहस कर डाला था। चूँकि परीक्षण के खुलकर विरोध में कांग्रेस अब भी नहीं आ पा रही थी, उन्होंने सरकार पर लोगों में जंग का उन्माद उत्पन्न करने का आरोप लगाया। पोखरण–2 के बाद के दिनों में सोनिया के 'विदेशी' मूल को बार–बार उठाया गया।

जहाँ तक विरोध की बात है, वामपन्थी दल एकमात्र ऐसा दल था जिसने सीधे तौर पर प्रधानमन्त्री पर 'बम को देशप्रेम के साथ समीकृत' करने और 'कौमपरस्त सरगर्मियों' को हवा देने का आरोप लगाया। समाजवादी पार्टी अध्यक्ष मुलायम सिंह यादव ने भाजपा पर मुद्दे को साम्प्रदायिक रंग देने का आरोप जड़ दिया।[4] विपक्ष अब इस बात को पकड़ कर बैठ गया कि 'बम' एक ऐसा खुफ़िया हथियार था, जो तथाकथित हिन्दू राष्ट्र ने अपने शत्रुओं को मौन करने के लिए बनाया था!

हालात ऐसे दरपेश थे कि गृहमन्त्री लालकृष्ण आडवाणी को हस्तक्षेप करते हुए हिन्दू बम जैसी तमाम अटकलों को और पाकिस्तान का कथन कि यह परीक्षण दो राष्ट्र सिद्धान्त की तस्दीक करता है, सिरे से ख़ारिज करते हुए बयान देना पड़ा था। यह बहुत सतर्कतापूर्ण रचा गया था, और इस प्रकार था :

''डॉ. ए.पी.जे. अब्दुल कलाम और फारुक अब्दुल्ला, दोनों ही अपने देश के लिए उसी देशभक्ति के जज़्बे, जोश और समर्पण से काम करते हैं जैसे देश के अन्य नागरिक और यह एक ऐसी वास्तविकता है जो दो–राष्ट्र सिद्धान्त के लचर ढाँचे पर आधारित नहीं है, जिस पर पाकिस्तान का वजूद बना है।''[5]

लेकिन इस बात से इनकार नहीं किया जा सकता कि संघ परिवार में हिन्दू राष्ट्रवाद का एक सशक्त अन्तःप्रवाह बह चला था। मुझे गोविन्दाचार्य का कथन याद आ रहा है जो मुझसे उन्होंने कहा था, 'अयोध्या के संग देशवासियों का जिस तरह का भाव जुड़ा है, परमाणु परीक्षण भी हमारे राष्ट्रीय गौरव पर दावे का भावनात्मक सूचक है।' भाजपा ने राष्ट्रवाद पर अपने 'आधिपत्य' का शुभारम्भ कर दिया था, दो दशक बाद जिसका प्रकटस्वरूप सबके सामने है।

पोखरण–2 के बाद यह राष्ट्रवाद का भाव अपने पैरों पर खड़ा हुआ था और हर क़दम सावधानी से रख रहा था। मसलन, राजस्थान राज्य के भाजपा कार्यकारी अधिकारी ने प्रधानमन्त्री वाजपेयी के लिए एक सार्वजनिक सभा की रूपरेखा तैयार की थी, जिसमें रामदेवरा नामक जगह में, जो पोखरण से 12 किलोमीटर की दूरी पर स्थित था, (सन्त रामदेव के लिए श्रद्धास्वरूप नामकरण) उन्हें जनता को सम्बोधित करना था, जिसके बाद रैली में आये लोग उस जगह की माटी को मुट्ठी में भर दल सम्बन्धित कार्यों में ख़ुद को समर्पित करने का प्रण लेने वाले थे। राज्य में वर्ष के अन्त में चुनाव भी होने वाला था।

बहरहाल, इस राजनीतिक प्रचार की योजना को प्रधानमन्त्री जी के हस्तःक्षेप ने रोक लिया। अपने निवास पर भाजपा कार्यकर्ताओं को सम्बोधित करते हुए उन्होंने कहा, 'कोई दल या शख़्स परीक्षण का ताज अपने सिर पर नहीं सजा सकता।'[6]

उन्होंने बाद के दिनों में बैंगलोर (सम्प्रति बेंगलुरु) में आयोजित एक सार्वजनिक सभा को भी रद्द किया, जिसे 'बिग बॉम्ब' पर उनका अभिनन्दन हेतु दल के कार्यकर्ताओं ने आयोजित किया था।

डॉ. फारुक अब्दुल्ला ने भी, जो उस वक़्त एन.डी.ए. में शामिल थे, पोखरण के बाद के कथानक में एक दिलचस्प भूमिका निभायी। वाजपेयी जी के साथ वो पोखरण गये जहाँ उन्होंने स्पष्ट किया, 'भगवान श्रीराम सिर्फ़ हिन्दुओं के ही नहीं हैं, वरन् वे पूरे विश्व के भगवान हैं और इसी लिहाज़ से फारुक अब्दुल्ला के भी भगवान हैं'।

इन्हीं सब के बीच वी.एच.पी. के नेता, जैसा कि पहले कहा जा चुका है, इस बात को लेकर एकमत थे कि राम जन्मभूमि आन्दोलन का मुद्दा जो मूल रूप से उनका था, आडवाणी ने बड़ी दक्षता और सफ़ाई से अब उसका सारा श्रेय उनसे हथिया लिया था। उन्होंने परीक्षण का जश्न अब अपने तरीक़े से मनाने की ठानी। उन्होंने इसे 'जय श्री बम' का नाम दे डाला। उन्होंने पोखरण में एक शक्तिपीठ की स्थापना की घोषणा की (माँ दुर्गा को उत्सर्ग एक स्थान) 'हमें भाजपा से कोई सरोकार नहीं है,' वी.एच.पी. के तत्कालीन मुख्य सचिव श्री गिरिराज किशोर मन्दिर निर्माण की घोषणा करते हुए दहाड़े, 'शक्ति का स्वरूप शिव और पार्वती के ताण्डव में परिलक्षित होगा।'

ताण्डव का शुभारम्भ हो चुका था।

राजा के सारे सिपाही

11 मई, 1998 भारत की परमाणु नीति का सिर्फ़ एक ऐतिहासिक क्षण ही नहीं था। यह यक़ीनन वह क्षण भी था जब प्रधानमन्त्री अटल बिहारी वाजपेयी की शख़्सियत के साथ एक राष्ट्रपति पदतुल्य वैभव जुड़ गया था। विश्व के समक्ष पोखरण परीक्षण की घोषणा कर चौंकाने वाले प्रधानमन्त्री में वो मिलनसार, सांसद भर नहीं रह गये थे। पार्श्व में फहराता तिरंगा, खम्भे की तरह सीधे खड़े दो सहायक, शिष्टाचार का नज़ारा ह्वाइट हाउस के पत्रकार सम्मेलन का बिल्कुल स्वदेशी रूप–सा प्रतीत हो रहा था।

जैसे कि पहले भी कहा जा चुका है, इनकी कार्य करने की शैली की अगर आडवाणी की शैली से तुलना करें, तो वाजपेयी शानदार रणनीति बनाने के कायल थे लेकिन सूक्ष्म बारीकियों के लिए जिस सब्र की ज़रूरत होती है, उनमें वह नदारद था। 50,000 की सभा को सम्बोधित करते हुए वो जितना सहज, मुखर और अपने रंग में होते थे, पाँच लोगों से भरे एक कमरे में उतना ही असहज और चुपचाप–से, बहुत जल्दी ऊबने वाले और ऐसे जो पिछलग्गुओं, ख़ुशामदी तत्त्वों और गुटबाजों से दूरी बनाये रखने वालों में से थे। ऐसे लोग जो ख़ुद को उनके गुट का हिस्सा समझते थे उनके द्वारा अपने नाम और सान्निध्य को भुनाने की कोशिश की ख़बर जब प्रधानमन्त्री जी को पहुँचती थी, तो वे लोग ख़ुद को अचानक उनकी कृपादृष्टि से वंचित पाते थे।

इसके बावजूद एक छोटी–सी मण्डली थी, जिन पर उनका भरोसा किसी प्रकार के प्रश्न के परे था। शक्ति सिन्हा, जो प्रधानमन्त्री के निजी सचिव थे, ज़्यादातर सुबह पी.एम.ओ. में आने वाले सबसे पहले व्यक्ति होते थे। एक मिलनसार प्रशासनिक सेवाधिकारी, चारखानेदार बुश्शर्ट का पहनावा जिनकी विशिष्टता बन चुकी थी, वाजपेयी जी के साथ 1996 से

कार्य कर रहे थे और वाजपेयी दफ़्तर का ऐसा अभिन्न अंग बन चुके थे कि अन्दरूनी हलक़ों में मज़ाक़िया यह कहा जाने लगा कि परीक्षण का नाम 'ऑपरेशन शक्ति' इन्हीं के नाम को समर्पित था!!

वाजपेयी जी के साथ शक्ति सिन्हा के सान्निध्य का एक यह भी कारण बताया जाता था कि उनका वाजपेयी के दत्तक परिवार के साथ रिश्ता था, जो विवाह के ज़रिये था। (सालों बाद नरेन्द्र मोदी जी के प्रधानमन्त्री काल में शक्ति सिन्हा को नेहरू मेमोरियल म्यूज़ियम एण्ड लाइब्रेरी के (एन.एम.एम.एल.) अधीक्षक का गौरवपूर्ण पद सौंपा गया। यह प्रथम भारतीय प्रधानमन्त्री के ऐतिहासिक निवास तीनमूर्ति में स्थित था। तब, अटल जी के कार्यकाल में वे बड़ी तत्परता और परिश्रम से उनके सहायक का कार्यभार निबाहते रहे। एक दिनचर्या–सी बन गयी थी जहाँ दिवंगत प्रमोद महाजन, एक ऐसे प्रधानमन्त्री दफ़्तर के प्रवक्ता जो विघ्न निवारणहर्ता, और बातों के धनी भी थे, सुबह के सलाह–मशविरे की बैठक में शिरकत करने पहुँच जाया करते। महाजन व्यावहारिक राजनीति के दक्ष कलाकार थे और मुम्बई के व्यावसायिक समुदाय से उनके गहरे ताल्लुक़ात थे। वाजपेयी दौर की एक प्रमुख शख़्सियत के रूप में वह उभरे, विशेषकर उस दौर के शुरुआती दिनों में, वह शक्ति सिन्हा के सहयोग से वाजपेयी से मिलने वालों का समय निर्दिष्ट करते थे। यह और बात है कि इन दोनों पर कुछ विशिष्ट व्यक्तित्वों को परे रखने का अभियोग भी लगता रहा है।

अटल के अत्यन्त विश्वासपात्र एक तीसरे व्यक्ति भी रहे हैं जिन पर कभी किसी प्रकार का कोई छुपा एजेण्डा होने या साज–बाज करने का आरोप नहीं लगा।–प्रभावशाली व्यक्तित्व के स्वामी मेजर (सेवानिवृत्त) जसवन्त सिंह। यद्यपि उनका औपचारिक ओहदा योजना आयोग के उपाध्यक्ष का रहा, वो बहुत सारे अलग मसलों पर भी प्रधानमन्त्री को मशविरा दिया करते थे। जयललिता के तेवर को शान्त रखना भी कोई कम महत्त्व का काम नहीं था! इसके अलावा मुख़्तलिफ़ मसले, रक्षा से आईटी तक, वे हर कार्य–दल का हिस्सा थे।

ऐसा कहा जाता था कि हिन्दीभाषा के धनी अटल जसवन्त सिंह जी की अंग्रेज़ी ज़ुबाँ की पैठ से ख़ासे प्रभावित थे इसलिए उनके मसौदा तैयार करने की दक्षता का भी उपयोग भली–भाँति किया गया। वे एक बेजान से कथन को अपने शब्दों के चयन और चातुर्य से शानदार बना

देते थे जो वाजपेयी जैसे वक्ता की शान के मुताबिक़ होता था। हम इस बात का बख़ूबी तसव्वुर कर सकते हैं, जसवन्त सिंह प्रधानमन्त्री जी के भाषण के मसौदे पर नज़र फेरते हुए उस पर अपना असन्तोष कुछ ऐसे व्यक्त कर रहे हैं, 'नहीं, नहीं मेरे अज़ीज़, हमें इस पंक्ति को सर्वथा पृथक् रूप देना होगा...'

जसवन्त सिंह को अपने साथ रख वाजपेयी ने आर.एस.एस. को अपने लिए उनकी अहमियत का एहसास दिला दिया, जो उनके वित्तमन्त्री बनने के सख़्त ख़िलाफ़ रही थी। आर.एस.एस. के साथ संघर्ष का युद्ध मगर जारी रहा और कुशाभाऊ ठाकरे के भाजपा राष्ट्रीय कार्यकारिणी दल से उन्हें निकाल दिया गया। अटल भी जसवन्त सिंह को राज्यसभा टिकट दिलवा कर ही माने।

ऐसे सवालों का उठाना लाज़िमी है–क्या अटल अंग्रेज़ी भाषा में शिक्षित नीतिज्ञों–राजनीतिज्ञों के प्रति विशेष स्नेह रखते थे? ख़ासकर जब हम उनकी अपने मुख्य सचिव पर रही अत्यधिक निर्भरता को देखते हैं, यह बात असम्भव नहीं जान पड़ती। मुख्य सचिव बृजेश मिश्रा, जो मध्य प्रदेश के पूर्व मुख्यमन्त्री डी.पी. मिश्रा के सुपुत्र थे और प्रशासनिक सेवा से निवृत्त हो भाजपा से जुड़ गये थे। वे 1991 में उनके विदेशी मामलों के सेल के अध्यक्ष बने। उनके पिता डी.पी. मिश्रा अपने ज़बरदस्त रणनीति कौशल के कारण इन्दिरा गाँधी के 'चाणक्य' समझे जाते थे। जब बृजेश विदेशी मामलों से जुड़े, तब तक चीन को लेकर वे 'बाज़ नज़र' की प्रतिष्ठा अर्जित कर चुके थे। हालाँकि वाजपेयी और बृजेश दोनों ही विदेशी मामलों और रक्षा में ख़ास दिलचस्पी रखते थे, लेकिन आर्थिक मामलों में अपेक्षाकृत कम।

अलबत्ता मीडिया में जिस शख़्स ने लोकप्रियता हासिल की, वो एक विनीत शख़्सियत वाले पीटीआई के वरिष्ठ पत्रकार अशोक टण्डन थे, और इन्हें भाजपा के मीडिया सेल की सिफ़ारिश पर पी.एम.ओ. में ओ.एस.डी. नियुक्त कर दिया गया। शुरुआती दिनों में भले इतने प्रभावशाली न रहे हों लेकिन कालान्तर में, हाल के दशकों में तमाम प्रधानमन्त्रियों के मीडिया सलाहकारों में वे सबसे लोकप्रिय साबित हुए। अशोक टण्डन का एक विचारधारा की ओर झुकाव बेशक़ रहा हो लेकिन पत्रकारों को दाख़िला देने के मामले में बिल्कुल निष्पक्ष थे। सबसे बड़ी बात, वो मीडिया की ज़रूरतों को समझते थे। बाद के दौर के मनमोहन सिंह पी.एम.ओ. में

पत्रकारों का आवागमन काफ़ी कम हो गया था और आज के नरेन्द्र मोदी सरकार की बात करें, तो ज़्यादातर पत्रकारों के लिए वहाँ दाख़िला वर्जित है। पी.एम.ओ. में अधिकारी से मिलकर अनौपचारिक वार्तालाप की जो एक परिपाटी चली आ रही थी, वो बिल्कुल ख़त्म हो गयी है।

× × ×

वाजपेयी जी के प्रधानमन्त्री काल के कुछ महीनों में ही उनके अस्वस्थ होने की ख़बरें फैलने लगीं। मई 1998 में, जिसे शानदार और आकर्षक व्यक्तित्व का स्वामी और साहसी कहा गया था, ऑपरेशन शक्ति के पश्चात् जून के अन्त तक वही शख़्स थका हुआ और उदासीन माना जाने लगा। ग़ौरतलब बात यहाँ यह है कि उनके अस्वस्थ होने की ख़बरें आर.एस.एस. के सदस्य ही प्रसारित कर रहे थे, जिन्होंने अपनी वफ़ादारी भाजपा में उपस्थित सत्ता के वैकल्पिक केन्द्र के साथ कर ली थी।

अफ़वाहों का अभियान जून के मध्य में आरम्भ हुआ जब संसद का ग्रीष्मकालीन अवकाश चल रहा था। तिहत्तर वर्षीय वाजपेयी जी हिमाचल प्रदेश के मनाली में अपने ग्रीष्म निवास में पाँच दिन की छुट्टियाँ बिताने चले गये थे। निवास एक होटल के निकट था, जिससे रंजन भट्टाचार्य का व्यावसायिक सरोकार भी था। अचानक ही, प्रधानमन्त्री जी की अस्वस्थता की ख़बरें यूँ अजीबोगरीब दैनिकों में आने लगीं कि इस पर भाजपा को एक औपचारिक खण्डन जारी करना पड़ा था। जैसे अचानक ही यह अफ़वाहें शुरू हुई थीं, ख़त्म भी हो गयीं।

मैंने इस मामले में छानबीन करने की ठानी तो पाया कि 1985 में वाजपेयी जी एक किडनी (गुर्दा) गँवा चुके थे और प्रधानमन्त्री बनने के बाद श्रवण उपकरण भी कान में लगाने लगे थे। इसलिए शायद जब दूसरे बोलते थे, उनके चहरे पर ऊब के निशाँ झलकते थे लेकिन जब उन्हें बोलना होता था, वो पूरी तरह अपने रंग में आ जाते थे। उनके पूर्ववर्ती प्रधानमन्त्री पी.वी. नरसिम्हा राव प्रधानमन्त्री पद ग्रहण करने के पूर्व बाईपास सर्जरी से गुज़र चुके थे। अलबत्ता, अटल जी को कोई हृदय सम्बन्धी शिकायत नहीं थी। उनके रक्त शर्करा स्तर सामान्य थे, और उनका स्वास्थ्य सत्तर के ऊपर के उम्र वाले एक औसत भारतीय नागरिक जैसा ही था।

वाजपेयी जी की अस्वस्थता की अफ़वाहों में अगर कुछ सच्चाई दीख पड़ती थी तो उसकी कुछ वजहें भी थीं जिनमें उनकी कार्यशैली प्रमुख थी, जो विशेष रूप से तीव्र समीक्षा का विषय बन गया। राजनीतिक विवेचकों को अब मानो हठात् इन बातों का एहसास हुआ कि प्रधानमन्त्री अल्पभाषी थे, उन्होंने एक भी टेलीविज़न साक्षात्कार नहीं दिया था, उनकी चाल धीमी थी और सार्वजनिक सभाओं में अक्सर आँखें बन्द किये ध्यानमग्न मुद्रा में नज़र आते थे। उन्होंने कुछ सार्वजनिक सम्मेलन ऐन वक़्त पर रद्द भी किये थे, जिनकी आधिकारिक पुष्टि[1] भी हो गयी।

अफ़वाहों का बाज़ार गर्माते देर न लगी। 'द एशियन एज' अख़बार इनमें अग्रणी रहा जिसने डॉ. सुब्रमण्यम स्वामी जो अर्थशास्त्री से राजनीतिज्ञ बने थे, उनके कथनों को बढ़–चढ़कर छापा, जिनके अनुसार वाजपेयी का सीताराम भारतीय विज्ञान और अनुसन्धान संस्थान में प्रोस्ट्रेट कैंसर का इलाज चल रहा था और वो शीघ्र ही न्यूयॉर्क के स्लोन केट्रिंग कैंसर अनुसन्धान संस्थान में विशेष चिकित्सा के लिए रवाना होने वाले थे।[2]

डॉ. स्वामी ने कुछ ऐसी घोषणा भी कर डाली कि लालकृष्ण आडवाणी वाजपेयी जी की अनुपस्थिति में तख्ता पलटने की कोशिश करेंगे, यह विचलित करने वाली बात थी। उन्होंने घोषित किया, 'मैं शीघ्र ही वाजपेयी जी के चिकित्सा सम्बन्धी दस्तावेज़ी सबूत पेश करूँगा।'[3] स्वामी उन दिनों जनता दल के एकाधिपति सर्वेसर्वा हुआ करते थे और भाजपा में उनका पदार्पण अभी होना बाक़ी था। उन दिनों वो जयललिता के वाक़ई बेहद क़रीबी रहे थे, हालाँकि बाद के दिनों में इस मित्रता का भयंकर अन्त हुआ।

हालाँकि, दल और सरकार की ओर से लगातार अस्वीकृतियाँ आ रही थीं, वाजपेयी की सेहत को मुद्दा बनाने में स्वामी कामयाब हो गये और अफ़वाहों को हवा मिल गयी। मैं वाजपेयी के दत्तक दामाद, रंजन भट्टाचार्य से मिली जिन्होंने मुझे बताया कि 'वाजपेयी ऑल इण्डिया इंस्टीट्यूट ऑफ़ मेडिकल साइंसेज़ में पिछले एक दशक से सालाना जाँच करवा रहे थे और अब चूँकि प्रधानमन्त्री पद पर आसीन थे, उनकी जाँच होना अब तो अनिवार्य क्रिया थी। वे इन्हीं बँधे–बँधाये परीक्षणों के लिए जून के मध्य में दो दिन अस्पताल गये थे और इन परीक्षणों के नतीजे बिल्कुल सामान्य आये हैं।'[4]

जाँच–पड़ताल से यह मालूम हुआ कि वाजपेयी जी वाक़ई जून के मध्य में सीताराम भारतीय संस्थान में एक शनिवार की सुबह हड्डी जाँच

(बोन स्कैन) के लिए पहुँचे थे, इसलिए भी कि प्रधानमन्त्री के दस्तूरी जाँचों में यह एक अनिवार्य जाँच थी। इस अस्पताल में जाँच का कारण : ऐम्स में उनके रेडियोलॉजिस्ट अब इस संस्थान में आ गये थे और उन्हीं की सिफ़ारिश पर जाँच यहाँ हुई। इस बात की भी पुष्टि हुई कि सितम्बर 1998 की 24 तारीख़ को वह न्यूयॉर्क के लिए रवाना होंगे, जहाँ यूएन जनरल असेम्बली को सम्बोधित करेंगे। पाँच दिवसीय इस यात्रा–कार्यक्रम में किसी भी अस्पताल दौरे का ज़िक्र न था।

अन्ततोगत्वा उनके कैंसर से पीड़ित होने की अफ़वाहें दफ़न हो गयीं लेकिन उनका स्वास्थ्य उनके पूरे प्रधानमन्त्री काल के दौरान चर्चा का विषय बना रहा। अपने कार्यकाल के बाद के दिनों में, उनके घुटनों में तकलीफ़ को लेकर बड़ी विस्तृत चर्चाएँ होती रहीं और घुटनों के प्रतिस्थापन (रिप्लेसमेंट) की कहानियाँ भी मुझे बख़ूबी याद हैं।

सत्यमेव जयते

अटल बिहारी वाजपेयी के लिए 13 अंक शुभ नहीं रहा। जहाँ 1996 में उनकी सरकार अपना बहुमत साबित न कर पाने की वजह से सिर्फ़ तेरह दिन ही चल पायी, वहीं 1999 में उनकी सरकार तेरह महीने ही टिक पायी और संसद में अविश्वास प्रस्ताव मात्र एक वोट से हारी। यह स्थिति जयललिता के समर्थन वापस लेने की वजह से आ खड़ी हुई थी।

17 अप्रैल, 1997 का दिन था, मैं उस दिन संसद में ही थी। संसद के प्रकोष्ठ में अकस्मात् ख़ामोशी उतर आयी थी और फिर वो ख़बर जो 'ब्रेकिंग न्यूज़' बन गयी, ने सबको हिला कर रख दिया। सरकार का खेल क्षण भर में ही ख़त्म हो गया था। यह और बात है कि आने वाले दिनों में घटनाक्रम कुछ यूँ घटे कि सरकार दोबारा सत्ता पर आसीन हुई।

वाजपेयी सरकार के पहले चरण पर अगर सरसरी और संक्षिप्त दृष्टि डालें, पोखरण–2 के अलावा जिन अन्य फ़ैसलों ने इस काल को चिह्नित किया, उसमें 20 फ़रवरी, 1999 को की गयी उनकी वाघा से लाहौर तक की ऐतिहासिक बस यात्रा निश्चित रूप से शामिल होगी जिस पर आगे मैं विस्तार से चर्चा करूँगी। इस दौरान एक और बात हुई। सत्ता के पहले वर्ष में ही वाजपेयी और उस बड़े वैचारिक परिवार के कुछ सदस्यों के बीच रहे विश्वास में एक टूटन, एक कमी देखने को मिली।

सरकार के सत्ता में आने के पहले वर्ष के ख़ात्मे पर आयोजित समारोह में यह प्रत्यक्ष दृष्टिगोचर हुआ। एक ऐसा समारोह, जिसमें आपसी मतभेदों को परे रख एक संगठित मोर्चा बन सब के समक्ष पेश होने की ज़रूरत थी। संवर्ग (कैडर) को सम्मिलित न किये जाने पर उनकी नाराज़गी साफ़ ज़ाहिर थी और यह दुर्भाग्यपूर्ण था।

तसव्वुर करें, दिल्ली के हौजखास की एक शानदार स्मारक की पृष्ठभूमि और एक रंगारंग, आँखों को चौंधियाने वाले कार्यक्रम का आयोजन,

जिसका नाम 'सत्यमेव जयते' था और उपलक्ष्य–सत्ता में सरकार के एक साल पूरे होने की पहली वर्षगाँठ। यह सोचकर हँसी ही आती है कि रिश्तों में आयी खटास का मूल यह था।

प्रमोद महाजन, जिनके बारे में यह मशहूर हो चला था कि वे अपने पूर्व जन्म में इवेंट मैनेजर रहे होंगे, इस कार्यक्रम के कर्त्ता–धर्ता थे। प्रधानमन्त्री के सत्ता में पूरे हुए प्रथम वर्ष को वह शानदार तरीक़े से प्रस्तुत करना चाहते थे। इस कार्य की पूर्ति के लिए उन्होंने मशहूर रंगमंच निर्देशक आमिर रज़ा हुसैन, दिवंगत अभिनेता ओम पुरी, कुछ पॉप बैंड्स (देसी बैंड सिल्क रूट, और पाकिस्तानी बैंड जुनून) का सहयोग लिया और कार्यक्रम प्रस्तुत हुआ। कई कारणों की वजह से यह कार्यक्रम पूरी तरह से असफल रहा। बिल्कुल ही ऐन वक़्त में, हड़बड़ी में किया गया प्रयास, जो अपनी लचर प्रस्तुति की वजह से त्रुटियों से भरा था। नामी–गिरामी हस्तियाँ भी इसका उद्धार न कर सकीं। दूसरे, उन तमाम आर.एस.एस. और भाजपा के कार्यकर्ताओं को, जिन्हें यह उम्मीद थी कि उन्हें निमन्त्रण मिलेगा क्योंकि वे इसके हक़दार थे, बड़ी मायूसी हुई जब उन्हें आमन्त्रित नहीं किया गया। वाजपेयी जी की ऐतिहासिक बस यात्रा को दर्शाने के लिए एक बस का इन्तज़ाम किया गया था जो चलना तो दूर, हिला भी नहीं। उसके सामने के पहिये जो ज़मीन पर गड़े, अड़ियल टट्टू की तरह, हिले ही नहीं। इसके अलावा कि कार्यक्रम वाहियात–सा था, उसका कोई मतलब भी नहीं बनता था। मसलन, सूत्रधार ओम पुरी हिन्दुस्तानी ज़बान में बोल रहे थे और भारतीय इतिहास के दृश्यों की व्याख्या अंग्रेज़ी में हो रही थी! जावेद जाफ़री (वीजे से अब अभिनेता बने) ने अपनी सूझ–बूझ से स्थिति को सँभालने की कोशिश की, लेकिन बात बनी नहीं। संगीत बैंड एकमात्र ऐसी पेशकश थी जो सफल रही थी। समारोह स्थल की बाह्य स्थिति पर अगर नज़र डालें वहाँ कुछ और तरह के बवाल की सृष्टि हो चुकी थी। जिस जगह पर हज़ार लोग ही समा सकते थे, वहाँ तीन हज़ार लोगों को पास दे दिये गये थे। इसके अलावा सख़्त सुरक्षा नियमों का पालन हो रहा था, क्योंकि प्रधानमन्त्री पधार रहे थे। इस आपाधापी में ऐसे बहुत से आर.एस.एस. प्रचारक जिनके पास प्रवेश के लिए पास थे, अन्दर जा ही नहीं पाये।

जहाँ सरकारी मुलाज़िम आसानी से अन्दर दाख़िल हो रहे थे, आर.एस.एस. प्रचारक सुरक्षाकर्मियों के साथ बहस करते दिखाई दिये। इससे

भी बड़ी बात जो थी वो यह कि कुछ लोग नीले और सुनहरे रंग का आमन्त्रण पत्र लिए शान से अन्दर दाख़िल हो रहे थे क्योंकि उन्हें न्योता देश के 'पहले परिवार' से मिला था और यह बात हज़म होने लायक नहीं थी।

आर.एस.एस. के एक वरिष्ठ कार्यकर्ता का असन्तोष खुल कर प्रकट हुआ जब उन्होंने मुझसे कहा, 'जब हमारे विचार मायने नहीं रखते, निमन्त्रण मिलने पर भी क्यों समारोह में शामिल हुआ जाये? क्या अब निमन्त्रण के लिए पी.एम.ओ. में किसी को फ़ोन करूँ? अगर उन्हें हमें बुलाना याद नहीं रहा तो क्यों ऐसे समारोह में शिरक्त की जाये?'

अटल जी के कार्यकाल की वर्षगाँठ के अवसर पर एक और आयोजन की तैयारी हो रही थी–एक आडम्बरहीन 'हाई टी' का आयोजन दिल्ली के केन्द्र में स्थित भाजपा के मुख्यालय में अध्यक्ष कुशाभाऊ ठाकरे कर रहे थे। इसमें लालकृष्ण आडवाणी, उमा भारती, मुरली मनोहर जोशी, राम नाइक, सोमपाल जैसे दिग्गज नेता शामिल हुए, समय की कमी के कारण आने से चूक गये। हालाँकि, इस आयोजन को अर्ध–सरकारी मंजूरी भी थी, छोटा ही सही, एक विवाद तो इसने भी खड़ा कर ही दिया था।

प्रधानमन्त्री की अनुपस्थिति को भाजपा के वफ़ादार कार्यकर्ताओं ने हँस कर यह कह टालने की कोशिश की कि उनके न आने से कम से कम सुरक्षाकर्मियों की दख़लन्दाज़ी से सबको निजात मिली। एक उबाऊ–सा भाषण, चाय और चाट के बीच एक बात ठाकरे जी ने मार्के की कही वो यह कि, उस दिन हिन्दू पंजिका के अनुसार नया वर्ष था, कलयुग का 52वाँ शतक वर्ष, और इस कारण वह दिन एक शुभ संयोग था। चारों तरफ़ नज़र दौड़ाते हुए मैंने पाया कि इस कथन का वहाँ उपस्थित संघ परिवार के सदस्यों पर कोई विशेष प्रभाव न पड़ा, जो वैसे भी इस पूरे आयोजन में नितान्त उदासीन–सा रवैया लिए बैठे थे।

जो बात आज भी मेरे ज़ेहन में साफ़ दर्ज है वो यह कि भाजपा के महासचिव ने सरकार और दल के बीच तनाव को अपने तौर पर हल्का दिखाने की पूरी कोशिश करते हुए यह बात कही थी, 'विवाह के पश्चात् एक व्यक्ति अपनी माँ के बनिस्बत अपनी पत्नी को ज़्यादा तवज्जो देता है जो स्वाभाविक है और माँ को भले इस बात से ठेस पहुँचती हो, उनकी अहमियत इससे कम क़तई नहीं हो जाती।' ऐसा उन्होंने भाजपा के मुख्यालय में उपस्थित कुछ पत्रकारों को सम्बोधित करते हुए कहा था। महासचिव जिनका नाम नरेन्द्र मोदी था।

टूट–शिकस्त

परमाणु परीक्षण के पश्चात् खुमार को अगर अलग हटाकर देखें, अटल जी के सत्ता के पहले साल का मैं अगर एक शब्द में वर्णन करूँ, तो वो होगा 'सख़्त'। 1999 में सरकार से अपना समर्थन वापस ले लेने तक सुश्री जयललिता सरकार में बने हुए ज़्यादातर दिग्गजों की मिट्टी पलीद कर चुकी थीं।

लालकृष्ण आडवाणी जी पर उनके उक्त विचार कुछ इस प्रकार रहे, 'वे देश के ऐसे गृहमन्त्री हैं जिन्हें देश की सुरक्षा से कोई सरोकार नहीं है और वे चरमपन्थी गुटों के साथ ताल मिलाकर काम कर रहे हैं। वे चयनात्मक स्मृति–लोप (सेलेक्टिव अम्नेसिया) के शिकार हैं।' प्रमोद महाजन के लिए उनके आक्षेपों की कमी न थी, 'मैं हर ऐरे–गैरे, नत्थू–ख़ैरे को जवाब देने के लिए प्रतिबद्ध नहीं हूँ। हम (ए.आई.ए.डी.एम.के.) एक ज़िम्मेदार दल हैं। प्रवर्तन निदेशक (एन्फोर्समेंट डायरेक्टर) के तबादले में वाजपेयी के क़रीबियों ने तगड़ी घूस खायी है।'[1]

जॉर्ज फर्नांडिस को लताड़ने से भी वे नहीं चूकीं, 'किस बिला पर उन्होंने भागवत को बर्ख़ास्त किया है और चीन को दुश्मन नम्बर एक का ख़िताब दिया है? बेहतर होगा अगर जॉर्ज को कोई हल्का मन्त्रालय सँभालने दिया जाये।' तत्कालीन रक्षामन्त्री जॉर्ज ने नौसेना प्रमुख विष्णु भागवत को बर्ख़ास्त कर एक बखेड़ा खड़ा कर दिया था।

यह सब नौटंकी अभी ख़त्म न हुई थी कि इसमें जनता दल अध्यक्ष डॉ. सुब्रमण्यम स्वामी बहुत रोचक छोटी–सी भूमिका (कैमियो) में नज़र आये। डॉ. स्वामी अपने मुँहफट अन्दाज़ की वजह से भी लोकप्रिय रहे हैं। किसी एक सुअवसर पर उन्होंने चाय पार्टी पर जयललिता और सोनिया गाँधी दोनों को आमन्त्रित किया। जयललिता उन दिनों अपना धमकी भरा अन्दाज़ लिए रहती थीं और राजनीतिक समीकरण के 'दूसरे विकल्प' तौल

रही थीं। यह 1998 में दिये अपने कथन बहुत सुविधाजनक ढंग से भुला चुकी थीं, जब उन्होंने सोनिया गाँधी के प्रधानमन्त्री बनने की कल्पना को भी 'राष्ट्रीय त्रासदी' का नाम दिया था।

इस बात को साल भर भी नहीं गुज़रा था और सुश्री जयललिता सोनिया गाँधी का हाथ कसकर थामे नज़र आयीं, और उन्हें अपना 'पुराना मित्र' कहा। जहाँ वाजपेयी और उनके साथी कसमसा उठे, इन्तज़ार करती मीडिया को शायद ऐसे ही जुमलों की तलाश रहती है और राजनीति का उद्धार भी शायद ऐसी उक्तियों से होता है। आज भी जब उस चाय पार्टी का ज़िक्र उठता है, और इस ज़िक्र पर भी कि उनकी उस कारकिर्दगी को 'वन मैन डेमोलिशन स्क्वाड' से परिभाषित किया जा सकता है, डॉ. स्वामी की दबी हँसी फूट ही पड़ती है।

अब तक प्रधानमन्त्री जी चहुँओर से घिरे नज़र आ रहे थे–15 अगस्त, 1998 को लाल क़िले के प्रांगण से स्वतन्त्रता दिवस के उपलक्ष्य में दिया गया उनका भाषण भावशून्य था, वे अत्यन्त थके हुए और मानसिक रूप से भ्रमित नज़र आ रहे थे और बिना एक पैर में जूते के ही चल दिये थे, जिसे बाद में ढूँढ़ निकाला गया था।

× × ×

नौ महीने बाद उन्होंने अपनी शान और रुतबे को एक बड़े साहसी क़दम से पुनः स्थापित करने की कोशिश की। एक शान्ति दूत की भूमिका में बस द्वारा वाघा पार कर लाहौर पहुँचे। यह एक ऐतिहासिक घटना थी।

20 फ़रवरी, 1999 को चार बजकर दस मिनट पर वाजपेयी जी 22 प्रतिष्ठित नागरिकों के साथ वाघा चौकी पहुँचे। जैसे कि अपेक्षा थी, इन दो दिवसों का ख़ूब बढ़ा–चढ़ाकर प्रचार हुआ। भारतीय प्रेस किसी ऐतिहासिक शान्ति–समझौते की उम्मीद लिए, अत्यन्त उत्साहित थी। अलग बसों में सवार इन पत्रकारों ने उस वर्जित क्षेत्र जिसका नाम पाकिस्तान था, के अपने संक्षिप्त सैर के विवरण में काग़ज़ों के पुलिन्दे काले कर डाले।

कौन कह सकता था कि यह सब उस दौर के नौ महीने बाद हुआ जब दोनों देश परमाणु परीक्षण कर हथियारों की दौड़ में शामिल होने की कगार पर खड़े थे! यहाँ तो नज़ारा ही और था। मियाँ नवाज़ शरीफ और

अटल बिहारी वाजपेयी एक–दूसरे के यूँ गले लग रहे थे जैसे अरसे से बिछड़े यार गले मिलते हैं।

पप्पियाँ–झप्पियाँ का ऐसा बढ़िया नज़ारा! पाकिस्तान रेंजर्स और हमारे बॉर्डर सिक्योरिटी फ़ोर्स बैंड एक–दूसरे को मात देते हुए धुनें बजा रहे थे। जैसे ही बस पाकिस्तान में दाख़िल हुई, बस के आगे भांगड़ा नर्तकों के दल के पुरज़ोर प्रदर्शन से अभिभूत हमारी तरफ़ से गये कुछ मुलाक़ाती भी नाच में शरीक हो लिए। कुल मिलाकर माहौल बड़ा उत्सवी–सा बन गया था।

मियाँ नवाज़ शरीफ अपने भारतीय मेहमानों के स्वागत के लिए पहले ही पहुँच चुके थे। सद्भावना से प्रेरित, वे अपनी सरहद से निकल बीच की स्वामीहीन भूमि जिसे 'नो मैंस लैंड' कहते हैं, को पार कर लम्हों के लिए भारतीय भूमि पर भी खड़े हुए। अन्ततोगत्वा दोनों सीमा पर से एक हेलिकॉप्टर पर सवार लाहौर को उड़ गये। जो नामचीन हस्तियाँ उस बस में सवार वहाँ पहुँची थीं, उनमें नर्तकी मल्लिका साराभाई, कवि–गीतकार जावेद अख़्तर, चित्रकार सतीश गुजराल, पत्रकार कुलदीप नय्यर, क्रिकेट खिलाड़ी कपिल देव और अभिनेता देव आनन्द एवं शत्रुघ्न सिन्हा शामिल थे। 'सदाबहार' (वे इसी नाम से जाने जाते रहे हैं) देव आनन्द ने कहा, 'यह इतिहास के उन विख्यात क्षणों में से है जिसकी बदौलत आती नस्लें शरीफ और वाजपेयी को याद रखेंगी।' आती नस्लों ने इन दोनों नेताओं को ज़रूर याद रखा, यह और बात है कि बिल्कुल मुख़्तलिफ़ वजहों से याद रखा।

लोगों को इस बात की क़तई जानकारी नहीं है कि वह 'शान्ति दूत बस' जिस पर भारतीय प्रधानमन्त्री सवार थे सुरक्षा कारणों से लाहौर गयी ही नहीं थी। उस बस के साथ जो दूसरी बस मुहासिरों को लिए रवाना हुई थी, वही बस लाहौर शहर में 35 किलोमीटर अन्दर तक गयी थी।

वाजपेयी के साथ गये शिष्टमण्डल में अन्य गण्मान्य व्यक्तियों में तत्कालीन विदेशमन्त्री जसवन्त सिंह भी शामिल थे। कुछ वर्षों बाद जब एन.डी.ए. सत्ता में नहीं रही, जसवन्त सिंह की एक किताब 'अ कॉल टू ऑनर'[2] प्रकाशित हुई, जिसमें उन्होंने एक बड़ा ही चटपटा क़िस्सा बयान किया है। उस यात्रा के लिए जब प्रधानमन्त्री और उनका दल दिल्ली से अमृतसर जाने वाले विमान में बैठा, जहाँ से उन्हें वाघा तक की छोटी–सी दूरी तय करनी थी, वाजपेयी जी के सहायक को याद आया

कि उनका श्रवण उपकरण (हियरिंग एड) तो पीछे छूट गया है। रेस कोर्स रोड से, जहाँ प्रधानमन्त्री निवास था, हवाई अड्डे को गाड़ी दौड़ायी गयी और ट्रैफिक पुलिस बिल्कुल बदहवास, दीवानों–सी सड़क पर उस गाड़ी के लिए रास्ता बनाती जा रही थी। (प्रधानमन्त्री निवास आज भी उसी मार्ग पर है, अलबत्ता मार्ग का नाम अब लोक कल्याण मार्ग हो गया है) आख़िरकार वो उपकरण वाजपेयी जी को पहुँचा जिसकी मदद से वे पाकिस्तानी वजीर–ए–आज़म का कहा सुन पाये। यह और बात है कि कहा–सुना सब आख़िरकार बे–मायने साबित हुआ।

कार्यवाहक प्रधानमन्त्री

17 अप्रैल, 1999 में वाजपेयी सरकार सिर्फ़ एक वोट से ढह गयी। सिर्फ़ यह स्थिति ही एक हास्यास्पद ऐतिहासिक मिसाल नहीं थी, प्रधानमन्त्री एक और कीर्तिमान स्थापित करने वाले थे। उन्होंने सबसे लम्बे अन्तराल के लिए, लगभग छह महीने, कार्यवाहक सरकार की अध्यक्षता की जो चौधरी चरण सिंह के 1979–80 में पाँच महीने के प्रधानमन्त्री कार्यकाल से बड़ा था। विश्वास मत हारने के बाद भी अगर अटल बिहारी वाजपेयी इस पद पर आसीन रहे, वह इसलिए कि जनता की नज़रों में यह उनकी नैतिक ज़िम्मेदारी थी और उनका अधिकार भी कि वे अगले आम चुनाव तक प्रधानमन्त्री कार्यालय में बने रहें।

संविधान की धारा 85 के तहत, संसद के दो सत्रों के बीच, कानूनी तौर पर कोई भी कार्यवाहक सरकार अधिकतम छह महीने ही सत्ता का कार्यभार सँभाल सकती है। अलबत्ता संविधान इस बात पर स्पष्ट नहीं है कि कार्यवाहक सरकार की इस मध्यकाल के व्यवस्था कर्म में अधिकार क्षेत्र की सीमाएँ क्या होंगी–कार्यवाहक सरकार के लिए कोई प्रावधान है ही नहीं, इसलिए इसकी व्याख्या यूँ हुई कि वाजपेयी सरकार के कामकाज पर कोई कानूनी अड़चन नहीं है। हालाँकि, परिपाटी और औचित्य का निर्णय यही कहता था कि जो सरकार विश्वास–मत हारी हुई है, वो नीति सम्बन्धी बदलाव लेने से हिचकिचाती है।

इस अवस्था की एक मिसाल सन् 1979 में देखने को मिली थी जब तत्कालीन राष्ट्रपति संजीव रेड्डी ने लोकसभा भंग करते हुए कहा था, 'कार्यवाहक अवधि में भारत सरकार कोई भी नयी नीति सम्बन्धी, व्यय सम्बन्धी किसी महत्त्वपूर्ण आदेश, प्रशासनिक और आधिकारिक गठन जैसा निर्णय नहीं लेगी।'

लगभग दो दशक बाद, आई.के. गुजराल सरकार ने, सत्ता से बाहर किये जाने के पहले ही नवम्बर 1997 में अपना इस्तीफ़ा दे दिया था। इसके मुतालिक तत्कालीन राष्ट्रपति के.आर. नारायणन का रवैया वैसा नकारात्मक नहीं था। दिसम्बर 1997 में प्रधानमन्त्री को लिखे पत्र में उन्होंने कार्यवाहक सरकार की स्थिति को परिभाषित करने में उदारता दिखाई, 'वर्तमान सरकार का ओहदा संविधानुसार कार्यवाहक का नहीं है। उसे पूरा अधिकार है कि वो विवेकानुसार उसका इस्तेमाल करे।' यहाँ यह याद दिलाना ज़रूरी होगा कि वाजपेयी काल के शुरुआती दिनों में के.आर. नारायणन ही राष्ट्रपति थे।

राष्ट्रपति नारायणन के शासकीय सूचना का क्रियात्मक शब्द 'विवेकाधिकार' था जो अपने आप में इतना आत्मपरक था कि प्रधानमन्त्री इन्द्र कुमार गुजराल ने अध्यादेश जारी कर प्रसार भारती को, जो दूरदर्शन और ए.आई.आर. के क्रियाकलापों पर नज़र रखती थी, संसदीय अधिकार क्षेत्र से बाहर कर दिया। (बाद के दिनों में एन.डी.ए. सरकार ने इसे फिर पलट दिया) इस सन्दर्भ में तत्कालीन कैबिनेट सचिव प्रभात कुमार द्वारा मई 1999 में जारी विज्ञप्ति (सर्कुलर) में जब यह कहा गया कि वाजपेयी सरकार सामान्य सरकार—की तरह ही कार्य करती रहेगी, यह चौंकाने वाली बात नहीं रही थी, ऐसा पहले भी हो चुका था।

मज़े की बात यह रही कि इस अन्तराल ने वाजपेयी जी को आश्वस्ति की साँस लेने की मोहलत दे दी। एक तो जयललिता से सरकार गिराने की लगातार मिल रही धमकियों से निजात मिली। बिना वक़्त जाया किये, भाजपा चुनावी रंग में आ गयी इस बात को बख़ूबी समझते हुए कि अभी भी अपने सत्ता में होने का भरपूर फ़ायदा उठाया जा सकता है। मुझे याद है एक पी.एम.ओ. अधिकारी ने मुझे विश्वास में लेते हुए कहा था, यद्यपि सरकार अपनी हदों को ख़ूब पहचानती है, (किसी नयी नीति निर्णय की शुरुआत न होगी) वो पंगु भी नहीं रहेगी।

बाद के दिनों में यह बात स्पष्ट होती जा रही थी कि सरकार को राष्ट्रीय सुरक्षा सम्बन्धी कुछ बड़े और ठोस फ़ैसले लेने होंगे और उनमें कारगिल युद्ध भी एक था।

इस बीच मुख्य विपक्षी पार्टी की हैसियत से कांग्रेस ने एक प्रासंगिक तथ्य की ओर सबका ध्यान आकर्षित किया कि छह महीनों तक कैसे कोई सरकार निष्क्रिय रह सकती है? हालाँकि प्रश्न बड़ा प्रासंगिक और

तर्कसंगत था, लेकिन यह कांग्रेस ही थी जो जल्दी चुनाव का पुरज़ोर विरोध कर रही थी, जो जून 1998 में होने थे। जैसा कि राजनीति में होता आया है, लोग चयनात्मक स्मृति–लोप (सेलेक्टिव अम्नेसिया) की बीमारी से पीड़ित रहते ही हैं, कांग्रेस इस बात को लेकर अड़ी दिखाई दी कि बाक़ी बातों के साथ ही, वाजपेयी की असन्तोषजनक और कमज़ोर सरकार का नौकरशाही में हुए तबादलों में भी कोई हाथ नहीं होना चाहिए। गृह सचिव के तबादले को लेकर कांग्रेस काफ़ी चिढ़ी हुई थी।

इसी दौरान मैंने पूर्व प्रधानमन्त्री आई.के. गुजराल का साक्षात्कार किया। उनका दृष्टिकोण कांग्रेस से कुछ अलग था। उनके शब्दों में, 'ऐसे कई अवसर आयेंगे जिसमें वाजपेयी सरकार को कुछ ठोस निर्णय लेने होंगे और क़दम उठाने होंगे। महत्त्वपूर्ण मुद्दों पर भारत का रुख़ स्पष्ट करना, यह मात्र सरकार का अधिकार ही नहीं, उसकी ज़िम्मेदारी भी होगी।' साथ ही उन्होंने यह बात भी कही कि संसद के अभाव में सरकार विशेष क़दम कैसे उठा रही है, यह बात भी जनता को स्पष्ट करनी होगी।

'यह बिल्कुल सरकार के अख़्तियार में है कि वो गृह सचिव का तबादला करे लेकिन ऐसा करने का कारण भी सरकार को देना ज़रूरी था। विवेक यही कहता है कि जो मुद्दे संसद में विचार–विमर्श द्वारा देश के सामने आते, संसद की अनुपस्थिति में इस कार्यवाहक सरकार को उन्हें जनता को स्पष्ट करना ही चाहिए।'

इधर भाजपा द्रुतगामी पथ पर निकल चली थी। वित्त विधेयक बिना किसी बदलाव के लोकसभा पारित कर चुकी थी, जिसके तहत यशवन्त सिन्हा के बजट में जनता को लुभाने वाली सूचीबद्ध योजनाओं का शुभारम्भ हुआ।

आने वाले चुनाव को मद्देनज़र रख कोई भी पार्टी ऐसा ही करती। इन योजनाओं में राष्ट्रीय ग्रामीण औद्योगीकरण, वरिष्ठ नागरिकों के लिए दस किलो मुफ़्त अनाज की योजना और ग्रामीण आधारभूत संरचना (इंफ्रास्ट्रक्चर) के लिए आवंटन में बढ़त शामिल थी।

इस किताब के लिए किये गये शोध के दौरान मैंने यह पाया कि 1979–80 में भी, कार्यवाहक प्रधानमन्त्री की हैसियत से चौधरी चरण सिंह ने जनता को लुभाने वाले क़दम उठाये थे, मसलन, डीजल और केरोसिन के दामों में कमी, लेकिन जब उन्होंने चुनावों के लिए राज्यों द्वारा वित्त पोषण का प्रस्ताव रखा, तत्कालीन राष्ट्रपति नीलम संजीव रेड्डी ने इसे

सिरे से ख़ारिज करते हुए, चरण सिंह के किसी भी प्रकार के अध्यादेश जारी करने पर रोक लगा दी। आज विचार करने पर यह एक दूरदर्शी क़दम लगता है।

उन्होंने कहा कि ऐसा करना मौजूदा चुनावी नियमों के साथ छेड़छाड़ के बराबर होगा जिसकी वो इजाज़त नहीं दे सकते थे।

1991 में एक और मिसाल भी सामने आयी जब तत्कालीन राष्ट्रपति आर. वेंकटरमण को हस्तक्षेप करना पड़ा था। यह चन्द्रशेखर के प्रधानमन्त्री काल की बात है और राष्ट्रपति के सुझावों पर सहर्ष सहमत हो जाने पर राष्ट्रपति ने चन्द्रशेखर की तारीफ़ भी की थी। इसको याद करते हुए 'माई प्रेसिडेंशिअल इअर्स' में वेंकटरमण कहते हैं कि किस प्रकार उन्हें सरकार को नये लाइसेंस जारी करने से रोकना पड़ा था। इस किताब में उन्होंने तत्कालीन क़ानून मन्त्री डॉ. सुब्रमण्यम स्वामी का ज़िक्र करते हुए कहा है कि बोइंग और हुंडई हैवी इण्डस्ट्रीज़ के साथ करार पर दस्तख़त करने के लिए राष्ट्रपति की जिस आवश्यक अनुमति की उन्हें ज़रूरत थी, उसे पाने के लिए किस प्रकार वे उनका सिर खा गये थे। राष्ट्रपति ने जब अनुमति देने से इनकार कर दिया, फक्कड़ और अबाध तबीयत के स्वामी उनसे पूछ बैठे थे कि कैबिनेट अगर उनके सुझाव को अस्वीकार करती है, ऐसी स्थिति में क्या करना होगा। इसके जवाब में राष्ट्रपति ने उनसे साफ़ शब्दों में कहा था, 'वे संविधान का अध्ययन कर तद्नुसार उचित कार्यवाही करेंगे।' सरकार ने अन्ततः इस प्रसंग को तूल न देना ही श्रेयस्कर समझा था।

अगर कार्यवाहक प्रधानमन्त्रियों का तुलनात्मक आकलन किया जाये, सबसे बड़ा अन्तर जो वाजपेयी और उनके पूर्व रहे कार्यवाहक प्रधानमन्त्रियों में रहा वो यह कि चुनावी गणना में वाजपेयी और उनका दल अपेक्षाकृत बड़ा दावा और साख रखती थी।

चरण सिंह, इन्द्र कुमार गुजराल और चन्द्रशेखर जैसे प्रधानमन्त्री उस पद पर पहुँचे ज़रूर थे, पर उन्हें एक स्थायी प्रधानमन्त्री के रूप में कभी देखा न गया था। इस एक वजह से, नौकरशाहों का साथ भी वाजपेयी को काफ़ी हद तक मिला, एक नेता की हैसियत से उनकी साख और शख़्सियत नज़रअन्दाज़ करने लायक क़तई नहीं थी।

कारगिल युद्ध

जब दोनों देशों के प्रधानमन्त्री गले लग रहे थे और उत्सव–सा माहौल लिए एक ऐतिहासिक मुलाक़ात हो रही थी, हिमालय की उच्चतम शिखरों के बीच कुछ और खेल खेलने की तैयारी हो रही थी। भारत और पाकिस्तान के बीच एक छोटा जंग का मैदान सज रहा था जो ख़ूनी खेल से रंगा जाने वाला था। यह कहानी अब सर्वविदित है कि जब वाघा और लाहौर में मुलाक़ातें हो रही थीं, पाकिस्तानी सेना द्वारा भेजे गये गुर्गे भारतीय क्षेत्र के जम्मू–कश्मीर के कारगिल ज़िले और अत्यन्त ऊँचाई पर स्थित दूरस्थ लद्दाख क्षेत्र में घुसपैठ कर रहे थे। चूँकि यह इलाके इतने अलग–थलग थे कि यह बात काफ़ी बाद में (मई 1999) तब सामने आयी, जब स्थानीय चरवाहों ने पठान सूट पहने (पारम्परिक पाकिस्तानी पहनावा) लोगों को उन इलाकों में देखा और इसकी ख़बर दी। तब तक इन गतिविधियों को होते चार महीने गुज़र चुके थे। जाँच–पड़ताल करने पर जो बात सामने आयी वो यह कि एक ख़ुफ़िया ऑपरेशन के तहत प्रशिक्षित मुजाहिदीनों को भारतीय इलाके में घुसपैठ कर ज़मीन हथियाने के मकसद से भेजा जा रहा था। यह तथाकथित रूप से पाकिस्तान के नये नियुक्त सेनाध्यक्ष परवेज़ मुशर्रफ के आदेशानुसार हो रहा था।

ऐसी उदद्ण्डता का साफ़ मतलब था कि परमाणु हथियार से लैस पाकिस्तान कश्मीर को अन्तरराष्ट्रीय मुद्दा बनाने पर कृतसंकल्प था, क्योंकि यह दोनों देशों के लिए विवादित क्षेत्र रहा है, और जिस पर दोनों अपना हक़ जमाते रहे हैं। ऐसा क्षेत्र जहाँ लाइन ऑफ़ कण्ट्रोल (एलओसी) की मर्यादा रखते हुए अमन कायम रखा जाता था, वहाँ घुसपैठ कर उसका उल्लंघन करने की हिमाक़त की गयी थी।

मई महीने बाद जब नवाज़ शरीफ को फ़ोन कर अटल बिहारी वाजपेयी ने इस 'धोखे' की सूचना दी, नवाज़ शरीफ ने ऐसी किसी भी जानकारी से

इनकार कर दिया। जिस प्रकार पाकिस्तानी सेना अपने मुल्क के हाकिमों को धूर्ततापूर्वक चलाती आयी थी और उन्हें ख़ारिज भी करती आयी थी, देखा जाये तो नवाज़ शरीफ को जानकारी न होना, असम्भव भी नहीं था।

पाँच साल बाद, वाजपेयी के फ़ोन कॉल का ज़िक्र करते हुए मियाँ शरीफ यह कहते सुने गये :

> 'मुझे इन बातों का इल्म होना चाहिए था पर सच्चाई यही है कि मुझे कोई सूचना दी ही नहीं गयी थी। मैं जनरल मुशर्रफ को इस पूरे काण्ड का ज़िम्मेदार ठहराता हूँ, मेरे ही सेनापति अपनी करनी से मेरी पीठ पर छुरा घोंपे और मुझे ख़बर तक नहीं रही।'[1]

बाद के दिनों में पाकिस्तानी हलक़ों से यह विवरण मिलते रहे कि वजीर–ए–आज़म को सारे मालूमात हासिल थे पर अब इस बात की सच्चाई का पता लगना मुमकिन नहीं।

बहरहाल जो भी हुआ हो, एक बात तो तय है कि अटल बिहारी वाजपेयी को इस पूरे प्रकरण से बड़ी निराशा हुई थी ख़ासकर जब वो सच्चे दिल से अमन की ख़ातिर शान्ति का दूत बन पाकिस्तान गये थे। उस दौर में घटित कई घटनाओं को तौलते हुए और पूरे वाजपेयी दौर के घटनाक्रम का अवलोकन करते हुए, ख़ासकर पोखरण 2 के बाद, मेरी अन्तर भावना मुझसे यही कहती है कि वाजपेयी जी ख़ुद को इतिहास के पन्नों में उस शख़्सियत के रूप में दर्ज देखना चाहते थे, जिसने अपने पड़ोसी मुल्क के साथ शान्ति स्थापित की थी, ऐसा देश जिसके साथ सन् 47 से रिश्ते अमूमन टकराव लिए ही रहे थे। उस दौरान विश्वसनीय सूत्रों से ऐसी ख़बरें भी सुनने को मिली थीं कि गुप्त इंटेलिजेंस एजेंसियों के तथ्यों को नज़रअन्दाज़ ही नहीं किया गया, बल्कि समीक्षकों का तो यह भी कहना है केन्द्र सरकार सरासर असावधान रही जब पाकिस्तानी घुसपैठिये अन्दर आ बैठे। देशवासियों के ज़ेहन में जो और छवि बृहद् बनी वो यह थी कि पाकिस्तान ने उच्च पर्वतों पर कब्ज़ा जमा कर सुविधाजनक स्थान हासिल कर लिया था। लेकिन भारतीय सेना ने पचहत्तर दिनों की शानदार लड़ाई लड़ देश का एक–एक इंच पाकिस्तानियों से वापस लेकर ही दम लिया।

कारगिल युद्ध के वक़्त जिन लोगों के हाथ में देश का संचालन रहा, उनकी नज़रों से युद्ध को याद करना बेहतर होगा। अपने संस्मरण 'माई कंट्री माई लाइफ' में लालकृष्ण आडवाणी जी लिखते हैं :

'मई 1999 के दूसरे हफ़्ते में प्रधानमन्त्री ने मुझे एक अत्यावश्यक बैठक के लिए बुलाया।

सेना ने उन्हें कारगिल ज़िले में लाइन ऑफ़ कण्ट्रोल (एलओसी) पर अज्ञात लोगों की सन्दिग्ध गतिविधियों की सूचना दी थी। चूँकि यह क्षेत्र अत्यन्त ऊबड़–खाबड़ है और काफ़ी ऊँचाई पर स्थित है, यहाँ आबादी भी बहुत कम है। यहाँ चल रही घुसपैठ पर पहले पहल चरवाहों की नज़र 3 मई को अकस्मात् रूप से ही पड़ी। ये चरवाहे कभी–कभार भारतीय सेना के लिए मुख़बिरी भी कर दिया करते हैं। सेना ने जब अपनी गश्तों को तहक़ीक़ात के लिए भेजा तो पाया कि सिर्फ़ बटालिक भूखण्ड तक ही यह घुसपैठ नहीं फैली हुई थी अपितु, द्रास, मुश्कोक, और काकसार में भी अतिक्रमण हुआ था। ये घुसपैठिये अस्त्र–शस्त्र से लैस थे, और 16–17 हज़ार फ़ीट की ऊँचाई पर, 150 किलीमीटर तक फैले एलओसी के भारतीय इलाके में प्रवेश करने में कामयाब हो गये थे। यही नहीं, श्रीनगर लेह द्रुतमार्ग जो सामरिक महत्त्व रखता था और कम ऊँचाई पर स्थित होने के कारण ऊँचाई से नज़र आता था, अब ख़तरे के घेरे में आ गया था। फलस्वरूप, 13–14 मई को रक्षामन्त्री जॉर्ज फ़र्नांडिस क्षेत्र का दौरा करने गये और वापसी पर उन्होंने और वरिष्ठ अफसरों ने मिलकर प्रधानमन्त्री को स्थिति की विस्तृत जानकारी दी। इससे पहले स्थिति की गम्भीरता को सही तरह से न आँका गया, और न ही समझा गया था।'[2]

26 मई, 1999 को, भारतीय सेना का 'ऑपरेशन विजय' के सांकेतिक नाम से प्रत्याक्रमक प्रक्षेपण हुआ। जैसा कि पहले भी ज़िक्र किया जा चुका है, पाकिस्तान पहले ही कारगिल ज़िले में अतिक्रमण कर चुका था, और अधिदेश यह था कि उन्हें एलओसी लाँघे बग़ैर खदेड़ा जाये। प्रचण्ड बहस के बाद भारतीय वायु सेना को एलओसी न लाँघने की हिदायत के साथ तैनात कर दिया गया।

जैसे–जैसे युद्ध बढ़ता गया, भारतीय हिस्से में भारी क्षति दर्ज हुई, क्योंकि सैनिकों को चढ़ाई चढ़नी पड़ रही थी और ऊँचाई पर प्रेक्षण स्थलों पर तैनात पाकिस्तानी उन्हें निशाना बना रहे थे। अपने बचाव में पहले

पाकिस्तान ने यह तर्क पेश किया कि ये कश्मीर घाटी के विद्रोही हैं जो स्वायत्त ही भारतीय प्रशासन के विरुद्ध अपनी जंगी कार्यवाही कर रहे हैं।

बाद में यह बहस भी छेड़ी गयी कि एलओसी अपने में विवादित है। चीन के अपने दौरे के दौरान जनरल परवेज़ मुशर्रफ और लेफ्टिनेंट जनरल अज़ीज़ ख़ान, जो उस वक़्त जनरल स्टाफ के सदर थे, के बीच हुई बातचीत की प्रतिलिपियाँ इस बीच प्रकाशित हो गयीं और भारतीय परिप्रेक्ष्य में बड़ी सकारात्मक साबित हुईं। (यह पूरी बातचीत जसवन्त सिंह के संस्मरण, 'अ कॉल टू ऑनर' में दर्ज है)

टेलीफ़ोन पर हुई यह बातचीत बड़ी घातक साबित हुई और पाकिस्तान को अपने झूठे दावे बन्द करने पड़े। ये कोई मुजाहिदीन नहीं थे, एक सोची–समझी साज़िश के तहत पाकिस्तानी सैनिकों को नागरिकों के पहनावे में हथियारों और अन्य अस्त्रों के साथ भेजा गया था। सालों बाद, शाहिद अज़ीज़ का, जो कारगिल युद्ध के वक़्त आईएसआई प्रमुख थे, पाकिस्तानी अख़बार में एक आलेख मय उनके दस्तख़त के छपा था, जिसमें उन्होंने यह सारी बातें कबूल की थीं।

युद्ध के अन्त में सरकारी आँकड़ों के मुताबिक़ 527 जवान शहीद, 1363 जवान ज़ख़्मी, जिसमें एक जंग का क़ैदी (पीओडब्लू) भी शामिल था, भारत की क्षति स्वरूप आँकी गयी।

पाकिस्तानी सरकारी आँकड़ों के मुताबिक़ उनके मरने वाले सैनिकों की संख्या 357–453 रही। हालाँकि बाद में उनके सैन्य प्रतिष्ठानों में से बहुतों ने और स्वयं नवाज़ शरीफ ने भी मृतकों की संख्या हज़ारों में बतायी।

मैंने इस युद्ध पर काम नहीं किया, न ही लेख लिखे, मेरा क्षेत्र राजनीति है फिर भी, हम सब इससे जुड़े थे। सही मायनों में, यह पहली जंग थी जो मेरे वयस्क उम्र के दौरान लड़ी गयी थी। 4 जुलाई, 1999 को टाइगर हिल को पुनः प्राप्त करने के लिए भारतीय जवानों ने जो 11 घण्टे की अनवरत लड़ाई लड़ी थी, मुझे वो भुलाये नहीं भूलती है। बाईस दिनों के बाद पाकिस्तानी सैनिकों की भारतीय भूमि से सम्पूर्ण बेदख़ली के बाद, अन्ततः भारतीय सेना ने ऑपरेशन विजय की समाप्ति की घोषणा की।

जब बन्दूकें शान्त हुईं, वाजपेयी के पक्ष में ऐसे बहुत विश्वसनीय सबूत थे जो इस बात की पुष्टि करते थे कि कारगिल युद्ध पाकिस्तान के अतिक्रमण के जवाब में छिड़ा।

अपने संस्मरण में जसवन्त सिंह तत्कालीन यू.एस. डिप्टी सेक्रेटरी ऑफ़ स्टेट (डिप्टी सचिव) स्ट्रोब टैलबोट का 4 जनवरी, 2000 का लिखा पत्र उद्धृत करते हैं।

कारगिल के दौरान भारी उकसावे के बावजूद, भारत अपनी नैतिकता का दामन कसकर थामे रहा और जवाबी हमले के प्रलोभन से ख़ुद को दूर रखने में कामयाब हुआ। कार्यवाही करने पर अधिकतम नतीजा यह मिलता कि भारत अभूतपूर्व अन्तरराष्ट्रीय समर्थन खो देता।[3]

जसवन्त सिंह तत्कालीन यू.एस. सेक्रेटरी ऑफ़ स्टेट (सचिव) मैडेलीन ऑलब्राइट के साथ जुलाई 2000 में अपनी मुलाक़ात का ज़िक्र करते हुए लिखते हैं कि मैडेलीन ने उनसे कहा था, 'जसवन्त, आपने संकट से निपटने का उत्तम ज़रिया अपनाया। एक क़दम भी आपके ग़लत नहीं पड़े।'

आख़िरकार, कारगिल युद्ध न केवल भारत के सैन्य विजय के रूप में देखा गया, भारत के प्रधानमन्त्री की यह नैतिक विजय भी रही।

× × ×

कारगिल युद्ध के बन्दूकों की गूँज शान्त भी न हुई थी कि भाजपा ने कमर कस कर चुनावी अभियान आरम्भ कर दिये, चुनाव उसी साल सितम्बर–अक्टूबर में होने वाले थे। मेरे लिए यह साल अत्यन्त घटनापूर्ण रहा। वाजपेयी और अन्य भाजपा नेताओं की गतिविधियों को आलेखबद्ध करने के अलावा मुझे याद है इस दौरान भाजपा मुख्यालय में नरेन्द्र मोदी से भी मिलने का संयोग बना था। 1998 में वर्तमान प्रधानमन्त्री भाजपा के महासचिवों में से एक थे और संगठन का काम देखते थे। वह दल और आर.एस.एस. के बीच की कड़ी थे। 2001 तक वे दिल्ली में रहे और तत्पश्चात् उन्हें गुजरात के मुख्यमन्त्री का पदभार सँभालने गुजरात जाना पड़ा।

उन दिनों निश्चित रूप से वाजपेयी सबके आदर और ध्यान का केन्द्र बने हुए थे। जो शख़्स भारत का तेरहवाँ और सोलहवाँ प्रधानमन्त्री बना था, उसके सत्रहवीं बार भी प्रधानमन्त्री बनने के आसार स्पष्ट थे।

1999 के चुनाव में पहली बार भाजपा बड़े बृहद् स्तर पर राष्ट्रपति–शैली में चुनाव प्रचार में उतरी जो अपने आप में मिसाल रही। यद्यपि 2014 के चुनावी अभियान से इसका स्तर छोटा था, लेकिन हर

लिहाज़ से यह राष्ट्रपति पद सरीखा था। भाजपा के हलक़ों में उन दिनों वाजपेयी जी की 'ब्रांडिंग' के चर्चे थे। उस वक़्त के दो 'यंग टर्क्स' (यह विशेषण हालाँकि पहली बार प्रधानमन्त्री चन्द्रशेखर के लिए उपयोग में आया, जिनका कार्यकाल सात महीने ही रहा) अरुण जेटली और प्रमोद महाजन चुनावी अभियान में कूद पड़े, ख़ासकर प्रमोद महाजन जिनका वाजपेयी और उनके परिवार के साथ क़रीबी रिश्ता था।

भारतीय नेता के वर्णन में 'टेफ़लॉन' शब्द का इस्तेमाल पहली बार मैंने अरुण जेटली के मुँह से सुना, जो शब्दों के मुआमले में जादूगर थे। उन्होंने मुझे बताया, 'यू.एस. में रोनाल्ड रेगन की ही तरह भारत में अटल बिहारी एक विजयी राष्ट्र के विजयी नेता स्वरूप उभरे हैं और इस तथ्य ने उन्हें 'टेफ़लॉन कोटेड' (टेफ़लॉन लिप्त) बना दिया है।'

प्रमोद महाजन जो उस वक़्त सूचना और प्रसारण मन्त्री थे, बातों के धनी न होते हुए भी अपने अन्दाज़ में प्रधानमन्त्री को यूँ वर्णित किया, 'कार्यवाहक दौर में अटल जी आदरणीय के स्थान पर पूजनीय हो गये। श्रद्धा का स्थान अब अतिप्रशंसा ने ले लिया है। सौ दिनों में सब कुछ बदल गया है।'

पार्श्व में बात कुछ और ही दीख रही थी। वाजपेयी की शख़्सियत बाकियों पर हावी होने लगी थी, लालकृष्ण आडवाणी गृहमन्त्री के रूप में ख़ास प्रभावित नहीं कर पाये थे, और पार्टी और परिवार में कुछ बेचैनी नज़र आने लगी थी। प्रमोद महाजन जो उस वक़्त सबसे विश्वसनीय अन्दरूनी सूत्र थे और जिनके राजनीतिक आकलन (अनाधिकारिक) बहुधा सटीक हुआ करते थे, ने स्पष्ट तौर पर उस दुविधा का ज़िक्र किया था जो दल और संघ परिवार के दरपेश था।

भाजपा दल मूलतः संवर्ग (कैडर) आधारित रहा था और अब सामूहिक संस्था की बजाय एक व्यक्ति विशेष की छवि को लेकर चुनाव अभियान लड़ना उसके मूलभूत स्वभाव के बिल्कुल विपरीत था। हालाँकि अब भी प्रमोद महाजन भाजपा अभियान के महत्त्वपूर्ण रणनीतिज्ञ थे लेकिन उनके द्वारा आयोजित सरकार का पहला सालगिरह आयोजन जो बुरी तरह असफल रहा था, अभी भुलाया नहीं गया था। 15 अगस्त को विजय दिवस के रूप में मनाने का उनका सुझाव प्रधानमन्त्री ख़ारिज कर चुके थे। स्वतन्त्रता दिवस को महज़ कारगिल युद्ध के नज़रिए से देखना प्रधानमन्त्री को कुछ घटिया–सा लगा।

बहरहाल, अब 'ब्राण्ड वाजपेयी' मण्डली ने एक पेशेवर विज्ञापन संस्था की सेवाएँ लेने पर विचार किया, बहुत कुछ वैसा, जैसा कांग्रेस पार्टी ने विगत वर्षों में किया था, ख़ासकर राजीव गाँधी के चुनाव अभियान में, इस दौरान दिया गया नारा 'माई हार्ट ब्लीड्स फॉर इण्डिया' ख़ुद को अविस्मरणीय और लोगों को भावुक बना गया था। प्रचार के लिए 'धर एण्ड हून' की सेवाएँ ली गयीं जिन्होंने विज्ञापन जगत की बड़ी नामचीन हस्ती तारा सिन्हा को इस कार्य के लिए नियुक्त किया। जेटली, अरुण शौरी और प्रमोद महाजन, जो इस प्रचार की देख–रेख के ज़िम्मेदार थे, बनाये गये 'फर्स्ट कट' से बहुत मुतमईन नहीं दिखे और धर एण्ड हून के साथ करार रद्द कर उस वक़्त की नामी विज्ञापन कम्पनी त्रिकाया ग्रे को, प्रचार अभियान में युक्त करने की बात होने लगी।

बहरहाल, यह बात सबको नज़र आयी कि एजेंसी जो प्रतियाँ बना रही थी, वो भले व्यावसायिक रूप से आकर्षक हों, उनमें राजनीतिक पुट की बड़ी कमी थी।

आख़िरकार यह कार्य उनके अपने ही 'टास्क फोर्स भाजपा' को सौंपा गया जिसका रचनात्मक सहयोग सुशील पण्डित के ज़िम्मे हुआ, वो शख़्स जिन्हें आज हम अक्सर टेलीविज़न पर कश्मीरी पण्डितों में आक्रामक बयान देते देखते हैं जो किसी भी विरोधी दृष्टिकोण को सिरे से ख़ारिज करते हुए उसे 'राष्ट्र विरोधी' कहने से ज़रा भी नहीं झिझकते।

अभियान पूरी तरह अटल पर केन्द्रित था, और बिना किसी झिझक या लज्जा के, व्यक्तित्व–केन्द्रित था। तमाम राष्ट्रीय दैनिक अख़बारों में जल्दी ही यह नारा प्रकाशित हुआ–अ लीडर यू कैन ट्रस्ट। इन वॉर। इन पीस। (ऐसा नेता जिस पर हो भरोसा, जंग में और अमन में भी)

1999 के चुनाव प्रचार अभियान के दौरान नरेन्द्र मोदी द्वारा दी गयी उक्तियाँ ढूँढ़ते हुए मुझे जो मिला वो यह था, 'वाजपेयी जी जहाँ निश्चित रूप में लीडर हैं वहाँ सोनिया महज़ एक रीडर हैं।' यह आने वाले सालों में सोनिया गाँधी पर किये गये उनके लगातार निर्मम प्रहारों की महज़ शुरुआत थी।

सोनिया फ़ैक्टर

1999 का चुनाव कई अर्थों में बहुत निर्णायक रहा। टकराव पहली बार भाजपा के एक दिग्गज नेता और सोनिया गाँधी के बीच था, सोनिया जो अब कांग्रेस की अध्यक्ष थीं और आख़िरकार अपनी क्षमता को समझने लगी थीं। कांग्रेस अध्यक्ष की हैसियत से न केवल वे दल के दैनिक क्रियाकलापों के साथ गम्भीरतापूर्वक संलग्न थीं, समूची चुनावी प्रक्रिया से भी पूरी तरह से जुड़ी हुई थीं। एक वक़्त था, जब ऐसी ज़िम्मेदारी का हिस्सा बनने में उन्हें बिल्कुल भी दिलचस्पी नहीं थी। (पुत्र राहुल गाँधी 2017 से कांग्रेस अध्यक्ष का पदभार सँभाल रहे हैं)

भाजपा पोखरण–2 की सफलता का जश्न मना रही थी, और इसे 'राष्ट्रीय गौरव' के साथ जोड़ रही थी। पलटवार करते हुए सोनिया गाँधी ने यह कह दिया कि, 'सच्ची शक्ति संयम बरतने में है, उसके प्रदर्शन में नहीं'। चूँकि चुनाव प्रचार का अभियान था और भाजपा एक पूरे राष्ट्रवादी कथानक की सृष्टि कर रही थी, जिसके अन्तर्गत अब सोनिया गाँधी के 'विदेशी मूल' पर हमला बोला जाना स्वाभाविक था।

सोनिया गाँधी के 'विदेशी मूल' मुद्दे को शरद पवार ने ही, जो पूर्व कांग्रेसी नेताओं के गुट के अग्रणी और महाराष्ट्र के पूर्व मुख्यमन्त्री थे, भाजपा के हाथों सौंपा था! कांग्रेस दल के नेता के रूप में सोनिया के चुनाव को शरद पवार ललकार चुके थे और उसमें असफल रहे थे। इसके बाद ही उन्होंने कांग्रेस छोड़ अपना अलग दल, नेशनलिस्ट कांग्रेस पार्टी (एनसीपी) बना लिया। अपने संस्मरण, 'ऑन माई टर्म्स : फ्रॉम द ग्रासरूट्स टू द कॉरीडोर्स ऑफ़ पॉवर', जो 2015 में प्रकाशित हुई, में उन्होंने दावा किया है कि सोनिया स्वयं अपने विदेशी मूल को बढ़ा–चढ़ा कर पेश करती रही थीं :

> ''15 मई, 1999 को कांग्रेस अध्यक्ष सोनिया गाँधी ने कांग्रेस वर्किंग कमिटी की (सीडब्लूसी) बैठक बुलायी, और अकस्मात्

बिना किसी स्पष्ट उद्देश्य के, एक काग़ज़ का पन्ना निकाल पढ़ने लगीं, "मेरा जन्म भारत के बाहर हुआ है, यदि यह चुनाव अभियान का मुद्दा रहेगा, हमारे दल के चुनावी प्रदर्शन पर इसका क्या असर देखने को मिलेगा?"[1]

जब किसी दल में अन्दरूनी तनाव और गुटबन्दी शुरू हो जाये, ऐसी स्थिति में भाजपा ने वही किया जो लोकतन्त्र में कोई भी अन्य तगड़ी विरोधी पार्टी करती। कांग्रेस के अन्दरूनी खिंचाव का फ़ायदा उठा भाजपा ने सोनिया के इतालवी मूल पर जम कर हमला बोला। शायद यही वजह रही होगी कि वो संसद में अपने प्रवेश को लेकर बेहद अनिश्चित रहीं, हालाँकि वो भारत को अपना घर बना चुकी थीं। अन्ततोगत्वा, उन्होंने कर्नाटक के बेल्लारी को अपना चुनाव क्षेत्र (सीट) चुना। यह सीट हमेशा से कांग्रेस जीतती आयी थी। (यह चिकमंगलूर से 250 कि.मी. दूर था, चिकमंगलूर, जो 1978 में इन्दिरा गाँधी का इमरजेंसी के कलंक और जनता दल शासन के बाद उपचुनाव क्षेत्र रहा, जहाँ उन्हें जीत हासिल हुई थी)

बेल्लारी का चुनावी जंग एक शुष्क, पथरीले क्षेत्र का था जिसकी एक शानदार विशिष्टता हम्पी में विजय नगर साम्राज्य के भग्नावशेष हैं। इसके दिल्ली से लम्बी दूरी के बावजूद, बेल्लारी ने कभी कांग्रेस दल को निराश नहीं किया था। सोनिया जब वहाँ गयीं इन्दिरा गाँधी के देहावसान को 15 साल बीत चुके थे, लेकिन वह वहाँ और उसके आसपास के क्षेत्र में देवी तुल्य पूजी जाती थीं।

तब में और आज की स्थिति में बहुत बड़ा बदलाव आया है : आज वो क्षेत्र बेल्लारी बन्धुओं के नाम से पहचाना जाता है जो वहाँ एक बृहद् और ग़ैर–कानूनी खनन का साम्राज्य चलाते हैं। उन दिनों इन्दिरा 'अम्मा' धरती माँ थीं और यह वजह सोनिया उनकी बहू को सुरक्षित रखने के लिए काफ़ी थी।

अब इस पृष्ठभूमि में शुरू हुआ कांग्रेस का सोनिया के चुनावी क्षेत्र बेल्लारी को लेकर विपक्ष को गुमराह करने का चूहा–बिल्ली का खेल, जो हैरान करने वाला था। आज इस बात पर पुनः दृष्टि डालूँ तो कहना अतिशयोक्ति न होगा कि कांग्रेस भाजपा की चुनावी योजना को बहुत बढ़ा–चढ़ाकर देख रही थी जिसके फलस्वरूप कांग्रेस काफ़ी असुरक्षित–सा महसूस करती, मानसिक उन्माद की स्थिति में आ गयी थी।

इस लिहाज़ से कहना उचित होगा कि सोनिया को मशविरा देने वाला गुट अपने काम में खरा नहीं उतरा।

ज़ाहिर तौर पर, जब सोनिया ने चुनावी राजनीति में क़दम रखने का फ़ैसला लिया, उन्होंने उत्तर प्रदेश के अमेठी से चुनाव लड़ने का मन बना लिया था, जो उनके दिवंगत पति और पूर्व प्रधानमन्त्री राजीव गाँधी का चुनावी क्षेत्र था। बेल्लारी से चुनाव लड़ने के फ़ैसले के पीछे उनके सलाहकार ही थे जिन्होंने उनसे यह कहा कि उन्हें राजनीति में आने से रोकने के लिए भाजपा किसी भी हद से गुज़र सकती थी, यहाँ तक कि एक बीमार, छद्म उम्मीदवार को भी मैदान में उतार सकती थी, जिसकी मृत्यु पर चुनाव रद्द भी हो सकते थे। उस वक़्त अमेठी के मौजूदा सांसद भाजपा के संजय सिंह थे जिनसे यह उम्मीद थी कि चुनाव रद्द कराने के लिए भारी हिंसा का सहारा ले सकते थे। इसके, अलावा अगर वो सिर्फ़ एक चुनावी क्षेत्र से खड़े होने की बात सोच रही थीं, भाजपा हर सम्भव उनको उसी क्षेत्र के साथ हमेशा के लिए बँध जाने पर मजबूर कर सकती थी।

स्वाभाविक ही था कि सोनिया इन बातों में आ गयीं और विपक्ष को गुमराह करने की वाहियात–सी योजना के लिए तैयार हो गयीं। नामांकन–पत्र दाख़िल करने की अन्तिम दिवस की पूर्व सन्ध्या को, सोनिया एक वाणिज्यिक उड़ान से अपने सचिव विन्सेंट जॉर्ज, दल के सचिव ग़ुलाम नबी आज़ाद और अपने सुरक्षा कार्यकर्ताओं को साथ लिए हैदराबाद पहुँचीं। आज़ाद मीडिया को इस भ्रम में रखना चाह रहे थे कि सोनिया आन्ध्र प्रदेश के कडपा की तरफ़ रवाना होने वाली हैं। जब उनसे सोनिया के अन्तिम पड़ाव के बारे में पूछा गया, वे बोले, 'अगर हमारा पड़ाव बेल्लारी है, हम आन्ध्र प्रदेश में क्यों हैं?'[2]

इस पूरी पहेली का हिस्सा एक छोटा सात सीटों वाला हवाई जहाज़ और एक हेलीकॉप्टर थे जो हैदराबाद के हवाई अड्डे पर तैनात थे।

जो उड़ान निर्देश विमानकर्मियों को दिये गये वो यह थे कि सोनिया हेलीकॉप्टर से कडपा जायेंगी और आज़ाद बेल्लारी की तरफ़ रवाना होंगे। आख़िरकार जब सोनिया अपने मुहासिरों के साथ हवाई अड्डे की तरफ़ रवाना हुईं, और बेल्लारी की ओर उड़ चलीं, वे कदाचित् इस आत्मतुष्टि से भरी हुई थीं कि भाजपा को भ्रमित करने में सफल हुई हैं।

काश कि ऐसा होता! भाजपा इसका शानदार प्रत्युत्तर लिए आयी और सोनिया की योजना का मुँहतोड़ जवाब सामने था। दरअसल, इन सबकी विस्तृत जानकारी मैं अन्ततः खोज निकालने में सफल हुई। हुआ यूँ कि इस पूरे छद्म की, जो हाईकमान विपक्ष को गुमराह करने के लिए रच रही थी, जानकारी कुछ कांग्रेस कर्मियों को थी। बेल्लारी और कडपा के अलावा कांग्रेस ने यह अफ़वाह भी उड़ा दी कि सोनिया आन्ध्र प्रदेश के मेदक क्षेत्र से चुनाव लड़ सकती हैं, जो उनकी सास इन्दिरा गाँधी का, अक्टूबर 1984 को जब उनकी हत्या हुई थी, चुनावी क्षेत्र रहा था।

भाजपा को इस शानदार योजना की पहली भनक 17 अगस्त, 1999 को, नामांकन–पत्र दाख़िल करने के आख़िरी दिन के एक दिन पहले लगी। सिविल एविएशन अधिकारियों ने सत्तारूढ़ पार्टी को यह इत्तिला दे दी थी कि सोनिया हैदराबाद के लिए उड़ान भरेंगी और वहाँ से हेलीकॉप्टर से कर्नाटक के बेल्लारी या आन्ध्र प्रदेश में कडपा की ओर जा सकती हैं।

दोपहर तक भाजपा को जानकारी मिल चुकी थी कि आन्ध्र प्रदेश के तत्कालीन मुख्यमन्त्री दिवंगत वाई.एस. राजशेखर रेड्डी अपने चुनाव क्षेत्र कडपा की ओर रवाना हो चुके हैं, हालाँकि नयाचार (प्रोटोकॉल) के तहत उन्हें सोनिया की प्रतीक्षा करनी चाहिए थी। शाम तक भाजपा को यह ख़बर मिल चुकी थी कि स्पेशल प्रोटेक्शन ग्रुप (सपाजी) बेल्लारी में सुरक्षा प्रबन्ध में जुटी हुई है।

इसी बीच, भाजपा महासचिव वेंकैया नायडू (वर्तमान में भारत के उपराष्ट्रपति) नये बने जनता दल (यू) के साथ सीट वितरण पर विमर्श करने बेंगलुरु पहुँचे हुए थे। व्यस्त वेंकैया के पास जब सोनिया की गतिविधियों की जानकारी पहुँचनी शुरू हुई, उन्होंने फ़ौरन कांग्रेस अध्यक्ष की योजना की मुँहतोड़ जवाबी योजना बनाने की प्रक्रिया आरम्भ कर दी।

सबसे पहले उन्होंने आन्ध्र प्रदेश के मुख्यमन्त्री एन. चन्द्रबाबू नायडू को फ़ोन किया। दोनों ने कडपा में एक ऐसे शख़्स को उम्मीदवार के तौर पर उतारने के विषय में विमर्श किया जो सोनिया को टक्कर दे सके। वो स्थानीय दिग्गज हो सकता था या कोई बाहर वाला, चन्द्रबाबू के मुताबिक़ किसी फ़िल्मी हस्ती को भी इस कार्य के लिए सोचा जा सकता था। चन्द्रबाबू नायडू स्वयं आन्ध्र प्रदेश के मशहूर फ़िल्मी हस्ती एन.टी. रामाराव के कन्धों का सहारा ले राजनीतिक पटल पर उभरे थे।

अगले कुछ घण्टों में दोनों नायडू सज्जनों के बीच चार बार फ़ोन पर बातचीत हुई। मुख्यमन्त्री ने दो नामचीन अदाकाराओं का नाम सुझाया—जयाप्रदा जो उन दिनों तेलुगु देशम पार्टी (टीडीपी) की राज्यसभा सदस्य थीं और विजयाशान्ति, जो तेलुगु फ़िल्मों की 'महिला अमिताभ बच्चन' के नाम से जानी जाती थीं और स्वयं एक वर्ष पहले ही भाजपा दल में शामिल हुई थीं। चूँकि आम लोगों के बीच विजयाशान्ति ज़बरदस्त लोकप्रियता और आकर्षण का केन्द्र थीं, दोनों नेताओं को आख़िरकार विजयाशान्ति कडपा जैसे पिछड़े हुए ग्रामीण इलाके के लिए बिल्कुल उचित उम्मीदवार लगीं।

अब सवाल उन्हें राज़ी कराना था। बारह बजे के ऊपर रात गुज़र चुकी थी, और विजयाशान्ति चेन्नई में थीं। वेंकैया नायडू ने फ़िल्मी जगत में अपने सूत्रों के साथ सम्पर्क साधा, रात के डेढ़ बजे विजयाशान्ति के यहाँ दो मुलाक़ाती पहुँचे—एक फ़िल्म निर्देशक चिट्टी बाबु जो स्वयं भाजपा के सदस्य थे और दूसरे फ़िल्म निर्माता देवी वारा प्रसाद जिनकी निर्मित फ़िल्मों में एन.टी.आर. और चिरंजीवी अभिनय कर चुके थे। (चिरंजीवी सम्प्रति कांग्रेस सदस्य हैं)

अब जब एक ओर यह दोनों सज्जन विजयाशान्ति को मनाने की पुरज़ोर कोशिशों में लगे थे, वेंकैया नायडू ने गृहमन्त्री लालकृष्ण आडवाणी से सम्पर्क किया, जो उस वक़्त तमिलनाडु में करैकुडी नामक स्थान पर चुनाव प्रचार हेतु गये हुए थे। आख़िरकार एक स्त्री दूसरी स्त्री को यक़ीन दिलाने में कामयाब हुई—आडवाणी की सुपुत्री प्रतिभा ने रात दो बजे विजयाशान्ति से बात कर उन्हें राज़ी कर ही लिया।

अब अगला क़दम था कि विजयाशान्ति हर सूरत कडपा शाम तीन बजे के पहले पहुँच जायें, जो नामांकन भरने का आख़िरी वक़्त था। तिरुपति में एक हेलीकॉप्टर उनके लिए तैयार खड़ा था, और तत्कालीन सिविल एविएशन मन्त्री अनन्त कुमार ने (जो आज संसदीय मुआमलों के मन्त्री हैं) विकल्प स्वरूप एक और हेलीकॉप्टर चेन्नई में तैयार रखा था।

इन क्रियाकलापों के साथ एक और समानान्तर सामरिक गतिविधि का आग़ाज़ हो चुका था। भाजपा नेतृत्व को ख़ुफ़िया विभाग की ओर से बेल्लारी में हो रहे कड़े सुरक्षा बन्दोबस्त की जानकारी मिल रही थी। अकस्मात् ही बेंगलुरु का माहौल बड़े गहमागहमी वाला बन गया। वाणिज्य मन्त्री रामकृष्ण हेगड़े वेंकैया नायडू के साथ मिलकर सीटों को

लेकर तालमेल के विवरण को अन्तिम रूप देने में अत्यन्त व्यस्त थे। उनसे जब सोनिया के विरुद्ध एक सम्भावित उम्मीदवार का नाम सुझाने को कहा गया, उन्होंने सुषमा स्वराज का नाम सुझाया। अब दिक्कत यह थी कि सुषमा आगामी चुनावों में हिस्सा न लेने की घोषणा कर चुकी थीं। ऐसे हालात में कौन उन्हें अपना फ़ैसला बदलने को तैयार कर सकता था?

रामकृष्ण हेगड़े ने यहाँ अगुआई करते हुए रात बारह बजे सुषमा जी को फ़ोन किया; इसके तुरन्त बाद वेंकैया ने उन्हें फ़ोन किया। इस मुद्दे पर कुछ बहस के बाद सुषमा इस चुनौती को स्वीकारने को राज़ी हो गयीं। बशर्ते, भाजपा नेतृत्व इसकी इजाज़त दे देता। अब वेंकैया नायडू बड़ी फुर्ती से अपने कार्य में लग गये। रात क़रीब डेढ़ बजे उन्होंने भाजपा अध्यक्ष कुशाभाऊ ठाकरे को फ़ोन कर स्थिति से अवगत कराया। नीतिगत रूप से बात उन्हें सही लगी लेकिन उन्होंने वेंकैया को आडवाणी और अटल बिहारी वाजपेयी से भी पुष्टि करवा लेने का सुझाव दिया। वेंकैया जी ने एक बार फिर आडवाणी से सम्पर्क साधा जो उस वक़्त तमिलनाडु में थे।

गृहमन्त्री को यह विचार बेहतरीन लगा पर 'क्या प्रधानमन्त्री से इस विषय पर मशवरा हो चुका है?' यह प्रश्न भी उन्होंने दाग दिया। इतनी रात गये प्रधानमन्त्री की नींद में ख़लल डालने से वेंकैया कतरा रहे थे। यह वक़्त उन्होंने खुले रह गये सिरों को बाँधने में लगाया। शेष बची रात को हर उस बात पर ग़ौर करने में लगाया गया, जिसकी अब ज़रूरत होनी थी। सुषमा की यात्रा और सारी काग़ज़ी कार्यवाहियों की पूरी तैयारी कर ली गयी जिससे कि उनके नामांकन के दाख़िले में कोई दिक्क़त पेश न आये।

सुषमा स्वराज अन्ततः सुबह सवेरे दिल्ली से एक व्यावसायिक विमान में बेंगलुरु की ओर रवाना हुईं। उत्तरी बेंगलुरु में स्थित जककर हवाई पट्टी पर एक हेलीकॉप्टर चतुराई से तैनात किया गया था। सुबह साढ़े छह बजे आख़िरकार वेंकैया नायडू ने हिम्मत जुटा कर वाजपेयी को फ़ोन कर सारी जानकारी दी। उन्होंने सुषमा स्वराज की तैयारी और हामी सुनिश्चित की, तदनन्तर ही अपनी हामी भरी।

अब आँखों के सामने माथे पर लाल बिन्दी, माँग में सिन्दूर, कलाइयों पर चूड़ियाँ सजाये और गले में मंगलसूत्र पहने एक पारम्परिक भारतीय हिन्दू नारी का दृश्य प्रस्तुत था। भाजपा के रंग से मेल खाते साड़ी–चोली

का पहनावा पहन सुषमा सबसे बड़ी और चर्चित चुनावी जंग से निपटने हेतु पूर्ण रूप से प्रस्तुत नज़र आयीं। अपने सबसे पहले कहे गये कथन में ही उन्होंने स्पष्ट कर दिया कि वे 'स्वदेशी' मार्के का प्रतिनिधित्व करती हैं जबकि सोनिया 'विदेशी' मार्के का।

1999 का यह चुनावी जंग किसी शाही जंग से कम न था : भाजपा की 'बहन जी' बनाम गाँधी 'बहूजी'। सुषमा ने इसे भारतीय आत्म सम्मान के साथ जोड़ा। बातों की धनी सुषमा ने आनन–फानन कुछ कन्नड़ शब्दों और जुमलों को सीख उनका भी सटीक और बड़े ही प्रभावी तरीक़े से इस्तेमाल किया। भाजपा पूरी तरह से मुतमईन थी कि सोनिया अगर चुनाव जीत भी जाती हैं, भाजपा की हार यहाँ होना नामुमकिन है। भाजपा यह पहला दौर जीत ही चुकी थी, जहाँ बेल्लारी में उन्होंने कांग्रेस अध्यक्ष सोनिया पर, कहा जाये तो घात लगाकर हमला ही बोला था!

इसके प्रत्युत्तर में कांग्रेस ने आनन–फानन यह ऐलान कर दिया कि सोनिया अमेठी से भी लड़ेंगी। यह घोषणा समय रहते ही कर दी गयी जिससे लोग इन अटकलों से बाज़ आ जायें कि बेल्लारी में हवा का रुख़ देखकर ही अमेठी का नाम लिया गया और वो भी ऐन आख़िरी वक़्त पर। (अमेठी में नामांकन दाख़िले की आख़िरी तारीख़ 14 सितम्बर थी)

इतनी जंग सरीखी रणनीतियों और दाँव–पेंचों, और आख़िरी साँस तक की गयी कोशिशों के बावजूद सोनिया गाँधी बेल्लारी चुनाव क्षेत्र 56 हज़ार वोटों के अन्तर से जीत गयीं। हालाँकि इस चुनावी क्षेत्र की जीत का फ़र्क़ भूतपूर्व परिणामों की तुलना में छोटा था, लोगों के बीच एक तेज़–तर्रार राजनेता और ज़बरदस्त चुनाव प्रचार अभियानकर्ता के रूप में सुषमा अपना सिक्का जमा गयीं। वेंकैया नायडू और रामकृष्ण हेगड़े ने जब उनसे यह चुनाव लड़ने की गुज़ारिश की थी, उनकी प्रतिक्रिया चातुर्यपूर्ण रही थी, 'यह जंग कारगिल जैसा होगा, या मैं एक शानदार शहादत पाऊँगी, या एक श्रेष्ठ विजय।'[3]

अभियान–1999

1998 की रैलियों में अटल बिहारी का स्वागत 'राजतिलक की करो तैयारी, आ रहे हैं अटल बिहारी' के नारों से होता था, जिसके प्रत्युत्तर में मज़ाकिया अन्दाज़ में वह कहते थे, 'जब भगवान राम के राजतिलक की तैयारी हो रही थी, तब उनको चौदह साल के लिए वनवास जाना पड़ा था।'

साल भर बाद ही, उनका लहज़ा गम्भीर हो चुका था, उनकी आवाज़ एक पीड़ित की पुकार थी :

> वे (विपक्ष) सिर्फ़ हमें गिराने के लिए एक हुए हैं लेकिन सरकार बनाने लायक एकता उनमें नहीं आयी। हम अविश्वास प्रस्ताव मात्र एक मत से हारे हैं। आगे आइए और अपना मतदान कीजिए, इससे बदलाव आ सकता है।[1]

लेकिन साथ–साथ वो स्वयं को विजयी–सा भी पेश करते थे, यह कारगिल युद्ध के बाद का दौर था और अपने रणनीतिज्ञों के मशविरे पर, वे एन.डी.ए. और उसके प्रशासन से अलग अपने को पेश करने लगे थे। यह वाजपेयी का बिल्कुल अलग चेहरा था।

उनकी ज़बान हमेशा नियन्त्रित रही, और यह ख़ास अभ्यास बिना सम्भव नहीं है। उज्जैन में आयोजित एक रैली में जब सोनिया गाँधी ने उन पर गद्दारी का और कांग्रेस ने 1942 के 'भारत छोड़ो आन्दोलन' के दौरान अंग्रेज़ों का साथ देने का आरोप लगाया, आहत मासूमियत वाले अन्दाज़ में अपने बचाव में उनका जवाब था, 'मैं सोनिया की ज़बान में बात नहीं कर सकता। आलोचना ज़रूर हो और होनी चाहिए पर निराधार आरोप लगाने से बचा जाये। मेरी ज़िन्दगी खुली किताब रही है।'

सोनिया गाँधी वही ग़लती कर रही थीं जिसे वो सालों बाद नरेन्द्र मोदी के साथ दोहराने वाली थीं। दोनों पर किये गये व्यक्तिगत हमले

कांग्रेस के लिए बिल्कुल प्रतिकूल साबित हुए। दोनों ही नेता, बिल्कुल अलग कारणों से ही सही, अपने दल से कहीं बड़ी शख़्सियत बन उभरे थे। 1999 में सोनिया अपने 'गद्दारी' वाले आरोप पर डटी रहीं, क्योंकि उनका अपना 'विदेशी मूल' मार्का उनकी स्थिति कहीं–न–कहीं कमज़ोर और हानिकारक बनाता था। एक बार उन्होंने कहा था, 'सरकार ने कारगिल के दौरान सही वक़्त पर कार्यवाही न कर देश के साथ धोखा किया है। हमारे कितने नौजवान शहीद हो गये।'[2]

जैसा बाद के दिनों में खुलासा हुआ, 1999 का चुनाव शब्दाडम्बर के लिहाज़ से बहुत क्रूर और विद्वेषपूर्ण साबित हुआ। एन.डी.ए. की ओर से चुनाव प्रचार करने वालों ने सोनिया के विरुद्ध बड़े आपत्तिजनक और अपमानजनक शब्द कहे। उदाहरणस्वरूप, प्रमोद महाजन ने उनकी तुलना मोनिका लेवेंस्की के साथ की और बाद में साफ़ मुकर गये। कांग्रेस भी कहाँ पीछे रहने वालों में से थी! इस व्यक्तिगत निन्दा और कीचड़ उछालने के खेल में कांग्रेस प्रवक्ता कपिल सिब्बल ने प्रधानमन्त्री को 'अभ्यस्त मिथ्यावादी' कहा 'जो शत्रु के घुसपैठ पर न केवल सोते रहे, वरन् शत्रु को अपनी संगत दे उनसे साँठ–गाँठ कर ली।'[3]

बेल्लारी में आयोजित एक सभा में तत्कालीन रक्षामन्त्री जॉर्ज फ़र्नांडिस चहके, 'सोनिया गाँधी का देश के प्रति क्या योगदान रहा है? एक योगदान ज़रूर है–उन्होंने देश की सौ करोड़ जनसंख्या में दो लोगों की गिनती और बढ़ायी है। क्या इसके अलावा उनका कुछ योगदान है?' आज के सोशल मीडिया के दौर में ऐसी उक्तियाँ बग़ैर किसी हंगामे के चल जायें, तो मुझे हैरानी होगी। ख़ासकर जब आज मीडिया हर शब्द को तौलता है और बखिया उधेड़ता है, ऐसे जुमले न केवल अपमानित करते दिखाने वाले लगते हैं, नारीत्व के लिए उपेक्षाजनक भी हैं। लेकिन जैसाकि पहले कहा जा चुका है, अपनी–अपनी सुनाने की इस होड़ में मासूम कोई न था।

कांग्रेस की ओर से जिसने कई बार शालीनता की सीमाएँ लाँघीं वो वरिष्ठ नेता गुलाम नबी आज़ाद रहे। उनका प्रश्न था–'वाजपेयी का दामाद कहाँ से नमूदार हुआ? कौन किसके साथ ब्याहा गया?'[4] यही नहीं, ए.आई. सी.सी. के दफ़्तर से 'मोरारजी पेपर्स' से ऐसे उद्धरण निकाल कर बाँटे गये जिससे विवाद छिड़ गया। यह मोरारजी देसाई काल के ऐसे दस्तावेज़ों पर आधारित था, जिसमें जनता दल के विघटन का विवरण दर्ज था। इस उद्ध रण में पूर्व प्रधानमन्त्री द्वारा अपने विदेशमन्त्री वाजपेयी के बारे में उड़ रही

अफ़वाह का ज़िक्र था। अफ़वाह थी कि तत्कालीन विदेशमन्त्री वाजपेयी अपना अधिकतर वक़्त अपने मन्त्रालय के आधिकारिक और प्रशासनिक ज़िम्मेदारियों के बजाय सुरापान और महिलाओं की सोहबत में बिताना पसन्द करते हैं।[5] वाजपेयी जी के निजी जीवन, उनके दत्तक परिवार पर टिप्पणी और छींटाकशी करने के मामले में मुख्यधारा की मीडिया और प्रेस ने सवाल न पूछने का जो निर्णय लिया था, नेतागण उस कमी को इस तरह पूरी किये दे रहे थे।

कीचड़ उछालने का सिलसिला बहरहाल बेलगाम चलता रहा। चुनावी अभियान के दौरान प्रमोद महाजन ने एन.सी.पी. नेता शरद पवार की तुलना हॉलीवुड अदाकारा एलिज़ाबेथ टेलर से कर डाली यह कहकर कि 'वो शादी करते हैं, तलाक़ लेते हैं, पुनः शादी करते हैं और तलाक़ लेते हैं।'[6] पवार हालाँकि कांग्रेस छोड़ चुके थे, फिर भी भाजपा का विरोध उनसे छूटा न था।

1999 में पहली बार वे संगठन जो अग्रिम पंक्ति का मोर्चा सँभाले चुनावी जंग में भाजपा और आर.एस.एस. के साथ पूरी तरह से जुड़े थे, नज़रों के सामने आये। इन हाशिये पर कार्यरत संगठनों के लिए रणनीति ही यही होती थी कि विज्ञापन के ज़रिये वो गौण, किन्तु भावुक विषयों को उछालें।

उदाहरणस्वरूप, दिल्ली के सांसद विजय गोयल द्वारा चलाये जाने वाले 'लोक अभियान' ने एक विज्ञापन जारी किया, जिसमें एक सैनिक की तस्वीर के नीचे लिखा था कि इस व्यक्ति ने क्या ग़लत किया है? इसके बाद नोएडा (यू.पी.) स्थित पूर्व सैनिक सेवा परिषद (पीएससपा) की ओर से एक विज्ञापन जारी हुआ जिसमें कांग्रेस पर सैनिकों के लिए प्रतिपुरुष मतदान (प्रॉक्सी वोटिंग) की अनुमति न देने पर हमला साधा गया–

'कांग्रेस देश के लिए सैनिकों की आहुति देने को तैयार है लेकिन देश के लिए उनका मतदान उसके लिए ज़रूरी नहीं है।'

आज के चुनावी खर्चों के साथ अगर तुलना करें, 1999 के चुनाव सस्ते में निपट गये। मेरे द्वारा उस दौरान हासिल की गयी जानकारी मुताबिक़, भाजपा ने प्रकट रूप से प्रिण्ट (छपा हुआ) अभियान में सात करोड़ ख़र्च किये जिसमें लोक अभियान, पीएससपा और अखिल भारतीय कश्मीरी पण्डित सम्मेलन जैसे संगठनों ने करीबन डेढ़ करोड़ के विज्ञापन निकाले।

इस बीच शाब्दिक प्रहार का टुच्चा खेल अब दूसरा रूप अख़्तियार कर चुका था। प्रचार में अब गाड़ियों की जगह हवाई जहाज़ों और

हेलीकॉप्टरों ने ले ली जिसकी वजह से दोनों पक्षों में एक दूजे से आगे निकलने की होड़–सी लग गयी। कांग्रेस की माली हालत किसी से छुपी न थी। इण्डिया इण्टरनेशनल, एशिया एयरवेज़ और मिलिनेयर एयरलाइन से एक–एक विमान का निर्धारण उसका इस समझौते पर हुआ कि वास्तविक उपयोग पर रकम की अदायगी होगी। भाजपा कांग्रेस की माली हालत से बख़ूबी वाक़िफ़ थी और इसका फ़ायदा उठाते हुए, अपने आधिकारिक और वित्तीय रसूख का इस्तेमाल कर सारे निर्धारण अपने नाम कर लिए जिसके चलते सोनिया को धीमी गति वाले बीचक्राफ्ट विमान के साथ सफ़र करने पर मजबूर होना पड़ा। यह राजनीति का वो दौर था जब कांग्रेस के वर्चस्व का सूर्यास्त था और भाजपा का सूर्योदय। राजनीति अब हर मायने में जंग की सूरत अख़्तियार कर रही थी।

× × ×

भाजपा का प्रचार अभियान इस दर्जे का था कि लोगों में उसका बड़ा अनुकूल प्रभाव पड़ता दिखाई दे रहा था। जनमत सर्वेक्षण पिछली बार से चालीस सीटें अधिक का अनुमान बैठा रहे थे। मुझे याद है मैंने लिखा था भाजपा के लिए उसकी सबसे बड़ी चुनौती, उसकी अपनी स्थिति होगी जो अभी ही चरमोत्कर्ष पर थी। सख़्त आन्तरिक मूल्यांकन अपनी ओर से सीटों के अनुमान को 215–220 रखे हुए थी। उस दौर में भी, भाजपा की विजयी रणनीति पूरी तरह इस बात पर निर्भर थी कि विपक्ष को मिलने वाला मत दो भागों में विभक्त रहे।

1999 के दौरान महाराष्ट्र और उत्तर प्रदेश में इसको पूरी तरह भुनाने की कोशिश हुई–महाराष्ट्र में इसलिए कि शरद पवार अपना एन.सी.पी. दल बना चुके थे, और उत्तर प्रदेश में इसलिए कि वहाँ मण्डल युग के पश्चात् की पार्टियों ने खेमा गाड़ लिया था जो पारम्परिक रूप से भाजपा के ख़िलाफ़ रही थीं और इसके चलते कांग्रेस के पुनरुत्थान की सम्भावनाएँ ज़ोर पकड़ रही थीं।

प्रकाश जावड़ेकर ने, जो आज केन्द्रीय मानव संसाधन विकास मन्त्री हैं, उस वक़्त तक क्षेत्रीय राजनीति की ही नुमाइन्दगी करते थे, महाराष्ट्र के विषय में कहा था, 'कांग्रेस का वर्टिकल (लम्बवत्) विभाजन हमारे लिए फ़ायदेमन्द रहेगा।' इसके अलावा प्रमोद महाजन का भी, जो महाराष्ट्र

से ही थे, यह मानना था कि सर्वाधिक बढ़त राजस्थान और महारष्ट्र में देखी जायेगी, जहाँ 1998 में भाजपा ने अप्रत्याशित हार का मुँह देखा था।

भाजपा में गुट विपरीत उद्देश्यों को लेकर काम कर रहे थे और भाजपा पर इस बात का असर होता दिख रहा था। यूपी, मध्य प्रदेश और कई राज्यों की भाजपा इकाइयों में नेताओं के बीच ऐसी प्रतिद्वन्द्विता थी जो मसला बन रही थी। मसलन यू.पी. में एक कल्याण सिंह का गुट था तो दूसरा कल्याण सिंह के विरुद्ध, ऐसे ही बड़े तीखे विभाजन गुजरात और मध्य प्रदेश में भी अपना अस्तित्व स्थापित कर रहे थे।

बहरहाल, एक बड़ा क्रूर, रोमांचक चुनावी अभियान ख़त्म हुआ और भाजपा को पिछली बार से मात्र एक सीट अधिक मिला : कुल 182 सीट, लेकिन एन.डी.ए. को 306 सीट पर विजय हासिल हुई और अब वो सत्ता में अपना कार्यकाल पूरा करने में सक्षम थी। 'ब्राण्ड वाजपेयी', पोखरण–2, लाहौर बस यात्रा और कारगिल युद्ध में विजय भी भाजपा को अधिक सीटें न दिलवा सकी। भाजपा का मत–भाग भी कम ही रहा लेकिन इसका कारण यह था कि भाजपा ने अपने सहयोगी दलों को ज़्यादा सीटें आवंटित की थीं।

फिर भी, आँकड़े चुनाव पूर्व के आकलनों के आसपास भी नहीं पहुँचे थे, लेकिन भाजपा के लिए यह तथ्य तसल्लीबख़्श था कि, कांग्रेस 1998 के अपने प्रदर्शन के मुक़ाबले छब्बीस सीटें हारी थी और यह सोनिया के कांग्रेस अध्यक्ष बनने के बाद की अवस्था थी। पार्टी के पास संसद में अब मात्र 114 सीटें रही थीं।

इस अध्याय के ख़ात्मे पर नरेन्द्र मोदी की उक्ति को दोहराना श्रेयस्कर होगा जो उन्होंने मुझे उस साल कही थी, जब वे दल के संगठन प्रमुख थे। उनके शब्द अक्षरशः मुझे ठीक वैसे ही लगते हैं जैसे आज के दिन अमित शाह के शब्द हैं–भाजपा का चुनाव के प्रबन्धन और मतदान अभिकर्ताओं के लिए प्रशिक्षण शिविरों के आयोजन पर ध्यान केन्द्रित करना। 'हमने मतदान केन्द्र तक एक गहन प्रणाली विकसित की है, हर क्षेत्र के हर मतदान केन्द्र की उपलब्ध सूचना और आँकड़ों की जानकारी हम रखते हैं। हम मतदान केन्द्र प्रबन्धन में निपुण हैं।'

उस ज़माने में नरेन्द्र मोदी वाजपेयी की तुलना में लालकृष्ण आडवाणी के क़रीबी हुआ करते थे, और आडवाणी को लेकर कहे उनके उद्गार मैंने अपने 1999 में लिखे आलेख में प्रकाशित किये हैं, 'हमारे युद्ध के रथी वो ही हैं। महाभारत में कृष्ण थे, यहाँ लालकृष्ण हैं।'

कारगिल से कन्दहार तक

अटल बिहारी वाजपेयी 1999 का चुनाव जीत गये और जिन मुद्दों को बख़ूबी उठाकर और ज़बरदस्त तरीक़े से पेश कर उन्हें यह जीत हासिल हुई थी, कारगिल युद्ध उनमें से एक था। क्या ख़बर थी कि इसी युद्ध का भूत उन पर मँडरा कर उन्हें परेशान करेगा! कुछ महीनों पहले कारगिल युद्ध में जहाँ पाकिस्तान के विरुद्ध जीत हासिल करने का सेहरा उनके सिर बाँधा गया, वहीं उन पर एक प्रधानमन्त्री के नाते आतंकवादियों के आगे घुटने टेक देने का अभियोग लगाने में लोगों ने देर नहीं की।

दिसम्बर 24, 1999 में (वाजपेयी के 75वें जन्मदिन के एक दिन पूर्व) इण्डियन एयरलाइन्स की उड़ान आईसी 814 का पाँच शस्त्रधारी आतंकवादियों द्वारा काठमाण्डू (नेपाल) से अपहरण कर लिया गया। इस विमान में 178 यात्री थे और 11 चालक दल सदस्य थे, जिनमें अधिकतर भारतीय थे।

इस अपहृत विमान की अब जटिल यात्रा आरम्भ हुई। पहले तो अपहरणकर्ता विमान को लाहौर ले जाना चाहते थे, लेकिन पाकिस्तानियों ने उन्हें इसकी इजाज़त नहीं दी। विमान जिसका ईंधन अब प्रायः ख़त्म हो चला था, सीमा पार कर अमृतसर हवाई अड्डे लाया गया। आदर्श स्थिति यही होती कि विमान को भारतीय अधिकारियों द्वारा घेर लिया जाता और समझौता वार्ता आरम्भ की जाती, क्योंकि विमान हवाई अड्डे पर क़रीबन 45 मिनट रूका था। बहरहाल, विमान बग़ैर ईंधन भरे लाहौर की ओर रवाना हुआ जहाँ अधिकारियों ने अपना इरादा बदल अब उन्हें उतरने और ईंधन भरने की इजाज़त दे दी थी।

विमान इसके बाद दुबई के निकट सैन्य हवाई अड्डे पर उतरा जहाँ उन्होंने रुपिन कात्याल नामक एक भारतीय यात्री के शव के साथ–साथ 28 यात्रियों को भी रिहा किया।

तत्पश्चात् विमान को अफ़ग़ानिस्तान के कन्दहार की ओर उड़ान भरने के निर्देश दिये गये, जो उन दिनों तालिबान के कब्ज़े में था।

1999 का अन्त एक बड़े 'ब्रेकिंग न्यूज़' के साथ हुआ और यद्यपि इंडिया टुडे में मेरा कार्यकाल अपनी समाप्ति की ओर था और नये साल की छुट्टियाँ शुरू हो चुकी थीं, सब पत्रकारों को छुट्टी से वापस बुला लिया गया। 1999 का अन्त और 2000 की शुरुआत अपने पत्रकारिता के जीवन में मुझे विशेष रूप से याद रहेगी। यह वो दौर था जब मैंने ख़ुफ़िया एजेंसियों और उनके द्वारा दिये गये बयानों के बनिस्बत कई सीख हासिल कीं। वो दौर इंडिया टुडे जैसे रिसाले में मेरे कार्यकाल की समाप्ति का था, वो रिसाला जो ऊँची साख लिए थी और बेहद असरदार भी। अपने पत्रकारिता के जीवन की यहाँ मैंने बहुत अहम बातें सीखीं, जहाँ राजनीतिक रिपोर्टिंग के बड़े कार्य भी मेरे सुपुर्द किये गये।

कन्दहार अपहरण की ख़बरों पर काम हो रहा था और इंडिया टुडे ने मुझे मेरा आख़िरी काम यही सौंपा। जसवन्त सिंह 31 दिसम्बर, 1999 को एक विशेष उड़ान से कन्दहार पहुँचे–तीन नामी–गिरामी आतंकवादियों को कन्दहार पहुँचाया गया और इसके एवज़ में यात्रियों और चालाक दल सदस्य सुरक्षित देश लिवा लाये गये। उस दिन ख़बरों के स्टूडियो की अफरा–तफरी मुझे ख़ूब याद है, माहौल उत्तेजना से भरा था। मुख्य आलेख प्रभु चावला का था जिसमें मेरा योगदान रहा था, प्रभु चावला उस वक़्त इंडिया टुडे के सम्पादक थे। इसके साथ ही तालिबान पर मेरा एक और आलेख तैयार था (जिसे मैंने दिल्ली में बैठकर लिखा था)।

इंडिया टुडे के लिए मेरा आलेख एक और पत्रकार के साथ किया गया संयुक्त बाइलाइन प्रयास था जिसका शीर्षक 'द इनसाइड स्टोरी ऑफ़ द नेगोसिएशंस ऐट कन्दहार' था। इसमें बन्धकों की देश वापसी तक प्रशासन द्वारा हुए तमाम प्रयासों, कौल और करार जिससे उन्हें गुज़रना पड़ा था, उसे उजागर किया गया था।

यह बहुत ज़रूरी है कि यहाँ उन बातों को फिर से ताज़ा किया जाये। भारत पूरी तरह से अपहरणकर्ताओं की माँगों के आगे झुक चुका था जो स्पष्ट रूप से अफ़ग़ानिस्तान के तालिबान और पाकिस्तानी हुक्मरानों में से कुछ के इशारों पर सारा खेल खेल रहे थे। उस वक़्त भाजपा ने यह बयान दिया था कि वे अपहरणकर्ताओं की माँगों को कम करने में सफल हुए हैं, जिन्होंने शुरुआत में भारतीय जेलों में क़ैद 36 आतंकवादियों की रिहाई की माँग की थी।

आख़िरकार, जिन तीन पर आकर बात तय हुई, तीनों बहुत ख़तरनाक और पहुँचे हुए आतंकवादी थे, रिहाई के बाद भारत का ही नहीं, दुनिया में कहीं भी भारी नुक़सान पहुँचाने से झिझकने वाले नहीं थे और इसलिए इनकी रिहाई के साथ बहुत बड़ा जोखिम जुड़ा था। रिहाई के बाद यह बात बिल्कुल स्पष्ट हो गयी कि पूरा अपहरण का काण्ड सिर्फ़ इन तीनों की रिहाई के लिए ही रचा गया था जिसमें वे सफल हो गये।

अपहरण–संकट सात दिनों तक चला और अहमद ओमर सईद शेख़, मसूद अज़हर और मुश्ताक़ अहमद ज़रगार की रिहाई के बाद ही ख़त्म हुआ।

यहाँ विषय से हटकर इन तीनों आतंकवादियों के जीवन पर दृष्टिपात करना दिलचस्प होगा, और उन दिनों जिहादी आतंकवादी गिरोह का जाल विश्व स्तर पर किस तरह अपनी कार्यवाही का संचालन किया करता था, इसे समझने में भी मदद मिलेगी। इन तीनों आतंकवादियों में अहमद ज़रगार एकमात्र भारतीय था, जम्मू कश्मीर से था और श्रीनगर शहर के व्यावसायिक क्षेत्र में पला–बढ़ा था। प्रारम्भ में जम्मू–कश्मीर लिबरेशन फ्रण्ट (जेकेएलएफ) से जुड़ने के बाद वहाँ से निकल पूरी तरह से आतंकवाद को समर्पित हो गया। 1989 में राबिया मुफ़्ती के अपहरण में कथित रूप से इसका हाथ रहा, जो तत्कालीन गृहमन्त्री मुफ़्ती मुहम्मद सईद की बेटी थीं (जो बाद में जम्मू–कश्मीर के मुख्यमन्त्री बने और जम्मू कश्मीर की हाल में मुख्यमन्त्री रही महबूबा मुफ़्ती की बहन हैं)।

उड़ान अपहरण के वक़्त ज़रगार अल–उमर मुजाहिदीन, एक प्रो–पाकिस्तानी गुट का समर्थक था और चालीस हत्याओं का दोषी पाया गया था। इसे 1992 में गिरफ़्तार कर लिया गया था और सात साल बाद 1999 में रिहा करवा लिया गया। इसके बाद वह पाकिस्तान अधिकृत कश्मीर (पीओके) से अपनी कार्यवाही करता रहा था और ऐसी ख़बरें भी आयीं कि उसे 2002 में पाकिस्तानी अधिकारियों ने क़ैद कर लिया, लेकिन 2007 से वो एक आज़ाद ज़िन्दगी जी रहा है।

भारत के लिए सबसे बड़ी गिरफ़्तारी अगर कोई रही तो वो मसूद अजहर की थी और आज तक वो किस ख़ूबी से भारतीय ख़ुफ़िया एजेंसियों को धता बता उनके चंगुल से बचा हुआ है। पाकिस्तान के पंजाब सूबे में पैदा हुआ मसूद 'जैश–ए–मुहम्मद' का संस्थापक है (जिसे अमरीकी सरकार के विदेशी विभाग ने आतंकवाद गुट घोषित किया हुआ है)।

भारत विरोधी इस्लामवादियों में मसूद यक़ीनन सबसे समर्पित रहा है और सरहद पार से अपनी कार्यवाही करता रहा है। 1994 में दो आतंकवादी गुटों में शान्ति स्थापित करने जब वह श्रीनगर आया था, उसे भारत में गिरफ़्तार किया गया था और पाँच साल बाद रिहा करवा लिया गया। उड़ान आईसी 814 के अपहरण का मकसद ही अजहर को बाहर निकालना था और वो हासिल हो गया। ऐसा कहा जाता है कि अपहरण कर्ताओं में एक उसका भाई था।

कन्दहार में अपनी रिहाई के कुछ दिनों बाद अजहर को कराची में देखा गया जहाँ एक उत्साही भीड़ को सम्बोधित कर वो कह रहा था, 'जब तक अमरीका और भारत को नेस्तनाबूद न कर दिया जाता, मुसलमान चैन से नहीं बैठ सकता।' भारत के विरुद्ध जिहाद में वो अभी भी सक्रिय है और पाकिस्तान से खुलेआम अपना कार्य संचालित करता है। यह और बात है कि कभी–कभार उस पर कुछ प्रतिबन्ध लगा दिये जाते हैं। भारतीय खुफ़िया एजेंसियों की मानें तो मसूद अजहर 2008 के मुम्बई हमले और 2016 के पठानकोट हमले, दोनों में शामिल था।

तीसरा आतंकवादी इन सब में सम्भवतः सबसे दिलचस्प शख़्सियत लिए है–ब्रिटिश नागरिक ओमर शेख़ (पैदाइश 1973) जिसकी शिक्षा यूके के फॉरेस्ट स्कूल और कुछ समय के लिए पाकिस्तान के प्रतिष्ठित ऐटचिसन कॉलेज में हुई, मूलतः जहाँ से उसका परिवार था। लन्दन स्कूल ऑफ़ इकोनॉमिक्स में साल भर पढ़ाई के बाद पढ़ाई छोड़ वो बोस्निया में सहायताकर्मी की हैसियत से जा पहुँचा। अन्ततः पाकिस्तान में अपनी बुनियाद बनाकर अन्तरराष्ट्रीय जिहाद का हिस्सा बन गया। 1994 में अपनी गतिविधियों की वजह से वो तब चर्चा में आया जब उसने तीन ब्रिटिश और एक अमरीकी यात्री को भारत में अगवा कर लिया और इनके बदले ख़तरनाक आतंकवादियों की रिहाई की माँग की। इनमें मसूद अजहर भी एक था। उसे गिरफ़्तार कर लिया गया। जब आईसी 814 का अपहरण हुआ, वो भारतीय जेल में अपनी सज़ा काट रहा था।

कन्दहार में अपनी रिहाई के बाद ओमर शेख़ फिर अपने पुराने ढर्रे पर चल पड़ा और अपने ब्रिटिश मूल से पश्चिमी देशों के लोगों को फुसलाने का काम करता रहा जिसमें डेनियल पर्ल नाम के पत्रकार का अपहरण और दर्दनाक मौत शामिल है। डेनियल पर्ल वॉल स्ट्रीट जर्नल में पत्रकार था।

2002 में ओमर ने कथित रूप से डेनियल के अपहरण की योजना बनायी थी, लेकिन यह बात विवादास्पद रही है कि उसी ने उसका गला रेता होगा। उसे पाकिस्तान में गिरफ़्तार कर लिया गया था और मौत की सज़ा सुनायी गयी थी जो बाद में उम्रक़ैद में तब्दील हो गयी।

अलग–अलग समय पर यह बात भी उठती रही है कि ओमर एम 16 एजेण्ट था जो बाद में दोहरा एजेण्ट बन गया। किसी वक़्त पर वो आईएसआई के लिए बहुत काम का रहा होगा। इसमें कोई शक नहीं कि उसके सम्बन्ध जिहादी संगठनों जैसे अल कायदा, तालिबान, जैश–ए–मुहम्मद और हरक़त–उल–मुजाहिदीन से थे और इनमें से कई कभी–न–कभी पाकिस्तान के सैन्य ख़ुफ़िया उपकरण का हिस्सा रहे थे जो अपने आप में काफ़ी जटिलता लिए थी। यूएस के एक वरिष्ठ अधिकारी ने एक बार कहा था कि वो शेख़ ही था जिसने छद्म नाम ओढ़ 1,00,000 यूएस डॉलर्स मुहम्मद अता को भेजे थे। मुहम्मद अता उन लोगों में से था जो सितम्बर 2001 में वर्ल्ड ट्रेड सेण्टर पर प्लेन सहित टकरा गया था।

जैसा मैं पहले कह चुकी हूँ, इन तीन आतंकवादियों में ओमर शेख़ एक पहेली–सा था, क्योंकि वो एक ऐसा शख़्स था जिसकी परवरिश उन सारी सुविधाओं के साथ हुई थी जो एक आरामदेह मध्यवर्गीय ज़िन्दगी उसे दे सकती थी। पश्चिमी शिक्षा–दीक्षा की उसके पास सहूलियत थी, ऐसा शख़्स ख़ूनी जिहाद चुने, हैरत की बात है। उसके ज़ेहन और ज़िन्दगी को समझने की ख़ातिर कई वृत्तचित्र बने। निर्देशक हंसल मेहता ने पुरस्कार प्राप्त अभिनेता राजकुमार राव को लेकर ओमेर्ता फ़िल्म बनायी जो ओमर की ज़िन्दगी पर बनी है और ओमर की भूमिका में राजकुमार राव हैं। विदेशों में आयोजित फ़िल्म उत्सवों में यह फ़िल्म दिखाई जा चुकी है हालाँकि देश के थियेटरों में यह प्रदर्शित नहीं हुई।

× × ×

इन तीन को लेकर जसवन्त सिंह कन्दहार पहुँचे थे, जहाँ वे आज़ाद कर दिये गये। यह पूरा प्रकरण 'आतंकवाद के ख़िलाफ़ सख़्ती' की सोच के साथ क़तई मेल नहीं खाता था। वाजपेयी और ख़ासकर जसवन्त की कर्तव्य निर्वहन को लेकर जो साख थी, इस एक वाक़ये से आते दिनों में उबर ही नहीं पायी।

अपने संस्मरण 'अ कॉल टू ऑनर' में जसवन्त लिखते हैं:

'तीन आतंकवादी, 161 पुरुष, स्त्री और बच्चे। आतंक के विरुद्ध लड़ाई और मासूम जानों की रक्षा, इन दोनों पाटों के बीच अनिश्चितता लिए एक खाली खाई। दो नीतिगत सच्चाइयों के बीच क्या सही है और क्या ग़लत, या मात्र एक समझौता?'[1]

एक ऐसा कृत्य जिसने भाजपा को अत्यन्त असहज बना दिया था। इसके तुरन्त बाद कुछ वाहियात सी फर्ज़ी कथाएँ लोगों तक पहुँचने लगीं। एक युवा पत्रकार की हैसियत से अपनी रिपोर्टिंग के रोज़मर्रा के कामकाजों को अंजाम देने में मुझे न केवल बड़े भ्रामक अपितु, अत्यन्त परेशान करने वाले वाक़यों से रूबरू होना पड़ा, जिनमें अधिकांश के जवाब मुझे आज तक नहीं मिले हैं।

जैसा कि मैं पहले अर्ज़ कर चुकी हूँ, इंडिया टुडे के लिए यह मेरा आख़िरी कार्यभार था जहाँ मैंने सम्पादक प्रभु चावला और उप–सम्पादक स्वपन दासगुप्ता के साथ काम किया। इन दोनों की ही सत्तारूढ़ दल और सरकार के भीतर बड़ी गहरी पैठ थी।

विमान के लौटने के बाद, खुफ़िया एजेंसियों द्वारा पायी गयी अन्य सूचनाओं से मीडिया को अवगत कराने के लिए गृहमन्त्री लालकृष्ण आडवाणी ने विशेष प्रेस वार्ता बुलायी जिसमें मैंने भी हिस्सा लिया। आडवाणी एक पन्ने पर लिखा पढ़ रहे थे जो निश्चित रूप से खुफ़िया एजेंसियों द्वारा साझा की गयी जानकारी थी। मसलन, अपहृत विमान के कप्तान ने किस प्रकार अपहरणकर्ताओं द्वारा दिये गये छद्म नामों का विवरण दिया था, छद्म नाम जो अपहरणकर्ता आपस में बातचीत के दौरान इस्तेमाल कर रहे थे और नामचीन आतंकवादियों की तस्वीरें जो उन्हें दिखाई गयी थीं, उन तस्वीरों के माध्यम से कैसे उन्होंने पाँचों अपहरणकर्ताओं की शिनाख़्त कर ली थी। जो छद्म नाम गृहमन्त्री ने दिये वो इस प्रकार थे : चीफ़, डॉक्टर, बर्गर, भोला और शंकर। इन आतंकवादियों के 'असली' नाम भी विवरण सहित दिये गये जैसे 'भोला' मिस्त्री ज़हूर इब्राहीम का दूसरा नाम ,जो कराची का रहने वाला था। सनी अहमद क़ाज़ी उर्फ़ 'बर्गर' जो कराची के समृद्ध डिफेन्स इलाके से था और इसी प्रकार औरों के विवरण साझा किये गये।

यह जानकारी भी दी गयी कि इस योजना की पूरी कार्यवाही का आधार मुम्बई शहर में बना था।

बाद के दिनों में मुझे अपने ही एक सम्पादक से यह जानकारी मिली कि ऐसी कोई सूचना हासिल नहीं की गयी थी, गृहमन्त्री ने फ़क़त वो पढ़ दिया था, जो उन्हें पढ़ने के लिए दिया गया था। मैं बड़े असमंजस और अटपटे–से लम्हों से गुज़र रही थी। एक तरफ़ अधिकारियों द्वारा दिया गया कथानक, वह भी ऐसे वक़्त जब देश की सुरक्षा को लेकर लोगों की भावनाएँ पूरे उफ़ान पर थीं। दूसरी तरफ़ मैं, एक युवा पत्रकार जिसके पास ऐसी जानकारी थी जो अधिकारियों के कथानक को चुनौती दे सकती थी। मैं यहाँ यह स्पष्ट कर देना चाहूँगी कि सुरक्षा और ख़ुफ़िया विभाग वो क्षेत्र नहीं जिनमें मुझे निपुणता हासिल है, लेकिन यह समझते देर नहीं लगी कि कथानक बनाये जाते हैं और हक़ीक़त के जामे में पेश भी होते हैं, सिर्फ़ इसलिए कि बहुधा हमारे पास कोई वास्तविक सूचना होती ही नहीं है।

मूल मन्त्र याद रहे : आइन्दा जब कभी भी किसी घटना की एक विस्तृत जानकारी ख़ुफ़िया विभाग द्वारा दी जाये, कुछ सवाल ज़रूर उठाइये जैसे, एजेंसियों को हादसे का कोई सुराग पहले क्यों न मिला, और सब कुछ हो जाने के बाद, चौबीस घण्टों में इतनी बृहद् जानकारी कैसे हासिल कर ली गयी! अब जब इन पर नज़र दौड़ाती हूँ तो यक़ीनन इस बात पर कोई शक़ नहीं कि चौबीस घण्टों के भीतर अपहरणकर्ताओं की शिनाख़्त कर पाना नामुमकिन है। कितने ही ऐसे सवाल हैं जिनके जवाब आज तक नदारद हैं, कुछ था जो मुझे सही नहीं लग रहा था।

भाजपा में मेरी यात्रा

आने वाले पाँच वर्ष घटनाक्रमों से भरपूर तो थे ही, अशान्त भी रहे। भाजपा के लिए वर्ष का आरम्भ नाटकीय रहा। पहली तिमाही में अमरीकी राष्ट्रपति अपनी पाँच दिवसीय भारत यात्रा पर आये, जिसने पोखरण–2 के बाद लगे प्रतिबन्धों को आंशिक रूप से समाप्त कर दिया। अमरीकी राष्ट्रपति बिल क्लिंटन न केवल विश्व के सबसे शक्तिशाली व्यक्ति थे, एक अत्यन्त सम्मोहक व्यक्तित्व के मालिक भी थे और ऐसे हालात में जैसा अपेक्षित ही था, मीडिया बिल्कुल आपे से बाहर होती दिखाई दी।

मेरे लिए भी यह वक़्त बदलाव का रहा। इंडिया टुडे से मैं आउटलुक रिसाले में कार्यरत हुई जिसके सम्पादक दिवंगत विनोद मेहता थे। मुझे भाजपा पर ही अपना कार्य करते रहने का कार्यभार सौंपा गया। मैं एक ऐसे प्रकाशन से आयी थी जो भाजपा के प्रति विद्वेषपूर्ण न था और ऐसे प्रकाशन के साथ जुड़ी जिसका संचालन एक अत्यन्त मेधावी और फक्कड़ तबीयत के सम्पादक विनोद मेहता कर रहे थे जिनका भाजपा के प्रति अवहेलना भाव किसी से छुपा न था।

इंडिया टुडे में बीता मेरी शागिर्दी का दौर मेरे बहुत काम आया। जब मुझे रोज़ के नियमित काम पर लगाया गया, स्वपन दासगुप्ता राजनीतिक घटनाक्रमों के रिपोर्ट की देख–रेख कर रहे थे। उनकी 'अंग्रेज़ी बोलने वाले हिन्दुत्व विचारक' की छवि बन्द दरवाज़ों को खोलने में बड़ी मददगार साबित हुई।

प्रभु चावला एक सख़्त सम्पादक थे जो रिपोर्टिंग के रास्ते अपने इस ओहदे पर पहुँचे थे। उनके समूचे राजनीतिक वर्णक्रम में सम्पर्क स्थापित थे। इंडिया टुडे में मेरे कार्यकाल की समाप्ति के आसपास हम में हल्की झड़प सी हो गयी थी। फिर भी, यह तथ्य भी सच है कि मेरा और प्रभु चावला का साथ एक हद तक तो था ही जब 1989 में मैं इंडिया टुडे

की उप–सम्पादक थी। (मैं भी रिपोर्टिंग के रास्ते ही इस पायदान तक पहुँची थी)

वे एक बेहतरीन राजनीतिक रिपोर्टर थे और मुझे अक्सर उनकी प्रति दी जाती थी। फिर कुछ सालों के लिए प्रभु चावला इंडिया टुडे को छोड़ बहु–संस्करण वाले इण्डियन एक्सप्रेस में मुख्य सम्पादक के पद पर नियुक्त हो गये। इसी दौरान मैं भी कुछ बेचैन–सी हो चली थी, राम जन्मभूमि की पृष्ठभूमि में जिस तरह का माहौल देश में बन रहा था, धर्म को लेकर लोगों के बीच नफ़रत की हवा बह रही थी, उससे जूझने के लिए मैं कुछ करने के लिए कृतसंकल्प थी। इंडिया टुडे की अपनी नौकरी को तिलांजलि दे दो साल अपने देश में यात्रा करती रही, देश की समन्वयात्मक परम्पराओं को, जो ज़मीनी हक़ीक़तों का हिस्सा रही हैं, ढूँढ़ निकालती रही और भारत की मिश्रित संस्कृति का वृत्तान्त तारीख़वार दर्ज करती रही। इस कार्य के लिए एक संस्थान से मुझे एक छोटी–सी वृत्ति मिल रही थी, जिसके संस्थापक जाने–माने राजनीति शास्त्री दिवंगत प्रो. रशीदुद्दीन खान थे, जिनके पुत्र कबीर खान फ़िल्म निर्देशक हैं। मैं अपनी उम्र के बीसवें दशक में ही थी, और प्रभु चावला ने मुझे इण्डियन एक्सप्रेस के रविवारीय संस्करण में एक तालिका लिखने का काम सौंपा, जिसका शीर्षक था 'इन गुड फेथ'। यह दो साल तक चला और इसने बढ़िया प्रतिक्रिया बटोरी।

मेरे लेखों के संकलन को अपने क्षेत्र का एक महत्त्वपूर्ण कार्य कहते हुए नामचीन समाजशास्त्री आशिस नन्दी ने मुझे इन्हें एक किताब की शक्ल में प्रकाशित करने का सुझाव दिया। लगभग इसी दौरान एक प्रकाशक ने, जो उस समय पेंगुइन इण्डिया की रहनुमाई कर रहे थे, मुझसे सम्पर्क किया और किताब प्रकाशित करने में दिलचस्पी दिखाई, मुझे अग्रिम राशि के तौर पर पाँच हज़ार रुपये पेश कर अनुबन्धित कर लिया। यह रकम उन दिनों शाही रकम से कम न थी। यद्यपि मैं इस किताब को अन्ततः दो दशक बाद ही पूरी कर पायी, मैंने इसे उसी शख़्स को सौंपा जिसने मेरी उस आदर्शवादी यात्रा के दौरान एक किताब के ख़ाके का तसव्वुर किया था। प्रकाशक हालाँकि इस बीच किसी दूसरे प्रकाशन के साथ जुड़ गये थे, यह बात उन्होंने ज़रूर सुनिश्चित की कि पाण्डुलिपि मिलने के दो महीने में ही किताब प्रकाशित हो जाये। बड़ी चतुराई से उन्होंने किताब का विमोचन बाबरी मस्जिद ध्वंस की बीसवीं बरसी पर रखा।

अलबत्ता जो बात मैं यहाँ पर रखना चाह रही हूँ वो यह कि एक सम्पादक जो गहरी दक्षिणपन्थी विचारधारा की ओर झुकाव लिए था, उसने मुझे ऐसा बढ़िया मंच प्रदान किया जिसने बाद के दिनों में एक किताब की नींव रखी।

इस किताब का कई क्षेत्रीय भाषाओं में अनुवाद हो चुका है और इस वक़्त भी, जब मैं इसका यहाँ ज़िक्र कर रही हूँ, इसकी ख़पत ज़ोरों पर है।

इसलिए, सैद्धान्तिक मतभेदों का यह मतलब क़तई नहीं है कि सम्पादक और रिपोर्टर का आपसी तालमेल न हो, लेकिन यह आज का सत्य है कि अब मीडिया में ध्रुवीकरण देखने को मिलता है। नब्बे के दशक में यह कोई अनहोनी बात नहीं थी कि आपके किसी के साथ राजनीतिक मतभेद होते हुए भी बड़े अच्छे ताल्लुक़ात रहते थे। यहाँ यह उल्लेख विशेष रूप से करना चाहूँगी, भाजपा की अन्दरूनी कार्यप्रणाली को जानने की मंशा को स्वपन जैसे बेहतरीन सम्पादक का साथ मिला। उनकी लेखनी का हुनर ज़बरदस्त था और वे मिनटों में एक आकर्षक लेख प्रस्तुत करने की क्षमता रखते थे। इसके अलावा उन्हें बौद्धिक स्तर पर तर्क–वितर्क बहुत पसन्द था और इस लिहाज़ से उनकी बातों की गहराई और समझ मेरे लिए बहुत मददगार साबित हुई। आज दो दशक बाद भी, बड़े स्पष्ट राजनीतिक मतभेदों के बावजूद हमारे सम्बन्ध मैत्रीपूर्ण हैं। यहाँ मैं पुनः इस बात पर ज़ोर देते हुए कहना चाहूँगी मेरी पत्रकारिता की यात्रा में, मैंने कभी अपनी सैद्धान्तिक प्राथमिकता को सम्बन्धों और सम्पर्क की राह में रोड़ा नहीं बनने दिया जिसके फलस्वरूप आज यही सम्पर्क मैत्री में परिवर्तित हो चुका है।

स्वपन के साथ कार्य करने के दिनों की एक मज़ेदार याद आज भी ताज़ा है जिसका ताल्लुक गिरिराज किशोर के साथ हुई मेरी बातचीत से है। वे वीएचपी के नेता थे और मुझे उनके पास उमा भारती ले गयीं थीं, जो उन दिनों बड़ी तेज़तर्रार साध्वी हुआ करती थीं। गिरिराज जी ने मुझ पर नख से शिख तक दृष्टिपात करते हुए मेरे परिचय कार्ड पर एक नज़र डाली और फिर हिन्दू और मुसलमानों पर अपनी वक्तृता देने में तल्लीन हो गये।[1]

बात जब गौमूत्र पर चल निकली, इस मुलाक़ात ने मज़ेदार रुख अपना लिया। उन्होंने बड़े फख्र से उस घड़ी का ज़िक्र किया जो वीएचपी द्वारा आयोजित मेलों का हिस्सा थी और गौमूत्र द्वारा उत्पादित 'बिजली'

से चलती थी। उन्हें इस बात पर लेश मात्र भी सन्देह न था कि आने वाले दिनों में भारत में ऊर्जा के संकट का हल गौमूत्र से ही होने वाला था। (सिर यह सोचकर ही कुछ भन्नाने–सा लगता है कि तमाम गाड़ियों की ईंधन आपूर्ति के लिए देश में किस मात्रा में गौमूत्र संचयन आवश्यक होगा!)

तदुपरान्त उन्होंने अपने एक चेले को निर्देश दिया कि मुझे गौमूत्र चूर्ण और साबुन भेंट में दी जाये। उन्होंने यक़ीन दिलाया कि इनके नियमित इस्तेमाल से पाचन क्रिया और रंग–रूप दोनों में निश्चित रूप से सुधार होगा। हक्का–बक्का होते हुए भी, मैंने उन्हें इस वीएचपी सौन्दर्य–नियम के पालन का आश्वासन दिया।

दफ़्तर लौट मैंने दोनों भेंट बड़े गर्व के साथ स्वपन को पेश किये और यह जुमला जड़ दिया, 'आपके लिए, क्योंकि यह आपकी विचारधारा है।' इस पर हम दोनों दिल खोलकर हँसे थे, यह आज भी याद है। दिन मज़ेदार रहे, चुनौतीपूर्ण और कभी डरावने भी, पर कैसा बढ़िया सीखने का अनुभव रहा!

रस्साकशी आडवाणी और वाजपेयी की

सन 2000 में भाजपा में जो प्रकरण प्रबल और प्रधान रहा वो था आडवाणी और वाजपेयी के बीच का शक्ति–सन्तुलन। इस पर कोई दो राय नहीं थी कि आडवाणी के प्रति युवा नेताओं और कैडर की आस्था और निष्ठा अधिक थी। जैसे ही प्रधानमन्त्री अपने पद और दफ़्तर में सुरक्षित स्थापित हो लिए, 'वाजपेयी–पश्चात् दौर' की बातें चलने लगीं।

आउटलुक के शुरुआती दिनों के कार्यभार में एक था–नागपुर में आयोजित भाजपा राष्ट्रीय परिषद के अधिवेशन में हिस्सा लेना–यह आर.एस.एस. मुख्यालय के शहर में आयोजित हो रहा था और इस लिहाज़ से ख़ास था।

उस दिन वाजपेयी कुछ अस्वस्थ दिखे और अकस्मात् ही अधिवेशन छोड़ चले गये। शंका और हताशा से भरे लोग फुसफुसाने लगे, 'उनका चेहरा देखा? कितना सूजा हुआ था? उनकी आवाज़ भी थकी हुई और टूट रही थी। कैसे अमरीका की यात्रा को सँभाल पायेंगे जब यहाँ उनसे खड़े होते भी नहीं बन रहा है?' 'पिछले सप्ताहान्त ही उन्होंने अपने चुनाव क्षेत्र लखनऊ की यात्रा रद्द की और अपनी जगह अरुण जेटली को भेज दिया और आज दल के एक समारोह को भी नहीं सँभाल पाये।' ऐसी ही कितनी और बातें उनके प्रस्थान के बाद होने लगीं।

इसके बाद सबसे महत्त्वपूर्ण प्रश्न उठा : उनके कार्यकाल के चार वर्ष अभी बाक़ी थे, और छिहत्तर वर्षीय प्रधानमन्त्री इस हाल में और कितना इसे खींच सकते थे? अगर गिरते स्वास्थ्य के कारण प्रधानमन्त्री जी अपना पदत्याग करते हैं, उनके स्थान पर कौन पदासीन होगा? यह प्रश्न भी साथ उठा, प्रश्न जिस पर सोचा भी नहीं गया था।

भाजपा के लिए यह एक पूर्व निश्चित निष्कर्ष था, अगर कोई वाजपेयी की जगह ले सकता था, वो एकमात्र लालकृष्ण आडवाणी ही थे।

उनकी उम्मीदवारी को लेकर अगर विवाद उठा भी, वो सिर्फ़ इस तथ्य को लेकर था कि एन.डी.ए. के सहयोगी दलों को क्या यह मंज़ूर होगा। चूँकि उन्होंने नेताओं की एक पूरी पीढ़ी को सँवारा, तैयार किया था, उनके प्रति एकनिष्ठ लोगों की कमी नहीं थी। ऐसे लोगों की भी क़तई कमी न थी जो उनके दूसरे एन.डी.ए. नेताओं जैसे एम. करुणानिधि, ममता बनर्जी, प्रकाश सिंह बादल और नवीन पटनायक के साथ घनिष्ठ सम्बन्धों की हामी भरा करते थे।

उनकी एकमात्र दुविधा चन्द्रबाबू नायडू को लेकर थी जो धर्मनिरपेक्षता को लेकर कुछ अधिक संवेदनशील थे और इसलिए उनका समर्थन भी बाहरी था। नायडू के दल के सांसदों का यह मानना था कि नायडू किसी भी सूरत में ऐसे शख़्स का साथ नहीं दे सकते, जिसपर दिसम्बर 1992 में बाबरी मस्जिद ढहाने के आरोप लगे थे। इक्कीसवीं सदी के आग़ाज़ के वक़्त दुनिया वाक़ई अलग रही थी।

× × ×

सन् 2000 में आन्ध्र प्रदेश से एक दलित नेता बंगारू लक्ष्मण, जो आर.एस.एस. के आजीवन सदस्य रहे थे, भाजपा अध्यक्ष बने। यह नियुक्ति एक सुधारवादी दाँव था जो दल की सामाजिक अभियान्त्रिकी को मद्देनज़र रखकर खेला गया था। यह और बात है कि उनके कार्यकाल को स्थगित करना पड़ा जब वह तहलका पत्रिका द्वारा किये गये स्टिंग ऑपरेशन में रक्षा सम्बन्धी समझौते की ख़ातिर, जनमत तैयार करने के प्रचार को लेकर घूस लेते पाये गये थे। इस प्रकारण को कैमरे में क़ैद कर लिया गया था। 2012 में वो दोषी करार दिये गये और जमानत पर रिहाई के दौरान 2014 में उनकी मृत्यु हो गयी।

हमें यह बात पता थी कि औरों ने इससे कहीं ज़्यादा बड़े और नुक़सानदेह समझौते किये हैं लेकिन इस चतुराई से कि कभी जाल में नहीं फँसे। बंगारू एक शिष्ट व्यक्ति थे और जिस प्रकार से वे फँसे और उन्हें शर्मिन्दा होना पड़ा था, मुझे इस बात का कुछ अफ़सोस भी रहा।

बंगारू लक्ष्मण के प्रस्थान के बाद साल भर तक एक और आर.एस.एस. कार्यकर्ता जन कृष्णमूर्ति, जो चेन्नई से थे और जिनको कम ही लोग जानते थे, भाजपा के अध्यक्ष बने। वे सौम्य–शिष्ट व्यक्ति थे जो

बातचीत के लिए प्रस्तुत रहते थे। एक ठेठ आर.एस.एस. कार्यकर्ता की तरह ही जन कृष्णमूर्ति उन लोगों में से थे, जो अपने संगठन के संवर्गीय (कैडर) आधार और सिद्धान्त पर गौरवान्वित थे और उस ज़माने में औरों की तरह ही, वाजपेयी के उत्तराधिकारी स्वरूप उन्होंने भी आडवाणी के पक्ष में पुरज़ोर अपने विचार रखे। मेरे साथ किये गये एक साक्षात्कार में उन्होंने स्पष्ट रूप से यह बात कही थी कि अयोध्या मुद्दे ने आडवाणी को जनसाधारण का नेता बना दिया था। 'अयोध्या मुद्दे ने आडवाणी को भी जनसाधारण का नेता बना दिया है वरना अभी तक तो वाजपेयी ही एकमात्र जनसाधारण के नेता रहे थे।'[1]

'क्या आप उनको वाजपेयी के स्थान पर प्रधानमन्त्री पद का दायित्व लेते हुए देखते हैं?' मैंने उनसे यह सवाल किया था जिसके जवाब में उन्होंने कहा था, 'वाजपेयी तो अभी भले–चंगे हैं, भविष्य में किसी भी प्रकार की आकस्मिक स्थिति के लिए दल प्रस्तुत रहेगा।' उन्होंने मुझसे ही सवाल पूछा, 'कितने दल थे जिन्होंने 1996 में अटल जी का समर्थन किया था? लेकिन उन्होंने 1998 और 1999 में किया। इसी प्रकार एक और नेता अपने एकान्तवास से निकाला जा सकता है। वाजपेयी के उत्तराधिकारी के लिए स्थिति आसान होगी।'

यह बात अब साफ़ हो चली थी कि आडवाणी का हाल नटों की कसी रस्सी पर चलने जैसा था। उन्होंने सचेतन अपनी उग्रपन्थी छवि को कुछ नरम करने की कोशिश की और उनका यह प्रयास आर.एस.एस. को खुली चुनौती देने जैसा प्रतीत हुआ। यह वाजपेयी की आर.एस.एस. को दी गयी चुनौतियों के मुक़ाबले ज़्यादा प्रखर था, अलबत्ता यह बाद के सालों की बात है। फिलहाल तो उनकी स्थिति कुएँ और खाई के बीच फँसी प्रतीत होती थी। एक ओर वाजपेयी थे एक सर्वोत्कृष्ट पण्डित और बहुतों के लिए सबसे महत्त्वपूर्ण थे। दूसरी ओर वाजपेयी के क़रीबी माने जाने वाले डॉ. मुरली मनोहर जोशी भी थे, जो बीजेपी के पूर्व अध्यक्ष रहे थे और बाद में एच.आर.डी. मन्त्री बने। जब भी वैचारिक शुद्धतावादियों को आडवाणी के इस नये नरम अवतार से परेशानी होती, वे जोशी के पास पहुँचते, जो वाजपेयी के साथ मिलकर चलने को प्रस्तुत दिखते ताकि आडवाणी को एक रणनीति के तहत घेरा जा सके।

× × ×

अब जब वाजपेयी पूरे कार्यकाल के लिए प्रधानमन्त्री पद सँभाले हुए थे, अपने 'मुखौटा' जुमले के बाद आर.एस.एस. के सबसे प्रखर और प्रतिभावान प्रचारक के. एन. गोविन्दाचार्य का दल के औपचारिक संगठन से बहिर्गमन निश्चित था। इस प्रतिभावान व्यक्ति के साथ तीन बातें हुईं। पहला, जैसा कि मैंने इस किताब में पहले भी दर्ज़ किया है, वाजपेयी जी ने अपनी नापसन्दगी सार्वजनिक तौर पर ज़ाहिर की थी; दूसरे, आडवाणी से भी वो कट गये क्योंकि गृहमन्त्री की हैसियत से उनका प्रधानमन्त्री का साथ देना लाज़िमी था। आडवाणी की ओर से किया गया यह किसी विश्वासघात से कम नहीं था, ऐसा गोविन्दाचार्य ने स्वयं महसूस करने की बात भी कबूली थी; तीसरे, मुरली मनोहर जोशी जो उनकी स्वदेशी आर्थिक नीतियों से एकमत हुआ करते थे, (यह संरक्षण को बढ़ावा देता था) अब उनकी सोहबत में असहज नज़र आते थे। लोगों में उनकी छवि अब आडवाणी के निपुण कूटनीतिज्ञ के रूप में उभर रही थी।

इन सब विषयों को लेकर एक बार जब मैंने गोविन्द से पूछताछ की थी, मुझे याद है, बड़ी हिम्मत के साथ चेहरे पर मुस्कान लिए उन्होंने कहा था, 'मेरा लक्ष्य आख़िरकार तो सैद्धान्तिक ही रहा है। मैं सत्ता का लोभ नहीं रखता। मैंने हमेशा सिद्धान्त हेतु कार्य किया है।' 22 मार्च, 2000 को गोविन्दाचार्य ने भाजपा के पूर्व अध्यक्ष कुशाभाऊ ठाकरे को पत्र लिखकर उत्तर प्रदेश में अपने कार्यभार से निवृत्त होने की आज्ञा माँगी। उन्होंने दो साल तक संगठन से जुड़ी किसी भी तरह की ज़िम्मेदारी से भी अवकाश की माँग की। उनका त्यागपत्र स्वीकार कर लिया गया; अगर दल वाक़ई उनकी उपस्थिति चाहता, उन्हें ऐसे निर्देश दे दिये जाते कि वो बने रहते।

गोविन्दाचार्य के प्रकरण से जो बात मेरे रूबरू आयी वो यह कि शख़्सियतों के परे जो वास्तविक धरातल था, वहाँ प्रशासन और विचारधारा के बीच एक खाई पनप रही थी, विचारधारा जो कभी सत्तारूढ़ दल का अवलम्ब थी।

स्वदेशी की पक्षधर रही वाजपेयी सरकार ने जब सुधारवादी नीतियों को गले लगाया, गोविन्दाचार्य इससे बेहद आहत हुए। इस बात को स्वीकारते हुए कि 'हर सरकार की अपनी बन्दिशें होती हैं', इस सदी के आरम्भ में ही उन्होंने मुझसे कह दिया था, 'वैश्वीकरण और उससे उपजी बेरोज़गारी के चलते मैं क्षितिज पर अव्यवस्था के बादल मँडराते देख रहा हूँ।'[2]

हालाँकि इस्तीफ़े के बाद के दिनों में वे दरकिनार कर दिये गये थे और हारे हुए नज़र आते थे, तब भी बड़े हौसले के साथ देश भर में अपने भ्रमण की योजना के बारे में बताते थे जिससे एक 'तीसरी राह' निकल सके।

'मैं यह देखना चाहता हूँ कि सम्पूर्ण राज्यवाद और सम्पूर्ण व्यापारवाद के बीच किसी तीसरी राह की गुंज़ाइश बनती है या नहीं' और दूसरे ही क्षण अपने स्वाभाविक व्यंग्य बाण छोड़ने की आदत से बाज़ न आते हुए बोलते : 'क्या सिर्फ़ मोंटेक सिंह अहलुवालिया, एन.के. सिंह और स्वामीनाथन अय्यर ही वे लोग हैं जो सरकार को यह कहने का हक रखते हैं कि उन्हें क्या करना चाहिए और क्या नहीं?' मेरा यह मानना है कि गोविन्द के प्रस्थान से, बीजेपी में नीति के रूप में स्वदेशी, अन्य बातों के साथ–साथ हमेशा के लिए दफ़न हो गयी।

गोविन्दाचार्य प्रकरण को अगर परे रख कर भी देखा जाये, चूँकि भाजपा एक विचारधारा के आन्दोलन से ही जन्मी थी, हक़ीकी तौर पर क्या हो रहा था उसको लेकर मन्थन और वाद–विवाद की सृष्टि होना लाज़िमी था। कुशाभाऊ ने भी कुछ खुलते हुए, आधिकारिक तौर पर मुझसे कहा, 'सिद्धान्त अपनी जगह है। समस्त नीतियों की रूपरेखा और मसौदा तैयार करने के लिए वह आवश्यक भी है। लेकिन चलाने वाले लोग जब आइडियलिस्टिक नहीं हैं, तो हम क्या करें? हम क्या अपने घर के अन्दर भजन गाते रहें?'[3]

गुरुदक्षिणा

4 अगस्त, 2002 की सुबह आठ बजे, मीडिया की नज़रों से ख़ुद को बचाकर भाजपा के कुछ नेतागण मानव संसाधन विकास मन्त्री डॉ. मुरली मनोहर जोशी के घर एकत्रित हुए। गुरु दक्षिणा का समारोह चल रहा था और कुछ लोग भगवा ध्वज को, जो आर.एस.एस. का झण्डा था, चढ़ावे की औपचारिकता निबाहते दिखाई दिये। वहाँ उपस्थित महानुभावों में अटल बिहारी वाजपेयी, लालकृष्ण आडवाणी और भाजपा तथा आर.एस.एस. के वरिष्ठ नेतागण शामिल थे जो संघ के प्रति निष्ठावान रहने की वचनबद्धता पुनः दोहरा रहे थे।

इस जमावड़े में एक शख़्स ऐसा था जो अब तक सुर्ख़ियों में नहीं आया था और उसके नाम का गर परिचय लोगों को था भी, वो सिर्फ़ इस वजह से कि वह पूर्व प्रधानमन्त्री लालबहादुर शास्त्री के पुत्र सुनील शास्त्री थे। 4 अगस्त की उस सुबह को कांग्रेस के उस दिग्गज नेता के पुत्र ने एक पात्र में अपना चढ़ावा रखा और भगवा ध्वज को सलाम किया। भाजपा के विस्तार के दिन थे। वर्षों बाद इन्हीं लालबहादुर शास्त्री के पोते सिद्धार्थ नाथ सिंह नरेन्द्र मोदी के प्रधानमन्त्रित्व काल में भाजपा के प्रवक्ता बन उभरे और सम्प्रति योगी आदित्यनाथ की सरकार में उत्तर प्रदेश में मन्त्री पद पर आसीन हैं। लेकिन यहाँ तक पहुँचने के लिए अभी हम और आप सालों का सफ़र तय करेंगे। बहरहाल, सुनील शास्त्री ज़्यादा दिन भाजपा में टिक नहीं पाये और 2004 की शिकस्त के बाद राजनीतिक पटल पर उनका अस्तित्व फ़ीका पड़ गया।

× × ×

इधर अटल बिहारी के साथ लगी उनकी स्वास्थ्य सम्बन्धी समस्याओं

ने उन्हें क्रमशः तख्तापलट जैसे विषय को लेकर अति संवेदनशील बना दिया था।

2000 के सितम्बर–अक्टूबर में पी.एम.ओ. के एक सूत्र के सौजन्य से मुझे अटल बिहारी वाजपेयी, आडवाणी और ब्रजेश मिश्रा के बीच हुई एक बैठक की जानकारी प्राप्त हुई जिसका विवरण काफ़ी मसालेदार था।[1]

प्रत्यक्षतः वाजपेयी ने आडवाणी से शिकायत की कि एक पत्रकार ने, जिसकी भाजपा की आन्तरिक मण्डली में पैठ थी, वाजपेयी के बिगड़ते स्वास्थ्य का हवाला देते हुए एक कद्दावर उद्योगपति से कहा कि अब प्रधानमन्त्री इस स्थिति में नहीं हैं कि पदभार वहन कर सकें, और उद्योगपति को सुझाव दिया कि वे अपने रसूख का इस्तेमाल कर वाजपेयी को अपना पद त्याग करने और आडवाणी को उनका उत्तराधिकारी घोषित करने को राजी कर लें।

आडवाणी के लिए यह कितनी बड़ी शर्मिन्दगी की बात हुई होगी। वाजपेयी को पदच्युत करने और स्वयं को गद्दीनशीं बनाने के लिए वे इस तरह के अपरिपक्व और बचकाने प्रयासों का हिस्सा भी रहे होंगे, यह सोचना ही हास्यास्पद है। जवाब में उन्होंने महज़ इतना कहा कि उस पत्रकार से सवाल किया जाये जिसकी यह करतूत है। तुरन्त उन्हें कॉल कर पूछा, और ज़ाहिर है, पत्रकार ने ऐसे किसी भी कथन से इनकार कर दिया। वाजपेयी का अपने पीठ पीछे हुए प्रलापों और अफ़वाहों से इस क़दर परेशान हो उठना जो निश्चित तौर पर किसी किराये के टट्टू ने ही उड़ाई होंगी, इस बात की पुष्टि करता था कि अपने विरुद्ध रचे षड्यन्त्रों और चालों को लेकर वे बेहद संवेदनशील हो चले थे। इस मुद्दे को उठाकर उन्होंने यह भी स्पष्ट कर दिया कि अपने नेतृत्व पर किसी प्रकार की चुनौती उन्हें स्वीकार्य नहीं थी।

तब तक वाजपेयी देश के सबसे दीर्घकालीन गैर–कांग्रेसी प्रधानमन्त्री होने का कीर्तिमान स्थापित कर चुके थे। उनके कार्यकाल के तीस महीने पूरे हो गये थे और आगे भी कोई आकस्मिक ख़तरा नहीं नज़र आ रहा था।

जैसा कि पहले भी कहा जा चुका है, अपने प्रधानमन्त्री कार्यकाल के दौरान उन्हें अपने ही दल के साथ–साथ संघ का भी विरोध झेलना पड़ा था। सरकार की आर्थिक नीतियों का विरोध था, जो आर.एस.एस. की दुआओं से बढ़ता ही जा रहा था; बुरी बात यह थी कि उन्हें अब यक़ीन हो

चला था कि उनके गिरते स्वास्थ्य और बिगड़ती संकायों को लेकर न रुकने वाली अफ़वाहों का उद्गम भी आर.एस.एस. ही है। अपनी दूसरे सावधि के पहले वर्ष के अन्त तक पहुँचते–पहुँचते, उनका सामना एक सुनियोजित कानाफूसी अभियान से हुआ कि वह पार्किन्संस रोग से पीड़ित हैं।

यह रोग तन्त्रिका कोशिकाओं की विकृति से सम्बन्धित है। वाजपेयी के वफ़ादारों ने इसे नेता की छवि को हानि पहुँचाने वाली वही पुरानी चाल कही। उन दिनों की ख़ूबसूरती यह थी कि एक पत्रकार की हैसियत से आप जब तब पी.एम.ओ. जाकर जवाब तलब कर सकते थे और वही मैंने भी किया। एक सहायक का जवाब कुछ यूँ था, 'यह पहली बार नहीं है, जहाँ उनके स्वास्थ्य के विषय में ऐसी अफ़वाहें उनके अपने ही दल के बीच से, उनकी छवि को नुक़सान पहुँचाने के लिए उड़ी हैं।'[2]

बहरहाल, हमारे पास यह सूचना थी कि प्रधानमन्त्री जी की सेहत की सबसे बड़ी चिन्ता और चुनौती उनके घुटनों को लेकर थी जिसकी प्रतिस्थापन सर्जरी तय हो चुकी थी। तदनन्तर अमरीका में यूएन जनरल असेम्बली के सम्मेलन में वाजपेयी के निस्तेज प्रदर्शन पर पुनः उनकी सेहत को लेकर लोगों ने सवाल उठाने आरम्भ किये। हमें बताया गया कि अमरीका में बसे एनआरआई चिकित्सक डॉ. चितरंजन राणावत ने, जिन्हें वाजपेयी के घुटनों की सर्जरी करनी थी, अपनी जाँच से पहले वाजपेयी जी को किसी प्रकार की प्रज्वलन रोधी औषधि लेने से विशेष रूप से मना किया था। जब वाजपेयी अमरीका के सार्वजनिक मंच पर पधारे, वे घोर पीड़ा झेल रहे थे। सुधीन्द्र कुलकर्णी ने, जो उन दिनों भाषण लेखक की हैसियत से पी.एम.ओ. के साथ थे, ने कहा था, 'प्रधानमन्त्री का इस निरन्तर होती तीव्र पीड़ा के बावजूद मंच पर जाना अपने आप में एक हौसले का काम था।' अन्ततः वाजपेयी मुम्बई के ब्रीच कैंडी अस्पताल में तीन हफ़्तों के लिए घुटनों की प्रतिस्थापन सर्जरी हेतु भर्ती किये गये और उन एनआरआई चिकित्सक को इस कार्य के लिए बुलवा लिया गया। ग़ौरतलब बात यह है कि ऐसी हालत में भी वाजपेयी सत्ता की ज़िम्मेदारी किसी और पर डालने से साफ़ कतरा गये और स्पष्ट निर्देश दे गये कि सिवा राष्ट्रीय आपात्काल जैसी स्थिति के, उनकी अनुपस्थिति में कोई कैबिनेट स्तर की बैठक न बुलायी जाये।

दो दिग्गजों के बीच का संघर्ष

वाजपेयी के स्वास्थ्य लाभ की अवधि कुछ दीर्घ हो गयी और इस अवधि ने भाजपा के अन्दर कुनमुनाती अन्दरूनी राजनीति को गति प्रदान कर दी। इसके अलावा, इसने ख़ासकर उन दो व्यक्तियों के भीतर दबी–छुपी असुरक्षा की भावना और व्यक्तिगत महत्वाकांक्षाओं को उजागर कर दिया, जिनका भाजपा को राष्ट्रीय मंच पर लाने का पूरा श्रेय जाता है।

लालकृष्ण आडवाणी हमेशा अग्रपंक्ति के रणनीतिकार रहे हैं। उन्होंने भाजपा को अत्यन्त निराशाजनक दो सीटों वाली स्थिति से उबारकर 2000 की अत्यन्त प्रभावशाली स्थिति में ला खड़ा किया था। जैसा पहले भी कहा जा चुका है, अपनी बनायी रणनीति का ही अनुसरण कर उन्होंने वाजपेयी को प्रधानता सौंपी और स्वयं 'विनीत भाव' से सहायक की भूमिका ग्रहण कर ली। सत्ता के शुरुआती उतावले और सुरूर लिए दिनों में दल के वफ़ादार बहुधा उनके सन्दर्भ में 'असल' 'अव्वल' और 'सच्चा नेता' जैसे शब्दों का प्रयोग करते थे, जिन्होंने वाजपेयी को राजनीतिक अकर्मण्यता से बाहर निकाल सर्वोच्च पद पर आसीन कर दिया था। भविष्य में, जहाँ अटल बिहारी गठबन्धन राजनीति के दबावों के समझौते स्वरूप पेश होती रही, वहीं आडवाणी की छवि उस शख़्स की बनी जो कभी भी प्रधानमन्त्री पद के दावेदार नहीं थे। उनके वफ़ादार उन्हें किंग मेकर (शासक निर्माता) कहते थे, जिन्होंने हमेशा दल के हित के आगे अपनी व्यक्तिगत आकांक्षाओं की आहुति दे दी।

ढाई साल सत्ता में रहने के बाद, व्यक्तित्व–केन्द्रित राजनीति ने जहाँ भाजपा को ख़ूब लाभान्वित किया, वहीं वाजपेयी की अतिशयोक्तिपूर्ण (लार्जर देन लाइफ) शख़्सियत का भी जन्म हुआ जिसके फलस्वरूप, उनके सारे प्रतिद्वन्द्वी उनके आगे बौने पड़ गये। वाजपेयी भाजपा की राजनीति के धुरी बन कर उभरे, और आडवाणी उनकी तुलना में कहीं फ़ीके पड़ गये।

इसका प्रत्यक्ष प्रमाण मुम्बई में उनके घुटनों की सर्जरी के बाद स्वास्थ्य लाभ के दौरान दिखा जब उन्होंने अपनी अनुपस्थिति में किसी और को 'कार्यवाहक' नियुक्त करने से स्पष्ट इनकार कर दिया।

यह एक अस्वस्थ प्रधानमन्त्री का, उत्तराधिकार के प्रश्न पर मात्र अपनी अप्रसन्नता व्यक्त करना ही नहीं था, दल के अन्दरूनी हिस्सों में इसे लालकृष्ण आडवाणी के लिए राह सुनिश्चित न करने के उनके हठ स्वरूप देखा गया।[1]

दबी ज़बान में बात घूमने–फैलने लगी (शायद हवा का रुख़ देखना चाहती हो) कि वाजपेयी विदेशी मामलों के मन्त्री जसवन्त सिंह को शीर्ष पद के लिए तैयार कर रहे हैं। कुछ आला दर्जे के स्तम्भ लेखकों ने यह अटकलें लगानी आरम्भ कर दीं कि एकमात्र जसवन्त सिंह ही वो समुचित उदारपन्थी साख लिए राजनेता थे जैसा प्रधानमन्त्री पद के लिए उपयुक्त था।

नतीजतन, नियन्त्रण के लिए भाजपा का अब तक का सबसे बड़ा और पारदर्शी खेल जो पारस्परिक संघर्ष, धोखेबाज़ी, और दिखावे से भरपूर था, शीर्ष स्तर पर खेला और देखा गया। मीडिया के पास सधे उद्देश्य से छोड़ी गयी अनधिकारिक उक्तियों का सैलाब आ गया।

मुझे याद आता है, मैंने आडवाणी के खेमे के कुछ लोगों से बातचीत के दौरान ग़ौर किया कि उन्हें ऐसा एहसास हो चला था कि प्रधानमन्त्री के इर्द–गिर्द कुछ ऐसे व्यक्ति थे जो गृहमन्त्री को मात देने का हर सम्भव प्रयास कर रहे थे।

एक वफ़ादार का मानना था यह सब 'घर–फूँक' नीति के तहत हो रहा था, जहाँ हर चाल आडवाणी को बाहर रखने की हो रही थी, भले ही इससे भाजपा तबाह ही क्यों न हो जाये। यह एहसास भी पल रहा था कि प्रधानमन्त्री अपने पुराने राजनीतिक सहयोगी के साथ किंचित् अनुदार हो रहे हैं। मसलन, एक मर्तबा एक दिग्गज केन्द्रीय मन्त्री ने मुझसे कहा कि एक तरफ़ तो आडवाणी हैं जिन्होंने एड़ी–चोटी का ज़ोर लगाकर यह सुनिश्चित किया था कि वाजपेयी प्रधानमन्त्री बनें और वहीं दूसरी ओर यह भावना बलवती हो उठी थी कि वाजपेयी की आन्तरिक मण्डली आडवाणी के प्रभाव को कम करने और उनकी छवि को क्षति पहुँचाने के लिए वो सब कुछ कर रही थी जो उसके अख़्तियार में था। हमेशा की तरह ही, आडवाणी के वफ़ादार यह कहते पाये जाते थे कि आडवाणी हमेशा से सहायक कमाण्डर की हैसियत से ही दल और सरकार में अपने कर्तव्य

का निर्वाह कर रहे थे और अब प्रधानमन्त्री की बारी थी कि अपनी उदारता दिखाते हुए इस सच्चाई को कबूलें।

वहाँ रेसकोर्स रोड मण्डली इस बात से तल्ख़ हुई जाती थी कि आडवाणी मीडिया का ध्यान अपनी ओर आकृष्ट करने में लगे हैं ख़ासकर जब प्रधानमन्त्री मुम्बई में स्वास्थ्य लाभ हेतु अटके पड़े हैं। इसी बीच आडवाणी आगरा में आयोजित आर.एस.एस. कैम्प में पहुँचे और वहाँ संघ की शान में अपने वक्तव्य जारी किये। शायद ऐसा कर दल में अपनी स्थिति मज़बूत करने का उनका इरादा रहा हो। अब यह बात खुले तौर पर कही जा रही थी कि संघ का भाजपा पर वर्चस्व की बात कर आडवाणी उत्तराधिकार के दौड़ की बाज़ी में अपने लिए संघ का समर्थन जुटा रहे थे। परिणामस्वरूप, कुछ भाजपा नेता अब ऐसे वक्तव्य जारी करने लग गये कि वाजपेयी के सम्भावित उत्तराधिकारी स्वरूप एकमात्र आडवाणी ही हैं। यह सब तब हो रहा था जब वाजपेयी जी मुम्बई के अस्पताल में स्वास्थ्य लाभ ले रहे थे। यहाँ यह कहना अतिशयोक्ति न होगी कि पी.एम.ओ. में विभ्रम का स्तर हर घण्टे कई गुना बढ़ता ही जा रहा था, जैसे--जैसे प्रधानमन्त्री के स्वास्थ्य सम्बन्धी मसले बढ़ते जाते थे।

इन परिस्थितियों में, लालकृष्ण आडवाणी के टीवी को दिये गये साक्षात्कारों के सिलसिलों ने आग में घी का काम किया। कहने को तो भाजपा के सत्ता में एक वर्ष पूर्ण होने पर ये साक्षात्कार दिये गये थे। ऐसे ही एक साक्षात्कार में आईसी 814 घटना पर जसवन्त सिंह की बाबत उन्होंने कुछ कहा—यह प्रधानमन्त्री के सबसे विश्वस्त मन्त्री को नीचा दिखाने के बराबर था। देश की दो सशक्त शख़्सियतों के बीच मूक 'मुखालिफ़त' अब साफ़ तौर पर ख़ुद—एतमाद वाले दौर में आ पहुँची थी।

जहाँ तक जसवन्त सिंह के कमान सँभालने की बात थी, भाजपा और आर.एस.एस. के पुराने अनुभवियों ने उत्तराधिकार की इस अटकल को सिरे से ख़ारिज कर इसे हास्यास्पद ही बताया। मुझे दल के एक पुराने अनुभवी से की गयी बात याद आती है, जिन्होंने संक्षेप में बात रखते हुए ऐसा सुझाया था कि संवर्ग (कैडर) आधारित दल के लिए जसवन्त सिंह जैसे व्यक्ति सर्वथा अस्वीकार्य हैं, और ऐसी अफ़वाह भाजपा की तहज़ीब से नावाक़िफ़ ही फैला सकते हैं। इस बात पर उन्होंने ज़ोर दिया कि स्वयं प्रधानमन्त्री भाजपा पर जसवन्त सिंह को नहीं थोप सकते। वरिष्ठ भाजपा नेता जे.पी. माथुर ने एक बार ऐसी टिप्पणी की थी कि, 'विदेशी मामलों के

मन्त्री, शिष्टाचार में प्रवीण जसवन्त सिंह, अमरीका के राष्ट्रपति भले बन सकते हों, भारत के प्रधानमन्त्री कभी नहीं बन पायेंगे।' जहाँ तक माथुर का मत था, 'वाजपेयी के बाद भाजपा के लिए सिर्फ़ आडवाणी ही थे।'

अब एक दबी ज़बान में, बिल्कुल ही निरर्थक, ऊटपटाँग–सा अभियान चल पड़ा जिसमें जसवन्त सिंह को अमरीकी एजेण्ट कहा जाने लगा। इसी दौरान मैंने बंगारू लक्ष्मण का एक संक्षिप्त साक्षात्कार किया, उनकी कही गयी कई बातों में एक बात यह भी थी :

> 'आडवाणी दल के निर्विवाद नेता हैं। दल के विकास में उनका योगदान देखिये। जब उन्होंने भाजपा का अध्यक्ष पद सँभाला था, भाजपा के मात्र दो सांसद थे। जब उन्होंने अपना पद त्यागा, भाजपा के पास 86 सांसद थे।[2]
>
> आडवाणी खेमे से चाहे जो भी माँग उठती रही हो, बंगारू लक्ष्मण ने कभी सहायक अध्यक्ष (सेकण्ड इन कमाण्ड) प्रतिनियुक्ति की आवश्यकता महसूस नहीं की।

'ऐसी किसी भी तरह की घोषणा होगी ही क्यों जब प्रधानमन्त्री सर्जरी के दौरान भी पूरी तरह सचेत और सजग थे? लेकिन भारत में ऐसी बातें अवश्यम्भावी हैं। नेहरू के बाद कौन? इन्दिरा के बाद कौन? और अब इन नामों से भला क्या हासिल जब अटल जी भले–चंगे हैं।'

लक्ष्मण जो हमेशा 'वाजपेयी पात्र' माने जाते रहे हैं और आडवाणी का आर.एस.एस. को लेकर जो दृष्टिकोण रहा, बंगारू के विचारों से क़तई कोई मेल नहीं था, उन्होंने इन तमाम अटकलों का मुँह बन्द करने की गरज से ही यह बातें कही होंगी ।

'जब आडवाणी आर.एस.एस. की भाजपा के बनिस्बत स्थिति की व्याख्या, गाँधी जी के नेहरू शासन काल पर प्रभाव से करते हैं और इन दोनों स्थितियों में समानता पाते हैं, तो वह बिल्कुल सही हैं। गाँधी के प्रभाव ने जिस प्रकार नेहरू जी को मजबूर नहीं किया कि वे सम्पूर्ण निषेध आज्ञा लागू करें, और पंचवर्षीय योजना यथारीति चलती रही, उसी प्रकार हम आर.एस.एस. से स्वतन्त्र कार्य करते हैं।'

लालकृष्ण आडवाणी के लिए पूरी निष्पक्षता और सच्चाई से एक बात ज़रूर कही जा सकती है कि उन्होंने कभी वाजपेयी को खुले तौर पर चुनौती नहीं दी।

इसके विपरीत, भाजपा शासन काल के पहले ढाई साल आडवाणी वाजपेयी से दर्जा नीचे रहकर ही अपना कार्य करते रहे और स्वयं की स्थिति सन्तोषपूर्ण ही जतायी, आर्थिक सुधार जैसे संवेदनशील मुद्दों पर भी उन्होंने प्रधानमन्त्री का साथ दिया। अगर वो चाहते तो इस मुद्दे को लेकर आर.एस.एस. और सरकार के बीच जो तीखे मतभेद थे, उन्हें भुना सकते थे। इसके अलावा, जब संघ और सरकार के बीच राजकीय सत्ता के विभाजन को लेकर नियमों का उल्लंघन हुआ, जब वाजपेयी ने दल अध्यक्ष के तौर पर बंगारू लक्ष्मण के नाम का प्रस्ताव रखा, यह निश्चित रूप से आडवाणी के पाले में अनधिकार प्रवेश था। प्रधानमन्त्री के बचाव में आडवाणी ने तब भी चुप्पी साध ली थी।

यह साफ़ था कि लालकृष्ण आडवाणी एक कुशल नट सदृश सफल कलाबाज़ होना चाहते थे–एक तरफ़ जहाँ वो संघ के साथ अपने क़रीबी रिश्ते को बनाये रखना चाहते थे, वहीं वाजपेयी के बाद के दौर में स्वयं को स्वीकार योग्य बनाने के लिए एक उदारवादी के तौर पर स्वयं परिवर्तित भी होना चाहते थे। इस बात को वे बख़ूबी समझते थे कि प्रधानमन्त्री के साथ टकराव की स्थिति उनकी योजना विफल कर सकती थी।

आख़िरकार, लालकृष्ण आडवाणी ने मुझे एक विस्तृत साक्षात्कार देकर सन्देहों को दूर किया। मैं यहाँ उस साक्षात्कार के कुछ अंश पुनः पेश करती हूँ, जो भाजपा की दो शानदार शख़्सियतों के बीच हो रहे प्रकरणों का बख़ूबी बयान करते हैं।[3]

प्र. सुर्ख़ियों से बचे रहने के बाद, ऐसा महसूस किया जा रहा है कि अब आप प्रसिद्धि के लिए अपना दावा दृढ़तापूर्वक रख रहे हैं?

उ. मेरी कथनी और करनी के कितने मायने निकाले जाते हैं। जब नहीं चाहता हूँ, तब भी तवज्जो मिलती है। मन्त्री विदेश जाते ही रहते हैं लेकिन जब मैं इजराइल या यूके की यात्रा पर निकलता हूँ, मैं ख़बरों में आ जाता हूँ। यात्रा की रिपोर्ट यात्रा के पूर्व ही दे दी जाती है! इन ढाई वर्षों की अवधि में मैंने अपने मन्त्रालय के लिए एकाग्रचित्त हो कार्य किया है और अपना सर्वश्रेष्ठ देने की चेष्टा की है।

प्र. वाजपेयी जी के उत्तराधिकारी को लेकर कयास लगाये जा रहे हैं और ऐसा कहा जा रहा है कि अपने स्वास्थ्य लाभ के दौरान वे अस्थायी तौर पर अपने स्थान पर कार्यवाहक नियुक्त करने में विफल रहे.....

उ. इस तरह के कयास इसलिए लगाये गये क्योंकि कुछ लोगों ने यह मान लिया कि अटल जी अस्वस्थ हैं। ऐसे लोग इस तथ्य को नज़रअन्दाज़ करते हैं कि अटल जी को सिर्फ़ घुटने की तकलीफ़ है और सर्जरी पश्चात् स्वास्थ्य लाभ के बाद वे बिल्कुल भले–चंगे हो जायेंगे। उत्तराधिकार पर बातचीत की दरकार ही कहाँ है?

प्र. अटल–आडवाणी रिश्तों पर भी बातें हो रही हैं।

उ. हमारा साथ संसद के पहले दिन से ही रहा है। हम दोनों दिल्ली के 30, राजेन्द्र प्रसाद मार्ग में एक साथ रहे हैं। सन् 57 में जब पहली बार अटल जी का संसद में पदार्पण हुआ, दीन दयाल उपाध्याय ने उनमें उस प्रतिभा को देखा, जो एक दल के निर्माण में निर्णायक हो सकता है। उस वक़्त वो दल जनसंघ था। उसी प्रकार नवम्बर 95 में जो मैंने किया, (प्रधानमन्त्री पद के उम्मीदवार स्वरूप वाजपेयी का नाम घोषित कर दिया) वो पूरी तरह मेरे द्वारा विशुद्ध रूप से किये गये उनके आकलन पर आधारित था। मैंने मुम्बई के शिवाजी मैदान में सार्वजनिक सभा में इसे घोषित कर सबको हैरत में डाल दिया था। भगवान का धन्यवाद जो मैंने यह घोषणा तब की; दो महीने बाद ही हवाला आरोप लग गये। मेरा निर्णय बिल्कुल सही था। अटल जी और मेरा साथ दीर्घकालीन रहा है। हमारे बीच कोई मतभेद नहीं है।

प्र. आपने हाल ही में आतंकवादियों को अपने साथ कन्दहार ले जाकर रिहा करने पर जसवन्त सिंह की आलोचना की है...

उ. जसवन्त पर सीधा हमला बोलने की मेरी कोई मंशा नहीं थी। इस साक्षात्कार के प्रसारण के पहले ही मैंने उन्हें फ़ोन कर बता दिया था कि मैंने ऐसा कुछ कहा है जिसे ग़लत तरीक़े से पेश किये जाने की सम्भावना हो सकती है। वे आतंकवादियों के साथ हो लिए क्योंकि उन्हें यह लगा कि कहीं कुछ ग़लत हो जाता है और किसी नतीजे पर फ़ौरन पहुँचने की ज़रूरत जैसे सूरत–ए–हाल पेश होते हैं, किसी एक वरिष्ठ राजनीतिज्ञ को साथ होना चाहिए। यह दुर्भाग्यपूर्ण है कि किसी को आतंकवादियों के साथ यात्रा करनी पड़ी।

प्र. क्या आर.एस.एस. की यह सोची–समझी रणनीति रही है कि वे विपक्ष की भूमिका में नज़र आयें?

उ. ऐसी कोई रणनीति नहीं है। स्वदेशी विचारक आर्थिक विषयों पर अपनी अलग राय रखते हैं और इसका यह मतलब क़तई नहीं कि वे जो भी कहें, हमारा मानना अनिवार्य है।

प्र. अभी हाल ही में आपने आर.एस.एस. की वाजपेयी प्रशासन के साथ प्रासंगिकता को महात्मा गाँधी का नेहरू के शासन और जयप्रकाश नारायण का जनता दल के शासन पर प्रभाव के समतुल्य कहा है।

उ. हम उस संगठन से कैसे हाथ छुड़ा सकते हैं जिनके साथ हम अपने बाल्यकाल से जुड़े हैं? आर.एस.एस. का वाजपेयी शासन पर एक नैतिक प्रभाव है, ठीक वैसे ही जैसे गाँधी जी का नेहरू शासन पर था। नेहरू, गाँधी जी की बड़ी इज़्ज़त करते थे पर उनके हर कहे के साथ एकमत नहीं होते थे।

हे राम!

साल के ख़ात्मे तक आते–आते, अटल बिहारी वाजपेयी कुछ ऐसा कर गये जिसने उन्हें लालकृष्ण आडवाणी के आगे पहुँचा दिया। उन्होंने इसकी आवश्यकता पर नज़र रख, सोच–विचारकर ही ऐसा करने की ठानी होगी। उनके समीक्षकों ने अलबत्ता इसको 'दोमुँहा' कहा जिसके मायने दोहरी बात करने वाला है। हुआ यूँ कि 7 दिसम्बर, 1999 को भाजपा के एकमात्र मुस्लिम मन्त्री शाहनवाज़ हुसैन द्वारा इफ़्तार की मेज़बानी के दौरान वाजपेयी जी यह सुझाव देते पाये गये कि 'अयोध्या के विवादित स्थल पर राम मन्दिर बन सकता है और मस्जिद के लिए वैकल्पिक स्थान चुना जा सकता है।' इस उक्ति ने 1992 के मस्जिद ध्वंस के ठीक पहले दी गयी वीएचपी–भाजपा के युद्ध नाद 'मन्दिर वहीं बनायेंगे' की भयपूर्ण यादें ताज़ा कर दीं। संजय निरुपम जो उस वक़्त शिवसेना के सांसद थे और सम्प्रति कांग्रेस सांसद हैं, मज़ाकिया लहजे में बोले थे, 'भारतीय धर्मनिरपेक्षता की क्या बढ़िया मिसाल दी है, राम मन्दिर के निर्माण की घोषणा एक इफ़्तार में हुई है।'

अपनी बात कह देने के बाद वाजपेयी अस्पष्टता की आड़ ले बोले, 'मैंने कुछ नया नहीं कहा।' लेकिन बात तो यह थी कि उन्होंने कही और बड़े स्पष्ट रूप से कही। यहाँ यह बात ज़रूर स्मरण कर ली जाये कि कई वर्षों से वाजपेयी ने अपनी छवि बाजों के बीच कबूतर वाली बना रखी थी। राम मन्दिर को लेकर जो आन्दोलनात्मक राजनीति सामने आयी थी, उसके साथ अपना समन्वय नहीं बैठा पाने का दृश्य उन्होंने सबके सामने रखा, इसका उनकी 'कबूतर–छवि' बनने में बड़ा योगदान रहा। अब विवादास्पद भूमि पर राम मन्दिर निर्माण की बात कर उन्होंने एन.डी.ए. में अपने सहयोगी दलों को स्तम्भित कर दिया था। वह भी ठीक 6 दिसम्बर के एक दिन बाद इफ़्तार में जब बाबरी मस्जिद ध्वंस की आठवीं बरसी थी।

अब प्रश्न यह उठा कि वाजपेयी ने इतनी सावधानी से विकसित की हुई अपनी छवि को प्रकट रूप से ऐसा साम्प्रदायिक पत्ता खेल क्यों जोखिम में डाला? अब तक तो विपक्ष ने बाबरी मस्जिद ध्वंस के आरोपी उन तीन मन्त्रियों पर ही अपना निशाना साधा था–लालकृष्ण आडवाणी, मुरली मनोहर जोशी और उमा भारती। अब प्रधानमन्त्री पर अपना हमला बोलते हुए विपक्ष ने उनके इस्तीफ़े की माँग कर डाली। चन्द्रबाबू नायडू ने तीखे तेवर दिखाते हुए वाजपेयी को याद दिलाया कि, 'उनका समर्थन राष्ट्रीय एजेण्डा के लिए है, और उनका अपने राजनीतिक फ़ायदे के लिए एक ऐसे मुद्दे का अनुचित लाभ उठाना जो अदालत में है, सर्वथा अवांछनीय है।' नेशनल कान्फ्रेंस सांसद उमर अब्दुल्ला जो उस वक़्त वाणिज्य और उद्योग राज्य मन्त्री थे, प्रधानमन्त्री के उद्‌गारों से बेहद 'मायूस' महसूस करते हुए बोले, 'एक मुसलमान मन्त्री के लिए बाबरी बेशक़ एक मुद्दा है।' ममता बनर्जी ने, जो उस वक़्त तृणमूल कांग्रेस की वरिष्ठ नेता थीं और अब पश्चिम बंगाल की मुख्यमन्त्री हैं, टीडीपी के येर्रन नायडू के साथ जाकर प्रधानमन्त्री से मुलाक़ात की और इसके बाद बाहर इन्तज़ार करते पत्रकारों को सम्बोधित कर कहा, 'उन्होंने मुझे समझाया कि ऐसे कुछ मुद्दे हैं जो भाजपा को एक दल की तरह समय–असमय उठाने पड़ते हैं।'

अटल बिहारी वाजपेयी ने ममता बनर्जी से वही सब कहा जो उन्हें आर.एस.एस. नेतृत्व ने उनके राम मन्दिर बयान के एक सप्ताह पहले कहा था। 1 दिसम्बर, 2000 को प्रधानमन्त्री जी ने आर.एस.एस. के चोटी के नेताओं के लिए रात्रि–भोज का आयोजन किया था, जिसमें सरसंघचालक के.एस. सुदर्शन, महासचिव एच.वी. शेषाद्री, महासचिव मोहन राव भागवत (सम्प्रति सरसंघचालक) और संयुक्त सचिव मदन दास देवी उपस्थित थे। भाजपा की नुमाइन्दगी कम लोग कर रहे थे जिनमें उनके राष्ट्रीय अध्यक्ष, पूर्व और सम्प्रति, दोनों शामिल थे : बंगारू लक्ष्मण, लालकृष्ण आडवाणी, मुरली मनोहर जोशी और कुशाभाऊ ठाकरे।

उन दिनों, अगर कोई सूचना प्राप्त करने के लिए कृतसंकल्प होता, उसे सूचना मिल ही जाती थी। मेरे सूत्र मुझे ख़बर देते रहते थे और उनसे मालूम पड़ा कि आर.एस.एस. ने प्रधानमन्त्री से स्पष्ट रूप से यह कह दिया था कि सरकार बेशक़ अपना प्रशासन और कामकाज देखती रहे लेकिन इसका यह अर्थ नहीं दल उसके सचिव जैसा हो जाये; भाजपा को अपने मुद्दे उठाने के अवसर मिलने चाहिए। वाजपेयी को यह भी स्पष्ट

कर दिया गया कि आर.एस.एस. की ही बदौलत वे संघ में स्वदेशी गुट और वीएचपी के अशोक सिंघल और गिरिराज किशोर जैसों से बचे हुए हैं। आर.एस.एस. के प्रमुख के.एस. सुदर्शन ने आगे यह और जोड़ा कि एक कैडर के लिए कश्मीर के प्रति कड़ा/कट्टरपन्थी रुख उसका धर्म सिद्धान्त है; फिर भी, कारगिल युद्ध के बाद वाजपेयी के कश्मीर घाटी में संघर्ष विराम को बढ़ावा देने में आर.एस.एस. नेतृत्व ने उनका समर्थन किया था।

संघ के नेताओं ने भोपाल में स्वदेशी जागरण मंच के राष्ट्रीय परिषद की नवम्बर माह के मध्य में हुई बैठक की बात उठायी जिसमें एक के बाद एक वक्ताओं ने प्रथम पीढ़ी के आर्थिक सुधारों की धज्जियाँ उड़ाकर रख दी थीं। बैठक में भाजपा नेताओं को चेता दिया गया था कि आर्थिक सुधार सरकार के लिए हौव्वा साबित हो सकते हैं : ऐसे संकेत मिले थे कि कितने ही छोटे क्षेत्र के व्यापारियों का समूह जो संघ के पास था, उन पर इन सुधारों का प्रतिकूल असर पड़ा था। यह बात दल के विरोध में जा सकती थी। ऐसा असन्तोष कृषि क्षेत्र में भी फैल रहा था।

इस अत्यन्त नाटकीय घटनाचक्र का एक उपकथानक भी था। रिसर्च एण्ड एनालिसिस विंग (रॉ) ने नामचीन मीडिया दिग्गज और जैन टीवी के मालिक जे.के. जैन पर पाकिस्तान के आईएसआई के साथ सम्पर्क होने के आरोप लगा डाले। आर.एस.एस. आगबबूला हो उठी क्योंकि जैन आर.एस.एस.–भाजपा के बहुत भरोसेमन्द समर्थक थे। उन्होंने कितनी ही बार अपने चैनल और टेलीविज़न स्टूडियो को दल की सेवा में पेश किया था। आर.एस.एस. को पूरा विश्वास था कि यह सारा किया–धरा प्रधानमन्त्री के शक्तिशाली प्रमुख सचिव ब्रजेश मिश्रा का ही है। मिश्रा कैसे 'हममें' से एक पर देशद्रोही का उपनाम लगा सकता है, आर.एस.एस. दहाड़ा। ब्रजेश की और भी शिकायतें आर.एस.एस. ने प्रधानमन्त्री से लगायीं।

पी.एम.ओ. में ब्रजेश के मातहत संघ और उनके नेताओं की निन्दा कर रहे थे। प्रमुख सचिव ने तो आर.एस.एस. को कथित रूप से 'असंगत' कह डाला था।

वाजपेयी का राजनीतिक एण्टीना सारे सिग्नल पकड़ रहा था। संघ मिश्रा की आहुति माँग रहा था; उन्हें यथेष्ट संकेत मिल रहे थे कि कैडर दल के लिए कार्य नहीं करेगा, मसलन 2002 में उत्तर प्रदेश में विधानसभा चुनाव की तैयारी करनी थी और वाजपेयी को बहुत जल्द अपना निर्णय

लेना था, संघ का हाथ और कैडर के पदचिह्न बिना चुनाव की तैयारी, भाजपा और प्रधानमन्त्री के लिए यह किसी हादसे से कम गुज़रने वाला नहीं होता।

प्रधानमन्त्री निश्चित रूप से अत्यन्त दबाव में आ गये थे और ज़ाहिर है, भाजपा का बारम्बार उपयोग किया गया राम का पत्ता उनका अवलम्ब बना। कोई और चारा न बचा देख वाजपेयी के भीतर का स्वयंसेवक इस बात को अब चीन्ह गया कि अब सरसंघचालक की न सुनी तो ख़ैर नहीं। बाबरी मस्जिद पर उनका बयान कट्टरपन्थियों के तुष्टिकरण हेतु था और साथ ही उस व्यक्ति के बचाव हेतु भी, जिस पर अब वो वाक़ई निर्भर करने लगे थे, जिसका नाम था ब्रजेश मिश्रा।

× × ×

आने वाले कुछ महीनों तक प्रधानमन्त्री राम मन्दिर को लेकर अपनी बात पर अड़े रहे और एक संसदीय बहस के दौरान उन्होंने अपनी बात बड़े ज़ोरदार ढंग से रखी। जब बहस ख़त्म हुई और मत देने की बारी आयी, एन.डी.ए. के सहयोगी दल हालाँकि स्तम्भित थे, उन्हें भाजपा का साथ देने पर मजबूर होना पड़ा। सत्तारूढ़ दल हर्षातिरेक की चरमावस्था में था और उसके कुछ सदस्य मूल सैद्धान्तिक मुद्दों पर अब छाती ठोंकने की अवस्था में थे। दिवंगत लालमुनि चौबे, जो बिहार के बक्सर ज़िले से सांसद थे, बोले, 'राम राष्ट्रीय भावना के प्रतीक तो हैं ही'; ओडिशा के बालासोर ज़िले के एम.ए.के. स्वेन ने बड़ी प्रसन्न अवस्था में यह कहकर साथ दिया, 'आख़िर को तो राम मन्दिर ही हमें सत्ता में लाया था। अब इसमें कोई शक़ की गुंज़ाइश नहीं रही कि अटल जी और आडवाणी जी में कोई फ़र्क़ नहीं है, अगर हमारे कुछ सहयोगी दल मुस्लिम वोटों को लेकर चिन्तित हैं, उन्हें यह समझ लेना चाहिए कि हमारा साथ छोड़ने पर वो हिन्दू वोटों से हाथ धो बैठेंगे।'

संसद में भी अपनी बात पर अड़े रह कर वाजपेयी ने अपने सहयोगी दलों को अपना सख़्त रुख़ दिखा दिया। उन्होंने बड़ा स्पष्ट सन्देश उन तक पहुँचाया था :

'बर्दाश्त करें या चुप रहें।' बहुतों का यह ख़याल था कि वे अपनी स्थिति पर दोबारा विचार ज़रूर करेंगे लेकिन वे अड़े रहे और यहाँ तक

कह डाला, 'जनता फ़ैसला करेगी कि मैंने सही कहा कि नहीं।' ऐसा कह उन्होंने यह जता दिया कि उनके लिए अब जनता की हामी के अलावा कुछ और मायने नहीं रखता है। ममता बनर्जी, जिन्होंने उसी सुबह बयान देते हुए बाबरी मस्जिद ध्वंस को एक 'नृशंस कृत्य' कहा था, उन्हें सरकार के लिए मत देने हेतु बाध्य होना पड़ा; टीडीपी के येर्रन नायडू जिन्होंने प्रधानमन्त्री के उद्‌गार को 'अनुचित' कहा था, आख़िर को गठबन्धन में बहुसंख्यक दल का हुकुम बजाते नज़र आये। अन्ततः, यह कहकर कि, 'वे न्यायालय के निर्णय का पालन करेंगे' प्रधानमन्त्री अपने सहयोगी दलों को किंचित् आश्वस्त कर पाये।

यह वाक़ई पहला बड़ा वाक़या था जिसमें एन.डी.ए. में भाजपा बड़े भाई की भूमिका में दिखी। अपने घोषणा–पत्र से डिगते हुए प्रधानमन्त्री ने अपने सहयोगी दलों से भाजपा का निजी एजेण्डा मनवा लिया था।

गृहमन्त्री आडवाणी और दूसरे दो अन्य मन्त्रियों के लिए भी, जिन पर बाबरी मस्जिद ध्वंस के आरोप लगे थे, यह जीत से कम न था। बाबरी मुद्दे पर प्रधानमन्त्री के भाषण के बाद यह सलाह दिखी कि आरोपी नेताओं को अयोध्या मुद्दे पर अपना इस्तीफ़ा तो क़तई नहीं देना चाहिए। संसद के वाद–विवाद के निष्कर्ष को भाजपा ने अयोध्या में राममन्दिर निर्माण के समर्थन स्वरूप लिया।

जैसा कि एक कैबिनेट मन्त्री ने बाद में कहा था, 'सीपीआई (एम) के सोमनाथ चटर्जी ने भी संसद के कक्ष में कहा था कि अयोध्या में राम मन्दिर निर्माण से किसी को कोई ऐतराज़ नहीं है, किस जगह पर बनेगा, उसी को लेकर असहमति है।'[1]

2001 में भाजपा के प्रवेश के साथ–साथ एक बार फिर प्रभु राम दल के शुभंकर प्रतीक बन प्रस्तुत थे।

नरेन्द्र मोदी का प्रवेश

2001 में भाजपा के पदार्पण के साथ ही, दो बड़े राजनीतिक विषय उसके सामने मुँह बाए खड़े थे, जो चिन्ता का कारण थे। 2002 में उत्तर प्रदेश में चुनाव होने थे और भाजपा अपनी हारी हुई साख वापस चाहती थी– इस विषय को लेकर काफ़ी भ्रान्ति थी कि क्या राम मन्दिर वो मुद्दा हो सकता था जो अब भी उत्तर प्रदेश के चुनावों में से उन्हें लाभान्वित कर सकता था?

दूसरी चिन्ता का विषय था, दल का गढ़ गुजरात, जहाँ मुख्यमन्त्री केशुभाई पटेल की पकड़ ढीली होती नज़र आ रही थी। गुटबाज़ी ज़ोरों पर थी और भ्रष्टाचार के आरोपों की झड़ी लगी थी। कुल मिलाकर, गुजरात और उत्तर प्रदेश दोनों आते साल के लिए केन्द्र बिन्दु बने, जहाँ आगे चलकर ऐसे नाटकीय घटनाक्रम हुए जिन्होंने देश की सियासी शक्ल ही बदल डाली।

× × ×

बहरहाल, जनवरी 2000 का आग़ाज़ भाजपा राष्ट्रीय कार्यकारिणी से हुआ जिसमें वो तमाम जाने–पहचाने सैद्धान्तिक उतार–चढ़ाव एक बार फिर सबके सामने थे।

जहाँ एक तरफ़ अटल बिहारी प्रभु राम के नाम की जयकार कर रहे थे, वहीं आडवाणी कश्मीर और उत्तर–पूर्वी अंचल की बात ले बैठे थे और राम पर चुप्पी साधे हुए थे। वाजपेयी ने अपनी वही विशिष्ट शैली अपनायी और विरोधाभास और खुले विचार, दोनों का ही मुज़ाहिरा करते हुए सारा ध्यान अपनी तरफ़ खींचे रखा। पहले उन्होंने यह कहा कि प्रेस ने उन्हें मजबूर कर दिया था कि वह राम मन्दिर मुद्दे पर अपनी राय दें।

बात आगे बढ़ाते हुए वह बोले कि बाबरी मस्जिद ध्वंस और राम मन्दिर का निर्माण दो बिल्कुल अलग मुद्दे हैं और दोनों में बहुत फ़र्क़ है। जहाँ बाबरी मस्जिद ध्वंस सबके लिए ही अत्यन्त निन्दनीय है, वहीं अयोध्या में मन्दिर निर्माण एक राष्ट्रीय आन्दोलन है। यहाँ हस्तक्षेप करते हुए आडवाणी ने सबको याद दिलाया कि तत्कालीन आर.एस.एस. प्रमुख रज्जू भैया ने भी कड़े शब्दों में बाबरी मस्जिद ध्वंस की आलोचना की थी। वाजपेयी जी ने संसद के पिछले सत्र में अपनी कही सारी उक्तियों का पुनः समर्थन किया। सरल शब्दों में कहें तो हर तर्क को, जो पिछले कुछ महीनों से दल की ओर से दिये जाते रहे थे, युक्तिसंगत बनाने की कोशिश दिख रही थी।

नये साल के आगमन के दौरान वाजपेयी ने केरल में अपने परिवार सहित अवकाश निवास के दौरान जो दो लेख लिखे थे, 'म्युसिंग्स फ्रॉम कुमारकोम' नाम के यह दो लेख अब लोगों के बीच आ चुके थे–इनमें बाबरी मस्जिद ध्वंस को उन्होंने 'क़ानून का खुला उल्लंघन' के तौर पर चित्रित किया, एक ऐसा कृत्य जो 'पूर्णतः हिन्दू प्रकृति के विपरीत' था। उन्होंने न्यायालय के फ़ैसले को लेकर प्रशासन के कृतसंकल्प रहने की भी बात की, 'फ़ैसला जो भी आये।'

इन 'म्युसिंग्स' में वफ़ादारों को प्रसन्न रखने के लिए काफ़ी कुछ था। मसलन, उन्होंने इस बात पर बड़ा ज़ोर देते हुए कहा कि, 'अयोध्या में राम मन्दिर निर्माण आन्दोलन के लिए समर्थन सिर्फ़ एक दल से ही नहीं है' या फिर 'राम राष्ट्रीय लोकाचार के सर्वाधिक सम्मानित प्रतीक हैं–यह सम्मान साम्प्रदायिक बाधाओं की पहुँच के कहीं परे है।'

अपने सहयोगियों और उदार बुद्धिजीवियों को प्रसन्न करने और अपनी हारी हुई साख को कुछ हद तक पुनः हासिल करने के लिए किया गया वाजपेयी का यह एक उत्तम प्रयास रहा तो प्रभु राम नामी मन्त्र संघ कैडर के लिए यथेष्ट उत्साहवर्धक था। यह बात अपनी जगह थी कि प्रधानमन्त्री अपने विचार लोगों के संग साझा कर रहे थे, लेकिन व्यक्तिगत रूप से मेरे लिए राम मन्दिर मुद्दे को लेकर विकृतियाँ जटिल होती जा रही थीं और कुछ उबाऊ भी।

सदी के आरम्भ के राजनीतिक परिदृश्य को देखते हुए आडवाणी अपनी गणना कर चुके थे कि कदाचित् राम मन्दिर मुद्दा दल को किसी

प्रकार का चुनावी लाभ दे पाने में अक्षम होगा। (उनकी सोच बिल्कुल सही निकली।) वैसे भी, आडवाणी प्रधानमन्त्री जी की अपेक्षा हमेशा ज़्यादा पारदर्शी और स्पष्टवादी रहे हैं।

× × ×

साल 2001, 26 जनवरी का दिन और प्रातः 8.46 का वक़्त था। मैं गणतन्त्र दिवस के अवकाश का पूरा लाभ उठाते हुए सोयी पड़ी थी कि मेरा बिस्तर बहुत ज़ोरों से हिला। गुजरात में जानलेवा भयानक भूकम्प आया था, जिसका अधिकेन्द्र भुज था, और जिसके झटके मुझे अपने शहर में महसूस हो रहे थे। इस भूकम्प ने 20 हज़ार जानें लीं और चार लाख घर तहस–नहस हो गये। अगले ही दिन आउटलुक की आधी रिपोर्टिंग टीम के साथ मैं अहमदाबाद में थी जहाँ से मेरे ज़्यादातर सहयोगी भुज की ओर रवाना हो गये। मैं गुजरात के सबसे बड़े शहर में इस प्राकृतिक विपदा से हुई बर्बादी को कवर करने में जुट गयी। प्राकृतिक विपदा को कितनी ही सच्चाई और संवेदनशीलता से क्यों न लिखा जाये, उस तबाही को ठीक तरह से कह पाने की शक्ति शब्दों में नहीं होती, वो भयानक मंज़र बयान करना, लोगों पर टूटे कहर को, उस भयावह स्थिति को जिससे वो रूबरू हुए, कह पाना असम्भव है। हम में से अधिकतर ही, जिन्हें ऐसा काम सौंपा जाता है, बिल्कुल यन्त्रचालित पुतले से बन जाते हैं। घटना स्थल पर पहुँच, मदद की कोशिश करते हैं, अपने आँसुओं पर क़ाबू पाने की कोशिश करते हैं और जब हमारा सामना क्षत–विक्षत मृत देहों से होता है, अपने वमन को रोकने की बड़ी सख़्त जद्दोजहद करते हैं।

भुज ज़लज़ले के बाद, बारी थी एक छोटे से सियासी ज़लज़ले की जो गुजरात के मुख्यमन्त्री को हिला गयी। आर.एस.एस. (जिसने अपने कैडर को राहत कार्यों में लगाकर अपनी उपस्थिति दर्ज करा ली थी) 71 वर्षीय केशुभाई पटेल के स्थान पर एक साफ़–सुथरी छवि वाले कम उम्र उम्मीदवार को ढूँढ़ने की प्रक्रिया में जुट गयी।

यह बदलाव अगले छह महीने में होना था।

भूकम्प पर अपना आलेख समाप्त करने के बाद मैं गुजरात की सियासी सरगर्मियों पर अपने आलेख में मसरूफ़ हो गयी।

संघ के मूलभूत सदस्य इस बात से पूरी तरह सहमत थे कि केशुभाई अब सर्वथा अयोग्य हो चले थे और एक वरिष्ठ कार्यकर्ता के शब्दों में, 'इन्हें हटा दिया जाये तो भाजपा शासन के ख़िलाफ़ ज़्यादातर आक्रोश स्वतः ठण्डे हो जायेंगे।'[1] व्यंग्यात्मक तौर पर उन्होंने यह भी ज़ाहिर किया कि आर.एस.एस. का राहत कार्य भी अब भाजपा की छवि को सुधारने में असमर्थ होगा।

आज से अट्ठारह साल पहले गुजरात ऐसी जगह खड़ा था–दो जुड़वाँ आपदा से जूझता, एक प्राकृतिक, दूसरा सियासी और दोनों का अनुपात बृहद्।

केशुभाई की जगह किसी और को लाने में कुछ शुरुआती दिक्कतें थीं। (केशुभाई 1995 में मुख्यमन्त्री रहे लेकिन दल में अन्दरूनी विद्रोह के चलते साल भर में ही दूसरा उम्मीदवार उस पद पर आ बैठा; अलबत्ता 1998 से वे पुनः मुख्यमन्त्री पद सँभाल रहे थे) पहली दिक्कत यह कि पद के कई उम्मीदवार थे। सूरत से दिग्गज नेता और तत्कालीन केन्द्रीय कपड़ा मन्त्री सर्वप्रिय काशीराम राणा; सुरेश मेहता जो शंकरलाल वाघेला के 1995 में विद्रोह के बाद केशुभाई के स्थान पर मुख्यमन्त्री बने थे; और तत्कालीन बृहद् उद्योग के राज्यमन्त्री वल्लभभाई कथीरिया। साथ ही, केशुभाई पटेल स्वयं एक जनसंघ दिग्गज रहे थे जिनके पास राज्य और केन्द्र में बड़ा प्रभावी समर्थन था।

एक और नया चेहरा भी था, जो अब इस पंक्ति में शामिल था, भाजपा के शक्तिशाली और अहम महासचिव का, जो दल के राष्ट्रीय मुख्यालय, दिल्ली में संगठन का कार्यभार सँभाले हुए थे; नरेन्द्र मोदी। शंकरसिंह वाघेला के विद्रोह के बाद, 1996 में भाजपा दल विभक्त हो गया था। उस वक़्त मोदी केशुभाई के शक्तिशाली समर्थक थे, और ऐसा माना जाता था कि वाघेला को अलग–थलग करने में उनकी बड़ी भूमिका रही थी। नतीजतन, शकर सिंह वाघेला के अपनी पार्टी बना लेने के बाद, मोदी को दरअसल गुजरात से बाहर कर दिया गया था, मय हुक्म के कि वे गुजरात की सियासत में दख़लअन्दाज़ी से बाज़ आयें।

चार साल और अनगिनत त्रासदियों के बाद 2001 में केशुभाई को अब मोदी में अपना सबसे बड़ा ख़तरा नज़र आ रहा था। उन्होंने खुले तौर पर यह कहना शुरू किया कि मोदी उनके विरुद्ध असन्तोष को हवा

दे रहे हैं। ऐलान–ए–जंग हो चुका था और देखते–ही–देखते घटनाक्रमों ने बड़ा घिनौना मोड़ ले लिया।

भूकम्प के बाद, मोदी चाहते थे कि वे गुजरात के पुनर्वास और पुनर्निर्माण फण्ड के अध्यक्ष बन गुजरात सियासत में पुनः प्रवेश करें। केशुभाई ने स्थिति को भाँपते हुए तुरन्त हाईकमान से बात कर इस कार्य का ज़िम्मा अपने सिर उठा लिया। ज़ाहिर है सबसे अधिक ख़तरा उन्हें इसी तरफ़ से महसूस हो रहा था और नरेन्द्र मोदी को राज्य से दूर रखने के लिए उन्होंने एड़ी–चोटी का ज़ोर लगा डाला।

आपको महज़ एक ब्योरा दे दूँ, राज्य पर हावी हो रही गुटबन्दी का, तो आप समझ जायेंगे मोदी किन हालातों में राज्य में पुनःपदार्पण की सोच रहे थे। भूकम्प के बाद गुजरात में किये अपने कई दौरों में उन्होंने स्पष्ट देखा कि कार्यकर्ता अपने–अपने नेताओं के कहे पर उनके समारोहों का बहिष्कार कर रहे थे और यह स्थिति उनके लिए बड़ी शर्मनाक थी।

मैं उस दौरान लिखे अपने लेख से उद्धरण यहाँ देना चाहूँगी जो मैंने उस शख़्स पर लिखा था, जिसके सिर पर गुजरात की भाजपा के नेतृत्व की चूलें हिला देने का ठीकरा फूटा था :

> आँखों पर डिज़ाइनर चश्मा और कलाई पर डिज़ाइनर घड़ी पहने मोदी आधुनिक युग के प्रचारक हैं जो चुनावी राजनीति में प्रवेश करने की मंशा रखते हैं। यद्यपि इनके दल के सदस्य ऐसा महसूस करते हैं कि यह स्वयं को केशुभाई के एवज़ी के तौर पर देखते हैं, भाजपा/आर.एस.एस. हाईकमान ने यह स्पष्ट किया है कि एक संगठन से जुड़ा व्यक्ति हठात् ही चुनावी राजनीति में कूद नहीं सकता।[2]

मैं ग़लत थी। 3 अक्टूबर, 2001 को 51 वर्षीय नरेन्द्र दामोदरदास मोदी संघ परिवार संगठन के ऐसे प्रथम कार्यरत सदस्य थे जो राज्य के सर्वोच्च सार्वजनिक पद पर आसीन हुए और एक नयी मिसाल कायम की। उन्होंने दल और संघ परिवार को वचन दिया था कि राज्य में भाजपा की गिरती साख को पुनः ऊपर ले आयेंगे और ऐसा कर उन्होंने वाक़ई अनहोनी को होनी में बदल दिया।

जैसा कि हमने देखा, मोदी का गाँधीनगर में पदार्पण सख़्त विरोध के बीच हुआ, यह विरोध उनके अपने ही दल के ज़्यादातर पुराने नेताओं के सौजन्य से हुआ।

पद त्याग रहे मुख्यमन्त्री केशुभाई ने बड़ा बखेड़ा खड़ा किया, मोदी को अकेले ज़िम्मेदार ठहराते हुए उन्होंने उन पर यह आरोप लगाया कि किस तरह भूकम्प के बाद से ही मोदी उनके विरुद्ध पनपे मतभेदों को हवा देते आये हैं। गुजरात जैसे जाति–चालित समाज में, जहाँ स्वयं मोदी एक पिछड़ी जाति से हैं जिसकी जनसंख्या भी कम है, मोदी भाजपा के उच्च नेतृत्व में क़दम रखने की कोशिश कर रहे थे जहाँ पटेल समुदाय का बोलबाला था और इस पूरे प्रकरण में केशुभाई उनका हर तरह से अवमूल्यन करने की कोशिश में लगे थे। उन्होंने सार्वजनिक तौर पर अपने अपमानित होने की भी बात कर डाली, 'हाईकमान ने मुझे पद त्यागने को मजबूर किया था जिससे मेरे आत्मसम्मान को बहुत ठेस पहुँची थी।'[3] नरेन्द्र मोदी ने जिस प्रकार इस पूरी परिस्थिति का नियन्त्रण और प्रबन्धन किया, दाद देनी पड़ेगी।

बहरहाल, केशुभाई ज़िद पकड़े बैठे रहे और रूठे रहे। सत्ता छोड़ने वाली सरकार में, दूसरे स्थान के दिग्गज सुरेश मेहता ने अपना असन्तोष ज़ाहिर करते हुए मोदी के साथ कभी काम न करने की बात कह दी हालाँकि बाद के दिनों में हाईकमान के आदेश के सम्मुख उन्हें झुकना पड़ा। दल के एक और दिग्गज दिवंगत काशीराम राणा थे जो मोदी के ख़िलाफ़ थे।

दिल्ली में संगठन का कार्यभार सँभालने हेतु नव नियुक्त हँसमुख, मज़ाकिया स्वभाव के महासचिव के साथ हुई एक बातचीत मैं शायद ही कभी भूल पाऊँ।

मैं नरेन्द्र मोदी के कमरे में दूसरे पत्रकारों के साथ गयी थी जब किसी ने काशीराम राणा का नाम लिया।

प्रत्युत्तर में नरेन्द्र ने कहा, 'वो मांस खाने वाला', और मुझे यह बात बहुत अजीब–सी लगी थी। मैं जानती थी मेरा मुस्लिम नाम इस बात की गवाही देगा कि मैं भी मांसाहारी हूँ और क्या इसको लेकर कोई दिक्कत थी? बहरहाल, मुझे नहीं लगता कि उस वक़्त मोदी की बात में तंज़ छुपा था; महज़ एक विचारहीन टिप्पणी थी जो स्वाभाविक रूप से बोली गयी और भुला दी गयी, ख़ासकर उस दौर में जब मोदी अपेक्षाकृत कम परिष्कृत थे। (गुजरात के कई हिस्सों में आज भी देश के अन्य किसी भी क्षेत्र की तुलना में अधिक मांसाहार वर्जित है) जो भी हो, वो

टिप्पणी मैं भूल ही नहीं पायी और सालों बाद मोदी की शख़्सियत पर काम करते हुए मैंने इसका ज़िक्र किया है। वरिष्ठ पत्रकार और लेखक आकार पटेल ने भी अपनी एक स्तम्भ तालिका में मेरी सुनी उस टिप्पणी का ज़िक्र किया है।

× × ×

आर.एस.एस. के खेमे से जो सबसे उल्लेखनीय आवाज़ मोदी के विरुद्ध उठी, वो संजय जोशी की थी जो गुजरात भाजपा के संगठन सचिव थे और काफ़ी शक्तिशाली थे।

वे वल्लभभाई कथीरिया को ऊपर उठाने के पक्ष में थे, एक तो इस वजह से भी कि वे पटेल समुदाय से थे और उनकी छवि साफ़–सुथरी थी, दूसरी इसलिए भी कि मोदी पिछड़ी जाति से थे और उनके ज़रूरत से ज़्यादा शत्रु थे। आर.एस.एस. के केन्द्रीय नेतृत्व ने मोदी को एक मौक़ा देने का ठोस निर्णय ले लिया था और ऐसा कहा जा सकता है कि आर.एस.एस. की जो सामाजिक अभियान्त्रिकी में आस्था थी, उसका लाभ नरेन्द्र मोदी को मिला। पहले भी आर.एस.एस. पिछड़ी जाति (ओबीसी) के नेता कल्याण सिंह और उमा भारती को आगे लाया था, और अब गुजरात का प्रबन्धन नरेन्द्र मोदी को सौंप रहा था।

अपने राज्य की भाजपा इकाई में यद्यपि नरेन्द्र मोदी को अलग–अलग विरोध झेलने पड़े, कालान्तर में उन्होंने राष्ट्रीय नेतृत्व का समर्थन हासिल कर ही लिया। यह बात आम थी कि गृहमन्त्री लालकृष्ण आडवाणी उनका समर्थन करते हैं, और मोदी साल भर इस बात को लेकर बेहद सतर्क रहे कि किसी भी तरह वाजपेयी जी को असन्तुष्ट न किया जाये।

हालाँकि वाजपेयी ने इस मुद्दे को पहले यह कहकर अधर में लटका दिया कि, 'सभी वर्गों से परामर्श कर लेना चाहिए' लेकिन आख़िरकार उन्हें राज़ी करा लिया गया। मोदी योजना का आग़ाज़, परदे के पीछे के प्रबन्धन से जनसाधारण की राजनीति में पदार्पण तक के सफ़र को, बड़े ही चातुर्य, कूटनीति और अत्यन्त दृढ़संकल्प के साथ अंजाम दिया गया।

नरेन्द्र मोदी के उत्थान के कारणों की अगर समीक्षा की जाये, यह कहना अनुचित न होगा कि आर.एस.एस. के वरिष्ठ कार्यकर्ताओं को,

भाजपा में चल रही गुटबाज़ियों और उनके रूठे हुए नेताओं की परेशानियों से क़तई सरोकार नहीं था। उन्हें सिर्फ़ इस बात का इल्म था, एक ही ऐसा ज़बरदस्त सार्वजनिक वक्ता और उद्योगी पुरुष था जो दल को उसके विषाद से, स्वयं किसी भी हद तक जाकर, बाहर घसीट सकता था।

इसका प्रत्यक्ष प्रमाण आते दिनों में देखने को मिल ही गया। मोदी का चुनाव वज़नदार रहा और इसके चलते भाजपा के कई अनुभवी और पुराने नेताओं जैसे केशुभाई और संजय जोशी का साथ छूट गया और वो इतिहास बन गये। यही वो दौर था जब नरेन्द्र मोदी के सितारे बुलन्दियों की ओर थे, उन्होंने इतिहास रचा, पहले अपने राज्य में और फिर समूचे देश में।

लेकिन अभी इन सबके होने से पहले, अटल बिहारी वाजपेयी सरकार में कुछ और नाटक खेले जाने बाक़ी थे।

ऑपरेशन भ्रष्टाचार

5 मार्च, 2001 को आउटलुक रिसाले ने 'रिगिंग द पी.एम.ओ.'[1] शीर्षक से मुख्य लेख निकाला, जिस पर मेरे तत्कालीन सहयोगी अजित पिल्लई और मुरली कृष्णन ने काम किया था। संक्षेप में, कहानी पी.एम.ओ. द्वारा लिए गये उन फ़ैसलों से वाबस्ता थी जो कुछ ख़ास उद्योगपतियों को लाभान्वित करने के लिए जाते थे, विशेष रूप से जिनमें हिन्दुजा, रिलायंस इण्डस्ट्रीज़ जैसे नाम प्रमुख थे। मुख्य लेख काफ़ी बड़ा था और इसके साथ वरिष्ठ अधिकारी ई.ए.एस. सर्मा का, जो पूर्व ऊर्जा सचिव रह चुके थे, साक्षात्कार भी छपा था। इन्होंने पी.एम.ओ. पर न केवल कैबिनेट द्वारा निर्णयों का सम्मान न करने का आरोप लगाया, साथ ही यह भी कहा कि पी.एम.ओ. द्वारा दण्ड मुक्त आर्थिक मंजूरियों को स्वीकृति भी दी गयी। इस लेख का इशारा विशेषकर पी.एम.ओ. में तीन व्यक्तियों की ओर था : मुख्य सचिव बृजेश मिश्रा, विशेष कार्याधिकारी (आर्थिक मामलों के) एन.के. सिंह और अटल बिहारी वाजपेयी के दत्तक दामाद रंजन भट्टाचार्य।

यद्यपि इस लेख में मेरी कोई भूमिका नहीं थी, इसने मेरे लिए बड़ी समस्याएँ खड़ी कर दीं। आइए मैं आपके साथ कुछ विवरण साझा करती चलूँ, जिसका वर्णन मेरे सम्पादक दिवंगत विनोद मेहता ने अपने संस्मरण 'लखनऊ ब्वॉय' में किया है :

> ''वाजपेयी ने मुझे अपने निवास पर चाय पर बुलाया। मुलाक़ात ख़ुशगवार नहीं थी। एन.के. सिंह के नाम वाजपेयी ने स्वीकृति देते हुए कहा, अगर ज़रूरत पड़ी तो उन्हें सेवानिवृत्त किया जा सकता है लेकिन बृजेश और रंजन बिल्कुल अलग हैं और तुमने उन्हें आँकने में ग़लती की है। हलकी–सी झिड़की देकर वे बोले, यह दोनों बिल्कुल दूध के धुले हैं, पाक–साफ़। फिर अचानक ही विषय परिवर्तन करते हुए आउटलुक संवाददाता

सबा नक़वी पर हमलावर तेवर अपनाते हुए बोले, 'मुझे नहीं पता हाल के दिनों में इसके साथ क्या बात हुई है; आजकल हमेशा मेरे ख़िलाफ़ ही लिखती है। उन्होंने बात को आगे बढ़ाते हुए यह भी सुझा डाला कि कदाचित् दीर्घकाल से भाजपा पर लेखन कार्य कर रही है, और अब गश्त में बदलाव का वक़्त हो चला है।'[2]

एक प्रधानमन्त्री वास्तव में एक सम्पादक से मुझसे छुटकारा पाने को कह रहे थे! कमतर सम्पादक के साथ ऐसा हुआ होता, उसकी सियासी रिपोर्टिंग की कारकिर्दगी का सूर्यास्त हो चुका होता। विनोद मेहता ने मुझे अस्थायी तौर पर कुछ दिनों के लिए पी.एम.ओ. को कवर करने की मनाही की, पर भाजपा को कवर करते रहने की सलाह दी। जैसा मैंने पहले ही कहा है, इस पूरे प्रकरण में जो बात विचित्र थी वो यह कि मेरा नाम प्रधानमन्त्री ने उस लेख के सिलसिले में लिया था, जिसे मैंने लिखा ही नहीं था। पी.एम.ओ. के एक अधिकारी ने बाद में मुझे बताया कि बहुत सम्भव है उन्होंने वो लेख पढ़ा ही न हो और चूँकि आउटलुक का मुख्य लेख था, तो बस यह धारणा बना ली कि 'सबा नक़वी' का लिखा होगा!

बहरहाल, प्रधानमन्त्री की मुझसे चल रही शिकायत के बावजूद, मैं इसे स्वीकारती हूँ कि उनका लहज़ा मेरी तरफ़ हमेशा ख़ुशनुमा ही रहा और उन्होंने सार्वजनिक रूप से कभी द्वेष या नाराज़गी का इज़हार नहीं किया। मुझे याद है एक दफ़े पी.एम.ओ. के बाहर संसद के प्रकोष्ठ में चलते हुए अचानक मेरा प्रधानमन्त्री के मुहासिरे से सामना हो गया। वाजपेयी जी रुके, बुज़ुर्गाना अन्दाज़ में मेरे हाथ पर चपत लगाते हुए हिन्दी में बोले कि मैं एक बड़ी अच्छी लड़की थी लेकिन जो मेरे लेखों के लिए कहा 'क्या–क्या लिखती हो'! बात वहीं खत्म हो गयी–प्रधानमन्त्री तक मेरी पहुँच में कभी रुकावट नहीं आयी।

जो बात इस अन्तरिम में हुई वो यह कि प्रधानमन्त्री के विदेशी दौरों में आउटलुक नदारद था। उन दिनों प्रधानमन्त्री प्रेस दस्ते के साथ एक ही विमान में यात्रा करते थे और समाचार समितियों के अलावा राष्ट्रीय और क्षेत्रीय मीडिया को इस आशय के न्योते भेजे जाते थे। यहाँ मैं स्पष्ट कर दूँ कि सब रिसालों और पत्रिकाओं को न्योते नहीं मिलते थे, और आउटलुक को पी.एम.ओ. पर लेख के बाद तो कुछ कम ही मिले।

प्रधानमन्त्री जी जून 2003 में चीन जा रहे थे, ऐसी महत्त्वपूर्ण यात्रा में शिरकत करने के लिए आउटलुक को न्योता मिला। विनोद ने विदेश मुआमलों के विशेषज्ञ की जगह मुझे भेजने का फ़ैसला लिया। मुझे भेजने की आड़ में विनोद ने जिस ख़ूबी से अपनी बात कह दी, इसका श्रेय मैं विनोद को देना चाहूँगी।

इससे हालाँकि दफ़्तर में कुछ द्वेष और नाराज़गी का माहौल बना, विनोद ने सम्पादकीय स्वतन्त्रता पर अपना मत बहुत स्पष्ट कर दिया। वे मानो पी.एम.ओ. को जता देना चाहते थे कि इस यात्रा के लिए उनका चुनाव मैं थी, चाहे मेरी ख़ातिर पी.एम.ओ. के जो भी दुराव रहे हों। विनोद उन सच्चे स्वतन्त्र सम्पादकों में से थे जिनकी अब गिनती नहीं के बराबर रह गयी है। 2015 में उनका चल बसना दुर्भाग्यपूर्ण रहा।

लेकिन बात इससे पहले की है। मार्च 2001 में एक ऐसी शर्मिन्दगी से देश रूबरू होने जा रहा था, जिसकी टक्कर का कुछ भी आउटलुक ने नहीं लिखा था। ऑपरेशन वेस्ट एण्ड, तहलका रिसाले द्वारा किया गया एक ऐसा लेख, ऐसी कहानी थी, जिसे दृश्य–श्रव्य और मुद्रण के माध्यम से लोगों तक पहुँचाया गया। यह कहानी विशेष रूप से रक्षा ख़रीद (डिफेन्स प्रोक्योरमेंट) में फैले व्यापक भ्रष्टाचार का पर्दाफ़ाश करने के लिए की गयी। इस स्टिंग ऑपरेशन का सबसे बड़ा शिकार भाजपा अध्यक्ष बंगारू लक्ष्मण थे जिन्हें अपनी जेब में पैसे ठूँसते हुए टेप कर लिया गया था।

आउटलुक की भी अपनी 'पी.एम.ओ. कहानियाँ' अभी बाक़ी थीं। 29 मार्च, 2001 को जारी इनके प्रकाशन के मुख्य आलेख का शीर्षक था "वाजपेयी अकिलीज़ हील"[3] (वाजपेयी की दुखती रग) इस आलेख को पुनः अजित पिल्लई और मुरली कृष्णन ने संयुक्त रूप से लिखा था–नाटक के पात्र फिर वही, जिन पर ध्यान केन्द्रित किया गया–रंजन भट्टाचार्य, बृजेश मिश्रा, और एन.के.सिंह, और एक बार फिर वही मसौदा, गिनी–चुनी परियोजनाओं को बेसिलसिले, बेवक़्त मंजूरी मिल जाना। इस बार चोट कुछ गहरी लगी दीख पड़ी क्योंकि रिसाले के बाज़ार में आने के दूसरे ही दिन बृजेश मिश्रा और एन.के सिंह ने संयुक्त प्रेस वार्ता का आयोजन कर, बिना आउटलुक का नाम लिए, इन तमाम इल्ज़ामों को खुराफाती कहते हुए स्वयं को पूरी तरह से निर्दोष बताया और सारे इलज़ाम सिरे से ख़ारिज कर दिये।

इसने वाजपेयी प्रशासन में कुछ हलचल तो पैदा की ही, साथ ही आर.एस.एस. के वे लोग जो बृजेश मिश्रा और उनके पी.एम.ओ. पर कसे शिकंजे से खार खाये बैठे थे, उन्हें तो जैसे असलाह मुहैया करा दिया।

आर.एस.एस. प्रमुख के.एस. सुदर्शन तो निश्चित रूप से उन्हें नापसन्द करते थे, (और यह भावना पारस्परिक थी) और पी.एम.ओ. पर निशाना साधने का कोई भी मौक़ा हाथ से जाने न देते थे। अपनी तरफ़ से बृजेश की पूरी कोशिश रहती थी कि आर.एस.एस. प्रचारकों जैसे चेन्नई निवासी एस. गुरुमूर्ति, जो पेशे से चार्टर्ड अकाउंटेंट और संघ के क़रीबी थे, और ऐसी ही कुछ अन्य छोटी–मोटी शख़्सियतों से यथासम्भव दूरी बनी रहे।

आर.एस.एस. के सम्मान में फिर एक रात्रि भोज का आयोजन प्रधानमन्त्री कर रहे थे। उस दिन जब उनसे अचानक मेरी मुलाक़ात हुई, पी.एम.ओ. में विवादास्पद ओ.एस.डी. एन.के. सिंह का, जिनके पीछे आर.एस.एस. लट्ठ लिए पड़ी थी, ज़िक्र करते हुए उन्होंने मुझे वस्तुतः यह बात कह दी कि उनका शायद पत्ता साफ़ हो जाये, 'उन्हें बजट तक ही रहने देने की बात थी' वाजपेयी ने अपनी तरफ़ से जोड़ा। (एन.के. सिंह को अन्ततः प्लानिंग कमीशन में स्थानान्तरित किया गया)

मैंने प्रधानमन्त्री से जब आर.एस.एस. में पनप रहे अन्दरूनी कलह के अब शान्त होने की बात पूछी, उनका जवाब था, 'अभी तो युद्ध शुरू हुआ है' लहज़ा मज़ाक़िया था और इशारा दोतरफ़ा था : ऊर्जा और उत्साह से कायाकल्प हुए विपक्ष के साथ चलने वाला युद्ध और आपसी लड़ाइयाँ। आर.एस.एस. में मेरे सूत्रों ने मुझे यह ख़बर दी कि प्रधानमन्त्री ने सुदर्शन को बिल्कुल स्पष्ट शब्दों में यह कह दिया था कि बृजेश से छुटकारे की कोई गुंज़ाइश ही नहीं है–'अगर बृजेश जाता है तो मेरा जाना तय है'। आर.एस.एस. बैठक में सरसंघचालक की पी.एम.ओ. पर अनवरत किये जा रहे हमले पर कथित रूप से आलोचना हुई थी, ख़ासकर हमला ऐसे वक़्त था जब वह भ्रष्टाचार के आरोपों से जूझ रहा था। यहाँ आर.एस.एस. ने अस्थायी तौर पर पीछे हटने का फ़ैसला लिया।

भाजपा को धीरे–धीरे यह भी एहसास होने लगा था कि आये दिन पी.एम.ओ. के ख़िलाफ़ अनधिकारिक शिकायतें दर्ज करते–करते उन्होंने अपना ही नुक़सान किया है। तब तक तो ऐसे कम ही थे जो बृजेश या रंजन के बचाव में कुछ कहने के लिए उठ खड़े हुए थे, जिससे यह गुमान हुआ कि सत्तारूढ़ दल को अपने ही प्रधानमन्त्री से शिकायत है। अब जो

बदलाव देखने को मिला वो यह कि पार्टी को ऐसी ताकीद की गयी कि आइन्दा वे पी.एम.ओ. के बचाव में उठ खड़े हों।

नये नियुक्त दल अध्यक्ष जन कृष्णमूर्ति ने मुझे बताया कि भट्टाचार्य और मिश्रा पर लगे आरोप बिल्कुल निराधार थे। 'क्या ऐसा कुछ बृजेश के ख़िलाफ़ है जैसा बंगारू के ख़िलाफ़ पाया गया? सिर्फ़ अप्रत्यक्ष सन्दर्भ और उल्लेख हैं।'[4]

मुझे दिये गये कई साक्षात्कारों में से एक में उन्होंने तहलका और आउटलुक द्वारा किये गये खुलासों की आड़ में स्पष्ट तौर पर उभरती एक योजना की ओर इंगित कर कहा था, 'आप ग़ौर करिए किन लोगों पर निशाना साधा गया है, बंगारू; जिनका दल अध्यक्ष बनना प्रधानमन्त्री का चुनाव था, जॉर्ज फ़र्नांडिस जो एन.डी.ए. सहयोगियों में उनके सबसे क़रीबी थे (तहलका में इनका नाम लोगों द्वारा बाकायदा लिया गया है) बृजेश और रंजन। क्या आप एक प्रतिरूप उभरते नहीं देख रही हैं? निशाने पर तो प्रधानमन्त्री जी हैं, जिनकी लोकप्रियता और स्वीकृति बढ़ती चली जा रही है और ज़ाहिर है उन्हें चुनावी जंग में पराजित करना असम्भव है, इसलिए ऐसे पैंतरे इस्तेमाल हो रहे हैं।'

इस बात से बहुतों को हैरानी होगी पर प्रधानमन्त्री के चारों ओर षड्यन्त्रों का ऐसा कुचक्र–सा था जो कौतूहल पैदा करता था। वाजपेयी यद्यपि प्रभावशाली स्थिति में दीखते थे, उन्हें लगातार समझौतों के चलते बातचीत करते रहना पड़ता था जिसकी बदौलत उन्होंने अपने इर्द–गिर्द एक सुरक्षा घेरा–सा बना रखा था। इधर पी.एम.ओ. पर निकले लेखों के बाद कुछ समय तक पी.एम.ओ. ने चुप्पी साध ली, रंजन को नज़र न आने की सलाह दी गयी और बृजेश को सुर्ख़ियों और चर्चाओं से दूर रहने की।

बावजूद इस क़दम के, वाजपेयी अपने दफ़्तर में आर.एस.एस. प्रत्याशियों की नियुक्ति को लेकर अड़ गये और फिर कुछ नयी परेशानियाँ पैदा कर दीं। संघ इस टीस को पाले मुँह फुलाये था कि उनकी मर्ज़ी के मुताबिक़ प्रधानमन्त्री दफ़्तर का कामकाज नहीं चल पाया पर वास्तव में जो उनकी शिकायत थी वह इस बात को लेकर थी कि वाजपेयी की गृहस्थी में संघ का वजूद बिल्कुल नकारा जा चुका था। साफ़ ज़ाहिर था नमिता के पास उनके लिए बर्दाश्त की कमी थी और अटल जी की गृहस्थी का जहाँ तक सवाल है, अपने पिता के अधिष्ठान की एकछत्र मलिका उनकी दत्तक पुत्री सिर्फ़ नमिता थी।

चहुँओर जो हो रहा था उसका एक पहलू निश्चित तौर पर प्रधानमन्त्री के समर्थक और गृहमन्त्री के वफ़ादारों के बीच आया अविश्वास भी था, जिसमें दिनों–दिन कई गुना वृद्धि होती दिखाई दे रही थी। तहलका लेख के सामने आने के बाद यद्यपि दोनों नेताओं ने कोई टिप्पणी नहीं की थी, दोनों खेमों में षड्यन्त्र के कयास लगाये जा रहे थे और इन सबका केन्द्र वो पुराना मुद्दा था जिसका ज़िक्र पहले हो चुका है–प्रधानमन्त्री आडवाणी को अपना उत्तराधिकारी घोषित नहीं करना चाहते थे। इसके अलावा 2001 में उन्होंने आडवाणी के अधिकृत क्षेत्र का अतिक्रमण करते हुए रॉ के पूर्व प्रमुख ए.एस. दुलत को पी.एम.ओ. में कश्मीर मामलों का प्रभारी नियुक्त कर दिया।

भाजपा के इतिहास का यह वो काल था जब यह बात बिल्कुल साफ़ थी कि आडवाणी इस बात को हालाँकि हक़ीक़ी तौर पर समझ रहे थे कि जनमानस में वाजपेयी की टक्कर की स्वीकृति हासिल करना उनके लिए सबसे बड़ी चुनौती भले ही हो, लेकिन वह भी इस बात को दूसरों से ज़्यादा संजीदगी से समझ रहे थे कि वाजपेयी की अपकीर्ति ऐसा प्रतिशोध होगी जो उनके अपने पैरों पर कुल्हाड़ी मारने बराबर होगी। दल के कार्यकर्तागण जो अधिकारों और सत्ता में उलझे अपने गुटों को लेकर छिछोरे और तुच्छ झगड़ों में लीन थे, उन्हें यह छवि दिखा दी गयी कि अगर वाजपेयी के सब्र का बाँध टूट गया, सारी इमारत जो आज खड़ी है, ढह जायेगी। सारा किया–धरा माटी में। वैसे भी, तहलका खुलासे के बाद क्षुब्ध वाजपेयी यह कहते नज़र आते थे कि, 'पहली बार पार्लियामेण्ट में लोग मेरे मुँह पर मुझे चोर कह रहे हैं।'

तहलका और आउटलुक के आलेख और कहानियों का ख़ात्मा किसी फ़ैसले पर आये बग़ैर ही हुआ : गतिरोध, स्थिति अनिर्णीत। प्रधानमन्त्री ने एक बार फिर दीवार खड़ी कर दी और उसकी ओट में चले गये, आर.एस. एस. सख़्ती से लगाम खींचे हुए था, सत्ता के विजयोपहार का अधिकाधिक हिस्सा जो चाहिए था; और आडवाणी यथारीति, पार्श्व में अपनी बारी का इन्तज़ार कर रहे थे।

× × ×

मई 2001 में ब्रिटिश प्रेस में एक लेख प्रकाशित हुआ, जिसमें एक बार फिर बृजेश मिश्रा का नाम उछला। आउटलुक में 'रिगिंग द पी.एम.ओ.' शीर्षक

से जो लेख छपा था, उसमें यूके स्थित एक एनआरआई व्यापारिक समूह हिन्दुजा बन्धु की पी.एम.ओ. से घनिष्ठता की बात कही गयी थी, वही हिन्दुजा बन्धु जो बोफोर्स मामले में आपराधिक आरोपों का सामना कर रहे थे। ब्रिटिश प्रेस में एक पत्र लीक हुआ जिससे यह रहस्योद्‌घाटन हुआ कि 1998 के पोखरण परीक्षण के बाद बृजेश मिश्रा ने ब्रिटिश प्रधानमन्त्री टोनी ब्लेयर से मुलाक़ात के लिए हिन्दुजा बन्धुओं से मदद माँगी थी। बात इसलिए बिगड़ गयी कि यह विवादास्पद बन्धु श्रीचन्द और गोपीचन्द, जिनकी बोफोर्स तोप मामले में सीबीआई द्वारा जाँच हो रही थी, वास्तव में बृजेश मिश्रा को साथ लिए ब्रिटिश प्रधानमन्त्री के दफ़्तर 10, डाउनिंग स्ट्रीट पहुँचे थे, जहाँ बृजेश ने भारत के प्रधानमन्त्री का लिखा पत्र ब्रिटिश प्रधानमन्त्री को सौंपा था।

बृजेश के लिए, इस हिन्दुजा विस्फोटक का ऐन ऐसे वक़्त फूटना जब संघ ने उनके ख़िलाफ़ अभियान बस जैसे–तैसे बन्द किया था; इससे अधिक बदतर वक़्त और क्या हो सकता था।

आर.एस.एस. ने अपना सिर उठाने में देर नहीं की। संगठन के भीतर से कुछ प्रभावी आवाज़ों ने अब कहना आरम्भ किया कि सरकार से छुटकारा पाने हेतु जोखिम लेने का वक़्त आ चला था, वाजपेयी का नेतृत्व (सरकार द्वारा ली गयी आर्थिक नीतियाँ) विनाशकारी साबित हो रहा था। उस वक़्त विश्वसनीय सूत्रों ने बताया था कि जब तहलका काण्ड उजागर हुआ, आर.एस.एस. के वाजपेयी और पी.एम.ओ. के विरुद्ध चल रहे मुहिम ने ज़ोर पकड़ लिया था और नौबत यहाँ तक आ पहुँची थी कि वो लालकृष्ण आडवाणी के समर्थन में खड़े होने के लिए बिल्कुल प्रस्तुत थी, बशर्ते गृहमन्त्री स्वयं प्रधानमन्त्री को चुनौती देने की ठान लेते। उस वक़्त कुछ लोगों का मत यह भी था कि सरकार जाये तो जाये, संघ परिवार के लिए अब वाजपेयी को समर्थन देना मुहाल हो रहा था। वाजपेयी के लिए यह ग्रीष्म कुछ अतिरिक्त ताप लिए मालूम हुआ।

ऐसे असन्तुष्ट और चिड़चिड़े लोगों के सामने एक ऐसा रोड़ा था जो सर्वथा अप्रत्याशित था और उनकी समझ के बाहर भी। स्वयं गृहमन्त्री दृढ़तापूर्वक वाजपेयी से मुक़ाबले को नकारते चल रहे थे–उन्हें पूर्ण विश्वास था ऐसा कोई भी क़दम मूर्खतापूर्ण होगा। इससे न केवल एन.डी.ए. सरकार जोखिम में पड़ेगी, अपितु इससे दल और आर.एस.एस. को भी क्षति पहुँचेगी।

आर.एस.एस. में मेरे एक अत्यन्त विश्वसनीय सूत्र ने मुझे कहा था, 'आप लोग हमेशा आडवाणी और वाजपेयी के तथाकथित मुक़ाबले को लेकर लिखते रहते हैं लेकिन बात दरअसल यह है कि वाजपेयी को आडवाणी ने हम पर थोपा है और ख़ुद अब हमारी राह में रोड़ा बन खड़े हैं, जब हम उनसे टक्कर लेना चाहते हैं।' अन्ततः बात वही कि आर.एस.एस. वाजपेयी सरकार संग अपना स्किज़ोफ्रेनिक सम्बन्ध निभाता रहा—एक तरफ़ उस पर सामयिक वार करता रहा और दूसरे हाथ उसके बचाव में दौड़ा आता रहा, जब भी सरकार पर ख़तरा मँडराता नज़र आता था।

× × ×

29 मई, 2001 को आउटलुक के मालिक राजन रहेजा के यहाँ आयकर विभाग का छापा पड़ा। 700 अधिकारियों के दल ने रिसाले के देश भर में फैले मुख़्तलिफ़ दफ़्तरों पर धावा बोल दिया और तलाशी और ज़ब्ती का काम शुरू हुआ। अपने संस्मरण 'लखनऊ ब्वॉय' में विनोद मेहता उस अपमान का ज़िक्र करते हैं जो उन्हें बृजेश मिश्रा के हाथों मिला था। वे उनके पास इस छापे को बन्द कराने की गरज से गये थे लेकिन बृजेश ने बिल्कुल अनजान बनते हुए यूँ दर्शाया जैसे उन्हें इस बात का इल्म ही नहीं था, 'क्या वाक़ई? तुम्हें तो मालूम होना चाहिए मैं और अटल जी प्रेस की स्वतन्त्रता के लिए प्रतिबद्ध हैं।' उनके इस कहे पर विनोद लिखते हैं, उन्हें उबकाई—सी आ गयी। यही नहीं, बृजेश ने विनोद को लोकतन्त्र में प्रेस की स्वतन्त्रता की महत्ता पर एक भाषण भी सुना डाला।[5]

इसका असर मुझ पर कुछ ऐसा पड़ा कि मुझे थोड़ा शान्त हो जाना पड़ा और रिसाले में लेखों की गिनतियों में ख़ासी कमी आ गयी। ऐसा कदापि नहीं समझा जाये कि आउटलुक रातों—रात भाजपा की पक्षधर पत्रिका बन गयी। हम बस ख़ुद को जिलाये रखने की कोशिश में अपने काम से काम रख रहे थे।

दल से जुड़ी रोज़मर्रा की ख़बरों की रिपोर्टिंग में मैंने ख़ुद को मसरूफ़ कर लिया। यह उन व्यक्तित्व संचालित लेखों से बिल्कुल अलहदा थी जो अब तक के भाजपा के कवरेज पर पूरी तरह हावी रही थी। यही वो माकूल वक़्त था जब मैंने गुजरात में हो रहे बदलावों को दर्ज किया, जिस बदलाव ने केशुभाई की पारी का अन्त और नरेन्द्र मोदी का भाग्योदय देखा।

फाख़्ता बनाम बाज़ : नकली विरोधाभास

अटल बिहारी वाजपेयी पूरी ईमानदारी से इस बात में यक़ीन रखते थे कि भाजपा जैसा एक दक्षिणपन्थी गठन न केवल भारत और पाकिस्तान के बीच, अपितु कश्मीर में भी स्थायी शान्ति ला सकता है। भारत–पाकिस्तान–कश्मीर ही एकमात्र वो मंच था जिस पर अपने राजनीतिक कार्यकाल की अहम भूमिका निभाने की वो मंशा रखते थे।

इसलिए, कारगिल युद्ध की तल्ख़ियों के बाद भी, उन्होंने शान्ति स्थापित करने की एक और पहल करने की ठानी, हालाँकि कारगिल युद्ध उनके शब्दों में पाकिस्तान का विश्वासघात ही था। इस पहल की पृष्ठभूमि में अमरीका था जो दोनों देशों पर अपने आपसी मतभेद हल करने दबाव डाल रहा था। नवाज़ शरीफ अपदस्थ हो चुके थे और अब जनरल परवेज़ मुशर्रफ पाकिस्तान के राष्ट्रपति थे।

2001 में भारत ने परवेज़ मुशर्रफ को भारत आने का निमन्त्रण भेजा जिसे स्वीकार कर लिया गया। 14–16 जुलाई शिखर बैठक के लिए आगरा का चुनाव हुआ, जिसका ख़ूब प्रचार हुआ। इस बैठक के पीछे एक ही मंशा थी कि पाकिस्तान के साथ बातचीत बहाल हो और दोनों महाशक्तियों को इससे दूर रखा जाये। अलबत्ता भारतीय मीडिया में अटकलें ज़ोरों पर रहीं कि बैठक का एकमात्र उद्देश्य घरेलू शिकस्तों से जनता का ध्यान बँटाना था जिनकी बदौलत एन.डी.ए. की छवि धूमिल हुई थी।

बहरहाल, बैठक अपने हिसाब से एक आनन्दमय वातावरण में आयोजित की गयी थी–आख़िरकार जनरल की जड़ें भारत में थीं। दोनों देशों की साझा सांस्कृतिक पृष्ठभूमि पर ख़ूब लिखा गया, विस्तृत रिपोर्ट दी गयी। मैंने आगरा शिखर बैठक को कवर नहीं किया लेकिन उसके बाद की जो राजनीति हुई, उस पर बड़े पैमाने पर लिखा।

संक्षेप में गर कहूँ, जनरल अपनी अकड़ फू लिए भारत आये, और जब भारतीय दल के साथ बातचीत उनके मन–मुआफ़िक़ न बैठी, उन्होंने कश्मीर पर अपना रवैया और तेवर दिखाना शुरू किया। इस आशय से भारतीय सम्पादकों के साथ हुई अपनी बातचीत के ज़रिये यह बात फैलाने के लिए कह छोड़ी कि किसी भी तरह की बातचीत में प्रगति तभी सम्भव है जब कश्मीर मुद्दे का हल हो। मुशर्रफ और आला दर्जे के सम्पादकों के बीच हुई व्यक्तिगत तौर पर बातचीत की रिकॉर्डिंग को तदनन्तर भारतीय चैनेलों पर दिखाया गया।

साफ़ कहूँ तो, चूँकि पाकिस्तान से रिपोर्टिंग कर चुकी थी यह अन्दाज़ा लगाना मुश्किल न था कि जनरल किस क़िस्म की शख़्सियत के मालिक रहे होंगे : आम पाकिस्तानी जनरलों वाला ही घिसा–पिटा रवैया लिए, सिर्फ़ हुकुम देने की आदत, और हिन्दुस्तान के लिए ऐसी नफ़रत लिए, जिसकी जड़ें बहुत गहरी थीं। हिन्दुस्तानियों को कमतर समझने का नज़रिया जो कुछ नस्लवाद का रंग लिए था, और हिन्दुओं को 'धूर्त' कहने की परम्परा (इस तरह की टिप्पणी पाकिस्तान के फ़ौजी हलक़ों में लोगों की ज़बान पर हिन्दुस्तान के लिए होती है ख़ासकर जब किसी हिन्दुस्तानी पत्रकार का नाम उसका मुसलमान होना ज़ाहिर कर देता है)। इंडिया टुडे के मेरे कार्यकाल में मुझे विदेशी मामलों पर लेखन और रिपोर्टिंग का प्रस्ताव मिला था जिसे मैंने नामंजूर कर दिया था, एक तो इसलिए कि पाकिस्तान को लेकर हममें कुछ जुनून है और दूसरे यह कि एक हिन्दुस्तानी मुस्लिम होने के नाते मुझसे उनका कहा सहा न जाता था।

मैं रावलपिंडी में, जो पाकिस्तानी फ़ौज का गढ़ है, अपनी संवाददाता गश्त लगा चुकी हूँ। बहुत से भारतीय पत्रकार पाकिस्तानी फ़ौज के खुफ़िया तन्त्र के साथ अपनी घनिष्ठता का दावा करते हैं, उनकी मेहमाननवाज़ी और उन तक आसानी से मिली पहुँच से गदगद् नज़र आते हैं। मैं यहाँ आफ़त बुला लूँ अगर यह इकरार करूँ कि इन पत्रकारों के अगर मुस्लिम नाम होते, वे जान पाते पाकिस्तान का यह तबक़ा कितनी शिद्दत से हिन्दुस्तान और ख़ासकर हिन्दुओं से घृणा करता है, झेंप और शर्मिन्दा से यह पत्रकार सिकुड़ जाते।

पाकिस्तान का सभ्य समाज और उसके बुद्धिजीवी ऐसे नहीं हैं। भारतीय गणतन्त्र की गहरी जड़ों की सराहना करते हैं।

यहाँ तक कि नवाज़ शरीफ भी, जिनके साथ मैंने एक पूरा दिन चुनावी अभियान को कवर करते गुज़ारा था, मुझे ऐसे शख़्स नज़र आये जिनमें भारतीय उपलब्धियों के लिए, ख़ासकर हमारी राजनीतिक प्रक्रिया के लिए प्रशंसा और आदर का भाव था। मुझे याद है हिन्दी फ़िल्मों की उन्होंने ख़ूब बातें की थीं, कुछ गानों का ज़िक्र किया और धर्मेन्द्र उनके पसन्दीदा हीरो हैं, यह इकरार किया था।

इसमें दो राय नहीं कि किताबें कितने राज़ खोलने के मौके दिया करती हैं। मुझे याद है कि 1997 में एक पत्रकार ने, जो बाद में नवाज़ और परवेज़ दोनों के सहायक बने थे, मुझसे जो कहा था। मुझे नवाज़ शरीफ के साथ हेलीकॉप्टर में सफ़र करने की उनसे इजाज़त लेनी थी। उन्होंने मुझे अपने घर बुलाया, बागीचे में बैठाकर एक प्याली चाय पेश करते हुए सवाल दाग दिया, 'बॉम्बे विस्फोटों के बाद आपको तो दिली खुशी मिली होगी? बाबरी ध्वंस और दंगों की माकूल सज़ा दी गयी।' एक पल को मैं बुत बन गयी फिर फ़ौरन समझ गयी कि मेरे मुस्लिम नाम के चलते यह जाल फेंका गया है, पर मजाल है जो मैं उनके ऐसे सवालों के जाल में आती! बाबरी ध्वंस और दंगों को लेकर मेरी जो भी भावनाएँ रही हों, सख़्ती से जवाब देते हुए मैंने कहा कि ख़ुशी लायक तो इसमें ज़ाहिर है कुछ था नहीं, अलबत्ता ऐसे आतंकी हमले भारतीय मुसलमानों की न केवल साख ख़राब करते हैं, उन्हें बड़ी कठिन परिस्थिति में डाल देते हैं। उन पर पलटवार करते हुए मैंने उन पर सवाल दागा कि क्या वे स्वीकारते हैं कि इन विस्फोटों में अंडरवर्ल्ड के साथ पाकिस्तानी एजेण्टों का हाथ था? इसे लतीफ़ा कहकर बात टालते हुए वह तुरन्त भारत के एक उर्दू लेखक पर बात छेड़ बैठे जिनसे उनकी बेगम की रिश्तेदारी थी।

मैं अपने रास्ते से इसलिए भटक रही हूँ कि इस बात की ओर आपका ध्यान ले जा सकूँ कि मुशर्रफ अपने सीने पर सजे तमगों की क़तार से शायद ख़ुद को आला दर्जे का जनरल समझने की हिमाक़त कर बैठे थे जिनका पाला हिन्दुस्तानी बुजदिलों से पड़ने वाला था और इस बदगुमानी के साथ भारत आये थे। उन्होंने साझा बयान में सीमा पार आतंकवाद का कोई उल्लेख तक नहीं किया पर सुस्पष्ट शब्दों में कश्मीर मुद्दे के हल को बाक़ी मुद्दों के हल के साथ जोड़ने की माँग की। मुझे उनकी बातों से ढोंग की बू आयी।

इस मुलाक़ात का नतीजा जब सिफ़र नज़र आया तब जनरल साहब ने शिखर वार्ता की नाकामी के लिए किसी 'अदृश्य हाथ' को ज़िम्मेदार ठहराया।

बाद के दिनों में कई साक्षात्कारों में और कुछ साल बाद प्रकाशित उनकी आत्मकथा 'इन द लाइन ऑफ़ फायर' में उन्होंने इस पूरे प्रकरण को इस तरह पेश किया कि उन्होंने वाजपेयी को 'वो शख़्स जिसमें हमें ख़ारिज करने का हौसला था' को लेकर तीखी ज़बान में फटकार लगाई थी जिसके प्रतिक्रियास्वरूप वाजपेयी की बोलती बन्द थी और जनरल साहब पाकिस्तान रवाना हो लिए थे।

अतः जनरल की विख्यात आगरा मुलाक़ात के बाद मुझे अब उस अदृश्य हाथ की कहानी पर काम करना था। क्या यह गृहमन्त्री लालकृष्ण आडवाणी का हाथ था जिसने आगरा शिखर वार्ता पर पर्दा गिरा उसे नाकाम कर दिया था? मैं यहाँ यह कह दूँ इस तरह की अटकलें न केवल पाकिस्तानी हलक़ों में लगायी जा रही थीं, भारतीय प्रेस के कुछ वर्ग भी कुछ ऐसा ही ख़याल पाले हुए थे। आइए, इस पूरे प्रकरण की पृष्ठभूमि पर ग़ौर कर लें—आगरा शिखर वार्ता के आरम्भ होने के कहीं पहले आडवाणी आधिकारिक तौर पर ऐसा बयान दे चुके थे कि हमें इस शिखर वार्ता से 'ज़्यादा उम्मीद' नहीं रखनी चाहिए।

> 'दोनों मुल्कों के बीच बैर दशकों से चला आ रहा है और पिछले पाँच सालों में हमने कोई बातचीत भी नहीं की है। दोनों मुल्कों के प्रधानों के मिलने से एकाएक मतभेद मिट नहीं जायेंगे।'[1]

'कृपया इस वार्ता को लेकर किसी तरह का झूठा उत्साह पालने से बाज़ आयें, यह मसलों का फ़ौरन हल नहीं करेगा—अलबत्ता परस्पर बातचीत ज़रूरी है।'[2]

ऐसा मानना बेवकूफ़ी होगी कि कश्मीर के मुद्दे पर चौकस होते हुए आडवाणी ने इस वार्ता को नाकाम करने का सुनिश्चय किया। यह एकमत से ली गयी नीतिगत दिशा थी जिसको प्रधानमन्त्री का पूरा समर्थन प्राप्त था। पी.एम.ओ. के एक सूत्र जो अक्सर आडवाणी जी को कथानक में खलनायक की तरह पेश किया करते थे, बोले, "अटल जनता का सामना कैसे करते, संसद में क्या यह कहते, हमने दरियादिली दिखाते हुए कश्मीर

को केन्द्रीय मुद्दा स्वीकार लिया है–तब भी जब वे सीमा पार आतंक के वजूद से ही इनकार कर रहे हैं।"[3]

जहाँ तक 'बाज़' आडवाणी और 'फाख़्ता' वाजपेयी की बात है, इस मामले में तो दोनों एक ही सिक्के के चट्टे–बट्टे नज़र आये–ऐसे मुद्दों पर जो विशेष रूप से खुलकर 'राष्ट्रवादी' माने जाते थे। फ़र्क़ दोनों व्यक्तियों की शैली में था, सार में नहीं।

इसी बीच भाजपा और संघ परिवार, जो पाकिस्तान के साथ शान्ति को संशय की नज़र से देखते थे, शिखर वार्ता की नाकामी पर उल्लसित थे। दल के नेताओं ने बमुश्किल बयानबाज़ी से ख़ुद को रोका हालाँकि इस पूरी पहल को लेकर संशय उन्हें आरम्भ से रहा। भाजपा के एक नेता ने मुझसे कहा था, 'आज अगर कांग्रेस ने शिखर वार्ता आयोजित की होती, हम सड़कों पर उतर आये होते, और कारगिल पर भारतीय ख़ून बहाने वाले जनरल के साथ उनके हाथ मिलाने को लेकर छाती पीटते नज़र आते।'

पाकिस्तान के प्रति हमारी जटिल प्रवृत्ति के पीछे एक गहरा मनोवैज्ञानिक पहलू रहा है। भाजपा में कट्टरपन्थियों को यह डर था अगर पाकिस्तान के साथ मसले सुलझ जाते हैं, उनके वजूद का मूल तत्त्व फीका हो जायेगा, किसी भी तरह की शान्ति को लेकर आम सदस्यों में एक असहजता थी, क्योंकि अन्ततः कोई भी हिन्दू–मुस्लिम मुद्दा लिए उपकथानक, लोगों में खुलकर या छुपकर, उन्माद और जुनून भड़काने में बड़ा काम आता था। दल के एक विचारक ने मुझसे एक बार कहा था, 'अगर सारे हिन्दू–मुस्लिम मसले रातों–रात हल हो जायेंगे, हमारा समूचा वजूद ख़तरे में पड़ जायेगा।'

मुझे बताया गया कि मीडिया के अति उत्साह के बिल्कुल विपरीत, भारत ने कश्मीर पर अपनी स्थिति से टस–से–मस न होने का निर्णय शिखर वार्ता के पूर्व ही ले लिया था, इस पूरी प्रक्रिया का मकसद दुश्मन को तौलने की मंशा थी, और विश्व के सामने भारत के गणतान्त्रिक मूल्यों और तर्कशीलता की नुमाइश करना था। गृह मन्त्रालय के सूत्रों के अनुसार कश्मीर पर भारत का सख़्त रुख जो दिखा, वो पटकथा सिर्फ़ लालकृष्ण आडवाणी की लिखी हुई नहीं थी, यह और बात थी कि वरिष्ठ पाकिस्तानी अधिकारी यही राग अलापते रहे कि वे सफलता के करीब आ गये थे पर गृहमन्त्री के अदृश्य हाथ ने सारा मुआमला बिगाड़ दिया।

वे यह कहने से भी नहीं चूके कि यह हाथ तब अपनी करामात दिखा गया जब उनके जनरल साहब सन्धि पर हस्ताक्षर की औपचारिकता हेतु अपना परिधान बदलने गये थे। उस वक़्त तक पाकिस्तानी खेमे में सिर्फ़ एक ही सवाल सबकी ज़बान पर था, सन्धि पर हस्ताक्षर कैमरे के सामने होंगे या उसकी नज़र से परे। एक साझा प्रेस सम्मेलन की भी बात उठी थी जिसमें दोनों प्रधान सिर्फ़ दो–दो सवाल सुनने वाले थे।

इन्तेज़ामात तब गड़बड़ा गये जब भारतीय विदेश सचिव ने पाकिस्तानी दल से भारत की तरफ़ से दो मुद्दों पर उठी दो आपत्तियों का ज़िक्र कर दिया–कश्मीर और सीमा पार आतंकवाद। जब यह बात साफ़ हो गयी कि बैठक में बातचीत के आगे बढ़ने की गुंज़ाइश ही ख़त्म–सी है, मुशर्रफ ने अपनी रवानगी के निर्देश दे दिये। उनके सहायक ने उन्हें उद्धृत करते हुए कहा, 'ऐसा लगता है वाजपेयी अपनी सरकार के कट्टरपन्थियों के बन्धक बन गये हैं, हमें हिन्दुस्तानियों से कुछ भी हासिल नहीं होगा।'[4]

दरअसल, मुशर्रफ के सजे–सँवरे संस्मरण के विपरीत, वाजपेयी के सहायक दावा करते हैं कि बात और ही थी। मुशर्रफ ने भारतीय सम्पादकों के साथ हुई मुलाक़ातों में जो टिप्पणियाँ की थीं और जिसका तुरत–फुरत प्रसारण भी लोगों ने देख ही लिया था, उस ओर इशारा कर वाजपेयी ने मुशर्रफ की ख़बर लेते हुए कहा था, 'आपने तो माहौल ही ख़राब कर दिया है।'[5]

शिखर वार्ता के कई सप्ताह पहले ही गृह मन्त्रालय को सचेत कर दिया गया था कि पाकिस्तानी जनरल (और राष्ट्रपति भी) की अगुवाई में जो दल आ रहा है, उसकी पुरज़ोर कोशिश रहेगी कि अटल जी और आडवाणी के बीच तथाकथित मतभेदों को भुनाया जाये। पाकिस्तानी दल हड़बड़ी में जब मय अपने जनरल साहब के अपने वतन लौटा, वो भी खाली हाथ, इस बात से कुछ खिन्न और भ्रमित कि उनकी फाख़्ता–बाज़ की धारणा उन्हें दगा दे गयी, आख़िरकार यह स्पष्ट साबित हो गया कि भारतीय खुफ़िया एजेंसी की सूचना सही थी।

आतंक का कहर

यह वो हमला था जिससे पूरी दुनिया हिल गयी। हवाई जहाज़ों का न्यूयॉर्क शहर के ट्विन टावर्स में टकराकर धँस जाना और फिर आग के गोले और धुएँ से भरा वो मंज़र, वैश्विक आतंकवाद को परिभाषित कर गया। 9/11 के इस हादसे के कुछ ही महीनों बाद 13 दिसम्बर, 2001 को भारतीय संसद भवन में पाँच आतंकियों ने घुसपैठ की कोशिश की जिनमें घुसपैठियों के अलावा छह दिल्ली पुलिस कर्मचारी, दो संसद के सुरक्षा कर्मी और एक माली को मिलाकर 14 लोगों की जानें गयीं।

मैं जब संसद पहुँची, उसकी घेराबन्दी हो चुकी थी और मैं उस घेरे के बाहर खड़ी दूर से आती गोली चलने की आवाज़ें सुन रही थी और सुरक्षा की कड़ी व्यवस्था को बनते देख रही थी।

सरकार ने तुरन्त हरक़त में आते हुए आतंकी संगठनों जैसे लश्कर–ए–तैयबा (एलइटी), जैश–ए–मोहम्मद (जिसका अगुआ मसूद अजहर था जिसे कन्दहार में रिहा किया गया था) पर इलज़ाम लगाते हुए पाकिस्तान से आतंकी सरगनाओं के ख़िलाफ़ कार्यवाही की माँग की जो उसकी सरज़मीन से इन कुकृत्यों को संचालित कर रहे थे। अपनी सफ़ाई में पाकिस्तान ने दावा किया कि यह भारतीय ख़ुफ़िया एजेंसियों की सोच–समझ कर की गयी साज़िश थी जो कश्मीरियों के आज़ादी के जायज़ आन्दोलन को बदनाम करने के लिए रची गयी थी।

इस आक्रमण के दो दिन के भीतर ही सूरत–ए–हाल दो देशों के बीच जंग सा हो गया था। कैबिनेट कमेटी ऑन सिक्योरिटी (सीसीएस) ने बैठक बुलायी और सीमा पर जवानों की सबसे बड़ी लामबन्दी की शुरुआत हुई। 1971 में पाकिस्तान से जंग के बाद की यह सबसे बड़ी तैयारी थी। ऑपरेशन पराक्रम का शुभारम्भ 15 दिसम्बर, 2001 को हुआ और यह

दस महीने तक चला। नतीजा : 400 से अधिक जवान मारे गये जिनमें अधिकतर मौतें बारूदी सुरंग विस्फोट के चलते हुई थीं।

दुनिया बेबस देखते रही, इस भय से भरी कि दो परमाणु शक्ति सम्पन्न देश कहीं जंग का ऐलान न कर दें। सरकार ने आते दिनों में संसद में यह तथ्य सबके समक्ष रखा कि ऑपरेशन पराक्रम में देश के 800 करोड़ ख़र्च हो चुके थे। फ़ौज और रक्षा मुआमलों के अधिकतर विशेषज्ञों ने इसे निरुद्देश्य, महँगी, दुस्साहसिक जंगी कार्यवाही कहा।

इसकी पृष्ठभूमि में अब 2002 का सियासी खेल खेला जाना था। जब तक ऑपरेशन पराक्रम सक्रिय हुआ, नरेन्द्र मोदी के गुजरात के मुख्यमन्त्री के रूप में कार्यकाल को दो महीने से ज़्यादा हो चुके थे; अमरीका अपना 'वॉर ऑन टेरर' आरम्भ कर चुका था; भारत–पाक की अमन के ख़ातिर किये गये सारे प्रयास शानदार तरीक़े से नाकाम हुए थे; और प्रधानमन्त्री ख़राब स्वास्थ्य और शानदार चमक के क्षणों के बीच डगमगाते दिखाई दे रहे थे।

भाजपा के समक्ष अब दो राज्यों के चुनाव थे–पहला उत्तर प्रदेश जिसे वर्ष के आरम्भ में होना था, जिस प्रदेश ने राम मन्दिर आन्दोलन की बदौलत दल को राष्ट्रीय मंच पर ला खड़ा किया था, वहाँ अब उसकी साख गिरी हुई थी।

इसके बाद होने वाले घटनाक्रम मालूम ही हैं। भाजपा का उत्तर प्रदेश चुनावों में प्रदर्शन बहुत ख़राब रहा, विधानसभा में 403 सीटों में मात्र 77। दल तीसरे पायदान पर रहा, पहले पर सपा (समाजवादी पार्टी) और दूसरे पर बसपा (बहुजन समाज पार्टी) रही।

इस ख़राब प्रदर्शन को वाजपेयी की व्यक्तिगत हार मानी गयी। उत्तर प्रदेश में देश के सर्वाधिक ब्राह्मण रहते हैं, प्रदेश के मतदाताओं का 10 फीसदी और इस बात को ख़ूब उछाला गया कि प्रधानमन्त्री स्वयं एक ब्राह्मण होकर हिन्दी भाषियों के केन्द्रीय स्थल उत्तर प्रदेश से पण्डितों का वोट नहीं जीत पाये। यह फ़ैसला राम मन्दिर कार्ड को भी ख़ारिज कर गया जिस पर वीएचपी ने अनवरत कार्य किया था। हालाँकि इसकी प्रभावकारिता पर भाजपा ने अपनी स्थिति अस्पष्ट ही रखी थी।

दी गयी पृष्ठभूमि में इसे हिन्दू–मुस्लिम द्विगुण को अस्वीकार करना भी कहा जायेगा, जिसे सैद्धान्तिक रूप से भाजपा के लिए कारगर होना

चाहिए था; इसके विपरीत, 2002 में जिन दलों ने जातिवाद का कार्ड खेला, उनका प्रदर्शन बढ़िया रहा।

तत्पश्चात्, घटनाक्रम में नाटकीय और नृशंस मोड़ आते गये। यूपी के चुनाव परिणाम के दो दिन बाद, 27 फ़रवरी, 2002 में सौ से अधिक कारसेवक अयोध्या में एक धार्मिक संगोष्ठी में हिस्सा लेने के बाद साबरमती एक्सप्रेस से अहमदाबाद लौट रहे थे। गोधरा स्टेशन पर कुछ कारसेवक कथित रूप से कुछ मुस्लिम विक्रेताओं से उलझ पड़े। देखते–ही–देखते गाड़ी की कुछ बोगियों को आग लगा दी गयी, जिसमें 58 यात्रियों की बेहद दर्दनाक मौत हुई। नतीजतन जो कुछ हुआ, उसे हम गुजरात दंगों के नाम से जानते हैं : राज्य में मुसलमानों को सुनियोजित तरीक़े से निशाना बनाया गया और उन्हें मौत के घाट उतारा गया। भारत, विशेषकर गुजरात साम्प्रदायिक दंगों के लिए नया नहीं था। 2002 में जो नया था वो था उसका टेलीविज़न पर आँखों देखा हाल प्रसारित करना।

दंगों की विस्तृत जानकारी यहाँ देना मेरा उद्देश्य नहीं है ख़ासकर जब दंगों पर कई किताबें लिखी गयी हैं और वृत्तचित्र बनाये गये हैं। दंगों से जुड़े केस आज भी लड़े जा रहे हैं। इन दंगों का प्रधानमन्त्री की छवि पर गहरा असर पड़ा, उनकी छवि एक उदारवादी की और एक शान्तिदूत की रही थी। गुजरात में एक से एक भयावह घटनाएँ घटित हो रही थीं और प्रधानमन्त्री बेबस नज़र आ रहे थे। शुरुआत में इन दंगों को लेकर अपनी पीड़ा और बेचैनी ज़ाहिर करने की उन्होंने कोशिश ज़रूर की, पर अब बाँध जो टूट चुका था तो सैलाब कौन रोकता?

4 अप्रैल, 2002 को प्रधानमन्त्री गुजरात के दौरे पर गये और अहमदाबाद में शाहआलम शरणार्थी शिविर में दंगों में विस्थापित हुए मुसलमानों से भी मिलने पहुँचे। दिन के अन्त में उन्होंने मोदी के साथ संयुक्त संवाददाता सम्मेलन किया जिसमें उनकी 'राज धर्म' वाली प्रख्यात टिप्पणी भी थी।

'मेरे पास मुख्यमन्त्री के लिए सिर्फ़ एक सन्देश है। वे राज धर्म निभायें। मैं भी इसे निभाता हूँ। एक शासक अपनी प्रजा के साथ उसकी जाति, धर्म और सम्प्रदाय के आधार पर भेदभाव नहीं कर सकता।' मोदी ने दबी ज़बान में कहा, 'मैं पालन कर रहा हूँ' जिसके जवाब में अटल जी बोले, 'मुझे मालूम है।' हमेशा की तरह ही अटल जी ने बात के सिरे को

खुला छोड़ दिया, अलबत्ता उनकी टिप्पणी ऐसी थी जैसे मुख्यमन्त्री को सबके सामने झिड़क दिया गया हो।

भाजपा की राष्ट्रीय कार्यकारिणी बैठक इस संवाददाता सम्मेलन के हफ़्ते भर बात आयोजित होने जा रही थी और वाजपेयी मन बना चुके थे कि यहाँ मोदी को इस्तीफ़ा देने के लिए कह दिया जायेगा। दल के सदस्यों का मत कुछ और ही था जिसे वाजपेयी बिल्कुल भाँप नहीं पाये थे। मोदी के बाबत उन्होंने अपने सहायक कमाण्डर आडवाणी से बात की। व्यवहारकुशल आडवाणी ने वाजपेयी के मुँह पर उनका विरोध नहीं किया लेकिन अपने संस्मरण में इसका उल्लेख करते हुए लिखा है कि वे मोदी को मुख्यमन्त्री पद से हटाने के ख़िलाफ़ थे। अन्ततः मोदी के समर्थक अपने व्यवहार कौशल का परिचय दे वाजपेयी को घेरने में कामयाब हुए। वाजपेयी और आडवाणी गोवा हवाई अड्डे पर उतरते, इससे पहले ही मोदी ने अपने इस्तीफ़े की पेशकश कर दी, जिसे ज़ाहिर है, दल के सदस्यों ने नामंज़ूर कर दिया।

इसके बाद नरेन्द्र मोदी ने राष्ट्रीय कार्यकारिणी में एक उत्तेजक भाषण दिया, संघ का सम्पूर्ण समर्थन पाकर इससे विजयी होकर उभरे। उन्हें जनसाधारण से जनादेश माँगने का सुझाव दिया गया, अगर प्राप्त हुआ तो इसका अर्थ होगा उनका आचरण सही रहा है। (ग़ौरतलब है कि मोदी मुख्यमन्त्री नियुक्त हुए थे, चुनावी प्रक्रिया से नहीं आये थे)

उस वक़्त बहुतों को ऐसा महसूस हुआ था कि प्रधानमन्त्री अपनी बात पर अड़े रह सकते थे और मोदी का इस्तीफ़ा माँग सकते थे।

उन्होंने बड़ी आसानी से हार मान ली और किसी भी प्रकार की टकराव की स्थिति से पीछे हटते नज़र आये। व्यक्तिगत बातचीत के दौरान उनके परिवार के सदस्यों ने अरुण जेटली को राष्ट्रीय कार्यकारिणी प्रबन्धन का प्रमुख रणनीतिज्ञ बताया जिनकी बदौलत ही राष्ट्रीय कार्यकारिणी का झुकाव वाजपेयी के ख़िलाफ़ स्पष्ट नज़र आया था। अपने विश्वस्त सूत्रों से जो सच्चाई मैंने हासिल की थी वो यह, कि प्रमोद महाजन भी, जो वाजपेयी के क़रीबी समझे जाते थे, गोवा में मोदी के पक्ष में नज़र आये, वे इस तथ्य से सुपरिचित थे कि कैडर का सम्पूर्ण समर्थन मोदी के साथ था।

वक़्त के साथ–साथ, नरेन्द्र मोदी और गुजरात दंगों का साया अटल बिहारी के प्रधानमन्त्रित्व के शेष दिनों पर पड़ता नज़र आया। 2004 में एन.डी.ए. की पराजय का ठीकरा प्रधानमन्त्री के दल ने गुजरात दंगों के माथे फोड़ा।

× × ×

गोवा राष्ट्रीय कार्यकारिणी में अपनी विजय के तुरन्त बाद, मोदी अपने जीवन की प्रथम चुनावी जंग का सामना करने के लिए प्रस्तुत दिखे। आन्तरिक मूल्यांकन के अनुसार उत्तेजक साम्प्रदायिक माहौल में सत्ता का विरोध कहीं डूब–सा गया था, और ऐसे में मोदी जितना शीघ्र जनता के समक्ष जाते, दल और गुजरात दोनों के लिए बेहतर होता।

अलबत्ता एक समस्या थी। उस दौरान भारतीय चुनाव आयोग के प्रमुख जेम्स माइकल लिंगदोह थे। उन्होंने गुजरात पहुँच दंगों के बाद की ज़मीनी हक़ीक़त का जायज़ा लिया और उस पर जो रिपोर्ट तैयार की वह गुजरात सरकार के कथन से मेल नहीं खाती थी–जिनके अनुसार स्थिति बिल्कुल सामान्य हो गयी थी। भाजपा ने अपने योग्य राजनीतिज्ञ अरुण जेटली के सहयोग से, चुनाव आयोग के चुनाव स्थगित करने की पेशकश को चुनौती दे डाली। जेटली पेशे से वकील हैं जो बाद में राजनीति में आये।

अगस्त 2002 में मैं भाजपा में युवा नेताओं के बीच पनप रहे 'अधिकार और सत्ता को लेकर लड़ाई' के कथानक पर कार्य कर रही थी। इस दौरान आउटलुक ने एक युवा पत्रकार अर्नब दत्ता को सेवा में रख लिया जिसकी प्रधानमन्त्री की गृहस्थी में पैठ थी। अपने संस्मरण में विनोद मेहता इस बात का ज़िक्र करते हैं कि अशोक सैकिया ने, जो पी.एम.ओ. में नौकरशाह थे और जो प्रधानमन्त्री के परिवार के क़रीबी माने जाते थे, उन्हें फ़ोन कर अर्नब को रखने की बात कही थी। यह आयकर विभाग द्वारा किये गये छापों के बाद की बात है :

> 'मैं ख़ुश था कि वाजपेयी का पी.एम.ओ. पत्रकारों की सिफ़ारिश कर रहा है। छापों के बाद पी.एम.ओ. में हमारी पहुँच में ख़ासी कमी आ गयी थी। अब उसकी बहाली का एक मौक़ा था,

क्योंकि अशोक सैकिया प्रधानमन्त्री के करीबी थे और एक ऐसे पत्रकार के साथ की अब हमको सख़्त ज़रूरत थी, जिसका प्रधानमन्त्री की गृहस्थी में बेरोक–टोक आना–जाना था। अर्नब को फ़ौरन बहाल कर लिया गया।'

थोड़े ही दिनों में अर्नब ने एक सनसनीखेज़ कहानी पेश की, जो बग़ैर बाइलाइन (उनके नाम का संकेत न था) मेरे लिखे मुख्यालेख में, एक चौकोर घेरे में (बॉक्स्ड स्पेशल) छपी। मुख्यालेख की शीर्षक पंक्ति थी : 'अनहैप्पी अटल थिंक्स ऑफ़ क्विटिंग' (नाखुश अटल का कार्यभार त्यागने पर विचार)। मैं उस कहानी से ही उद्धरण पेश करूँगी :

अपने दल के चुनाव आयोग के विरुद्ध चलाये जा रहे लगातार अभियान से प्रधानमन्त्री जी विचलित हैं...विशेष रूप से गुजरात की विफलता में जेटली की भूमिका से अप्रसन्न हैं। एक कैबिनेट मन्त्री ने खुलासा किया है, "प्रधानमन्त्री जी ने हम में से कइयों को यह बात कही है कि जेटली के मशविरे के बग़ैर नरेन्द्र मोदी सदन के कार्यकाल के बीच यूँ इस्तीफ़े की धौंस कदापि न देते।" जितनी बार भी गुजरात मुद्दा शान्त होता है, जेटली के उकसावे पर पुनः अपने पूर्वरूप में आ जाता है। एक पहुँच वाले सूत्र से मालूम हुआ, "प्रधानमन्त्री सम्पूर्ण गुजरात प्रकरण से ही अब एहतियात बरतते हैं, मोदी के बचाव की बात हो या फिर चुनाव आयोग को दी गयी चुनौती का क़िस्सा।"

एक बार फिर! इस लेख ने मेरे लिए भारी कठिनाइयाँ पैदा कर दीं हालाँकि इसे मैंने नहीं लिखा था। मुझे याद है किस तरह अर्नब, भयभीत–सा मेरे पास आया था–उसके सूत्र उसके लिखे लेख से अप्रसन्न थे, ऐसा उसने मुझे बताया। चूँकि लेख में उसका नाम न था, एक चौकोर घेरे में बस उसका लिखा छपा था। ज़रूरत पड़ने पर वह उसे मेरा लिखा हुआ भी बता सकता था, यह सलाह मैंने उसे दे डाली और इसके साथ यह भी कह दिया कि आलोचना की मुझे आदत है और अपनी बात कहने से मैं डरती नहीं!

जैसे अचानक ही आया था, वैसे अचानक ही उसका जाना भी हुआ। अर्नब ने आउटलुक छोड़ दिया। विनोद मेहता ने मुझे बाद में बताया था कि कैसे बृजेश ने उन्हें फ़ोन कर कहा था, 'सबा ने फिर वही किया है।' मुझ पर लगे पिछले इल्ज़ामों से विनोद वाक़िफ़ थे और अब इस बात से

सजग भी कि दल और सरकार की कवरिंग का अहम काम अब भी मेरे ही ज़िम्मे था, मेहता ने मिश्रा को यह सूचित कर दिया था कि इस कहानी में मेरा कोई हाथ नहीं। एक तरह से अर्नब की बलि चढ़ाई गयी। इस पूरे प्रकरण से गर कोई निष्कर्ष निकलता है, वह यह कि प्रधानमन्त्री का मोदी से टकराव या जेटली पर उनके सधे निशाने का यूँ खुले में आना मुख्य सचिव को असहज करता था।

विनोद अपनी किताब में लिखते हैं कि जेटली ने उनसे कहानी के सूत्र के बारे में पूछा था, पर मुझे पता है उन्हें हमेशा से अनुमान रहा है, मीडिया गपशप की बदौलत वह ख़ासे आगाह रहते थे। जब मैं उनसे अगली दफा मिला, उन्होंने अपने अन्दाज़ में नमिता द्वारा संचालित 'गृहस्थी' पर फ़िक़रा कसा। अलबत्ता जिस बात से मेरा दिमाग़ भन्ना उठा वो यह कि 'गृहस्थी' अब कैसे उस पूरी कहानी से मुकर गयी थी, जिसके बीज उन्होंने ख़ुद बेचारे अर्नब में डाले थे।

अटल और जवाहरलाल

उपमाएँ न केवल अप्रिय होती हैं, कई बार हास्यास्पद भी होती हैं। वाजपेयी का भारत के प्रथम प्रधानमन्त्री जवाहरलाल नेहरू के लिए आदर का भाव था, यह बात आम थी। नेहरू जैसे उदारवादी और सर्वसम्मति में विश्वास रखने वाले थे भाजपा ने अटल बिहारी वाजपेयी की ऐसी ही छवि बनाने में मदद की और आडवाणी के अपेक्षाकृत अधिक सैद्धान्तिक रूढ़िवादी दृष्टान्त ने उन्हें सरदार पटेल जैसी भूमिका में रखा (यह बात और है कि 2002 के बाद संघ परिवार में कुछ ऐसे भी थे जिन्होंने नरेन्द्र मोदी को 'सही मायनों' में सरदार कहा है)।

नेहरू के प्रति वाजपेयी की सराहना इस सीमा तक रही कि नेहरू के 48 साल पहले बने लाओस यात्रा कार्यक्रम का उन्होंने अपनी यात्रा में हुबहू पालन किया। नेहरू की तरह ही, वीएनशिएन स्थित वाट सिसकत पैगोडा देखने गये। 1977 में, जब अटल बिहारी वाजपेयी मोरारजी देसाई सरकार में नये–नये विदेशमन्त्री बने थे, पुराने पत्रकार उस दौर का एक क़िस्सा बयान करते हुए कहते हैं कि बतौर जनसंघी सांसद उन्होंने भारत की विदेश नीतियों की कड़ी आलोचना करते हुए कई भाषण दिये थे और जब वह विदेशमन्त्री बने, एक संशय था कि अब वे परम्परा से हटकर काम करेंगे। लेकिन कई विवादास्पद मुद्दों पर, जिनमें तिब्बत भी शामिल था, नरम रुख़ अपनाकर उन्होंने सबको हैरत में डाल दिया और इस बदलाव की वजह पूछे जाने पर बोले थे, 'तब मैं विपक्ष में था, आज मैं नेहरू की कुर्सी पर हूँ।'

अपने सत्रह साल के प्रधानमन्त्रित्व काल में नेहरू ने विदेश मन्त्रालय अपने पास ही रखा था।

वाजपेयी के शासन काल में यद्यपि उनके विदेशमन्त्री रहे, विदेशी मुआमलों में उनकी अपनी रुचि हमेशा बरक़रार रही। गर संजीदगी से बात करें, जवाहरलाल की तरह ही वाजपेयी भी बड़े सहृदय थे। किसी भी लिहाज़ से कभी उन्हें निर्मम नहीं कहा गया, उनके समीक्षक भी इस बात को मानते हैं कि वे गणतान्त्रिक रूपरेखा के अन्दर रहकर कार्य करते थे और भारतीय संसदीय परम्पराओं की बड़ी इज़्ज़त करते थे। बेशक संसद ही वह स्थान रहा जहाँ युवा अटल ने अपना वर्चस्व स्थापित किया। बलरामपुर संसदीय क्षेत्र से अटल बिहारी वाजपेयी का संसद में पदार्पण हुआ। संसद में दिया गया उनका प्रथम भाषण इतना शानदार रहा था कि नेहरू ने उन्हें एक गण्यमान्य विदेशी अतिथि से मिलाते हुए कहा था, 'यह वो शख़्स है जो एक दिन इस देश का प्रधानमन्त्री बनेगा।'[1]

उस दौर में अक्सर की जाने वाली नेहरू–वाजपेयी तुलना की बेहतरीन अन्तर्दृष्टि दिवंगत पत्रकार इन्दर मल्होत्रा से मिलती थी, जिन्होंने दोनों प्रधानमन्त्रियों को कवर किया था। 2003 में उनके साथ मेरी विस्तृत चर्चा के दौरान, जो यादगार क़िस्सों से भरी हुई थी, उन्होंने मुझे बतायी कि हो सकता है कि अटल जी भी उन्हीं प्रवृत्तियों से प्रेरित हुए हों जिनसे नेहरू थे, लेकिन उनमें नेहरू जैसा आन्तरिक बल और बौद्धिक दीप्ति की कमी थी। 'खेदपूर्ण है कि वो विनियोग यहाँ नदारद है। जनता दल के वक़्त में भी, एक सारपत्र को पूरी एकाग्रता के साथ पढ़ने और समझने की कमी उनमें रही है। वे हमेशा आवश्यकता से अधिक शान्तचित्त रहे। और अब तो उनमें वो शारीरिक क्षमता ही नहीं है कि वे अपने विरोधियों से टक्कर ले सकें।'

दूसरी तरफ़, नेहरू न केवल अपना भाषण ख़ुद लिखते थे, उन्होंने अपनी पार्टी की अन्दरूनी लड़ाइयों का डटकर मुक़ाबला किया, उनका एकमात्र उद्देश्य देश को धर्मनिरपेक्ष समाजवादी छवि दिलाना रहा था।

'उस दौर में भारत मायने रखता था क्योंकि नेहरू की अहमियत थी। ऐसा वाजपेयी को लेकर नहीं कहा जा सकता', इन्दर मल्होत्रा ने दृढ़ता से कहा था।

निश्चित रूप से, वाजपेयी में प्रतिभा थी लेकिन वे उसको पूरी तरह निबाहने में असफल रहे। उदाहरणस्वरूप, नेहरू न केवल अपने सैद्धान्तिक

दूरदर्शिता पर अडिग रहते थे, उनको मूर्त रूप देने के लिए किसी भी हद से गुज़र सकते थे। वाजपेयी का रवैया, जैसा कि हमने राम मन्दिर मुद्दे पर देखा, अनिश्चितता से भरा होता है। इन्दर मल्होत्रा कहते हैं, 'प्रवृत्तियाँ अपने आप आपको कहीं नहीं पहुँचातीं, उसके साथ परिश्रम, उद्यम आवश्यक है जो वाजपेयी में नहीं था। देखा जाये तो वे बेहतरीन वक्ता हैं लेकिन प्रधानमन्त्री बनने के बाद उनकी ऐसी एक वक्तृता नहीं जिसे याद रखा जा सके। परन्तु मुझे आज भी नेहरू के कितने सारे शानदार भाषण याद हैं जिन्हें वे ख़ुद लिखा करते थे।'

मैंने इस अध्याय की शुरुआत ही यह कहकर की है कि उपमाएँ अप्रिय होती हैं। और वो वाक़ई हैं, भले ही वाजपेयी हमें नेहरू के साथ उनकी तुलना करने को मजबूर करते हों। हम यह न भूलें कि इस सोच को बढ़ावा उन्होंने स्वयं ही दिया है। वाजपेयी में उस हिम्मत की कमी रही जिसके दम पर वे अपनी प्रवृत्तियों को आख़िर तक ले जाकर उनको फलीभूत होता देखते, जैसा करने में नेहरू अत्यन्त प्रभावी थे। सम्भवतः यही कारण है कि अटल जी अपनी ही पार्टी के लिए कोई विरासत नहीं छोड़ पाये।

मोदी समर्थन के सामने जिस तरह से अटल जी ने हथियार डाल दिये थे, इस प्रकरण ने मुझे एक कहानी लिखने पर प्रेरित किया था जिसकी शुरुआत मैंने एक उद्धरण से की थी, 'वो चले मेरे लोग और मैं भी उनके पीछे चलूँ कि मैं उनका रहनुमा हूँ।' मेरे नज़दीक, वाजपेयी को चित्रित करने के लिए इससे बेहतर कुछ नहीं था।

× × ×

2003 में अटल बिहारी वाजपेयी के सामर्थ्य का आडवाणी पर दावा देखने को मिला। वेंकैया नायडू भाजपा अध्यक्ष पद पर थे और एक विवादित बयान देकर अपने लिए बेजा झंझट पैदा कर बैठे थे।

उन्होंने कह दिया कि आगामी आम चुनावों में दल दोनों ही नेताओं को पेश करने की सोच रहा है। वर्षों ही से भाजपा ने इस जोड़ी को लेकर हो–हल्ला मचा रखा था–कभी वे राम–लक्ष्मण थे, नये दौर के नेहरू और सरदार पटेल, और अन्ततः विकास पुरुष और लौह पुरुष। यह कुछ

हास्यास्पद–सी व्याख्या थी और साथ ही वेंकैया नायडू ने यह ऐलान कर दिया कि आगामी आम चुनावों में दल दोनों ही नेताओं को प्रकल्पित करने वाला है। परिणामस्वरूप 2003 का ग्रीष्म आला दर्जे की नाटकीयता और अत्यन्त निकृष्ट राजनीतिक खेल की सरगर्मियों से भरपूर रहा।

उस साल जून में अटल बिहारी रूस, जर्मनी और स्विट्ज़रलैण्ड, इन तीन देशों का दौरा ख़त्म कर देश लौटे। वेंकैया का कथन अटल जी दौरे के दौरान आया (ठीक गोविन्दाचार्य के 'मुखौटा' वाली उक्ति जैसा)। बहरहाल उनकी वापसी पर, प्रधानमन्त्री परिसर के एक छोटे–से सभागृह में जहाँ दल के सदस्य एकत्रित हो रहे थे, वाजपेयी जी मंच पर पहुँच अचानक सबको सम्बोधित कर बोले, हालाँकि न वो 'टायर्ड हैं न रिटायर्ड' (थके हैं न सेवानिवृत्त)–भाजपा को अगले चुनावों में 'आडवाणी जी के नेतृत्व में विजय की ओर प्रस्थान' करना चाहिए।

कहना न होगा इस औपचारिक पैग़ाम से सबको साँप सूँघ गया, उपस्थित लोगों में कुछ पत्रकार भी थे। आडवाणी वाजपेयी के सन्देश का निहितार्थ तुरन्त समझ गये (आगामी आम चुनावों में अटल जी हिस्सा नहीं लेने वाले थे) और स्पष्ट रूप से विचलित दिखाई दिये। उन्होंने प्रेस को एक शब्द भी कहने से इनकार कर दिया। दूसरे दिन प्रधानमन्त्री निवास में मीडिया के लिए आयोजित रात्रि–भोज में जहाँ मैं भी उपस्थित थी, मैंने ग़ौर किया कि जहाँ प्रधानमन्त्री चुपचाप अप्पम और स्टू खा रहे थे, आडवाणी भी चुपचाप ही दिखे, मीडिया के सवालों पर भी। प्रधानमन्त्री के वज़नदार कथन का यह परिणाम हुआ कि भाजपा ने तत्काल, बिना वक़्त ज़ाया किये उन पर अपने विश्वास का भरोसा दिलाया; कैबिनेट ने अपने भरोसे की पुनः पुष्टि की; और बदकिस्मत वेंकैया बस यह कहते रह गये कि दल का चुनावी नारा 'वाजपेयी का नाम, वाजपेयी का काम' होगा। दल की स्थिति स्पष्ट करते हुए उन्होंने इस बात पर ज़ोर डाला कि नेता स्वरूप 'वाजपेयी पहले स्थान पर हैं और आडवाणी दूसरे स्थान पर।'

वाजपेयी के कथन और उसकी मीमांसा ने भाजपा को परेशान हाल कर रखा था, वाजपेयी ने अपने और आडवाणी के समप्रतिष्ठ होने की सदस्यों की सोच की धज्जियाँ उड़ा दी थीं। काफ़ी माथापच्ची के बाद आख़िरकार उनके इस कथन की भाजपा द्वारा यूँ सफ़ाई दी गयी कि प्रधानमन्त्री महज़ इतना कह रहे थे कि आडवाणी चुनावी अभियान का

संचालन करेंगे, और वे (अटल बिहारी) दल का सार्वजनिक चेहरा बने रहेंगे। वो ऐसा दौर था जब ऐसी आलापप्रिय भाजपा को कवर करने का अलग ही मज़ा था!

एक प्रश्न तो फिर भी अनुत्तरित ही रह गया था—किस बात ने वेंकैया नायडू को यह कहने को प्रेरित किया था कि आगामी आम चुनावों में दोनों ही नेताओं को समान रूप से पेश किया जायेगा? दल और सरकार में उच्चस्तरीय सूत्रों के हवाले से यह ख़बर मिली कि नायडू आडवाणी खेमे से आ रहे संकेतों को क़तई ग़लत पढ़ गये। इसके साथ ही आडवाणी के लिए यह भी माना जा रहा था कि यूएस उपराष्ट्रपति डिक चेनी के निमन्त्रण पर अपनी महत्त्वपूर्ण यूएस यात्रा के पहले अपनी साख को कदाचित् ऊपर उठाने की उनकी एक मंशा तो ज़रूर रही होगी। इसी दौरान टोनी ब्लेयर से मुलाक़ात करने उनका यूके जाना भी तय था। प्रधानमन्त्री के कथन के दो दिवस बाद 'ज़हनी तौर पर बड़े परेशान' आडवाणी अपने द्विराष्ट्रीय दौरे पर निकले, उनके क़रीबी सूत्रों ने यह जानकारी दी।

वाजपेयी न भूलते थे, न माफ़ करते थे, और इस बात को लोग जानते थे, ख़ासकर अगर चोट स्वाभिमान को लगी हो और इसे उत्तर प्रदेश के पूर्व मुख्यमन्त्री कल्याण सिंह और भाजपा मुख्य सचिव गोविन्दाचार्य से बेहतर और कौन समझता था।

गोविन्दाचार्य के लिए जहाँ 'मुखौटा' शब्द उनका राजनीतिक काल बना, कल्याण सिंह की तो सरकार ही बर्ख़ास्त हो गयी थी। एक तो 1991 का बाबरी ध्वंस ऐन उनके दीदों तले ही हुआ था, दूसरे उन्होंने वाजपेयी और बृजेश का वर्णन 'टायर्ड' (वाजपेयी) और 'रिटायर्ड' (बृजेश आईएफएस से) जैसे शब्दों से किया था जिसके लिए उन्हें वाजपेयी कभी माफ़ नहीं कर पाये। जब दल में अपने विरोधियों पर तंज़ कसने का उन्हें मौक़ा मिला उन्होंने 'नाइदर टायर्ड नॉर रिटायर्ड' वाला जुमला फेंक मारा था, साथ ही, उन्हें लालकृष्ण आडवाणी के नेतृत्व में विजय की ओर प्रस्थान करने की नेक सलाह भी दे डाली थी।

इस घटना के कुछ महीने पहले, वाजपेयी कश्मीर गये थे। स्वयं में निहित शान्ति की स्वाभाविक इच्छा और प्रतिभा की, कश्मीर के लोगों के

बीच जाकर अटल बिहारी ने बेहतरीन नुमाइंश की। 18 दिसम्बर, 2003 में श्रीनगर के शेर–ए–कश्मीर स्टेडियम में क़रीबन 30,000 लोगों के सामने उन्होंने समभाव की अपील करते हुए ज़ोरदार भाषण दिया। पाकिस्तान के साथ फिर से पहल की पेशकश का प्रस्ताव, अलगाववादी गुटों से बातचीत की शुरुआत, रोज़गार का बन्दोबस्त और शान्ति बहाली के लिए काम, इन सभी का आश्वासन दिया। दो देशों के बीच चले आ रहे दुराव के मद्देनज़र, यह एक बड़ी ख़बर थी।

यह सब एकदम अक्समात् हुआ था या हमें बताया गया कि उनकी ही टीम के कुछ सदस्य इसके लिए बिल्कुल अप्रस्तुत थे, प्रधानमन्त्री सिर्फ़ अपनी प्रवृत्ति अनुसार आचरण कर रहे थे। उस दिन उन्होंने एक ऐसी पंक्ति कही, जिसने उनके श्रोताओं को द्रवित कर दिया। यह बात ग़ौरतलब है कि कश्मीर भारत की किसी भी पहल को लेकर शंकित ही रहा है। उस दिन प्रधानमन्त्री बोले कि कश्मीर मुद्दे के हल के लिए तीन सिद्धान्तों का मार्गदर्शन ज़रूरी होगा, इन्सानियत, जम्हूरियत और कश्मीरियत। इस भाषण की गूँज सालों बाद तक सुनायी देती रही और इसके एक दशक बाद जब प्रधानमन्त्री नरेन्द्र मोदी कश्मीर गये, उन्होंने भी इन तीन शब्दों के सन्दर्भ में अपनी बात रखी।

2003 जून के अन्त में अटल बिहारी वाजपेयी पाँच दिन की यात्रा पर चीन गये जो अपने आप में एक महत्त्वपूर्ण यात्रा रही। जैसा कि मैं पहले भी दर्ज़ कर चुकी हूँ, आउटलुक को साथ आने का न्योता मिला था और विनोद ने मुझे भेजने का फ़ैसला किया था।

मेरे लिए प्रधानमन्त्री के साथ सफ़र करने का यह पहला मौक़ा था और चूँकि यह एक महत्त्वपूर्ण यात्रा थी, राष्ट्रीय समाचार–पत्रों के शीर्ष सम्पादक साथ चल रहे थे। परिवार भी साथ यात्रा कर रहा था। प्रधानमन्त्री के परिवार के साथ किसकी कितनी घनिष्ठता है, यह जताने के लिए उनमें एक होड़–सी लगी रहती थी। मेरे लिए यह सब बड़ा मनोरंजक था।

नरेन्द्र मोदी ने पत्रकारों को साथ ले जाने की यह परिपाटी बन्द कर दी है। वाजपेयी और मनमोहन सिंह के साथ यात्रा कर मैंने एक बात समझी है कि यह यात्राएँ बहुत फ़ायदेमन्द साबित होती हैं। हवाई जहाज़ों में नियमित रूप से संवाददाताओं को विवरण तो दिये ही जाते थे,

पी.एम.ओ. और सुरक्षा अधिष्ठानों के मुख्य लोगों से जो अनौपचारिक बातचीत हुआ करती थी, सो अलग।

बहरहाल, अब जहाँ एक तरफ़ चीन यात्रा की उपलब्धि की महत्ता थी तो दूसरी तरफ़, यूएस जैसी महाशक्ति इराक में अपने तथाकथित 'आतंक पर हमले' में फँसती नज़र आ रही थी। यूएस ने इराक में भारत सरकार से सैन्य दल भेजने का अनुरोध किया था। बृजेश मिश्रा और पी.एम.ओ. में अन्य अधिकारियों के साथ मीडिया की बातचीत से एक अन्देशा उभर रहा था कि यूएस में सरकार सैन्य दल भेजने पर एकमत होने की कोशिश कर रही थी। बुश प्रशासन 17,000 सैनिकों की पूरी टुकड़ी भेजने पर दबाव डाल रही था–इराक के मोसुल इलाके में यह दूसरी सबसे बड़ी टुकड़ी होती–जो मोसुल इलाके में काम करती। भाजपा के कुछ प्रभावी सदस्यों का मानना था कि इस वक़्त आतंक पर हमले में महाशक्ति का साथ देना देश के हित में साबित होगा।

इससे न केवल दोनों देशों के सम्बन्ध अधिक मज़बूत होते, युद्ध के बाद इराक के पुनर्निर्माण के कितने ही बड़े अनुबन्ध भी देश को मिलते। यहाँ आपको याद दिला दूँ कि आडवाणी अपनी यूएस यात्रा से अभी लौटे ही थे और इस प्रकरण में उनका झुकाव यूएस की ओर होना लाज़मी था। लेकिन इससे भी दिलचस्प ख़बर वो थी जो बृजेश ने हवाई जहाज़ में दी थी। भारत की इराक युद्ध में प्रत्यक्ष सहभागिता की भी एक सम्भावना बन रही थी।

प्रधानमन्त्री ने कोई टिप्पणी नहीं की और इस मुद्दे पर वो हील–हवाले वाला रवैया लिए दिखे। हालाँकि उन्हीं की टीम के कुछ लोग पत्रकारों से यह कहते नज़र आये कि इराक में सैन्य दल भेजने की तैयारी चल रही थी।

× × ×

कुछ वर्ष पश्चात्, सीपीआई के महासचिव दिवंगत ए.बी.बर्धन ने (जिन्हें मैं उनकी पार्टी के केन्द्रीय दफ़्तर अजोय भवन में मिलने जाया करती थी) एक चटपटी ख़बर सुनायी कि कैसे वाजपेयी अपनी ही पार्टी में युद्ध के पक्ष में उठी आवाज़ों से साफ़ बच निकले थे। हुआ यूँ कि चीन से लौटने

के बाद और संसद का मानसून–सत्र शुरू होने से पहले, वाजपेयी ने बर्धन और सीपीआई (एम) के दिवंगत महासचिव हरकिशन सिंह सुरजीत को अपने दफ़्तर बुला भेजा। इधर–उधर की बातों के बाद उन्होंने अपने शब्दों को ध्यान से तौलते हुए कहा, 'इराक युद्ध के ख़िलाफ़ उठ रही उनकी आवाज़ें प्रबल नहीं कमज़ोर हैं और उन्हें इसके आवेग को बढ़ाना चाहिए।' दोनों वामपन्थी पार्टी के पुराने अनुभवी थे, उन्हें समझते क्या देर लगती कि प्रधानमन्त्री का इशारा किस तरफ़ है। उस वक़्त वामदल संसद का एक महत्त्वपूर्ण खण्ड था, और उसकी आवाज़ मायने रखती थी। संकेत मिलते ही, दोनों ने इराक युद्ध में यूएस के विरुद्ध अपनी–अपनी आवाज़ें बुलन्द कर दीं। स्थिति ऐसी बन गयी कि जब प्रधानमन्त्री ने औपचारिक रूप से यूएस का अनुरोध अस्वीकार किया, घरेलू हलचल के चलते उनका ऐसा करना स्वाभाविक दिखा।

मैंने यह पूरा प्रकरण विनोद को सुनाया था, उन्होंने इसे अपने डायरी के अंश के तौर पर आउटलुक में अपने लेख स्तम्भ में जगह दी थी। यहाँ इस बात की तो दाद देनी ही पड़ती है कि यूएस के इस दीर्घकाल तक चले युद्ध से स्वयं को दूर रख वाजपेयी ने न केवल अपने ही दल को मात दी, अपितु देश को एक सर्वनाशी संग्राम से बचा लिया था।

वह 'फील गुड' अनर्थ

4 दिसम्बर, 2003 को भाजपा के दिल्ली राष्ट्रीय कार्यालय का वातावरण बहुत ऊर्जापूर्ण था। तीन विधानसभा चुनावों, राजस्थान, छत्तीसगढ़ और मध्य प्रदेश में दल की जीत दर्ज़ हुई थी। अशोक मार्ग स्थित दफ़्तर में भाजपा कार्यकर्ता होली और दीवाली दोनों मनाते दिख रहे थे, गुलाल से चेहरे रंगे हुए थे, पटाखों का शोर था और लाउडस्पीकर पर कमल के खिलने (भाजपा का चुनाव चिह्न) के गाने जोर–शोर से बज रहे थे।

इस जगह से कुछ ही मील दूर प्रमोद महाजन, अरुण जेटली के निवासों पर टेलीफ़ोन की घण्टी अनवरत बज रही थी। मुबारक़बाद के सन्देश ख़त्म ही न होते थे। प्रमोद ने राजस्थान का और जेटली ने मध्य प्रदेश में उमा भारती का चुनावी अभियान सँभाला हुआ था और दोनों ने जादू कर दिखाया था। इस एक प्रक्रिया से, भाजपा के विधानसभा चुनावों में केन्द्रीय नेताओं द्वारा प्रबन्धन की परम्परा की अब स्थापना हो चुकी थी।

अत्यन्त प्रफुल्लित प्रमोद ने उस दिन मुझसे कहा था, 'आम चुनावों के लिए हमारी शानदार रणनीति होगी, बस तुम देखती जाओ, यह एक बिल्कुल नया चुनाव प्रबन्धन था, जिसके नतीजे आशातीत रहे हैं। आम चुनावों में एक सर्वथा नये दौर की स्थापना होगी और वर्तमान का अन्तराल उत्तर प्रदेश और बिहार में कार्य करने के लिए उपयुक्त होगा।'

तैयारी का आरम्भ हो चुका था।

प्रमोद प्रधानमन्त्री को आम चुनावों की तारीख़ सितम्बर 2004 से अप्रैल में तब्दील करने के लिए मना रहे थे। इस तर्क में छुपे महत्त्व को देखते हुए कुछ और भी इसकी तरफ़दारी में बोल उठे और अन्ततः तारीख आगे बढ़ा दी गयी।

आम चुनाव की तारीख़ बढ़ाने के पीछे जो कारण थे, आइए एक बार उन कारणों पर भी नज़र दौड़ा लें, कि भाजपा किस शिद्दत से अपने बनाये नारे 'इण्डिया शाइनिंग' को दिल दे बैठी थी।

प्रमोद महाजन के अनुसार, भाजपा तीन विधानसभा चुनावों में बड़े आराम से, मन्दिर–मस्जिद का मुद्दा उठाये बग़ैर और बिना साम्प्रदायिक दंगे करवाये, जीत हासिल कर चुकी थी। इसी को मद्देनज़र रख महाजन सरीखे नेता की रणनीति अब यह हुई कि आडवाणी और अटल जी का सम्प्रति जो रवैया था, विभाजनकारी मुद्दों से परे देखने का, उसे हक़ीक़त में तब्दील करने का वक़्त अब आ चला था। देश के बुनियादी ढाँचे में सुधार हुआ था, और भाजपा विकास को मुद्दा बना सकती थी। उन्हें एक बढ़िया परिवर्णिक शब्द सूझा–बसपा; (आपको कहीं राजनीतिक दल का धोखा तो न हुआ?) बसपा यानी बिजली, सड़क, पानी का लघु रूप! प्रकाश जावड़ेकर बोले थे कि 'यह बसपा अब हमारा नया 'सहयोगी' है।'

सोनिया गाँधी की अवस्था का भाजपा आनन्द उठा रही थी। उसे कमज़ोर रानी की तरह देखा जा रहा था जिसके शूरवीर युद्ध–क्षेत्र में खेत रहे थे। मध्य प्रदेश में सौम्य दिग्विजय सिंह, राजस्थान में साफ़ छवि वाले तत्पर अशोक गहलोत और छत्तीसगढ़ के विवादास्पद किन्तु प्रतिभावान अजित जोगी, यह सब शक्तिशाली मुख्यमन्त्री थे जिनकी हार हुई थी। कांग्रेस की मानो रीढ़ की हड्डी टूट गयी थी। इस नाज़ुक स्थिति का भाजपा लुत्फ़ उठा रही थी।

भाजपा का सोनिया को लेकर जो दृष्टिकोण था, कमोबेश आज वैसा ही कुछ राहुल को लेकर है। एक कमज़ोर नेता जिसकी उनके नेता के आगे, जो दोबारा चुनाव में खड़ा हो रहा था, कोई हैसियत ही नहीं थी। महाजन ने 2004 के चुनावों में 'यूएस के अर्ध–राष्ट्रपति शैली के चुनाव सदृश चुनाव शैली अपनाई जिसमें राष्ट्रव्यापी स्तर पर अटल जी का मुक़ाबला सोनिया से होने जा रहा था।'

कर्णधार स्वरूप वाजपेयी जी थे इसलिए एक और पहल पड़ोसी मुल्क के साथ शान्ति वार्ता की करनी थी, कुछ हासिल हो न हो, सुनने–देखने में क्या बुरा है! साथ ही, चुनावों के पहले अयोध्या मसले को 'हल' करने की एक और कोशिश अभी होनी थी। इस बार इस कोशिश में शिया

मौलवियों को शामिल किया गया (कारण : बाबरी मस्जिद असल में एक शिया मस्जिद है)।

× × ×

2004 चुनावी अभियान का शुभारम्भ भाजपा ने ज़बरदस्त आत्मविश्वास के साथ किया। दल के सदस्य 'फील गुड' तत्त्व का मन्त्र जाप सा करने लगे। उनका दावा था उनकी बड़ी आसान जीत होगी, आख़िरकार आकर्षक व्यक्तित्व के धनी अटल जी के सामने एक 'सिफ़र' की भला क्या बिसात (सिफ़र उन दिनों सोनिया का भाजपा द्वारा दिया गया नया नाम था)।

भाजपा द्वारा जो एक महान निश्चितता का प्रदर्शन हो रहा था, मुझे याद है मैंने कुछ सवाल उठाते हुए एक आलेख लिखा था :

"अब जब एन.डी.ए. के नेतृत्व का कमान सँभाले भाजपा ने चुनाव सितम्बर से अप्रैल कर दिया है, प्रश्न यह उठता है कि क्या वाक़ई भाजपा की स्थिति इतनी सशक्त है? क्या पार्टी अपने 1999 के 182 लोकसभा सीटों के प्रदर्शन को बेहतर कर पायेगी? दूसरी सहयोगी पार्टियाँ क्या अपने निजी राज्यों में अपनी साख और सत्ता बनाये रख पायेंगी? इस्लामाबाद में आयोजित सार्क सम्मेलन के बाद क्या एक अटल लहर चल पड़ी है, जो चुनाव के निकट मार्च–अप्रैल तक तूल पकड़ लेगी? क्या वाक़ई भाजपा नेताओं के पास यथेष्ट कारण हैं जो 'फ्रॉम फील गुड टू फील ग्रेट' (अच्छे एहसास से बहुत बढ़िया एहसास) जुमले को बारम्बार दोहराते पाये जाते हैं? कई राज्यों की ज़मीनी हक़ीक़तों और आँकड़ों पर अगर सच्चाई से नज़र दौड़ायें तो एक सवाल उठता है : अगर कर भी ले, तो भाजपा यहाँ किन क्षेत्रों में सम्भावित बढ़त हासिल कर सकती है?"[1]

बात आगे बढ़ाते हुए मैंने लिखा, '200 सीटों की उपलब्धि के दावे कुछ अवास्तविक से प्रतीत हो रहे हैं, ज़मीनी हक़ीक़तों पर नज़र डालें तो 182 सीटें भाजपा ले आये, यथेष्ट होगा।' आउटलुक ने अपने जनमत सर्वेक्षण की परम्परा निभाते हुए (जो पूरी तरह से ग़लत साबित हुए)

एन.डी.ए. की जीत का पूर्वानुमान पेश किया; गुजरात विधानसभा चुनावों के दौरान किये गये जनमत सर्वेक्षण में आउटलुक ने मोदी की हार का पूर्वानुमान लगाया था जिसकी एवज़ में उसकी ख़ासी फ़ज़ीहत हुई थी। अलबत्ता मैं अपने मूल्यांकन पर कायम रही, जनमत सर्वेक्षण के साथ सामंजस्य स्थापित करना मेरी नीयत न थी।

अलबत्ता, जहाँ तक भाजपा की नयी चुनावी रणनीति का प्रश्न है, यह कहना उचित होगा कि हिन्दी भाषी केन्द्रीय स्थल के भाजपा और आर.एस.एस. नेता आरम्भ से ही इसे लेकर संशय में थे। वे बिल्कुल भी 'फील गुड' जुमले से मुतासिर न थे। 'यह एक ऐसा जुमला है जिसे सिर्फ़ शहरी मध्यवर्गीय समझ सकता है।' हम इसे हिन्दी में अनुवाद भी नहीं कर सकते—अधिकांश भारतीयों का इससे कोई लेना—देना ही नहीं है, बिहार के एक नामचीन नेता का कहना था।

दल ज़िद पर अड़ा रहा : इण्डिया वॉज शाइनिंग एण्ड एवरीवन वाज फीलिंग गुड (इण्डिया का उदय हो रहा था और सब अच्छा अनुभव कर रहे थे)। वेंकैया नायडू मुझसे बोले, 'शीघ्र ही हम अच्छे से बढ़िया अनुभव करने वाले हैं।'

× × ×

2004 के चुनावी परिणाम घोषित होने के एक दिन पहले भाजपा के दिल्ली मुख्यालय के मीडिया कक्ष के वातानुकूलन ने काम करना बन्द कर दिया। पेशानी से अपना पसीना पोंछते हुए प्रवक्ता मुख़्तार अब्बास नक़वी ने हास्य की बचकानी—सी कोशिश करते हुए कहा, 'इण्डिया अब भी दमक रहा है—अगर उसमें कोई अड़चन है, उसकी ज़िम्मेदार कांग्रेस पार्टी है।' पार्टी की शानदार जीत का उन्हें इस क़दर यक़ीन था।

अगले दिन मई 13, 2004 को, आमतौर पर बड़ी बातूनी भाजपा, सदमे में थी और बिल्कुल मौन। भाजपा पहले के मुक़ाबले 44 सीटों से नीचे आ गयी थी और कांग्रेस को 33 सीटों की बढ़त मिली थी और उसकी संख्या बढ़कर अब 145 थी। इस अंजाम पर टिप्पणी हेतु ज़िम्मेदारी प्रमोद महाजन को सौंपी गयी कि वह कहें कि वह 'चकित भी हैं और भग्न हृदय भी।'

भाजपा के राष्ट्रीय नेतृत्व पर जो टूटा, वो किसी क़यामत से कम न था। ऐसा सदमा और अवसाद!! वेंकैया नायडू अब भी इण्डिया शाइनिंग और फील गुड को जकड़े हुए थे, इस बात को अब भी नकारते हुए कि ज़मीनी हक़ीक़त और थी।

भाजपा के लिए यह हार बृहद् थी, अब उनके सामने उनके अस्तित्व के मूल की ही परिभाषा मुँह बाए खड़ी थी। न केवल उदारवादी अटल जी अपना प्रधानमन्त्रित्व एक महज़ 'विदेशिनी' से हारे थे, महान 'हिन्दू हृदय सम्राट' नरेन्द्र मोदी को भी गुजरात में अपने पैरों तले से ज़मीन खिसकती अनुभव हो रही थी, जहाँ भाजपा का प्रदर्शन उम्मीद से कहीं नीचे रहा था।

× × ×

2004 में जिस प्रकार प्रधानमन्त्री को प्रदर्शित किया गया, कथित रूप से नरेन्द्र मोदी इससे नाखुश थे। दल के एक अन्दरूनी फ़ोरम में, विश्वसनीय सूत्रों के अनुसार, उन्होंने ऐसा कहा कि मुसलमानों को रिझाने की चेष्टा व्यर्थ थी, भाजपा को उनका समर्थन मिलना असम्भव था।[2] इसके अलावा उनकी धारणा थी, मुसलमानों से नज़दीकियाँ बढ़ाने से हिन्दुओं से दूरी निश्चित थी। प्रधानमन्त्री जी ने बिहार के किशनगंज में अपने भाषण में 2 लाख उर्दू उस्तादों के लिए रोज़गार की बात की थी, जिसके फलस्वरूप नरेन्द्र मोदी ऐसी आलोचना पर उतरे थे।[3]

चुनावों से पहले उत्तर प्रदेश में हिमायत कमिटी स्थापित की गयी थी जिसका काम अपने समुदाय में वाजपेयी की बात पहुँचाना था। चुनावी हार के बाद कमिटी को भी दल के कुछ वर्ग और आर.एस.एस. से कड़ी आलोचना का सामना करना पड़ा। हिमायत कमिटी ने प्रचार हेतु इस्तेमाल किये गये बस में वाजपेयी और मुशर्रफ दोनों की तसवीरें लगा रखी थीं, जिस पर यूपी के एक पूर्व सांसद बोल उठे, 'जब चुनाव में हमारे जैसा एक हिन्दू दल पाकिस्तानी चेहरा लेकर वोट माँगने जाता है, आपको समझ लेना चाहिए भाजपा पथभ्रष्ट हो चुकी है।'

बीती बातों का अवलोकन करने पर, मुसलमानों को तथाकथित रिझाने का खेल हास्यास्पद हद तक जा पहुँचा था, यह बात वाक़ई माननी पड़ेगी। एक प्रचार के लिए बनी फ़िल्म में जामा मस्जिद के इमाम बुखारी

को अपने समुदाय से भाजपा के लिए वोट करने की अपील करते दिखाया गया–यह वही इमाम हैं जो आये दिन फतवे जारी करते रहते हैं और जिन पर कोई मुसलमान कान नहीं धरता है।

अन्ततः यह बात सबके सामने स्पष्ट थी कि यह ज़बरदस्ती रिझाने का खेल इण्डिया शाइनिंग अभियान के साथ खेले गये तमाशे से ज़्यादा कुछ न था जो पूरी तरह से नाकामयाब रहा। दल में कट्टरपन्थियों को अपनी जिस बात पर ज़ोर डालने का मौक़ा मिल गया, वो यह था कि उनका मूल मन्त्र–सिद्धान्तों पर ध्यान मुख्य हो और बाक़ी सब गौण। भाजपा की काशी, मथुरा और फ़ैज़ाबाद (अयोध्या) में मिली हार विशेष रूप से अपमानजनक थी।

उस वक़्त आर.एस.एस. के सबसे प्रखर वक्ता राम माधव थे 'जो अब भाजपा के मुख्य सचिव हैं और दल के नये क्षेत्रों में प्रचार का (ख़ासकर देश के उत्तरी–पूर्व अंचल) महत्त्वपूर्ण कार्य देखते हैं। 2004 की हार के बाद, आर.एस.एस. प्रवक्ता के तौर पर उन्होंने मुझसे जो कहा था, यहाँ पेश करती हूँ :

> इस चुनाव में सिद्धान्तों पर ज़्यादा ज़ोर न था, और सारा ध्यान विकास और नेतृत्व पर केन्द्रित रहा। सिद्धान्तों में आयी नरमी के कारण हो या एक धर्मनिरपेक्ष छवि को पेश करने के, दल के कार्यकर्ताओं या हमारे मूल मतदाताओं में उत्तेजना या उत्साह की भारी कमी महसूस हुई है। हमें यह सुनिश्चित करना होगा कि आइन्दा हमारा मूल कार्यसेवक या मतदाता हतोत्साहित या बेज़ार न हो जाये। हमें किसी कीमत पर उनका साथ नहीं खोना है।[4]

मुस्लिम पक्ष और हिन्दू वोट, इस विवाद को रहने दें, भाजपा अपना मूल शहरी मध्यवर्गीय समर्थन खो चुकी थी और यह एक सच्चाई थी। इण्डिया शाइनिंग विफल हुआ, क्योंकि उसने ग्रामीण भारत की समस्याओं को नज़रअन्दाज़ किया। परिणामों की सूक्ष्म समीक्षा से यह ज्ञात हुआ कि भारत के उन हिस्सों से भी उन्हें नकारात्मक परिणाम मिले थे जहाँ आर्थिक सुधारों के वजूद से 'फील गुड' और उपभोक्तावादी निर्वाण की स्थिति थी दिल्ली में जहाँ दल का पहले सातों सीटों पर कब्ज़ा था, वहाँ केवल एक सीट पर जीत हासिल हुई थी। भारत की औद्योगिक राजधानी

मुम्बई के नतीजे और भी निराशाजनक थे, जहाँ चुनाव के पहले भाजपा का शिवसेना से गठबन्धन हुआ था। वाजपेयी सरकार के नामी–गिरामी कई नाम और तत्कालीन लोकसभा स्पीकर मुरली मनोहर जोशी, सबको हार का मुँह देखना पड़ा था। सबसे बड़ी हार कांग्रेस के उम्मीदवार अभिनेता गोविन्दा के हाथों भाजपा के वरिष्ठ नेता और तत्कालीन केन्द्रीय पेट्रोलियम मन्त्री राम नाइक की थी। इस उत्तरी मुम्बई सीट पर राम नाइक रिकॉर्ड फासले से पाँच बार विजयी हुए थे।

कुल मिलाकर, वाजपेयी मन्त्रिमण्डल के 26 सदस्यों को हार का मुँह देखना पड़ा था। भाजपा के अधिकतर प्रखर वक्ता–सुषमा स्वराज, अरुण जेटली, प्रमोद महाजन, जसवन्त सिंह–राज्यसभा सदस्य बन चुके थे, और चुनावी प्रक्रिया से लोकसभा में आये वरिष्ठ नेता यशवन्त सिन्हा और मुरली मनोहर जोशी इस बार चुनाव हार चुके थे। यह वाक़ई एक विराट पराजय थी।

इसके बाद निर्बाध पतन की बारी थी।

भाजपा का प्रहसन

वैश्विक इतिहास के बनने में चीन के कर्णधार दिवंगत माओ–त्से–तुंग की एक निश्चित भूमिका रही है। अटल बिहारी की नहीं रही फिर भी अटल को वैसी ही पदवियों से सम्मानित किया गया। इस आदरणीय बुज़ुर्ग के लिए भाजपा ने अपने संविधान में संशोधन करते हुए संसदीय पार्टी के चेयरमैन के पद की सृष्टि की; उसी सन्ध्या उन्हें चेयररमैन, एन.डी.ए. का भी पद मिला और इस प्रकार वे 'दोबारा चेयरमैन' बने।

2004 के आम चुनावों में भाजपा की हार हुई थी। विपक्ष के नेता स्वरूप उनका काम मशक्कत वाला था, जिसे निबाहने की अब उनमें ख़ास दिलचस्पी दिखाई न देती थी। चेयरमैन की पदवी मिलने पर उन्हें सन्तोष था (कर्णधार कहलाये जाने को लेकर वे किंचित् पक्षपाती थे)।

भाजपा मुख्यसचिव वेंकैया नायडू से जब इस भूमिका की शुद्ध परिभाषा जाननी चाही कि क्या इसका अर्थ ज़िम्मेदारियों के बग़ैर सत्ता और अधिकार का होना था, उन्होंने कुछ तीखे अन्दाज़ में कहा, 'इसका अर्थ है 'सम्मान' के साथ ज़िम्मेदारी।'

तदनन्तर, भाजपा में बिल्कुल ही बेतुका–सा नाटकीय खेल देखने को मिला। 'विदेशिनी' सोनिया जहाँ अपनी पार्टी की इस बड़ी सफलता को शिष्टता और गरिमा के साथ सँभालती दिखीं, भाजपा की सुषमा स्वराज और उमा भारती में सुर्खियाँ बटोरने की होड़–सी दिखी। जिन्होंने स्वयं को भाजपा में भारतीय नारीत्व का प्रतीक स्वरूप दर्शाया था, अपनी अहमकाना करतूतों से उन्होंने भाजपा को शर्मसार ही किया। एक ओर कांग्रेस सरकार गठन की ओर अग्रसर थी, वहीं भाजपा की यह मोहतरमाएँ ऐसे दावों के लिए होड़ लगा रही थीं जो राजनीतिक तमाशे के निहायत फूहड़ प्रदर्शन के सिवा कुछ न था।

सोनिया के प्रधानमन्त्री पद स्वीकारने की स्थिति में सुषमा स्वराज ने सर मुँडवाने, सफ़ेद परिधान धारण कर भूमि शैया पर सोने और भुने चने खाने का प्रण लिया। परम्परागत भारतीय नारीत्व की प्रतीक अगर स्वयं उच्च कुल की विधवा का, व्यवहार, आचरण और वेशभूषा अपनाने की धमकी और भय दिखा रही थी, इस डंके पर क्या भाजपा की संयासिन नेता मुँह ताकती रहती? विलक्षण गुणसम्पन्न, श्लोकोच्चारण करने वाली बालिका से साध्वी बनी उमा भोपाल लपकती दिल्ली पहुँचीं, वेंकैया नायडू को अपने मुख्यमन्त्री पद का इस्तीफ़ा थमाते हुए, उन्होंने आनन–फानन पत्रकार सम्मेलन बुलाकर अपने केदारनाथ, बद्रीनाथ यात्रा की घोषणा कर दी। जहाँ ऐसी नाटकीयता पर लोग फ़ब्तियाँ कस रहे थे (भाजपा कार्यकर्ताओं ने परिहासपूर्वक कहा भी कि उमा भारती को अवकाश की आवश्यकता है) इस बात से सबने चैन की साँस ली कि मुंडित साध्वी ने पुनः 'सर मुँडवाने' की बात नहीं की थी। 2003 में मध्य प्रदेश विधानसभा चुनाव जीतने के तुरन्त बाद ही उमा ने सर मुँडवा लिया था, 2004 आम चुनाव में भाजपा की हार के बाद वेंकैया नायडू ने तिरुपति जाकर अपनी केशाहुति दी थी। मैं अरुण जेटली के पास उनके वक्तव्य के लिए गयी थी, जिन्हें शायद ही कभी अपनी विनोदप्रियता खोते देखा गया था। जब मैंने उनसे कहा कि देश में प्रचलित बालकों की मुंडन प्रथा से प्रेरित हो लोग अब भाजपा को भारतीय मुंडन पार्टी का नाम दे रहे थे, बिना कोई प्रतिक्रिया चेहरे पर लाये वे बोले थे, 'काश कि मेरी पार्टी के लोग यह समझ पाते कि आज का दौर 24/7 समाचार चैनलों का है।'[1]

× × ×

पराजय के दो महीने पश्चात्, भाजपा नेतृत्व चिन्तन बैठक में हिस्सा लेने गोवा रवाना हुआ। यह संघ परिवार द्वारा स्थापित एक अनोखी परिपाटी है जिसमें एकत्रित सदस्य आत्म–चिन्तन करते हैं और भविष्य की योजनाएँ बनाते हैं।

मुझे याद है इन तीस नेताओं की चिन्तन बैठक पर मैंने व्यंग्यात्मक लेख लिखा था जिसमें चिन्तन बैठक में आये नेताओं के चिन्तामग्न चेहरे का ज़िक्र मैंने मज़े लेते हुए किया था!

चार दिनों तक लगातार चली इस बैठक में नेताओं ने एक विशाल कक्ष में स्वयं को क़ैद कर लिया और अनवरत भाषणों के कहने और सुनने का सिलसिला चलता रहा। नेतागण इतने विचारशील और चिन्तन मग्न रहे कि गोवा के प्राकृतिक सौन्दर्य और उसकी ख़ूबसूरत तटों का आनन्द भी न उठा पाये। सुरक्षा चेतावनी के चलते भी शायद उन्होंने ख़ुद को बाहरी दुनिया से दूर रखा। इन सब के बीच मीडिया का, दल में पनपती पाँच सितारा संस्कृति को सुर्ख़ियों में लाने का उत्साह उपस्थित महानुभावों के लिए सरदर्दी ही था। एहतियात बरतने का यह आलम था, मीडिया की आलोचना के डर से मनोरंजन ख़ातिर सोचा गया एक छोटा–सा जल विहार भी रद्द कर दिया गया।

सुबह नौ बजे से रात्रि आठ बजे तक, केन्द्रीय मण्डली सिर्फ़ चिन्तन में डूबी रही। बैठक के एक सहभागी जो पत्रकारों से मिलने बाहर आये, इस विकट परिस्थिति पर विनोदपूर्ण ढंग से बोले, 'एक शाम हमने वरिष्ठ नेता विजय कुमार मल्होत्रा को गाना सुनाने का अनुरोध किया, लेकिन उन्होंने यह कहकर क्षमा माँग ली कि उनकी तो आवाज़ ही साथ छोड़ गयी है।' बहरहाल, जो भी मनोरंजन नज़र आया, वो बैठक के अन्तिम चरण में ही आया जब मुरली मनोहर जोशी ने वेंकैया नायडू की 'ओजस्वी' और 'प्रभावी' नेतृत्व की प्रशंसा में प्रस्ताव पारित किया। उनके और नायडू के शुष्क सम्बन्ध किसी से छुपे न थे। 'हम में से कुछ तो अपनी कुर्सी से गिरते–गिरते बमुश्किल बचे' दल के एक मुख्य सचिव का कहना था।

दिग्गज आडवाणी और अटल बुरी तरह से आहत थे। ज़्यादातर युवा नेता ज़रूर इस बैठक से यह धारणा लिए लौटे।

आलम यह था, जब प्रतिनिधियों ने क्षेत्रीय पार्टियों को फुसलाकर अपने साथ मिलाकर कांग्रेस सरकार को गिराने का सुझाव दिया, उन दोनों ने वास्तव में पूरी योजना को ध्यानपूर्वक सुना। दोनों दिग्गजों को आलोचना का सामना भी करना पड़ा, जो भाजपा में उन दिनों की एक परम्परा रही थी। गोवा में वाजपेयी सरकार को न केवल अपने दल के सिद्धान्तों से पथभ्रष्ट होने पर फटकार पड़ी, उन्हें यह भी सुनना पड़ा कि इनमें जिन सामाजिक समूहों का उन्होंने सहयोग प्राप्त किया था, वे कैसे उनकी सर्वथा 'अनुपयुक्तता' से 'बेख़बर' रहे। आडवाणी पर निशाना

साधते हुए उनके 'फील गुड' नारे की व्यर्थता और देश प्रवर्तन हेतु ली गयी उनकी भारत उदय यात्रा के निष्फल होने का कठोर यथार्थ उनके समक्ष रखा गया। जिसके नतीजतन, सही उम्मीदवारों के चयन जैसे महत्त्वपूर्ण मामले की अवहेलना हुई और अप्रासंगिक कार्यों पर तवज्जो ज़्यादा रही।

हालाँकि एन.डी.ए. के सहयोगी दल जैसे टीडीपी और जेडी (यू) का मानना था कि हार की वजह गुजरात दंगे ही थे और दल को कट्टर सिद्धान्तों से दूर रहने की चेतावनी दी। कुछ ऐसी ही मीमांसा अटल जी की अपनी भी थी।

बहरहाल, यह चार दिन की चिन्तन बैठक भी भविष्य के लिए किसी प्रकार का प्रतिमान स्थापित करने में विफल ही रही। नेतागण लौटकर फिर वही राष्ट्रवाद, हिन्दुत्व, अल्पसंख्यकों का तुष्टिकरण आदि का पुराना राग अलापते दिखाई दिये। सहयोगी दलों को भाजपा के सामने आने वाली दिक्क़तों का भान हो रहा था और यह चिन्ता का विषय था।

× × ×

गोवा चिन्तन बैठक के तीन महीने बाद, भाजपा के सतत्तर वर्षीय लालकृष्ण आडवाणी को भाजपा प्रमुख और विपक्ष के नेता के रूप में स्थापित किया गया। दल प्रमुख के रूप में यह उनका पाँचवाँ कार्यकाल था और इस बात से अब यह तय–सा हो गया था कि अटल बिहारी वाजपेयी अर्द्ध सेवानिवृत्त अवस्था में पहुँच गये हैं। वेंकैया को मध्यावधि में ही अपने पद से इस्तीफ़ा देना पड़ा। प्रेस को यह जानकारी दी गयी कि वह अपनी पत्नी की दीर्घ काल से चली आ रही बीमारी से भावनात्मक तौर पर टूट से गये थे और अब कुछ दिनों का अवकाश चाहते थे। जिस दल की पन्द्रह वर्ष पहले राष्ट्रीय राजनीतिक पटल पर धमाकेदार, चौंका देने वाली उपस्थिति हुई थी, आज उसका मनोबल कितना नीचे था।

वेंकैया के इस्तीफ़े का यह बड़ा सरल–सा खुलासा था।

दल के क़रीबी सूत्र कुछ और ही बयान कर रहे थे। यह एक सोची–समझी योजना के तहत हुआ था जिसे भाजपा के दूसरी क़तार के नेताओं और भाजपा में आर.एस.एस. द्वारा मनोनीत सदस्यों, भाजपा

के सेवामुक्त महासचिव संजय जोशी और उप–प्रमुख बाल आप्टे ने कार्यान्वित किया था। आडवाणी को इस पद के लिए राज़ी करने की मुख्य भूमिका में थे अनन्त कुमार और अरुण जेटली।

ऐसा कदापि न समझा जाये कि इस पद के अन्य दावेदार नहीं थे–डॉ. मुरली मनोहर जोशी दल प्रमुख स्वरूप एक विकल्प थे और आर.एस.एस. के एक वर्ग द्वारा ऐसी कहानियाँ भी गढ़ी जा रही थीं कि आर.एस.एस. प्रमुख के.एस. सुदर्शन और वाजपेयी दोनों चाहते थे कि आडवाणी की जगह जोशी हों। इसमें कोई शक़ नहीं था कि सुदर्शन का जोशी के साथ बढ़िया तालमेल था और वाजपेयी ने उन्हें पहले भी, अपने ही दल के राजनीतिज्ञ से टक्कर लेने की गरज से इस्तेमाल किया था। तथ्य यह था कि आडवाणी के रहते डॉ. मुरली मनोहर जोशी का पुनः दल का प्रमुख बनना नामुमकिन था।

जैसा कि देखा गया, आडवाणी के दल प्रमुख बनने के वक़्त मुरली मनोहर जोशी इलाहाबाद में थे। वेंकैया के पद त्याग जैसे नाज़ुक वक़्त में भी उन्हें दिल्ली नहीं बुलाया गया। यह और बात है कि वेंकैया नायडू ने ही उन्हें शाम पाँच बजे फ़ोन कर घटित नाटकीय घटनाक्रमों के बारे में सूचित किया।

इन सबमें एक और अनुपस्थिति रूठी हुई संयासिन उमा भारती की थी। उनके सहयोगी उन्हें आने के लिए मना रहे थे लेकिन उत्तरांचल की पहाड़ियों में स्थित मधमहेश्वर के शिवमन्दिर में अपने आश्रय स्थल से, जहाँ उन दिनों वे रह रही थीं, उनकी ओर से कोई स्पष्ट संकेत नहीं मिल रहे थे। (तब तक भाजपा का दूसरा उम्मीदवार मुख्यमन्त्री पद पर आसीन हो गया था)। ग़ौरतलब बात यह है कि एक हिन्दुत्व साख वाली महिला व ओबीसी नेता स्वरूप भाजपा में उनका महत्त्वपूर्ण स्थान था।

लालकृष्ण आडवाणी ने आउटलुक को बताया कि 27 अक्टूबर को आयोजित राष्ट्रीय कार्यकारिणी बैठक में, जहाँ उनके भार ग्रहण की औपचारिक पुष्टि होने जा रही थी, उमा भारती की उपस्थिति की उन्हें स्पष्ट जानकारी नहीं थी। अलबत्ता उन्होंने इस बात की पुष्टि की कि उमा भारती के लिए भूमिका तय की जायेगी, ख़ासकर अब जब दूसरी क़तार के नेताओं में उच्च जाति का वर्चस्व था, उमा उन गिने–चुने पिछड़ी जाति के चेहरों में थीं जो भाजपा में उस वक़्त थे।

बहरहाल, इस साक्षात्कार के दौरान आडवाणी जी ने आउटलुक से खुलकर बातचीत की। हिन्दी पट्टी के केन्द्र में आये फ़ासले को पाटने का काम भाजपा के लिए अब अहम था जिस पर पूरी तवज्जो देनी थी। दल के लिए यह सबसे बड़ी चुनौती थी। अपने चरमोत्कर्ष पर भाजपा के पास उत्तर प्रदेश से पचास से अधिक सांसद थे, 1991 के बाद, राम मन्दिर आन्दोलन के पश्चात् भाजपा ने 51 सीटें; 1996 में 52 सीटें; और 1998 में 57 सीटों पर विजय प्राप्त की थी। वास्तविक अधोगमन 1999 में आरम्भ हुआ जब भाजपा ने उत्तर प्रदेश में मात्र 27 सीटें ही जीतीं। 2004 के चुनावों में तो यह गिरकर 10 ही रह गयी थीं। 2014 के आम चुनावों में नरेन्द्र मोदी के नेतृत्व में भाजपा ने 80 में से 71 सीटों पर जीत हासिल की। इस बहाली तक आते–आते दस साल लग गये थे।

× × ×

आख़िरकार 27 अक्टूबर को, दिल्ली के तालकटोरा स्टेडियम में भाजपा राष्ट्रीय कार्यकारिणी की बैठक हुई, जिसमें औपचारिक तौर पर आडवाणी दल प्रमुख नियुक्त हुए। समारोह स्थल पर एक समूह द्वारा गाया जा रहा बेसुरा संगीत 'हिम्मत कभी न हारो' की प्रस्तुति ऐसी थी जैसे कुछ स्कूली बच्चों को एकत्रित कर गवा दिया जाये। अलबत्ता सुर–ताल का असामंजस्य और सभा के लहजे और स्वर में बढ़िया तालमेल दिख रहा था। जैसे ही उन्होंने एक और बेसुरा राग छेड़ा, अटल जी ने आडवाणी जी के गले में हार डाल दिया।

उस दैत्याकार हार के सिवा आडवाणी के पाँचवीं बार दल अध्यक्ष बनने का कोई और यादगार पल नहीं था। मात्र वही 'कोडक क्षण' था। दल के अध्यक्ष और सदस्य उपयुक्त बातें करने की पूरी चेष्टा कर रहे थे, जो सही सुर पकड़ ले, फिर भी कहीं कुछ कमी–सी नज़र आती थी, पूरा मामला एक पूर्वानुभव का आभास दे रहा था। फिर आरम्भ हुआ सेवामुक्त अध्यक्ष वेंकैया नायडू का लम्बा, शब्दाडम्बरपूर्ण उबाऊ भाषण और यह श्रोताओं की निरी बदकिस्मती थी कि उस दिन वे अपने रंग में नज़र आये! 'लोग कहते हैं आडवाणी जी 77 वर्ष के हैं (यह जैसे कोई राज़ की बात रही हो) मुझे तो यह 37 वर्षीय युवा नज़र आते हैं, जो

ऊर्जा से भरे हैं और दो–दो पदभार भार उठाने में सक्षम हैं (दल अध्यक्ष और विपक्ष के नेता)'। इसके बाद उनके मुखश्री से, भाजपा में परिलक्षित सैद्धान्तिक अस्पष्टता के बचाव में जुमला फूटा, 'कोई हार्डवेयर–सॉफ्टवेयर नहीं है।' (यानी दल में कोई भ्रान्ति नहीं है)

अब बारी थी 'लौह पुरुष' लालकृष्ण आडवाणी जी की, कि वे आकर 2,500 लोगों को सम्बोधित करें। स्टेडियम खचाखच भरा था। एक घण्टे से ज़्यादा अवधि वाले उनके भाषण और प्रेस को दिये गये व्याख्यान में, जो तैयार किया हुआ था, कहीं–कहीं सूक्ष्म–सा अन्तर था। जल्द ही यह बात साफ़ हो गयी कि वे सन्तुलन दण्ड पर पाँव धरे चल रहे थे–यह बात स्पष्ट नहीं थी कि वे भाजपा को सम्बोधित कर रहे थे या आर.एस.एस.–भाजपा के शिकरों को सम्बोधित कर रहे थे, जिन्होंने दल द्वारा ली गयी दिशा से बड़े खुले तौर पर अपनी असहमति प्रकट की थी। मैंने बाद में जैसा आडवाणी जी के लिए आउटलुक में लिखा था, 'सबकी हाँ में हाँ मिलाने और सबको ख़ुश रखने की कोशिश में कहीं आडवाणी अपना सन्तुलन न खो दें।'

मसलन, तैयार किया गया व्याख्यान राम मन्दिर मुद्दे को लेकर अस्पष्ट था, केवल इतना कहा गया कि मन्दिर निर्माण को वह कृतसंकल्प हैं पर उसके विषय में और ब्योरे नदारद थे। इसके बावजूद, जिस तरह आडवाणी जी उस दिन बोले, ऐसा अन्देशा हुआ कि आन्दोलन को पुनर्जीवित करना चाहते हों। अभी भी, राम मन्दिर वो एकमात्र मुद्दा था जो लोगों में उत्तेजना की सृष्टि की क्षमता रखता था।

इस बात की अहमियत इसलिए भी थी कि आडवाणी ने यह छह साल बाद दोहरायी थी। इसे मानो इशारा समझ दल के कार्यकर्ताओं ने जय श्रीराम के नारों से वातावरण गुंजायमान कर दिया। एक अति उत्साही युवक ने तो एक पुराना लोकप्रिय नारा भी साथ दोहरा दिया, 'जो हिन्दू हित की बात करेगा, वही देश में राज करेगा।' इसके बाद भीड़ उसी उदासीन विरक्ति की दशा में पुनः पहुँच गयी।

आडवाणी कभी भी ज़बरदस्त राजनीतिक वक्ता नहीं रहे। अलबत्ता वे अपनी बात बहुत तौल के कहने के आदी थे, इसलिए उनकी बातों को दल में संजीदगी से लिया जाता था। अपने भाषण के दौरान उन्होंने कहा, 'जवाहरलाल नेहरू के प्रशासन के बाद एकमात्र श्री वाजपेयी जी

के प्रशासन का प्रदर्शन सबसे अच्छा रहा है और इसे ऐसे ही याद रखा जायेगा।' इस पर एक ही युक्तिपूर्ण प्रश्न उठता था–फिर क्यों देश की जनता ने भाजपा–एन.डी.ए. को नकार दिया? आडवाणी ने इसका भी उत्तर अपने शब्दों में दिया, 'हमने यह मान लिया था कि सुशासन और चुनावी नतीजों के बीच सीधा सम्बन्ध है लेकिन हमने दोनों को असम्बद्ध पाया। हम इस नतीजे पर पहुँचे हैं कि सुशासन के साथ नीतिज्ञ राजनीति का होना ज़रूरी है।'

क्या वह नीतिज्ञ राजनीति ही थी जिसे नरेन्द्र मोदी अमल में ला रहे थे? आउटलुक के अपने रिपोर्ट में मैंने लिखा था :

> गुजरात के मुख्यमन्त्री ने एक ऐसा राजनीतिक भाषण दिया है जिसमें भविष्य में खेली जाने वाली राजनीति का सुराग छुपा था। जो सबसे बड़ी चुनौती है, वो दल नहीं देश है और यह देश फिर विध्वंस की कगार पर खड़ा होगा अगर मुसलमानों को आरक्षण दिया जायेगा।
>
> 'वोटबैंक की राजनीति कर कांग्रेस इस बात पर दृढ़संकल्प है कि देश का पुनः बँटवारा हो,' मोदी दहाड़े। खोजी कुत्ते जैसी घ्राणशक्ति लिए मोदी उस मुद्दे को सूँघ चुके थे, जिस पर अब भाजपा का अगला सैद्धान्तिक युद्ध लड़ा जाना था। अगर मुसलमानों को आरक्षण मिलता है और कांग्रेस इस मुद्दे की बारीकियों को सही तरह से पेश करने में असमर्थ होती है, तो यह कहना ग़लत न होगा कि आडवाणी के पश्चात् नरेन्द्र मोदी भाजपा का चेहरा बनेंगे।[2]

यह एक ऐसा दिन था जिसकी शुरुआत एक बेहद उबाऊ से भाषण से आरम्भ होकर झटकों में आगे बढ़ रही थी, वाजपेयी जी का भाषण अभी बाक़ी था। 'आडवाणी जी' ने कहा कि वह 'दल के अध्यक्ष तब भी रहे हैं जब दल के अध्यक्ष नहीं थे।' इस टिप्पणी ने सबको यह सोचने पर मजबूर कर दिया कि पूर्व प्रधानमन्त्री वाजपेयी वाक़ई आडवाणी जी की प्रशंसा कर रहे हैं या अपने पुराने सहयोगी से चुहल कर रहे हैं! अगले ही पल अपने बुजुर्गाना अन्दाज़ में आते हुए वे बोले, 'आडवाणी सदैव ही पथ–प्रदर्शक स्वरूप बने रह सकते हैं, मैं निश्चिन्त बैठ सकता हूँ।' विनोदप्रिय अटल आगे बोले, 'एक बार जब मैं और आडवाणी दोनों

चुनाव हार गये थे और शाम कैसे काटें, यह तय नहीं कर पा रहे थे, हम सिनेमा देखने चले गये (लम्बी चुप्पी) नाम था 'फिर सुबह होगी'।' (वे 1958 में प्रदर्शित फ़िल्म 'फिर सुबह होगी' का ज़िक्र कर रहे थे) मायने समझ तालियों का शोर गूँज उठा और महीनों बाद दल के कार्यकर्ताओं के चेहरे पर मुस्कान देखने को मिली। कहना न होगा, उस दिन वाजपेयी ने ख़ूब तालियाँ और वाहवाही बटोरी।

अलबत्ता दल के दूसरे पुराने अनुभवी मुरली मनोहर जोशी का आचरण शालीन और शिष्ट न था। आडवाणी के भाषण के बीच ही वे उठकर चल दिये और लौट कर नहीं आये। उस शाम ऐसा बहुत कुछ हुआ, जो नज़र ने पहली बार पकड़ा—प्रमोद महाजन और अरुण जेटली साथ बैठे बतियाते दिखाई दिये; उमा भारती प्रतिभा आडवाणी के संग बैठी दिखाई दीं और संवाददाताओं को देख हाथ हिलाती नज़र आयीं, मानो अपनी वापसी दर्ज करा रही हों, पहाड़ों से भी और दल में भी। बस एक और नियमित–सा भाजपा का दिन, वह दौर जब भाजपा में एक से बढ़कर एक सजीव और नाटकीय शख़्सियतों का बोलबाला था।

जिन्नाह की प्रेत छाया और भाजपा

जून, 2005 में आडवाणी पाकिस्तान के दौरे पर निकले। अविभाजित भारत के सिन्ध सूबे में जन्मे आडवाणी बँटवारे के दोनों ही हिस्सों में अचानक उभर आये उन लाखों शरणार्थियों में से एक थे, जो भारत आ गये थे और जिनका राजनीति में कालान्तर में भाग्योदय हुआ।

आडवाणी की पाकिस्तान यात्रा में घटनाक्रमों का कुछ ऐसा अद्‌भुत सिलसिला हुआ, जिसमें पाकिस्तान के संस्थापक मुहम्मद अली जिन्नाह के प्रेत ने तदनन्तर भाजपा के दो दिग्गज नेताओं, 2005 में स्वयं आडवाणी और 2009 में जसवन्त सिंह के कार्यकाल को प्रभावित किया।

पाकिस्तानी सरज़मीन पर क़दम धरते ही, यह दक्षिणपन्थी बाज़ मानो किसी तिलिस्मी हक़ीक़ी नॉवेल की तरह, अचानक एक मुसलमान प्रेमी फाख़्ता में तब्दील नज़र आये। पाकिस्तान के साथ अमन, उनका सबसे पहला कथन; फिर कई अनेक कथन यथा बाबरी मस्जिद ध्वंस का दिन सबसे उदास दिनों में गिना जायेगा; बँटवारा एक अपरिवर्तनीय हादसा; हर हिन्दुस्तानी में एक पाकिस्तानी बसता है। उल्लेखनीय है कि यह सब उस दल प्रमुख के श्रीमुख से, जिस दल के सदस्य खुलेआम मुसलमानों को जिन्नाह की औलाद कहकर पुकारा करते थे। आडवाणी ने एक बेहद पेचीदा–सी बात कही, जिसमें उन्होंने जिन्नाह को वो 'महान व्यक्तित्व' बताया जिन्होंने हिन्दू, मुस्लिम एकता को बढ़ावा दिया था। यह सर्वविदित है कि जिन्नाह धार्मिक आधार पर द्विराष्ट्रीय सिद्धान्त के प्रतिपादक रहे हैं।

आडवाणी का यह कथन किसी पाखण्ड से कम न था, विशेषकर एक ऐसे भक्तों से भरे दल के लिए, जिसके सैद्धान्तिक–विचारक गुरु ने अपने उद्‌गारों से उनकी पूरी आस्था ही ख़ारिज कर दी थी, विश्वास डिगा दिया था! आडवाणी कोई टटपुँजिया नेता तो थे नहीं जिन्हें दल

बाहर का रास्ता दिखा देता। बात उस नेता की थी जो हिन्दुत्व के प्रधान निर्माता थे जिन्होंने अपने दल में नेताओं की वह दूसरी क़तार तैयार की थी जिन्हें जिन्नाह की आलोचना का यथेष्ट प्रशिक्षण मिला था।

दल के अध्यक्ष और दल के मध्य ऐसा बेमेल कभी इतना दृष्टिगोचर न था। भाजपा एक गहरे धर्मसंकट में फँसी थी। वीएचपी ने बिना एक क्षण गँवाये आडवाणी को 'देशद्रोही' घोषित कर दिया। आर.एस.एस. क्रुद्ध भी था और आडवाणी के इस रूपान्तरण पर स्तब्ध भी। सबसे जटिल लड़ाई तो दल के अन्दर लड़ी जा रही थी, जहाँ आडवाणी के अत्यन्त वफ़ादार भी उनके कथनों का अनुमोदन करने की स्थिति में नहीं थे। उनके दल के उदारवादी भी, जिन्नाह के प्रति इस संशोधित रवैये को, आडवाणी के बीच की राह निकालने की, सच्ची कोशिश के रूप में भी देखते, तब भी यह बेतुका नज़र आ रहा था। प्रमोद महाजन जैसे यथार्थवादी नेता हाशिये से इस पूरे प्रकरण पर चुपचाप नज़र गड़ाये थे; सुधीन्द्र कुलकर्णी को, जो आडवाणी के सहायक थे और जिन्होंने पाकिस्तानी यात्रा के उनके भाषण लिखे थे, सुषमा स्वराज ने आड़े हाथों लिया। सुधीन्द्र के दल से जिन्नाह वक्तव्य के विज्ञप्ति की माँग करने पर, एक अन्य वरिष्ठ नेता उन पर खीजते हुए बोले, 'क्या हम पाकिस्तान में चुनाव लड़ रहे हैं!' जिन्नाह वक्तव्य की विज्ञप्ति तो नहीं प्रकाशित हुई पर भाजपा की वेबसाइट पर वह अपलोड ज़रूर हुई। एकबारगी आडवाणी के अनुचर वेंकैया नायडू की बोलती भी बन्द पड़ी थी, उनके पास इस वक़्त बचाव में कहने लायक था ही क्या।

कई नेताओं ने सार्वजनिक तौर पर अपना सन्देह व्यक्त किया। मुरली मनोहर जोशी ने स्पष्ट तौर पर कहा कि 'अपने सिद्धान्तों से किसी प्रकार का समझौता असम्भव है, और आडवाणी के जिन्नाह पर कही उक्तियों का समर्थन करना वही होगा।' यशवन्त सिन्हा ने विपक्ष के नेता पद से उनके इस्तीफ़े की माँग की लेकिन फिर अपनी बात से मुकर गये। उत्तर प्रदेश के पूर्व मुख्यमन्त्री कल्याण सिंह अपनी आन्तरिक बैठक में यह कहते सुने गये कि चूँकि संसद में अब जिन्नाह विवाद होना तय था, दल को उससे मिलने वाली शर्मिन्दगी से बचाने के लिए आडवाणी से अनुरोध किया जाये कि वे पद त्याग दें। 'हमारे लिए उनके शब्दों के बचाव में विवाद और तर्क पेश करना, असम्भव है।' भाजपा में गिने–चुने मुस्लिम सदस्यों में एक शाहनवाज़ हुसैन बोले, 'जिन्नाह किसी भी भारतीय मुसलमान के नायक

नहीं हो सकते, वे हमेशा साम्प्रदायिक रहे, धर्मनिरपेक्ष कदापि नहीं। भाजपा को हमारा दिया गया साथ जिन्नाह की विरासत के विरोध में है, उसके बचाव में नहीं।' राम मन्दिर आन्दोलन के नायक विनय कटियार ने, जो अपने आग लगाने वाले भाषणों के लिए विख्यात हैं, अपनी ओर से जोड़ा, 'जिन्नाह ने पहले देश विभाजित किया, अब दल विभाजित कर रहे हैं।'

आडवाणी ने पाकिस्तान में दी गयी अपनी टिप्पणियों से क्या हासिल करने की कोशिश की, यह समझना इस राज़ को समझने जैसा होगा कि क्या उनकी सोच यह थी कि जिन्नाह की प्रशंसा से भारतीय मुसलमान कुछ नरम रुख़ अपनायेंगे? अगर ऐसा था, उनकी भारतीय धर्मनिरपेक्षता को लेकर सोच अत्यन्त बौनी थी। यह धारणा ही कि जिन्नाह भारतीय मुसलमानों के आदर्श हैं, मुआफ़ कीजिए, मुझे भी थोड़ा अपमानजनक ही लगा।

यह नाटक ख़त्म होने का नाम न लेता था और दिनोंदिन ज़्यादा विचित्र होता जाता था, क्योंकि लालकृष्ण आडवाणी अपनी बात पर कायम रहे, मुकरने से मना कर दिया। वे क्षुब्ध थे कि उनके दल ने उनकी वापसी के स्वागत में कोई गर्मजोशी नहीं दिखाई। यही नहीं, उनकी पाकिस्तान यात्रा की सफलता को नकारते हुए किसी भी तरह की टिप्पणी करने से भी दूर रहे। दूसरी क़तार के नेता जो अन्ततः उनसे मिलने भी गये, सुस्पष्ट शब्दों में आडवाणी ने उनसे कहा कि उनके बचाव में किसी का समर्थन उन्हें नहीं मिला, और इससे वे बहुत आहत हुए थे।

इसके बाद जो हुआ वो यह कि आडवाणी ने अपनी शख़्सियत और आधिकारिक शक्तियों को पूरी तरह अपना समर्थन जुटाने में लगा दिया जिसमें आर.एस.एस. का 'सिद्धान्तों पर कोई समझौता नहीं' बाधक बना। आख़िरकार जब वे सब कुछ कर हार गये, बात अटल बिहारी के हाथ में थी। वे अपने उस सहयोगी का अब साथ दें और बचाव भी करें, जिनके साथ उनके कार्य सम्बन्धी रिश्ते बड़े अद्‌भुत और जटिल रहे थे। वाजपेयी भी कम व्यावहारिक शख़्सियत नहीं थे। अपने अत्यन्त विश्वासपात्र छोटी–सी मण्डली में उन्होंने अपनी सोच यूँ रखी कि 'अगर आडवाणी यह दौर हारते हैं, दल उन कट्टरपन्थियों के हाथ चला जायेगा और जिस स्वरूप में सम्प्रति एन.डी.ए. है, उसके अन्त का बिगुल बज जायेगा।'[1]

बहरहाल, आडवाणी अब आर.एस.एस. के समक्ष थे और निर्णायक मुठभेड़ के लिए प्रस्तुत। अब तक आर.एस.एस. प्रमुख के. सुदर्शन सार्वजनिक रूप से दोनों दिग्गजों को यह कहकर अपमानित कर ही चुके थे कि अब युवा नेताओं के लिए स्थान छोड़ देना चाहिए।[2]

आडवाणी अब अपने वफ़ादारों में यह कह रहे थे कि आर.एस.एस. को सबक सिखाने का वक़्त आ गया था। कुछ महीनों बाद सितम्बर 2005 में भाजपा की चेन्नई में आयोजित राष्ट्रीय कार्यकारिणी की बैठक के पश्चात् संवाददाता सम्मेलन का आयोजन हुआ। जिन्नाह टिप्पणियों की वजह से उनके आर.एस.एस. का समर्थन हारने के नतीजतन यह सम्मेलन आयोजित हुआ था। 'ऐसी एक धारणा बलवती हो उठी है कि भाजपा कोई भी निर्णय आर.एस.एस. के कार्यकर्ताओं की सहमति बिना नहीं लेती.....ऐसी धारणा न तो दल के हित में है और न ही आर.एस.एस. के।'[3] आडवाणी बोले।

उनकी उक्तियों का बृहद् सैद्धान्तिक प्रभाव भाजपा पर पड़ने वाला था। इसके यह मायने होते कि दल अपने पहचान की राजनीति के उद्‌गम से अपना सम्बन्ध–विच्छेद कर लेता, पाकिस्तान–इस्लाम–मुस्लिम पिरामिड का ध्वंस उस व्यक्ति के द्वारा ही जिसने इसका निर्माण किया था! अगर यह मान कर भी चलें कि आडवाणी का एकमात्र लक्ष्य भाजपा में बदलाव लाना था और उनके इरादे नेक थे, पर जिस तरीक़े से यह सब किया गया, वह पूरे प्रकरण और उद्यम पर ही प्रश्नचिह्न–सा लगा जाता था।

जिस बात को लेकर उदारवादी परेशान थे वो यह कि एक भारतीय राजनीतिज्ञ को क्योंकर जिन्नाह की तारीफ़ में कसीदे पढ़ने पड़े? इसमें दो राय नहीं कि जिन्नाह की शख़्सियत और धारणाएँ द्वयर्थक रहीं, लेकिन उनकी विरासत उन सब सिद्धान्तों का प्रतिवाद है जिस पर भारत की बुनियाद बनी है। बँटवारे के वे हिमायती रहे, अलग धर्म, अलग देश, और जिस देश की उन्होंने स्थापना की, नाम भी उसका क्या रखा, पाकिस्तान, पाक इन्सानों की ज़मीन, जिसका यह अर्थ निकला कि बाक़ी सब नापाक हैं। मुझे कभी हैरत इस बात को लेकर होती है कि कहीं जिन्नाह को लेकर यह आसक्ति इसलिए तो नहीं कि भाजपा नेतागण भी मूलतः एक धर्म पर आधारित देश की परिकल्पना के साथ एकमत हैं?

मुझे इस बात का यक़ीन है कि अगर वाजपेयी ने जिन्नाह की तारीफ़ के सिरों को खुला रख, काव्यात्मक अभिव्यक्ति ही की होती तो वे इसमें सफल भी हुए होते। आडवाणी अपने सावधानी से चुने हुए शब्दों के ही जाल में फँस कर रह गये थे।

जैसा पहले भी मैं लिख चुकी हूँ, सारा दोष सुधीन्द्र कुलकर्णी के माथे मढ़ दिया गया था जिन्होंने उनका भाषण लिखा था। सुधीन्द्र आज भी हिन्दुस्तान–पाकिस्तान अमन प्रक्रिया के हिमायती हैं।

वाजपेयी के पी.एम.ओ. में कार्य करते हुए सुधीन्द्र ने बहुधा सूफ़ी सन्तों, उर्दू शायरों और जवाहरलाल नेहरू को उद्धृत किया था। वाजपेयी जी के साथ यह बढ़िया रहा ख़ासकर इसलिए कि पूर्व प्रधानमन्त्री अक्सर लिखे हुए मज़मून से हटकर बोला करते थे। सुधीन्द्र जिन्नाह उद्धरण से बहुत बड़ी ग़लती कर बैठे। हालाँकि बहुतों का मानना है कि अब यह दूत को बेजा मारने वाली बात है, आडवाणी जी को स्वयं अपने भाषण को लेकर सचेत रहना चाहिए था।

ख़ैर, आर.एस.एस. के राम माधव ने एक संक्षिप्त विज्ञप्ति जारी की जिससे ऐसा प्रतीत हुआ जैसे वर्तमान के लिए पूरे प्रकरण की समाप्ति की घोषणा हो गयी।

> जिन्नाह और अखण्ड भारत पर आडवाणी की टिप्पणी हमारे सिद्धान्तों से मेल नहीं खाती। जिन्नाह धर्मनिरपेक्ष थे, यह तथ्य हमारे लिए अस्वीकार्य है। भाजपा में परिपक्व नेताओं की कमी नहीं जो इन सबके होने वाले प्रभावों से सचेत रहेंगे। उनका क्या कार्य होगा, यह उन्हें कहने की ज़रूरत नहीं। आडवाणी जानते हैं आर.एस.एस. की उनसे क्या अपेक्षा है। वो वही करेंगे जो उचित होगा। आशा है कल तक सब व्यवस्थित हो चुका होगा।

काश! वो सुबह आ गयी होती। जिन्नाह का बेहद लम्बा साया आडवाणी के बाक़ी के राजनीतिक जीवन पर पड़ चुका था। आर.एस.एस. के साथ आडवाणी के सम्बन्ध फिर कभी नहीं सुधरे। भाजपा को राष्ट्रीय मंच पर लाने की जो ज़बरदस्त भूमिका उन्होंने निभायी थी, उसके फलस्वरूप 2009 को प्रधानमन्त्री उम्मीदवार स्वरूप उन्हें नामांकित किया गया। एक ऐसा निर्णय जो बेदिली से लिया गया था, इसलिए भी कोई और विकल्प नहीं था।

जिन्नाह प्रकरण के छह महीने बाद, मुझे प्रमोद महाजन ने बताया कि आडवाणी के दल प्रमुख के कार्यकाल की समाप्ति समीप थी। तत्पश्चात् दल चैन की साँस ले सकता था।

राजनाथ सिंह 2005 में भाजपा के अध्यक्ष बने और 2009 तक रहे, 2013–14 के बीच जब नरेन्द्र मोदी को दिल्ली में अपने सत्ता के लक्ष्य प्राप्ति हेतु समर्थन की ज़रूरत थी, उस महत्त्वपूर्ण दौर में उन्होंने फिर भाजपा की बागडोर सँभाली।

× × ×

जिन्नाह के प्रेत को अभी कुछ और नुक़सान करना बाक़ी था। आडवाणी के पाकिस्तान यात्रा के वक़्त जसवन्त सिंह एकमात्र भाजपा नेता थे जो उनके बचाव में खड़े हुए थे। चार साल बाद 2009 को जसवन्त सिंह ने जिन्नाह पर अपना दीर्घ काल से लिखा जा रहा बृहद् ग्रन्थ प्रकाशित किया जिसका शीर्षक था, 'जिन्नाह : इण्डिया, पार्टीशन, इंडिपेंडेंस'। इन्होंने भी अपनी किताब में पाकिस्तान के संस्थापक को शैतान चित्रित नहीं किया। अब बात यह थी कि तब तक भाजपा दो आम चुनाव हार चुकी थी और ऐसा नैराश्यपूर्ण दल बन गयी थी जिसके सदस्य अपने षड्यन्त्रों से अपनी सत्ता की छोटी–छोटी जागीरें जकड़े बैठे थे। 71 वर्षीय जसवन्त को, जो भाजपा के गठन काल से ही उसके साथ थे, ऐसी किताब लिखने पर, बिना किसी दुआ–सलाम के बाहर का रास्ता दिखा दिया गया। उन्हें दल से निष्कासित करने का निर्णय असाधारण तो था ही, बेहद सख़्त भी था। महज़ एक किताब लिखने की ऐसी सज़ा भाजपा के शीर्ष के नेताओं ने क्यों जसवन्त को दी, इसकी कई वजहें हैं। पहला तो यह कि एक दिन पूर्व ही 'आकाशवाणी' हो चुकी थी। आर.एस.एस. के नये सरसंघचालक मोहन राव भागवत ने टीवी चैनल को दिये अपने एक साक्षात्कार में खुले तौर पर भाजपा में होने वाली गतिविधियों पर आपत्ति जतायी थी–'इन्हें तुरन्त बन्द होना होगा, पानी अब सिर से गुज़र चुका है। भाजपा दल को अब इन चारों के अलावा भी देखना होगा, दल में 70–75 नेता हैं जो इस कार्य को बख़ूबी निभा सकते हैं।' उन्होंने अपनी बात स्पष्ट की।

दूसरे, गुजरात के मुख्यमन्त्री विशेष रूप से जसवन्त सिंह की किताब के प्रभावी राजनीतिक नतीजों से परेशान थे।

गुजरात आख़िरकार लौह पुरुष सरदार वल्लभ भाई पटेल का गृह राज्य था, जिनकी विरासत अब भाजपा अपना बनाने की पुरज़ोर कोशिशों में लगी थी। यह और बात है कि वे कांग्रेस पार्टी के दिग्गज नेता रहे थे। अब एक भाजपा नेता ने सरदार की निन्दा की थी और जिन्नाह की प्रशंसा, जो मोदी के लिए किसी अपवित्रीकरण से कम न था।

एक बात जो जसवन्त के ख़िलाफ़ काम कर गयी, वह यह कि गुजरात में उपचुनाव का समय आ रहा था और जिन्नाह की किताब को मुद्दा बनाने में कांग्रेस ने कोई कसर न छोड़ी। जहाँ गुजरात की कांग्रेस इकाई ने भारतीय जनता पार्टी को भारतीय जिन्नाह पार्टी का नाम दे डाला वहीं उनके युवा कांग्रेस ने विरोध प्रदर्शन और किताब की होली जलाने की योजना बना डाली।

इसी बीच गुजरात के 'छोटे सरदार' (सरदार पटेल के सन्दर्भ में दिया गया उपनाम) को अपने पिछले प्रदर्शन को बेहतर करना था, जहाँ भाजपा की गणना 2009 के लोकसभा चुनाव में सिर्फ़ एक सीट से आगे बढी थी–26 में से 15। इस पृष्ठभूमि में राष्ट्रीय नेतृत्व का आह्वाहन करते हुए मोदी ने जसवन्त संग सख़्ती से पेश आने की गुहार लगाई और उनकी सरकार ने अन्ततः किताब को प्रतिबन्धित कर दिया।

जसवन्त का यह दुर्भाग्य रहा कि उनके दल का कोई भी उनके बचाव में सामने नहीं आया और राजनाथ सिंह ने भी उन्हें बड़ी रुखाई से ही दल से बहिष्कृत कर दिया।

लालकृष्ण आडवाणी का आचरण यहाँ बेहद निराशाजनक रहा। वे अपने पुराने सहयोगी और मित्र के समर्थन में आगे नहीं आये, ऐसे मित्र के, जिन्होंने उनका समर्थन ऐसे वक़्त किया जब आडवाणी ने अपने 2005 के पाकिस्तान दौरे पर जाकर हठात् नूतन रूप से आविष्कृत अपने जिन्नाह प्रेम से न केवल अपने दल के सदस्यों को वरन् आर.एस.एस. को भी सकते में डाल दिया था। जब आडवाणी पर समस्त भाजपा और आर. एस.एस. ने हमला बोल दिया था, जसवन्त सिंह ने अपनी जानी–पहचानी धीर–गम्भीर आवाज़ में उनके पक्ष में कहा था, 'मैं पूरी तरह से लालजी

का समर्थन करता हूँ। आप सब उनकी विचार पद्धति को ग़लत समझ बैठे हैं।' सच यह भी है कि जसवन्त सिंह के प्रकरण के वक़्त आडवाणी का रुतबा पहले—सा नहीं रह गया था।

मुमकिन है वही एकमात्र ऐसे नेता थे जो उस किताब को पढ़ते लेकिन अब 81 साल की उम्र में, आडवाणी को सेवानिवृत्ति के लगातार मिलते संकेतों को अनसुना भी तो करना था।

जसवन्त सिंह के साथ किया गया व्यवहार हर लिहाज़ से अन्यायपूर्ण था। आडवाणी ने भी जिन्नाह के मार्फ़त कई जटिल तथ्य कहे थे, ऐसे तर्क जो लोगों में और न ही दल में स्वीकार किये गये, जसवन्त को यहाँ बलि का बकरा ही बनाया गया। रणनीति के चलते इस वाक़ये से दल में आडवाणी की स्थिति को अस्थिर और उन्हें अपदस्थ करना ही प्रधान लक्ष्य था। चूँकि जसवन्त आवश्यक नहीं थे, अलग कर दिये गये; भाजपा के डीएनए में जिन्नाह नहीं अपितु आडवाणी रहे हैं, और यही कारण था कि भाजपा और समस्त आर.एस.एस. ने जिन्नाह के प्रेत से निपटने को लेकर ऐसा दोगलापन दिखाया। अलबत्ता जसवन्त की किताब को उन लोगों ने जो वाक़ई किताब पढ़ते हैं, और सिर्फ़ कोरी आलोचना नहीं करते हैं, एक आधिकारिक और शोधपरक किताब कहा है।

वह धीर–गम्भीर स्वर

कायदा और टीम–टाम लिए, अंग्रेज़ी जुबाँ की अच्छी पकड़, सौम्य–शिष्ट जसवन्त सिंह के प्रति अटल जी का स्नेह विनोद नहीं था। वह शख़्स जो प्रधानमन्त्री का कभी–कभी भाषण लिखते, कभी भाषणों को दुरुस्त भी कर दिया करते थे, उन्हें भले ही अपने ही दल के सदस्यों से आलोचना मिलती रही हो, इसमें कोई शक़–ओ–शुबहा नहीं कि जसवन्त सिंह अत्यन्त परिष्कृत, त्रुटिहीन रुचि वाले विद्वत्तापूर्ण शख़्सियत के स्वामी थे। संसद में उनके कक्ष में रखी आला दर्जे की कृतियाँ और मनस्वी किताबें इसकी गवाह हैं।

अपनी विवादास्पद किताब, 'जिन्नाह : इण्डिया, पार्टीशन, इंडिपेंडेंस', के लेखन से पूर्व जसवन्त उस शख़्स पर लिखा कई सालों से पढ़ते आ रहे थे और इस बात का इल्म उन्हें था ही कि उनकी किताब कुछ हद तक विवाद उत्पन्न करेगी। किताब के प्रकाशित होने के पश्चात् जो घटनाक्रम हुए, अलबत्ता उससे वे बहुत आहत और स्तम्भित थे। जसवन्त की शख़्सियत को समझते हुए यह कहना अनुचित न होगा कि सरदार पटेल को लेकर की गयी आलोचना पूर्वकाल की उनकी स्वयं की यादें और समझ पर कायम रही होंगी। जसवन्त राजस्थान की सामन्ती पृष्ठभूमि से थे, और पटेल ने, वी.पी. मेनन के चातुर्य के साथ मिलकर राजाओं और रजवाड़ों पर भारतीय संघ का हिस्सा बनने के लिए इंस्ट्रूमेण्ट ऑफ़ सेक्शन (विलय के दस्तावेज़) थोप दिये थे, जसवन्त इससे बख़ूबी वाक़िफ़ थे। जसवन्त ने इसी कारणवश कुछ तीखे अन्दाज़ में सवाल दागा था, 'केन्द्रीय सिद्धान्त के कौन–से हिस्से को मेरी किताब से क्षति पहुँची है? पटेल का मूल क्या था? वे प्रथम नेता थे जिन्होंने आर.एस.एस. पर पाबन्दी लगायी थी और उसके नेताओं को बन्दी बनाया था...लेकिन उन्होंने मुस्लिम लीग पर कोई प्रतिबन्ध नहीं लगाये।'

जसवन्त पहले भी विवादों से घिर चुके थे–यह एक सच्चाई है कि

भाजपा कभी भी कन्दहार हादसे से उबर नहीं पायी। एक और अफरातफरी तब मची थी जब 2006 में जसवन्त की लिखी किताब, 'अ कॉल टू ऑनर' में उन्होंने यह आरोप लगाया था कि पूर्व प्रधानमन्त्री नरसिम्हा राव के दफ़्तर में एक गुप्तचर था। दो साल बाद, 2008 में उन पर अवैध रूप से नशीली दवाएँ रखने का आरोप लगा। उन्होंने अपने पुश्तैनी मकान में आये अतिथियों के स्वागत में केसर पेश किया था जो राजस्थान का एक पारम्परिक अफ़ीम युक्त पेय है और स्वागत में पेश किया जाता रहा है।

जसवन्त सिंह के निष्कासन के आसपास ही दो और नेता ऐसे थे जिन्होंने अब दल के दिशा निर्धारण से स्वयं को कटा हुआ पाया। वे आज भी सक्रिय हैं और आये दिन सुर्ख़ियाँ भी बटोरते रहते हैं। यशवन्त सिन्हा ने राजनाथ सिंह को पत्र लिखकर यह माँग की थी कि चुनावी हार के लिए दल जवाबदेही तय करे, और मिसाल के तौर पर स्वयं दल के सारे पदों से इस्तीफ़ा दे दिया था।

नतीजा क्या रहा : उन्हें न तो शिमला में आयोजित आगामी चिन्तन बैठक में हिस्सा लेने का निमन्त्रण मिला, न ही उन्हें किसी भी संसदीय कमिटी का अध्यक्ष पद ही दिया गया।

वाजपेयी सरकार में विनिवेश मन्त्री रह चुके पूर्व सम्पादक अरुण शौरी को भी दल के क्रियाकलापों से दरकिनार कर दिया गया। (उन्होंने जो तमाशा खड़ा किया था, उसे भाजपा न भुला पायी और न ही माफ़ कर पायी। आगे अध्याय 'भाजपा का प्रहसन भाग 2' में उसका वर्णन किया है) यहाँ इतना कह देना काफ़ी होगा कि दल में उनकी स्थिति प्रमोद महाजन की मृत्यु के पश्चात् खुलकर सामने आयी जब सिन्हा और शौरी दोनों ने छुपे और ज़ाहिर तौर पर अरुण जेटली पर हमला करना आरम्भ किया। शौरी भी शिमला बैठक से दूर रखे गये।

2016 में दल से अपने निष्कासन के कुछ ही दिनों बाद जसवन्त सिंह मुझे एक विस्तृत साक्षात्कार देने को तैयार हो गये जो मुख्य आलेख स्वरूप प्रकाशित हुआ :[1]

प्र. अरुण ने अपने लिखे एक लेख में आपकी किताब के समर्थन में भाजपा के नेतृत्व पर बड़े सख़्त शब्दों में हमला बोला है, ऐसे शब्द जिन्हें आपने कभी इस्तेमाल नहीं किया...

उ. मैं अपने मित्र अरुण शौरी की बौद्धिक और अन्यथा भी, उनकी सत्यनिष्ठा की बहुत इज़्ज़त करता हूँ, सराहता हूँ। हर कोई अपनी

ज़बान में अपनी बात रखता है और उनकी ज़बान 'तल्ख़' है, ऐसा स्वीकार कर लेना चाहिए, उनकी यही शैली है। लेकिन उनके कहे का सार–तत्त्व और मेरे कहे में कोई अन्तर नहीं है। मुझे तथाकथित 'निष्कासित' करने के फलस्वरूप जो कुछ हुआ है, मुझे वह अत्यन्त अपमानजनक लगा है। मैं तुम्हें यह बता दूँ मेरी प्यारी सबा कि आर्मी अकादमी में जेण्टलमैन कैडेट का प्रशिक्षण लेते वक़्त अगर कोई प्रशिक्षण के लिए अयोग्य पाया जाता था, उसे निकाला नहीं जाता था, प्रशिक्षण से हटा लिया जाता था। मैं इस पर ज़्यादा सोचने का क़ायल नहीं हूँ क्योंकि मेरे ज़ख्म फिर ताज़ा होने लगते हैं। क्या मैं कोई अपराधी था जिसे निष्कासित किया गया? राजनीतिक दलों में परस्पर रिश्तों की नींव की ख़ातिर जो शिष्टाचार और ज़बान की नज़ाक़त ज़रूरी है, काश इनमें वो होती।

प्र. आपने फ़ोन पर हुई वार्ता में मुझसे कहा था कि आडवाणी जी के समर्थन में न खड़े होने से आप आहत हुए थे...

उ. नेतृत्व की परिभाषा आप समझती हैं? मेरे लिए यह अत्यन्त दुखद रहा है कि एक नेता के तौर पर आडवाणी जी अपने कार्य निर्वाह में असफल रहे हैं। एक नेता अपने कृत्यों से मिसाल पेश कर नेतृत्व करता है, हुक्म देकर या ख़ामख़्वाह के डर और अनिर्दिष्ट आक्षेपों के माध्यम से नहीं। फ़ौज में अगुवाई करने वाला अपने पर सारी आलोचनाएँ और प्रहार लेता है। अगर आप अपनी ज़िम्मेदारियाँ दूसरों के कन्धों पर डालते हैं या उन लोगों के समर्थन में आगे नहीं आते जो आपके सहयोगी रहे हैं, फिर आप नेता कहलाने के क़ाबिल नहीं हैं। ऐसे कितने ही उदाहरण हैं जब उन पर आँच आयी, आडवाणी जी ने या तो ज़िम्मेदारी किसी और पर डाल दी या ख़ुद मौन हो लिए। यह नेता के लक्षण तो नहीं हैं।

प्र. आप क्या किसी प्रकार के बदले की भावना से प्रेरित हैं?

उ. दरअसल यह भावना बदले की कदापि नहीं, मुझे उन पर अब तरस आता है। प्रधानमन्त्री बनने की एकमात्र महत्त्वाकांक्षा ने उनसे कितनी ग़लतियाँ करवायीं। क्या तुम्हें मालूम है यह वोट के लिए पैसा प्रकरण आज ग़लीज़ और ग़लत फ़ैसले की एक आला मिसाल बनी है? क्या यह परेशानी की बात नहीं कि एक बार भी उन्होंने पुख़्ता आवाज़ में इसकी मनाही नहीं की? आडवाणी जी इसके

केन्द्र में थे और सारे तथ्य बिल्कुल स्पष्ट हैं। इस पूरे प्रकरण से मेरा सामना संयोगवश ही हुआ। हुआ यूँ कि सुधीन्द्र कुलकर्णी एक अजीब से शख़्स को मेरे यहाँ लेकर पहुँचे। मैं हैरान था कि सांसदों को संसद में पैसा प्रदर्शन की हरी झण्डी आडवाणी जी दे चुके थे। मुझसे कोई मशविरा किया नहीं गया था। उन्हें आडवाणी जी ने दो विकल्प सुझाये थे, वे स्पीकर के पास पैसा लेकर पहुँच सकते थे या फिर सभा में। आडवाणी जी ने उन्हें संसद में ले जाने का मशविरा दिया।

प्र. आप हाल ही में अटल जी से मिलने गये थे। आपको उनसे क्या संकेत या सन्देश मिला?

उ. गणेश चतुर्थी का दिन था और मैं उनसे मिलने पहुँचा। वे वॉयस बॉक्स की मदद से (गले की ओर इशारा करते हुए) बात कर सकते हैं। वॉयस बॉक्स की आवाज़ कण्ठ से उच्चारित आवाज़ होती है, अस्पष्ट होती है। उनका दिमाग़ अलबत्ता बिल्कुल साफ़ है। मैं उन्हें शुभकामनाएँ देने ही गया था, मैंने उनसे कहा, 'आपका आशीर्वाद लेने आया हूँ।' उत्तर में बोले, 'क्या हो गया, क्या हो गया?' यही बहुत है, मैंने अपनी किताब पर उनकी मंशा नहीं चाही थी, उन्होंने बस कह दिया, क्या हो गया, और बात वहीं ख़त्म हो गयी।

क्या आपको मालूम है आडवाणी जी अपने दल को अपनी विविध किताबों के लोकार्पण के लिए इस्तेमाल कर रहे हैं? देश के किसी भी भाग में, किसी भी किताब के लोकार्पण पर जब वे पहुँचते हैं (अपनी आत्मकथा 'माय कंट्री माई लाइफ़' के क्षेत्रीय भाषाओं में अनुवादित संस्करणों के लोकार्पण हेतु) सारा आयोजन दल द्वारा किया जाता है। आप कृपया दल से यह प्रश्न ज़रूर कीजिए। दल उनके इन लोकार्पणों में एकत्रित होता है, यह खुशामद और सत्ता का दुरुपयोग नहीं तो और क्या है और अरुचिकर भी है। आप जानते हैं क्योंकि दल ने सारे इन्तेज़ामात किये हैं। किताब मराठी, तेलुगु, उर्दू, इन सब ज़बानों में अनुवादित हुई है और आपके ज़ेहन में सवाल उठता है कि कितनों ने अंग्रेज़ी में लिखे हुए को ही पढ़ा है? चाटुकारिता करने को लोग मजबूर हैं इसलिए हाज़िरी लगाते हैं।

प्र. आपने इनकी अंग्रेज़ी में लिखी किताब ज़रूर पढ़ी होगी। एक लेखक के तौर पर आप उनके लेखन को कैसा आँकते हैं?

उ. उनके लेखन में कई शैलियों का शुमार है। ऐसा प्रतीत होता है मानो एक ने एक अध्याय लिख डाला और किसी ने दूसरा। कुछ अध्याय भाषणों से उद्धृत लगते हैं। कुल मिलाकर मुआमला कुछ इस प्रकार का है। आपको पता है वे सब मुझसे नफ़रत करते हैं लेकिन मैं अनुचित ढंग से चोट नहीं पहुँचाना चाहता।

प्र. सिंह जी, आप बड़ी विनम्रता का परिचय दे रहे हैं। शौरी जी ने भाजपा अध्यक्ष को हम्प्टी डम्प्टी, एलिस इन ब्लंडरलैंड, टार्ज़न...

उ. (मुस्कुराते हुए) आप जानती तो हैं, अरुण की शैली ही यही है।

प्र. क्या आप राजनाथ सिंह के हम्प्टी डम्प्टी होने वाली बात से एकमत हैं?

उ. नहीं जी, वो तो अध्यक्ष ठहरे (मुस्कुराते हैं)। आप जानती हैं वे एक क्षेत्रीय नेता रहे हैं जो इस तरक्की के बिल्कुल लायक नहीं। वे उत्तर प्रदेश राज्य स्तर के नेता रहे हैं जिन्हें बिना किसी तैयारी या सोच के, असमय इस पद पर आसीन कर दिया गया।

इस साक्षात्कार में और भी बहुत कुछ था लेकिन जो मौलिक सूत्र था वह यही कि वाक्युद्ध का आग़ाज़ हो गया था। जसवन्त को निष्कासन; विद्रोही शौरी की सजीव, रंगीली भाषा; और इन सबमें यशवन्त सिन्हा का सतर्क विद्रोह।

सितम्बर 2012 में मेरे पास जसवन्त जी का फ़ोन आया। उन्होंने अपनी नयी किताब 'द ऑडेसिटी ऑफ़ ओपिनियन' के विमोचन में मुझसे मध्यस्थ बनने की गुज़ारिश की जिसे मैंने सहर्ष स्वीकार कर लिया। मैंने उनके दस्तख़त सहित एक प्रति, जिसमें उन्होंने मेरा शुक्रिया अदा किया है, सँभाल कर रखी है। दो अन्य पूर्व सम्पादक और सम्प्रति भाजपा नेता, स्वपन दासगुप्ता और एम.जे. अकबर भी उस पैनल का हिस्सा थे। यह मेरी और जसवन्त सिंह की आख़िरी मुलाक़ात साबित हुई। 2014 में अपने घर में गिर पड़ने के बाद से वे कोमा (अचैतन्यावस्था) में हैं।

इस वक़्त यहाँ लिखते हुए मुझे शिद्दत से यह एहसास हो रहा है कि आज स्वयं वाजपेयी, एन.डी.ए. में उनके सशक्त सम्बल रहे जॉर्ज फ़र्नांडिस और अब जसवन्त सिंह, सब कैसी असहाय, अशक्त निष्क्रियता की सी हालत में पहुँच गये हैं। सन्तोष इस बात का है कि इन्होंने एक पूरी सजीव, सक्रिय ज़िन्दगी जी है। जो हादसा अपेक्षाकृत युवा प्रमोद महाजन के साथ हुआ, वह सबके लिए किसी सदमे से कम नहीं था।

प्रमोद महाजन का दुखद अन्त

केन अपने भाई एबल के विरोध में उठ खड़ा हुआ और अन्ततः उसकी हत्या कर दी और जब ईश ने पूछा केन तुम्हारा भाई एबल कहाँ है, उसने जवाब दिया, मैं नहीं जानता; क्या मैं अपने भाई का संरक्षक हूँ?

—जेनेसिस, ओल्ड टेस्टामेण्ट

बाइबिल में जो पहला गुनाह दर्ज है, वो केन का अपने भाई एबल की हत्या का है। यह कथा आदम और हौवा के बेटे केन के अपने भाई एबल की ईर्ष्या से वशीभूत हो हत्या करने की है और बेशक़ आज के युग में हो रही हत्याएँ इसके सामने कम रोमांचक हैं पर हैं ज़्यादा घिनौनी। प्रवीण ने जिस प्रचण्ड क्रोध से वशीभूत हो, द्वेषपूर्ण ईर्ष्या में अन्धे होकर अपने बड़े भाई प्रमोद के सीने में तीन गोलियाँ दागी थीं, इस काण्ड को कर गुज़रने के पीछे भावना बहुत कुछ केन–सी ही रही होगी।

26 अप्रैल, 2006 को प्रमोद पर उनके छोटे भाई प्रवीण ने बेहद क़रीब से तीन गोलियाँ चलायीं इस हादसे के तेरह दिन बाद उनकी मृत्यु हुई। इस त्रासदी के कारणों की कभी स्पष्ट रूप से पुष्टि नहीं हुई, लेकिन माना जाता है कि प्रवीण मानसिक तौर पर अस्वस्थ थे (2010 में प्रवीण की मृत्यु हो गयी), लेकिन प्रमोद की मृत्यु पश्चात् उनके बेटे और निजी सहायक के साथ जो हुआ, वो कम चौंका देने वाला नहीं था, लेकिन उस प्रसंग को बाद में उठाया जाये।

प्रमोद की मृत्यु का क्या राजनीतिक मूल्य चुकाना पड़ा, आइए पहले वह देखते हैं।

जिस प्रणाली ने भाजपा को नब्बे के दशक में खड़ा किया था, उस प्रणाली की धुरी के कील सदृश थे प्रमोद। किसी भी कार्य को सम्पन्न करने के लिए जिस व्यक्ति के पास जाया जाता था, वे थे प्रमोद। अब

चाहे वह आडवाणी की रथ–यात्रा हो या फिर भारत उदय अभियान, प्रमोद वह व्यक्ति थे जिनके पास हर मर्ज़ की दवा थी।

भारत उदय अभियान का उन्होंने अपने निवास 7, सफदरजंग रोड से प्रबन्धन किया था। (मुझे याद आता है बागीचे में अस्थायी केबिन बना दिये गये थे जहाँ से अभियान की योजना बनी और उसका संचालन, निरीक्षण हुआ।

अपनी मृत्यु के समय प्रमोद अपने दल के सबसे बड़े और प्रभावी अनुदान संचायक थे। वे देश की वित्तीय राजधानी मुम्बई के निवासी थे और बड़े–छोटे सभी उद्योगों से सम्पर्क बनाये हुए थे। इस मुआमले में वे मुम्बईकरों द्वारा राजनीति में बनायी परम्परा का ही अनुगमन कर रहे थे : साठ के दशक में एस.के. पटेल, उनका अनुसरण करते इन्दिरा दौर और बाद में शरद पवार दौर में, प्रारम्भ में कांग्रेस और अब एनसीपी के लिए रजनी पटेल और अन्त में भाजपा के लिए प्रमोद महाजन। यह सब ऐसे जादूगर थे जो चुनावों को ज़मीनी हक़ीक़त में तब्दील किया करते थे।

प्रमोद की मृत्यु के बाद जो सबसे बड़ी समस्या भाजपा के समक्ष थी वह यह कि उस कोष तक कैसे पहुँचा जाये जो प्रमोद के पास था? यह तथ्य तो सर्वविदित ही है कि राजनीतिक वित्तपोषण को लेकर देश में व्यापक पारदर्शिता का अभाव रहा है और इस मामले में तमाम राजनीतिक पार्टियाँ एक–दूसरे से हाथ मिलाये हुए हैं। फलस्वरूप, अभी तक इसका आरटीआई एक्ट के तहत शुमार नहीं हो सका है। एक सांसद ने, इस वादे पर कि उसका नाम गुप्त रखा जायेगा, मुझसे प्रमोद के निधन के बाद भाजपा का सामना किस परिस्थिति से हुआ, इसका खुलासा किया, 'राजनीति में कोष एकत्रण की कला में भरोसा सबसे महत्त्वपूर्ण है। पूँजी को अलग व्यक्तियों और व्यापार में लगाया जाता है और जिसे चुनाव या पार्टी के समारोह के दौरान दिया जाता है। अधिकांश बड़े वित्तपोषक प्रमोद के साथ ही कार्यवाही करते थे।'

जब इस सांसद को चुनाव में उम्मीदवार स्वरूप पहली बार टिकट मिला, उसे स्थानीय समर्थकों और दूसरे उम्मीदवारों की मदद से धन जुटाने को कहा गया जो उसने सफलतापूर्वक किया। सांसद ने आगे मुझे यह जानकारी दी कि इसके बाद प्रमोद महाजन ने उसे दल की ओर से शुभकामना स्वरूप एक लिफ़ाफ़ा थमाया था! प्रमोद ने ऐसे ही अपना

जाल–तन्त्र बनाया था, ख़ासकर इसलिए भी कि अटल और आडवाणी जैसे नेता पैसों के लेन–देन से सीधा सरोकार नहीं रखते थे।

नब्बे के दशक में भारतीय अर्थव्यवस्था के दरवाज़े खुलने के बाद राजनीतिक दलों के कोष एकत्रित करने की प्रक्रिया में भी भारी तब्दीली आयी–मसलन एक वक़्त था जब जनसंघ और बाद में भाजपा के लिए स्थानीय व्यापारी छोटे–से मध्यम राशि तक का अंशदान किया करते थे जिससे एक समयावधि में एक कोष निर्मित हो जाता था। जनसंघ को व्यापारियों की पार्टी इसलिए भी कहा जाता था। 1970–80 के दशकों में नानाजी देशमुख ऐसे व्यक्ति थे जो दल की वित्तीय स्थिति को हरा–भरा रखा करते थे और जैसा पहले अर्ज़ किया जा चुका है, ऐसा इसलिए सम्भव हो पाया, क्योंकि उनके उद्योगपतियों के साथ अच्छे सम्बन्ध रहे। फिर भी उन दिनों, सत्तर प्रतिशत तक वित्तपोषण कैडर द्वारा ही हुआ करता था। नब्बे के दशक में सत्तारूढ़ होने के बाद वित्तपोषण का नब्बे प्रतिशत बड़े उद्योग संगठनों (कॉर्पोरेट) से आने लगा। यह बात स्वयं प्रमोद ने मुझे बतायी थी। 2004 की हार के पश्चात् केन्द्र में सत्ता गँवाने से यह ज़िम्मेदारी राज्यों पर आ गयी और अब राज्य राजनीतिक दलों के लिए वित्तीय जीवनरेखा बन गये। यही नरेन्द्र मोदी के उदय की उत्पत्ति का दौर रहा क्योंकि वे ऐसे व्यक्ति थे जो वादे निभाते थे। प्रमोद महाजन की अकाल मृत्यु के बाद वित्तपोषण की ज़िम्मेदारी गुजरात पर आ पड़ी और राज्य ने निराश नहीं किया। कई राज्यों के चुनाव अभियान में, ख़ासकर बिहार में लगने वाला धन गुजरात ने जुटाया। हालाँकि, इसमें झारखण्ड के मुख्यमन्त्री अर्जुन मुण्डा, छत्तीसगढ़ के रमण सिंह और राजस्थान की वसुन्धरा राजे का भी योगदान रहा। अलबत्ता मोदी की वित्तीय ताक़त की बराबरी नहीं हो सकती थी। गुजरात का शुमार हमेशा ही भारत के सबसे समृद्ध राज्यों में रहा है।

× × ×

एक ऐसा व्यक्ति जिसने कितने ही वफ़ादारों और अनुचरों को सहारा दिया, अपने ही भाई में पनपते काले साये को भाँप न पाया। प्रमोद महाजन की भयानक मौत का सबसे दुखद अंश यह रहा।

प्रमोद बेशक़ भाजपा की वित्तीय तन्त्रिका के केन्द्र बन गये थे, उनका जीवन संघर्ष का जीवन रहा जहाँ उन्होंने अपनी शिक्षा के साथ अपने भाई–बहनों के भरण–पोषण की ज़िम्मेदारी भी उठायी। उस दुर्भाग्यपूर्ण शनिवार को यह सारा उद्यम, सारी चेष्टा मिट्टी में मिल गयी जब छियालीस वर्षीय प्रवीण, प्रमोद के मुम्बई के वर्ली स्थित निवास पर आये और अपने .32 बेल्जियन पिस्तौल से प्रमोद के सीने में तीन गोलियाँ उतार दीं। यह हादसा सुप्रलेखित है।

जो कम ही लोग जानते हैं वो यह, कि ठीक अपनी मृत्यु से पूर्व प्रमोद ने अपने भाई की करनी माफ़ कर दी थी। अपने बहनोई और भाजपा में रहे उनके सहयात्री गोपीनाथ मुंडे को उन्होंने कहा था, 'प्रवीण को छोड़ दो'। मुंडे जब दिल्ली आये थे, मैं उनसे मिलने गयी थी, तब यह बात उन्होंने मुझसे कही थी पर ऐसा हो नहीं पाया। पुलिस ने प्रवीण को हिरासत में ले लिया था और उसके बाद दुखद घटनाक्रमों का सिलसिला आरम्भ हुआ। (2010 में प्रवीण की मृत्यु हुई)।

प्रमोद महाजन को मुम्बई के प्रतिष्ठित शिवाजी पार्क में पूरे राजकीय सम्मान के साथ अन्तिम विदाई दी गयी। मुझे याद आता है पाँच महीने पहले उन्होंने इसी पार्क में एक उच्च प्रौद्योगिकी समारोह की मेज़बानी की थी, ऐसा समारोह जैसा पहले न तो उनके दल के सदस्यों ने, न ही मेरे जैसे संवाददाताओं ने कभी देखा था। भाजपा की राष्ट्रीय परिषद की बैठक का आयोजन था जिसमें उनके नये दल प्रमुख राजनाथ सिंह के पदभार की औपचारिक पुष्टि होनी थी। यह एक शानदार तमाशे की तरह था जो आँखों के समक्ष खुल रहा था : समारोह स्थल पर विशाल प्लास्टिक के कमल थे जिनकी पंखुड़ियाँ सटीक वर्णनात्मकता दर्शाती एक साथ खुलती, बन्द होती थीं, आतिशबाजी से आसमान रौशन था। प्रमोद ने मराठी रंगमंच की वरेण्य कृति, 'जनता राजा' के मंचन का आयोजन किया था जिसमें हाथी और घोड़े भी थे। उस दिन उन्होंने अपनी बेटी पूनम को मुझसे और 'द हिन्दू' के एक संवाददाता से मिलवाया। वे बेहद ख़ुश नज़र आये जब हमने कहा कि समारोह में हुए शानदार प्रदर्शनों का हमने ख़ूब लुत्फ़ उठाया।

'मैं इसे जल्द से जल्द दिल्ली ले आऊँगा, बस हाथियों के परिवहन का बन्दोबस्त हो जाये।' अपने मज़ाकिया अन्दाज़ में वह बोले थे।

इस समारोह में एक छोटे से काण्ड को भी हवा मिली जब कुछ भाजपा सदस्यों के हाथ अज्ञात रूप से एक सीडी पहुँची जिसमें प्रचारक संजय जोशी की एक महिला संग सम्भोग क्रिया दर्शायी गयी थी। यह नितान्त व्यक्तिगत मामला है लेकिन यहाँ यह बात समझ लेना ज़रूरी है कि प्रचारक अमूमन ब्रह्मचारी होते हैं। बहरहाल, ज़ाहिर था कि भाजपा में अब भी आपसी रंजिशें निपटायी जा रही थीं; कई ख़ास भाजपा नेता संजय जोशी से, जो कभी गुजरात के प्रभारी रह चुके थे अपना हिसाब बराबर करना चाह रहे थे। सीडी कहाँ से नमूदार हुई किसी को पता न चला लेकिन अटकलों का ब़ाज़ार गर्म था। भाजपा और आर.एस.एस. का मानना था कि सीडी का बनना और वितरण, सारा कांग्रेस का किया–धरा था। जोशी ने इसे सिरे से ख़ारिज करते हुए फर्ज़ी बताया। असलियत, जैसा कि मैंने कहा कभी सामने नहीं आयेगी लेकिन इतना तय है कि यह 'सेक्स स्कैंडल' भाजपा के समारोह की सारी चमक मिटा गया था। संघ परिवार का यह सबसे बड़ा काण्ड सामने आया था।

× × ×

1998 में भाजपा के सत्तारूढ़ होने के बाद मेरी प्रमोद से पहली बार मुलाक़ात हुई थी। मुझे याद है, मेरे परिचय कार्ड पर नज़र डालते हुए उन्होंने कहा था, 'देखो, तुम मुसलमान हो और शंकित हो सकती हो लेकिन मैं तुम्हें बता दूँ कि मुम्बई दंगों (1993) के बाद एक बात मेरी समझ में आ गयी है कि दंगों से कुछ हासिल नहीं है। मुसलमान पाँच मारते हैं, हिन्दू पाँच हज़ार! यह बराबरी का जंग कैसे हुआ?'

गुजरात दंगों के चार साल बाद, भाजपा की राष्ट्रीय कार्यकारिणी में जब उन्होंने मुझे नरेन्द्र मोदी के पास से गुज़रते देखा, उन्होंने कहा था, 'सबा, तुमको सबके साथ मिलकर चलना सीखना होगा।'

मुझे प्रमोद अच्छे लगे क्योंकि वे एक व्यावहारिक इन्सान थे जिन पर सिद्धान्त जुनून की हद तक हावी नहीं था। यही वजह थी कि उनके रिश्ते पत्रकारों के साथ दीर्घकालीन रहे बावजूद इसके कि उनमें से कई भाजपा की विचारधारा से सहमत नही थे।

वाजपेयी प्रशासन के साथ मेरी नियमित झड़पों के बावजूद, मेरे और उनके नौ साल के सम्पर्क में उन्होंने एक बार भी मेरे प्रति किसी विद्वेष का इज़हार नहीं किया।

मुझे याद है, ऐसी कई सुबह आयीं जब उनके विश्वासपात्र विवेक मोइत्रा का मेरे पास फ़ोन आया, 'प्रमोद जी ने आपको सुबह 11.15 से 11.45 तक का समय दिया है'। मज़े की बात यह कि इन छोटी मुलाक़ातों में उनके दिये गये विवरण बड़े उपयोगी हुआ करते थे। जब तक उनके साथ यह करार था कि उनकी अनधिकारिक बातों को उद्धृत नहीं किया जायेगा, जानकारी देने और बातें करने से वे सकुचाते नहीं थे।

मुझे याद है एक बार मोइत्रा ने मुझे शाम 7.45 के वक़्त तलब किया जो कुछ ग़ैरमामूली था। कारण बताया गया प्रमोद आग बबूला हो रहे है और क्या मैं उनसे आकर मिल सकती हूँ, विवेक पूछ रहे थे। मैंने पहुँचकर देखा, वे अकेले थे और भाजपा के दूसरी क़तार के नेताओं के बीच चल रहे निरन्तर झगड़ों से ख़ासे तमतमाये हुए थे। उन्होंने अपने विरुद्ध लगाये गये क़िस्सों का ज़िक्र किया जो उनकी साख गिराने की मंशा से बोये गये थे। अपने एक वरिष्ठ और नामचीन सहयोगी पर ग़ुस्से से गरियाते हुए (जो यहाँ लिख पाना असम्भव है) उन्होंने अपनी भड़ास निकाली और फिर बाद में सहज हो गये। ऐसे थे प्रमोद, जिन्होंने ख़ुद को ओछी प्रतिद्वन्द्विता से बचाये रखने के लिए ऐसा नायाब तरीक़ा ढूँढ़ निकाला था। वाजपेयी के सबसे विश्वासपात्र मन्त्री स्वरूप जब वे शक्ति के शिखर पर आसीन थे, तब भी वे हमेशा मिलने वालों के लिए उपलब्ध रहे। अलबत्ता वे परस्पर भरोसे के हिमायती थे और अगर किसी विवादास्पद मुद्दे पर उन्हें उद्धृत करना होता, उनकी राय लेना आवश्यक था। बहुधा रात को वो फ़ोन कर बता दिया करते थे कि उन्हें उद्धृत किया जा सकता है या नहीं। अपनी मृत्यु के एक महीना पहले, उन्होंने मुझे गये रात गुवाहाटी से फ़ोन किया था, जहाँ वे चुनावी अभियान के सिलसिले में गये हुए थे, और मेरे रिसाले में छपे एक फुटकर समाचार की शिकायत की थी। जब मैंने स्पष्टीकरण दिया, उन्होंने बड़ी सहजता से मेरा पूर्वपक्ष स्वीकार लिया, कुछ लतीफ़े सुनाये और अगले दौर के विधानसभा चुनावों पर बतियाने लगे।

उन भाजपा नेताओं से बिल्कुल अलग, जो अपनी समीक्षा होते देख सम्पादकों से संवाददाताओं की शिकायत लगाते देर नहीं करते। प्रमोद संवाददाताओं पर भरोसा करते थे और बात उन्हीं तक रहती थी।

लालकृष्ण आडवाणी के 2005 के पाकिस्तान के दौरे के बाद प्रमोद ने मुझे एक परस्पर साक्षात्कार के लिए तलब किया। मुझे उन्होंने वह

लेख दिखाया जिससे आडवाणी के भाषण लेखक ने नकल किये थे। वे सच्चे दिल से चाहते थे कि आडवाणी दल की पतवार सँभाले रहें और ज़ाहिर है इस पूरे प्रकरण से बेहद नाराज़ थे। चूँकि व्यावहारिक व्यक्ति थे, जानते थे अब ऐसा सम्भव नहीं होगा और इसलिए दल के सर्वसम्मति में अपनी सहमति मिला दी।

केन्द्रीय संचार मन्त्री स्वरूप उन्हें उतनी प्रसिद्धि नहीं मिली जितनी संसदीय मामलों के मन्त्री स्वरूप मिली। यहाँ मैं फिर दोहराना चाहूँगी, उनकी यह विशेषता रही कि एक विचारधारा के परे वे देख पाये और इसी वजह से उनके हर वर्ग में शुभचिन्तक रहे और उनकी लोकप्रियता भी रही। उनके कई वामपन्थी सांसदों से बढ़िया ताल्लुक़ात रहे, और वे आज भी पिछले दो दशकों में आये संसदीय मामलों के मन्त्रियों में श्रेष्ठ समझे जाते हैं।

× × ×

प्रमोद के निधन के ठीक एक महीने बाद, 41 वर्षीय विवेक मोइत्रा की, जो पन्द्रह साल से उनके सचिव रहे थे, 3 जून, 2006 को नशीली दवाओं के अतिरिक्त सेवन के कारण मृत्यु हो गयी। 31 मई की रात को, उन्होंने प्रमोद महाजन के 21 वर्षीय पुत्र, जो अभी विद्यार्थी ही थे, के साथ मिलकर कथित रूप से मदिरा और नशीली दवाओं के सर्वनाशी मिश्रण का सेवन किया था, तदनन्तर दिल्ली के अपोलो अस्पताल में उन्हें ले जाया गया, जहाँ उन्हें मृत घोषित किया गया।

राहुल को पुलिस हिरासत में ले लिया गया।

प्रमोद महाजन की अस्थियाँ विसर्जित होने वाले दिन से एक दिन पूर्व इस धृष्ट पार्टी का आयोजन हुआ। नतीजतन, अस्थियों को अन्ततः कूरियर के माध्यम से गुवाहाटी भेजा गया, जहाँ भाजपा की इकाई ने ब्रह्मपुत्र के तट पर एक सादे से समारोह का आयोजन कर अन्त्येष्टि कार्य सम्पन्न कर दिया।

यह पूरा घिनौना प्रकरण अब भाजपा के लिए अत्यन्त विस्फोटक हो गया था। एक भयानक, निन्दनीय एसएमएस अभियान चल निकला जिसमें भारतीय जनता पार्टी को 'भारतीय जनता लेट्स पार्टी' यही नहीं,

'इण्डिया शाइनिंग' नारे को 'इण्डिया स्नोर्टिंग' का नाम दे उसकी खिल्ली उड़ाई गयी।

अटल बिहारी वाजपेयी इस दौरान मनाली में छुट्टियाँ बिता रहे थे और वापस आते ही उन्होंने एक व्यापक–सी टिप्पणी की कि 'कभी–कभार युवा पीढ़ी पथभ्रष्ट हो जाती है और उन्हें सही राह दिखाया जाना चाहिए।' अपने व्यक्तिगत और व्यावसायिक दोनों ही जीवन क्षेत्रों में अटल प्रमोद के आभारी ही रहे। कई वाक़यों में एक ऐसा रहा जब अटल बिहारी प्रधानमन्त्री बने और रेसकोर्स रोड स्थानान्तरित हुए, प्रमोद ने ही उनके दत्तक नातिन के जन्मोत्सव की मेज़बानी की थी।

ऐसे बहुत से लोग जो प्रमोद के कर्ज़दार थे, अब आलम यह था कि आरोप लगाने पर उतारू दिखे। एक से एक घिनौने क़िस्सों से माहौल गरमाने लगा। गेहूँ से घुन को अब अलग करना मुश्किल हो रहा था और ऐसे वक़्त मुझे यह बताया गया कि एक प्रभावी भाजपा नेता के रिश्तेदार 1 जून की उस भयानक रात महाजन निवास गये थे और महाजन के ताक़तवर सचिव मोइत्रा के कुछ वित्तीय विवादों को हल करने का आश्वासन भी दिया था। ऐसा कहा गया कि उन सज्जन के वादे मुताबिक़, आने वाली राहत और खुशी की प्रत्याशा में महाजन निवास में उस पार्टी का आयोजन हुआ था। अन्य सूत्रों का यह मानना था कि वह निवास जहाँ दिन भर विविध नित्यक्रियाओं से चहल–पहल लगी रहती थी, रात होते ही एक सन्दिग्ध खोह में तब्दील हो जाता था। एक शख़्स ने, जो भाजपा के 'इण्डिया शाइनिंग' अभियान का हिस्सा रहा था, मुझे बताया, 'उस जगह की कारस्तानियों पर एक राज़ का पर्दा पड़ा हुआ था। सिर्फ़ विवेक को पता होता था, कौन आया, कौन गया और इस मामले में वह बहुत ही गोपनीय रहता था। प्रमोद जी भी अपने लेन–देन को लेकर अत्यन्त गोपनीय थे। उन्होंने कई वित्तीय ग्रन्थिकाएँ बनायी हुई थीं, जो एक–दूसरे से स्वतन्त्र कार्य किया करती थी।'

यह जग ज़ाहिर बात थी कि मुम्बई विश्वविद्यालय में क़ानून विषय का स्नातकोत्तर विवेक मोइत्रा प्रमोद महाजन का राजदार रहा। बड़ी कम उम्र में उसने महाजन के साथ कार्य आरम्भ किया। अपनी मृत्यु के कुछ पहले विवेक यह शिकायत करता फिरता था कि किस प्रकार कुछ लोग अपने वायदों से मुकर गये हैं–प्रमोद महाजन की मृत्यु के बाद बहुतों ने

वह पैसा देने से इनकार कर दिया जो उनके पास रखा गया था। इस बात को मद्देनज़र रख कि एकमात्र विवेक ही वह व्यक्ति था जिसे प्रमोद द्वारा बनाये इस जटिल वित्तीय व्यूह की जानकारी थी, ऐसा सुझाव भी था कि विवेक की मृत्यु से बहुत थे, जो लाभान्वित होते।

प्रमोद–राहुल–विवेक की कथा दिनोंदिन किसी सनसनीखेज़ आपराधिक नॉवेल–सी प्रतीत होने लगी थी। बहुधा ऐसा हुआ कि प्रमोद की प्रतीक्षा में बैठे हुए मेरी विवेक से गुफ़्तगू हो जाती और मेरे ज़ेहन में वह एक ऐसा शख़्स बनकर उभरा जो बड़ी–बड़ी बातें किया करता था, डींगें हाँकता था। मसलन, मुम्बई की शानदार और रंगीन पार्टियों का ज़िक्र करते हुए एक बार उसने मुझसे कहा, 'जब आप मुम्बई आयें, मैं आपको दिखाऊँगा असली जश्न किसे कहते हैं।' उसने मुम्बई के सबसे नामचीन डिस्कोथेक और कई उन अदाकाराओं के भी नाम गिनाये जो हम जैसे साधारण पत्रकारों के साथ जश्न मनाने ख़ुशी–ख़ुशी राजी हो जातीं। उसकी बातों को दिल्लगी के अलावा कोई और कैसे ले सकता था। अलबत्ता जब प्रमोद के साथ अपनी मुलाक़ात तय करवानी होती थी, विवेक को सब संजीदगी से लिया करते थे।

मोइत्रा की मृत्यु के बाद हेरोइन और कोकीन जैसी नशीली दवाओं के क़िस्से ख़ूब उछले जिनमें से एक कुछ यूँ था :

ऐसे शख़्स द्वारा जिसे मालूम था विवेक कभी–कभार नशीली दवाओं का सेवन किया करता था, उसके साथ बड़ा घिनौना खेल खेला गया।

उसने उसे जाली दवा दे दी। चूँकि पैसों के लेन–देन की ख़बर सिर्फ़ विवेक को थी, असल निशाना वही था, राहुल तो बेजा बलि का बकरा बना।

तुलनात्मक रूप में, आगे लिखी दूसरी कहानी ऐसी सरल व्याख्या लिए थी कि मुश्किल से भरोसा हो–विवेक और राहुल प्रमोद के निधन के बाद स्वयं को अनाथ–सा महसूस करने लगे थे और हताशा से भरे इन प्राणियों ने मदिरा और नशीली दवाओं के मिश्रण में जाकर पनाह ढूँढ़ी, जिससे राहत मिल सके।

निधन के सालों बाद तक भी मेरे मोबाइल में विवेक का नाम और नम्बर दर्ज रहा, मानो भाजपा के इतिहास के घृणास्पद अध्याय की याद दिला रहा हो!

रौद्ररूपिणी संन्यासिन

भाजपा में अगर कोई ऐसा नेता है जिसने सारे उतार–चढ़ावों के बीच, समस्त विवादों के होते हुए भी, ख़ुद को कायम और जिलाये रखा, वो हैं उमा भारती। हालाँकि आज उनका भाजपा में स्वरूप छोटा है फिर भी, भाजपा के इतिहास में उनका चेहरा एक अमिट छाप है : नब्बे के दशक की वह साध्वी, जिसने अयोध्या में राम मन्दिर निर्माण हेतु जोशीले भाषण दिये; जिसने 6 दिसम्बर, 1992 को प्रकट रूप से लोगों को उकसाया 'एक धक्का और', और बाबरी मस्जिद धराशायी हुआ[1] (सब विवादित और अस्वीकृत, क्योंकि आज तक लालकृष्ण आडवाणी, मुरली मनोहर जोशी और उमा भारती बाबरी मस्जिद ध्वंस से जुड़े आपराधिक मामलों में फँसे हुए हैं)

मेरी जब इनसे जान–पहचान बढ़ी, वे सक्रिय राजनीति का हिस्सा थीं। भाजपा हमेशा साधु–साध्वियों को आकृष्ट करती आयी है, भाजपा के भगवा एजेण्डे के साथ उनका बढ़िया तालमेल बनता है। भाजपा की यह शाखा आज अपने चरमोत्कर्ष पर है क्योंकि योगी आदित्यनाथ जो एक धार्मिक मठ के प्रधान हैं, देश के सबसे अधिक जनसंख्या वाले राज्य उत्तर प्रदेश के, 26 मार्च, 2017 से मुख्यमन्त्री हैं।

एक विलक्षण प्रतिभावान बालिका, जो आगे चलकर तपस्विनी बनती है और भाजपा से जुड़ जाती है, ऐसा होना स्वाभाविक ही था। यहाँ ध्यान देने की आवश्यकता है कि उमा को, कल्याण सिंह और बाद के दिनों में नरेन्द्र मोदी को, भाजपा ने किस तरह से उभारा है। आर.एस.एस. द्वारा सामाजिक अभियान्त्रिकी के अन्तर्गत की गयी यह एक पहल थी जिससे भाजपा का आधार ओबीसी जैसे समाज के दूसरे तबक़ों में भी बढ़ाया जा सके। इस धारणा को मूल रूप से गोविन्दाचार्य ने ही प्रोत्साहित किया था जिनकी उमा क़रीबी मानी जाती थीं।

एक तरह से देखा जाये तो उमा की शख़्सियत भाजपा में अनोखी

रही। नब्बे के दशक में देश में उभरी दो सशक्त राजनीतिक धाराओं 'मण्डल' और 'मन्दिर,' दोनों का ही आग्रह देखा जाये तो उमा के लिए था। जहाँ मण्डल जाति के आधार पर जनता को संगठित कर रहा था, वहीं मन्दिर धर्म के आधार पर। 2003 में उन्होंने भाजपा को मध्य प्रदेश में दो तिहाई बहुमतों से कांग्रेस के विरुद्ध विजय दिलायी, जहाँ मुख्यमन्त्री दिग्विजय सिंह दो सावधि से कांग्रेस का नेतृत्व कर रहे थे। संक्षिप्त काल के लिए ही सही, अपनी क्षमता पर पूरी तरह से खरी उतरती उमा ने एक विनाशी राजनीतिक असुर की भूमिका बख़ूबी निभायी (ग़ौरतलब है कि कांग्रेस इसके बाद मध्य प्रदेश में सत्ता में नहीं लौटी है और दिग्विजय सिंह अब राज्यसभा सांसद हैं)।

अपने कार्यकाल के एक वर्ष के भीतर ही, आम चुनावों में भाजपा की हार के कुछ महीनों बाद अगस्त 2004 में उमा के ख़िलाफ़ कर्नाटक के हुबली में 1994 में दंगों से सम्बन्धित गिरफ़्तारी का वारण्ट जारी हुआ। 14–16 अगस्त, 1994 में, भाजपा के केन्द्र में सत्तारूढ़ होने के बहुत पहले, उमा भारती ने हुबली में एक आन्दोलन की अगुवाई करते हुए, ईदगाह मैदान में तिरंगा फहरा दिया था। इसके बाद हुए दंगों में दस लोग मारे गये थे। चूँकि मैदान विवादास्पद था, उस स्थान पर किसी भी तरह के सम्मेलन के ख़िलाफ़ आदेश जारी थे जिसका भाजपा कार्यकर्ताओं ने उल्लंघन किया था। नतीजतन, आपराधिक मामला दर्ज किया गया जिसमें हत्या के प्रयास के साथ ही घातक हथियारों से फसाद करने, सरकारी मुलाज़िमों के साथ दुर्व्यवहार आदि अन्य आरोप भी शामिल थे। फलतः उमा पर इस्तीफ़े का दबाव पड़ा और उन्हें अपने पद से हटना पड़ा। आगामी दो वर्ष उन्होंने ऐसे कृत्यों को करते बिताया जिससे साफ़ ज़ाहिर था, संयम उनकी तबीयत में नहीं है।

जहाँ एक साध्वी के लिए, क्रमशः एक आन्तरिक शान्ति की प्राप्ति स्वाभाविक प्रक्रिया है, वे उल्लेखनीय रूप से विस्फोटक और अहंकारी थीं। कुछ वक़्त के लिए उनकी तमक और नखरे उपहास का विषय बने, जिसमें वे अक्सर पर्वतीय तीर्थस्थलों में, अधिकतर केदारनाथ और बद्रीनाथ में ग़ायब हो जाया करती थीं, जो उत्तराखण्ड राज्य में स्थित हैं। उन्हें जिस द्रुतगति से उनके गृह राज्य मध्य प्रदेश के मुख्यमन्त्री पद से हटा किसी और को उनके स्थान पर आसीन कर दिया गया था, सम्भवतः वे इससे उबर ही नहीं पायी थीं।

उनके स्थान पर पहले बाबूलाल गौर (अगस्त 2004–नवम्बर 2005) और तत्पश्चात् शिवराज सिंह चौहान (सम्प्रति मध्य प्रदेश के मुख्यमन्त्री) आये जिन्होंने मुख्यमन्त्री का पदभार सँभाला। शिवराज सिंह ने तो अब एक लम्बी और सफल पारी खेल ली है।

व्यक्तिगत तौर पर उमा संवाददाताओं की चहेती रही हैं, ख़ासकर उन पत्रकारों की जिन्हें उन्होंने खुद विकसित किया और दिल्ली के अपने मुख़्तलिफ़ निवासों और 'डेरों' पर आमन्त्रित भी करती रही हैं। अपने मिज़ाज और तरीक़े से वे काफ़ी मज़ेदार और गर्मजोशी से भरपूर हैं और अपने ही दल के सहकर्मियों के बारे में अप्रिय बातें कर हम सबका ख़ूब मनोरंजन किया करती थीं। मैंने यह भी ग़ौर किया कि उनके पास सॉफ्ट टॉयज़ का अच्छा–खासा संग्रह था जिनमें ख़ूब सारे टेडी बेयर भी थे–अपने कैशोर्य में ही तपस्विनी बन गयी स्त्री के लिए यह कुछ असंगत–सा लगा, हो सकता है छूटे बचपन की अभिव्यक्ति रही हो। उन्होंने रिश्ते बनाये और निभाये भी। भाजपा के दुर्लभ मुस्लिम चेहरों में एक पूर्व सांसद शाहनवाज़ हुसैन उनके ख़ास रहे हैं, जब उमा भाजपा की युवा शाखा की प्रभारी थीं। अलबत्ता उमा का जो मैंने सबसे मनोरंजक रूप देखा, वह तमाशा 10 नवम्बर, 2004 को भाजपा मुख्यालय में खेला गया था, उस दिन अध्यक्ष लालकृष्ण आडवाणी अपना वक्तव्य दे रहे थे। वे आँधी की तरह उस बैठक में दाख़िल हुईं, अपने शब्दों से आडवाणी पर प्रहार करती रहीं और फिर उन्हें अपने विरुद्ध कार्यवाही करने की चुनौती भी दे डाली–सारा खेल मीडिया के दीदों तले हुआ और इस अन्दरूनी झड़प ने राष्ट्रीय टेलीविज़न पर अपना वजूद दर्ज करा लिया था। अत्यन्त ही नाटकीय अन्दाज़ में साध्वी उँगलियाँ नचाते हुए सिर्फ़ आडवाणी पर ही दोषारोपण से सन्तुष्ट नहीं थीं, अपितु, अपने ही दल के कुछ सहयोगियों के नाम लिए बग़ैर उन पर आरोप लगा रही थीं, जो उनके विरुद्ध मीडिया में ग़लत सलत रिपोर्ट दर्ज कर रहे थे। उन्होंने दल के नव–नियुक्त पदाधिकारियों की होने वाली प्रथम बैठक में अपनी शिकायत पर सुनवाई की माँग भी की थी।

उमा भारती का यह आवेग वस्तुतः आडवाणी के दल के नेताओं को दी गयी झिड़की के फलस्वरूप था। आडवाणी इस बात से नाराज़ थे कि नेतागण अपने मतभेद मीडिया के ज़रिये सामने ला रहे थे। 'अनुशासन से विचलन को एक सीमा तक ही सहन किया जा सकता है।' नाराज़ आडवाणी जी बोलते सुने गये थे।

चूँकि उमा ज़रूरत से ज़्यादा ही मीडिया को अपने बयान दे रही थीं, आडवाणी ने उनका नाम लिया था और उमा उनसे ख़ार खाये बैठी थीं। आगे की पंक्ति में बैठी उमा ने खड़े होते हुए यह माँग की कि बैठक में कुछ नेताओं द्वारा दिये गये अनधिकारिक टिप्पणियों पर भी बहस रखी जाये। मंच पर लालकृष्ण आडवाणी और उनके दोनों ओर अटल बिहारी वाजपेयी और जसवन्त सिंह बैठे हुए थे, आडवाणी ने उमा को जवाब देते हुए कहा कि 'अनुशासन पर अब कोई व्याख्या या विमर्श नहीं होगा।'

तदनन्तर, आडवाणी के उमा की बात न रखने पर, पैंतालिस वर्षीय उमा उठ खड़ी हुईं और उद्दण्डता के साथ आडवाणी की ओर उँगली उठाकर कहा, 'माफ़ कीजिए, नहीं, मैं चाहती हूँ कि यहाँ चर्चा की जाये, मैं चाहती हूँ आप मेरे विरुद्ध अनुशासनात्मक कार्यवाही करें' और ऐसा कह चलती बनीं।

इस मुठभेड़ के बाद, जैसा कि अपेक्षित था, वे फिर पहाड़ों में तीर्थयात्रा के लिए विलीन हो गयीं। जिस तरह का रवैया उन्होंने आडवाणी जैसे आदरणीय और उम्रदराज़ व्यक्ति के प्रति दिखाया, सब इससे स्तम्भित और हक्के–बक्के थे!

× × ×

अभी पटाक्षेप नहीं हुआ था। नाटक अभी बाक़ी था। आउटलुक रिसाले के हिन्दी संस्करण 'आउटलुक साप्ताहिक'[2] के लिए एक विस्फोटक पत्र आया जिसे ज़ाहिर है, लीक किया गया था। आउटलुक के मध्य प्रदेश के संवाददाता[3] जो उमा भारती के साथ केदारनाथ की यात्रा कर रहे थे, उनके हाथ आडवाणी जी को लिखा उमा का पत्र लगा। यह कहना कि पत्र अत्यन्त भड़काऊ था, पत्र के प्रति नम्रता दर्शाना होगा! पत्र ने किसी को नहीं बख़्शा था। इसमें भाजपा के पूर्व अध्यक्ष वेंकैया नायडू, महासचिव प्रमोद महाजन, मध्य प्रदेश प्रभारी (चुनाव) अरुण जेटली और तत्कालीन राज्यसभा में भाजपा की उप–नेता सुषमा स्वराज, उत्तर प्रदेश के पूर्व मुख्यमन्त्री कल्याण सिंह और कर्नाटक के वरिष्ठ नेता अनन्त कुमार, इन सबके नाम शामिल थे।

क्रोध से भरे इस सन्देश में उन्होंने दल के शीर्ष के नेताओं को 'कपटी, षड्यन्त्र से भरे, और सत्ता के भूखे' कहा। (अब तक उन्हें यक़ीन

हो चला था कि जब उन्हें मुख्यमन्त्री पद त्यागने पर बाध्य किया गया, कोई भी उनके बचाव में आगे न आया था; साथ ही, उन्हें विश्वास होने लगा था कि पिछड़ी जाति से और औरत होने की वजह से उन्हें दूसरे नेताओं ने कमतर समझा और दल में उन्हें वो मुकाम नहीं हासिल हुआ जिसकी वह हक़दार थीं)। जेटली के विरुद्ध पत्र में उन्होंने यह कहा कि (मध्य प्रदेश के चुनाव प्रभारी होने के नाते) जेटली ने षड्यन्त्र रचकर 'बदला लिया था' क्योंकि मुख्यमन्त्री पद पर जब वे थीं, जेटली के दिये गये सुझावों को अक्सर अनदेखा किया करती थीं। उन्होंने लिखा कि, 'उन्हें बदनाम करने के मकसद से तमाम राज्य अधिकारियों को "बड़े सुनियोजित ढंग से" उनके रिश्तेदारों के नाम से फर्ज़ी फ़ोन कराये जाते थे।'

उन्होंने अटल बिहारी और आडवाणी, दोनों से गुहार लगायी कि प्रमोद से मुक़ाबला करने में वे दोनों उनका साथ दें, क्योंकि उन्हें मालूम था कि जेटली और वेंकैया भी 'प्रमोद से छुटकारा चाहते थे' जिन्हें सिर्फ़ पैसा बनाने के लिए सत्ता की भूख थी। वेंकैया पर निशाना साधते हुए, व्यक्तिगत होते हुए उन्होंने आरोप लगाया कि वेंकैया ने अपनी पत्नी की रजोनिवृत्ति को 'राष्ट्रीय मुद्दा' बना लिया था। ऐसा कहना न सिर्फ़ अनुचित था, नाक़ाबिल–ए–माफ़ी भी। (अपनी पत्नी के स्वास्थ्य को लेकर चिन्ता की वजह से ही वेंकैया ने भाजपा प्रमुख के पद से इस्तीफ़ा दिया था और आडवाणी उस पद पर आसीन हुए)

उमा वाक़ई एक उन्मादी संन्यासिन में तब्दील हो गयी थीं और इस प्रक्रिया में अपने तमाम सहयोगियों से स्वयं को अलग–थलग कर लिया था।

× × ×

वर्ष 2004 के अन्त तक आते–आते दल प्रमुख आडवाणी ने बिल्कुल बेतुकी सी घोषणा कर दी कि उनका दल 'परमात्मा का साधन था।' यह उक्ति ऐसे वक़्त आयी जब उनके दल के सिपाहियों का समूह सार्वजनिक तौर पर अपने बीच मतभेदों को प्रकट करने में मसरूफ़ था। भाजपा के लिए साल 2004 हास्यास्पद और विचित्र बन गया था।

आम चुनावों में दल की हार के बाद का साल बड़ा बुरा साबित हो रहा था। उमा दो बार आडवाणी से मिलीं, और फिर प्राचीन काल के साधुओं की तरह, देश भर में भ्रमण का फ़ैसला कर लिया। दक्षिण

भारत की ओर प्रस्थान करते हुए पहले वे कांचीपुरम के शंकराचार्य जयेंद्र सरस्वती से मिलने वेल्लोर पहुँचीं, जहाँ वे बन्दी का जीवन बिता रहे थे (2018 फ़रवरी में उनका देहान्त हो गया); उनका अगला पड़ाव कर्नाटक में हुबली था, तत्पश्चात् आन्ध्रप्रदेश के हैदराबाद होते हुए उन्होंने उत्तर दिशा का रुख़ किया। उत्तर प्रदेश के मिर्जापुर शहर का एक मन्दिर उनका अगला पड़ाव था, वह शहर जो अपनी कालीन और पीतल की वस्तुओं के लिए प्रख्यात है।

उनकी यात्रा के विषय में बढ़िया टिप्पणी अरुण जेटली से सुनने को मिली, 'वे रेल से, बैलगाड़ी से, पालकी में सवार और अन्ततः कदाचित् गधे की सवारी कर केदारनाथ पहुँचेंगी।'

नवम्बर 2004 को अन्ततः उमा भारती भाजपा दल से निष्कासित हुईं। 2011 में उनका पुनः दल में प्रवेश हुआ।

× × ×

भाजपा में अपनी दूसरी पारी में साध्वी कुछ नर्म रुख़ लिए दिखीं। उनके पास सिवा यह स्वीकारने के कोई और विकल्प नहीं था कि शिवराज सिंह चौहान मध्य प्रदेश में अब भाजपा का चेहरा बने रहेंगे। किसी एक वक़्त तो उन्होंने हक़ीक़त का सामना किया होगा, और अपने दम्भ की दुनिया से बाहर निकलना ही श्रेयस्कर समझा होगा (पर्वतों के बीच से भी)। सम्प्रति उमा भारती पेयजल और स्वच्छता राज्य मन्त्री हैं। उन्हें पहले जल संसाधन और गंगा कायाकल्प मन्त्रालय सौंपा गया था, और फिर प्रधानमन्त्री द्वारा कुछ और लोगों के साथ उनका भी तबादला कर दिया गया, जिसे बहुतों ने उनकी पदावनति मानी। जो भी हो, अपने इस सुर्ख़ियों से दूर अपेक्षाकृत साधारण कार्यक्षेत्र में उन्हें मोदी सरकार में हलके अनादर का सामना तो करना ही पड़ा है।

भाजपा सरकार के लिए पवित्र नदी गंगा की स्वच्छता एक महत्त्वपूर्ण एजेण्डा है। यह इसलिए भी मायने रखती है क्योंकि उसके तट पर बसा प्राचीन शहर वाराणसी प्रधानमन्त्री का संसदीय चुनाव क्षेत्र है। बहरहाल, जहाँ तक उमा भारती का प्रश्न है, उनकी ज़िन्दगी ने कई उतार–चढ़ाव देखे, पानी का सिर से गुज़रना देखा और पानी का उतरना भी, फिर भी, वह अब भी भाजपा में बनी हुई हैं।

भाजपा का प्रहसन : भाग–2

2007 में एकबारगी ऐसा आभास हुआ कि महान हिन्दू परिवार और महान हिन्दू 'हृदय सम्राट' के बीच का सन्तुलन कुछ गड़बड़ा गया था। कारण : ऐसा प्रतीत हो रहा था कि गुजरात के मुख्यमन्त्री का व्यक्तित्व अपने राज्य में एक बृहद् प्रतिमूर्ति का रूप धारण किये फैल रहा था, राष्ट्रीय नेतृत्व ने मुख्यमन्त्री को थोड़ा नीचे उतारने का, उन्हें उनकी जगह पर लाने का, सोचा–समझा निर्णय लिया।

आज यह अविश्वसनीय–लग सकता है पर जिस व्यक्ति ने इस कार्यवाही को अंजाम दिया था, वह और कोई नहीं, भाजपा प्रमुख राजनाथ सिंह थे जो सम्प्रति केन्द्रीय गृहमन्त्री हैं। राजनाथ सिंह ने भाजपा के पदाधिकारियों की मण्डली में कुछ फेर–बदल किये और नरेन्द्र मोदी को दो अत्यन्त महत्त्वपूर्ण पदों से हटा दिया गया जो वाक़ई एक बड़े धमाके सा था–दल की उच्चतम निर्णय निर्धारण समिति संसदीय बोर्ड और केन्द्रीय चुनाव कमिटी से भी, जो संसद के दोनों सदनों में उम्मीदवारों और राज्यों के विधानसभा सीटों के उम्मीदवारों पर अन्तिम निर्णय लेती है। यह बिल्कुल आकस्मिक और अप्रत्याशित था, विशेषकर उस वक़्त जब मोदी का प्रदर्शन 'गुजरात का विकास मॉडल' स्वरूप पेश किया जा रहा था। इस विषय में सवाल करने पर राजनाथ की मण्डली ने कुछ अपुष्ट सी व्याख्या पेश की थी, मसलन जब कोई भी मुख्यमन्त्री इन संस्थाओं का सदस्य नहीं रहा है, मोदी अपवाद क्यों रहे?[1]

वाक़ई क्यों? सिवाय इसके कि जैसे पहले कहा जा चुका है, मोदी का भाजपा में स्थान समतुल्यों में शीर्ष पर था। इस पर अपमानजनक बात यह और हुई कि उनके दिल्ली में निकटतम सहयोगी को अरुण जेटली दल के प्रवक्ता के पद से हटा दिया गया।

प्रत्यक्षतः यह एक ओछी और प्रतिशोधपूर्ण चाल सदृश दिखी। अरुण जेटली के विवरण (ब्रीफिंग) उनके कनिष्ठ प्रवक्ताओं के दिये गये विवरणों से कहीं बेहतर हुआ करते थे। इसके अलावा, उनके प्रेस विज्ञप्तियों की भाषा की गुणवत्ता और व्याकरण, नियमित दी गयी शासकीय सूचनाओं से बेहतर और सही हुआ करती थी।

पत्रकारों ने जब अरुण जेटली के हटाये जाने का कारण जानना चाहा, राजनाथ सिंह के क़रीबियों ने कहा कि मीडिया में अरुण जेटली के विरुद्ध इतने कम क़िस्से थे कि उन्हें अब इसमें किसी साज़िश के होने की आशंका दिखाई दे रही थी।

जेटली को प्रवक्ता पद से हटाने के एक दिन बाद एक लेख छपा और देश के एक प्रमुख समाचार–पत्र में एक कहानी आयी जो उस लेख के प्रतिक्रिया स्वरूप लगी। इसमें राजनाथ को 'औसत दर्जे'[2] का बताया गया। इसमें विशेष तौर पर इस बात पर ज़ोर था कि किस तरह 'औसत लोग निकृष्ट लोगों को नियुक्त करते थे और बलि उत्कृष्ट व्यक्तियों की चढ़ती थी' यहाँ भले ही शब्दों को सावधानीपूर्वक पेश किया गया, किसी से यह बात छुपी न रही कि इशारा किस ओर था, 'उत्कृष्ट' यहाँ जेटली थे, 'निकृष्ट' नव–नियुक्त प्रवक्ता और 'औसत' ज़ाहिर है राजनाथ सिंह।

भाजपा पर नज़र रखने की दिनचर्या पालने वाले यह बात जल्द समझ गये कि खेल सिर्फ़ राजनाथ द्वारा नहीं खेला गया, आर.एस.एस. के कुछ वर्गों के समर्थन बिना यह असम्भव था। यद्यपि नरेन्द्र मोदी स्वयं शपथबद्ध आर.एस.एस. कार्यकर्ता रहे थे और उस स्तर से अपने पद तक पहुँचे थे, अपने मुख्यमन्त्रित्व के दूसरे कार्यकाल में निश्चित रूप से उनका ओहदा परिवार से बड़ा हो चुका था और वह उनके निर्देशों का शब्दशः पालन नहीं कर रहे थे। मोटे तौर पर, कुछ लोगों ने उन्हें उनकी जगह याद दिलाने की ठान ली, इससे फ़ायदा यह होता कि संघ के लिए एक लचीले मोदी ज़्यादा कारगर सिद्ध होते।

सम्भवतः संघ ने यह देखने के लिए राजनाथ सिंह का इस्तेमाल किया कि नरेन्द्र मोदी की बेड़ियाँ कितनी कसी जा सकती थीं। मोदी ने अपने कार्य करने का एक खाका सुनिश्चित कर लिया था। हाथ में आये कार्य को सम्पन्न करने पर पूरी तवज्जो देते थे और बाक़ी सब अनदेखा कर देते थे, जो उनको नापसन्द था। उनका समस्त ध्यान विधानसभा

चुनावों पर था जो उनके राज्य में वर्ष 2007 के अन्त में होने जा रहे थे।

उस वक़्त मैंने लिखा था :

> जिस प्रकार भाजपा और परिवार स्थापना ने पिछले पाँच वर्षों में मोदी को पूरी स्वतन्त्रता दी ताकि वह स्वयं को एक निश्चित स्वरूप में विकसित कर सकें, आज अकस्मात् उनसे यह उम्मीद की जाये कि नागपुर या 11, अशोक मार्ग स्थित भाजपा मुख्यालय से आये निर्देशों पर वे अमल करने लग जायें, उसके लिए अब देर हो चुकी है[3]।

राजनाथ सिंह ने दल के दो दिग्गजों, अटल बिहारी और आडवाणी से सलाह किये बग़ैर इस कार्य को अंजाम नहीं दिया होगा। हालाँकि वाजपेयी तब तक निष्क्रिय ही हो चुके थे और इस पूरे प्रकरण का उनके लिए कोई विशेष महत्त्व भी न था। लेकिन इस तथ्य को न तो झुठलाया, न भुलाया ही जा सकता था कि 2002 में मोदी ने उन्हें उनकी ही चाल में मात दी थी। अलबत्ता लालकृष्ण आडवाणी को मोदी को खिजाने में कुछ घबराहट का अनुभव होना सम्भव था : गुजरात की राजधानी गाँधी नगर आडवाणी का चुनावी संसदीय क्षेत्र था और 2009 में विजय के लिए उन्हें मोदी का साथ और समर्थन दरकार था। पुनरावलोकन करने पर, यह पूरा मोदी प्रकरण ही कौतूहल मिश्रित रहस्यमयता लिए था, इसलिए भी कि 2007 में गुजरात भाजपा का सबसे समृद्ध और सुरक्षित प्रदेश था।

× × ×

इस पूरे विवाद के बाद, राजनाथ सिंह कुछ और झमेले और अव्यवस्था में धँस गये, जिसमें मेरी एक छोटी–सी भूमिका रही, जिस बात का मुझे कुछ दुःख है। मैंने उनके साथ किया एक साक्षात्कार रिकॉर्ड किया था, जिसमें अन्य बातों के अलावा उन्होंने यह बात बतायी थी कि नरेन्द्र मोदी को संसदीय बोर्ड से हटाने में 70 प्रतिशत हाथ आर.एस.एस. का और 30 प्रतिशत उनका अपना था, लेकिन अरुण जेटली के मामले में यह उनकी और आर.एस.एस. की बराबर की ज़िम्मेदारी थी।

इस साक्षात्कार ने हंगामा बरपा दिया, राजनाथ ने इसे सिरे से ख़ारिज तो कर दिया पर बात यह थी कि इसकी रिकॉर्डिंग मेरे पास

थी। उन्होंने शायद मुझसे यह उम्मीद रखी थी कि शिष्टता बरतते हुए मैं इस साक्षात्कार के विवादित अंश प्रकाशित नहीं करूँगी, इसलिए बड़े हैरान–परेशान हुए थे। मैं संवाददाता पहले थी और इस साक्षात्कार में ऐसे खुलासे थे कि जिन्हें अनदेखा करना असम्भव था।

बहरहाल, दल के नये नियुक्त हुए प्रवक्ता रविशंकर प्रसाद ने (सम्प्रति केन्द्रीय क़ानून और न्याय मन्त्री और आईटी और इलेक्ट्रॉनिक्स मन्त्री हैं) आधिकारिक बयान जारी किया जिसमें कहा गया कि साक्षात्कार में ऐसी उक्तियाँ हैं जिसे दल प्रमुख ने कहा ही नहीं था। उनके अवलोकन को जान–बूझकर तोड़–मरोड़कर और अप्रासंगिक रूप में पेश किया गया। भाजपा की छवि धूमिल करने की यह एक दुर्भावनापूर्ण और स्पष्ट कोशिश है।[4]

इस रोमांचक नाटक के दूसरे भाग में भाजपा के एक वरिष्ठ नेता ने फ़ोन कर रिकॉर्डिंग उन्हें देने की माँग की। मैंने अपने सम्पादक से इस विषय पर बात की तो उन्होंने भी मुझसे रिकॉर्डिंग देने की माँग कर दी (उन दिनों एक छोटा कैसेट रिकॉर्डर मय कैसेट के हम संवाददाता लिए घूमा करते थे) और मुझसे लेकर अपने दराज में सुरक्षित रख दी।

'तुम्हें कुछ कहने की ज़रूरत नहीं है, उन्हें निपट लेने दो' उनके मुझसे कहे यह शब्द कितने सही साबित हुए! मैंने वही किया था जो व्यावसायिक तौर पर मुझसे अपेक्षित था। सच कहूँ तो, मुझे भी दल के अनुबन्धित गुट की लड़ाई में एक और बार घसीटे जाने से परहेज़ ही रखना था और इस लिहाज़ से मैंने शिष्टतापूर्वक भाजपा को यह सूचित कर दिया कि रिकॉर्डिंग विनोद के पास है। अन्ततः तमाम विरोध के बावजूद, राजनाथ ने न कोई औपचारिक खण्डन जारी किया और न ही रिसाले को कोई नोटिस भेजा गया, सच्चाई उन्हें बख़ूबी मालूम थी।

अलबत्ता, इस साक्षात्कार के फलस्वरूप, भाजपा की एक अत्यन्त महत्त्वपूर्ण बैठक रद्द हुई।

यह न सिर्फ़ इसलिए कि दल प्रमुख को शर्मसार होना पड़ा, इसलिए भी इस पूरे प्रकरण को, अस्थायी तौर पर ही सही, राजनाथ और नरेन्द्र मोदी के बीच की गहराती खाई के सबूत के तौर पर देखा गया।

भाजपा प्रमुख राजनाथ सिंह अपने दूसरे कार्यकाल में आते–आते (जनवरी 2013–जुलाई 2014) आने वाले दिनों का अनिष्ट–संकेत पढ़

चुके थे—नरेन्द्र मोदी उदीयमान सितारे थे और अन्यथा भी, ज्वार के विरुद्ध जाने से कुछ हासिल न था। बाद के दिनों में मोदी के राष्ट्रीय स्तर की महत्वाकांक्षाओं में बाधा बने लालकृष्ण आडवाणी से जूझने में राजनाथ सिंह की बड़ी भूमिका रही।

उस विवादास्पद साक्षात्कार का कुछ अंश यहाँ उद्धृत है जिससे इस तथ्य की ज़रूर पुष्टि होती है कि उस समयकाल में मात्र भाजपा ही नहीं, अपितु पूरा परिवार ही कितना विभाजित था।[5]

प्र. भाजपा का अगला बड़ा संग्राम गुजरात है। आर.एस.एस. का एक बड़ा वर्ग और वीएचपी दोनों ही अप्रसन्न हैं। गुजरात की भाजपा इकाई में विद्रोह अब खुल कर सामने आ गया है। इन सबको लेकर आपकी कैसी प्रतिक्रिया रही है?

उ. समस्याएँ सभी पार्टियों में हैं। हर पार्टी में ऐसे कुछ लोग हमेशा होंगे जो अप्रसन्न रहेंगे। भाजपा कोई अपवाद नहीं है। गुजरात की भाजपा इकाई में कोई ऊर्ध्वाधर प्रभाग नहीं है। पार्टी अक्षत है।

प्र. इकाई में पनप रहे मतभेदों को लेकर विचार—विमर्श हेतु आप नरेन्द्र मोदी से कब मिले थे?

उ. मैं एक महीना पहले उनसे मिला और यह बैठक डेढ़ घण्टा चली।

प्र. 29 जनवरी को आपने मोदी को भाजपा की सर्वोच्च निर्णय निर्माण निकाय (संस्था) संसदीय बोर्ड से अलग कर दिया और इसी दौरान अरुण जेटली को भी प्रमुख प्रवक्ता के पद से हटा दिया गया। क्या आपने आर.एस.एस. के दबाव में आकर या उनके सुझाव का पालन किया है?

उ. मीडिया ने इसे कुछ ज़्यादा ही बढ़ा—चढ़ा कर पेश किया है। यह नियमित क्रम से होने वाला फेर—बदल था, जिसमें आर.एस.एस. की सलाह ली गयी। मोदी के मामले में 70 प्रतिशत आर.एस.एस. और 30 प्रतिशत मेरा फ़ैसला था, अरुण जेटली के मामले में दोनों बराबर के ज़िम्मेदार थे।

प्र. राजनाथ जी, आप जानते हैं मोदी एक दिग्गज, ताक़तवर नेता हैं और इसे अपमान स्वरूप भी ले सकते हैं।

उ. नहीं—नहीं, मोदी कोई दादा नहीं हैं, हमारे दल के सांसद हैं। (हँसते हैं)

प्र. अरुण जेटली के लिए आप क्या कहेंगे? आप उन्हें क्यों ऐसा शत्रु बनायेंगे जो आपकी ही निन्दा–आलोचना करते फिरेंगे?

उ. (हँसते हुए) आप अपने प्रतिद्वन्द्वियों की ही आलोचना करते हैं और यह सर्वविदित है कि दल में अरुण जेटली का कोई प्रतिद्वन्द्वी नहीं है। वे अपने सहयोगियों की आलोचना कभी नहीं करते।

प्र. उत्तर प्रदेश की पराजय के बाद आपने उनको राज्य प्रभारी बनाया इस बात की पुष्टि करते हुए कि उन्हें गुजरात से दूर रखा जायेगा। अचानक अब जेटली गुजरात के चुनाव प्रभारी नियुक्त कर दिये गये। क्या मोदी ने जेटली की माँग रखी थी? आप अपने मन बदलाव का क्या कारण बतायेंगे?

उ. यह स्पष्ट था कि जेटली गुजरात में मोदी के साथ काम करना चाह रहे थे और मुझे इसमें मनाही की कोई वजह नहीं दिखी।

प्र. गुजरात के पुराने रूढ़िवादी मण्डली को मोदी ने योजनाबद्ध तरीक़े से नष्ट कर दिया है। उनका क्या भविष्य है?

उ. आपका इशारा कदाचित् केशुभाई पटेल जैसे नेताओं की ओर है। नरेन्द्र मोदी एकमात्र ऐसे राजनेता नहीं हैं जिन्होंने अपने प्रतिद्वन्द्वियों को परे हटाया है। राजनीति में यह आम है, सब करते हैं। नरेन्द्र मोदी के मानव–प्रबन्धन की अपनी शैली है।

प्र. ऐसा माना जा रहा है कि मोदी आर.एस.एस. और वीएचपी के प्रभाव को कम करने की चेष्टा कर रहे हैं...

उ. मोदी स्वयं प्रचारक रह चुके हैं। जितना मैं उनको जान पाया हूँ, मेरे लिए इस पर विश्वास करना कठिन है।

प्र. ऐसे भी आर.एस.एस. कार्यकर्ता हैं जिनका कहना है कि मोदी बहुत अभिमानी हैं और इस दम्भ के चलते उन कैडरों से भी कुछ साझा नहीं कर पाते, जिन्होंने उनके साथ काम किया है...

उ. ऐसा कुछ नहीं है। मोदी के कार्य करने की अपनी शैली है और मुझे विश्वास है उनके नेतृत्व में गुजरात में भाजपा की विजय होगी।

प्र. आडवाणी स्वयं को देश के भावी प्रधानमन्त्री उम्मीदवार के तौर पर देखते हैं। आपकी क्या राय है?

उ. आडवाणी जी ने कभी मेरे साथ इस विषय पर चर्चा नहीं की है। मेरी इस पर भला क्या राय हो सकती है?

प्र. यह स्पष्ट देखा जा सकता है कि वे सेवानिवृत्त नहीं होना चाहते।

उ. अटल जी और आडवाणी जी अपनी इच्छा के विरुद्ध भला क्यों सेवानिवृत्त होंगे।

प्र. आर.एस.एस. प्रमुख के.एस. सुदर्शन ने कहा है कि वक़्त आ गया है कि अब बुज़ुर्ग नेता युवाओं के लिए स्थान बनायें। उन्होंने यह सुझाव रखा है कि अगला नेता युवा हो....

उ. (हँसते हुए) मैं अटल जी और आडवाणी जी को बुज़ुर्ग नहीं मानता। दोनों ही दल के लिए आज भी कठिन परिश्रम करते हैं।

प्र. दल में सबसे ज़्यादा भरोसा आपका किस पर है? क्या आपको लगता है दल के कुछ लोग आपकी इसलिए आलोचना कर रहे हैं, क्योंकि उनकी नज़र आपके पद पर है?

उ. मैं सब पर भरोसा रखता हूँ और स्वयं पर भी। एक से एक लोग हैं पार्टी में, लेकिन अधिकतर ईमानदार हैं। व्यक्तिगत तौर पर ,मेरे लिए उत्तर प्रदेश में भाजपा का प्रदर्शन सबसे बड़ी असफलता रही।

× × ×

'नीचे, और नीचे, कुछ और नीचे, क्या यह गिरना कभी ख़त्म न होगा! मैं हैरान हूँ, इस दफ़ा मैं और कितने मील नीचे आ गिरी?'

—अध्याय 1, डाउन द रैबिट होल,
ऐलिसेज, एड्वेंचर्स इन वण्डरलैण्ड

'कदाचित् भाजपा के सम्पूर्ण इतिहास में वर्ष 2009 सबसे बदतरीन रहा जिसकी मैं गवाह रही। इसलिए यहाँ लुइस कैरोल को उद्धृत करना मुनासिब होगा जहाँ खरगोश के खोह में गिरे और गिरते चले गये, थमने का नाम नहीं! आते दिनों में लुइस कैरोल को, भाजपा की ही एक शख़्सियत ने, आम चुनाव में दूसरी लगातार पराजय के बाद उद्धृत किया।

पत्रकार से नेता बने, पूर्व विनिवेश, संचार और सूचना प्रौद्योगिकी मन्त्री अरुण शौरी राज्यसभा से सांसद थे। 25 अगस्त, 2009 में प्रसारित एक टेलीविज़न साक्षात्कार में भाजपा प्रमुख राजनाथ सिंह की तीव्र आलोचना करते हुए उन्होंने उन्हें 'हम्प्टी डम्प्टी' और 'ऐलिस इन ब्लण्डर लैण्ड' की उपाधियों से सुशोभित कर डाला। यही नहीं, उन्होंने यह सुझाव

भी दिया कि आर.एस.एस. को भाजपा मुख्यालय पर हमला बोल उसे अपने कब्ज़े में कर लेना चाहिए। समाचार–पत्र में तीन हिस्सों में प्रकाशित उनके लेख में दल के अन्य दैदीप्यमान सितारों को भी नहीं बख़्शा गया, यद्यपि उन पर प्रहार सतही ही रहा। लेख अलबत्ता कुछ समझ के परे ही था।

इस मार के प्रहार से भाजपा क्षत–विक्षत प्रतीत हुई विशेषकर, इसलिए भी कि यह हादसा जसवन्त सिंह के जिन्नाह पर लिखी किताब पर हुए हंगामे के ऐन बाद हुआ। (अध्याय, जिन्नाह–प्रेत का साया और भाजपा) तदनन्तर उन्हें दल से निष्कासित कर दिया गया। शौरी के इस प्रलाप के पाँच दिन बाद तक भाजपा दम साधे बैठी रही और किसी भी प्रकार की आधिकारिक घोषणा से परहेज़ करती रही। यह थोड़ा विचित्र था क्योंकि भाजपा अन्यथा एक मुखर दल रहा है। 28 अगस्त को दिल्ली के झण्डेवाला के अपने दफ़्तर में आर.एस.एस. के सरसंघचालक मोहन राव भागवत ने एक संवाददाता सम्मेलन का आयोजन किया। किसी भी सरसंघचालक के लिए भाजपा के पक्ष में प्रेसवार्ता आयोजित करने की यह पहली मिसाल थी।

एक पत्रकार की हैसियत से मैं आर.एस.एस. प्रमुख मोहन राव भागवत द्वारा आयोजित इस संवाददाता सम्मेलन में उपस्थित रही, मुझे कहना पड़ता है कि मैं प्रभावित हुए बिना न रह सकी। अपने विचार उन्होंने बड़े सुस्पष्ट शब्दों में व्यक्त किये और आर.एस.एस. किस प्रकार से भाजपा को उसकी वर्तमान अवस्था से उबार सकती है, इस मुद्दे पर सीधी बात की। उन्होंने पत्रकारों द्वारा उठाये समस्त प्रश्नों का उत्तर बड़ी साफ़गोई से दिया और भविष्य का कार्य निर्धारण भी स्पष्ट प्रस्तुत किया। इस सम्मेलन ने मुझे इस पर एक विनोद लिखने को भी प्रेरित किया था जिसका शीर्षक था 'फाइनल सॉल्यूशन' (अन्तिम समाधान)। इसमें मैंने उन्हें अप्रत्यक्ष हिस्सेदारी त्याग कर प्रत्यक्ष नियन्त्रण का सुझाव दिया।

भाजपा के अन्दरूनी झगड़ों को हमेशा के लिए ख़त्म करने का मेरे पास एक फ़ार्मूला है और इस कथानक पर भी अब पर्दा गिराया जाये कि भाजपा एक स्वतन्त्र सत्ता है। मोहन राव भागवत को भाजपा के प्रत्यक्ष अधिग्रहण पर संजीदगी से विचार करना चाहिए। मुझे विश्वास है दल के संविधान को पुनः लिखने में कोई दिक्क़त दरपेश न होगी (वैसे भी उसी का ही लेखन है) जिसमें यह सुनिश्चित किया जाये कि भाजपा प्रमुख ही आर.एस.एस. सरसंघचालक की दोहरी भूमिका निभायेंगे।

राष्ट्रीय स्वयंसेवक संघ के सरसंघचालक मोहन राव भागवत की प्रेस वार्ता में एक पत्रकार के नाते शिरकत की है और मैं यह स्वीकारती हूँ कि उस व्यक्ति ने मुझे प्रभावित किया। वह स्पष्टवादी और पारदर्शी थे और अपनी बात सीधी तरह रखी कि भाजपा को उसकी वर्तमान स्थिति से निकलने में उनका कितना महत्त्वपूर्ण योगदान हो सकता है। उन्होंने मीडिया के सभी सवालों का सामना किया और उन्हें अपनी सीमा रेखा भी नहीं लाँघने दी।

तर्क को एक स्तर और ऊपर ले जाते हुए मैंने लिखा कि चूँकि वे स्वयं भाजपा/आर.एस.एस. के त्रिदेव हैं ही (ब्रह्मा, विष्णु, महेश) उन्हें विपक्ष के नेता का संवैधानिक पद भी स्वीकार कर लेना चाहिए जिसे शीघ्र ही, जैसे हमें बताया गया है, लालकृष्ण आडवाणी जी त्यागने वाले हैं। इसका तात्पर्य यह होगा कि सरसंघचालक को एक अदना–सा चुनाव जीतना होगा जो कोई समस्या ही नहीं है क्योंकि सारे भाजपा शासित राज्यों के मुख्यमन्त्री अपने राज्य से एक अच्छे से क्षेत्र का चुनाव कर उन्हें प्रस्तावित करने में एड़ी–चोटी का ज़ोर लगाने में कोई क़सर न छोड़ेंगे देंगे। मुझे यक़ीन है स्वयं नरेन्द्र मोदी भी इसमें पीछे न रहेंगे।

> कालान्तर में भागवत को दोनों सदनों, राज्यसभा और लोकसभा के एलओपी पर भी विचार कर लेना चाहिए। उसमें एक दिक्क़त बस यह है कि उसके लिए भारत के संविधान में संशोधन आवश्यक होगा। आवश्यक है कि वह पहले भाजपा के संविधान में संशोधन ले आयें जिससे उन्हें असीमित अधिकार और सत्ता प्राप्त होगी जिनका वे वैसे भी आनन्द उठा ही रहे हैं। आप अन्दाज़ा लगायें इस एक दुस्साहसी चाल से क्या हासिल होगा। भाजपा के दूसरी क़तार के नेता उन गिने–चुने पदों पर अपनी नज़रें गड़ाना छोड़ देंगे और उनका यह आपसी संग्राम स्वतः समाप्त हो जायेगा...[6]

जैसाकि पहले भी ज़िक्र हो चुका है, दल बड़े बुरे वक़्त से गुज़र रहा था। भाजपा प्रमुख जिन्होंने जसवन्त सिंह के मामले में अविलम्ब सज़ा सुना दी थी, अरुण शौरी के मामले में, जो उनकी सार्वजनिक रूप से निन्दा कर चुके थे, उनसे महज़ एक लिखित व्याख्या की माँग रखी गयी। लुइस कैरोल के 'वण्डरलैंड' कथावृत्त के दूसरे अध्याय 'पूल ऑफ़ टीयर्स'

(अश्रुजल का सरोवर) से अगर उद्धृत करूँ, दल के रहस्य 'अजीब से बहुत अजीब' होते जा रहे थे! इन्हीं हालातों में भाजपा के एक वरिष्ठ नेता ने फ़िक़रा कसा, 'अपने बच्चे को सर्कस दिखाने के लिए आप टिकट ख़रीदते हैं...यह तमाशा मुफ़्त में देखिये।'

यद्यपि अरुण शौरी संघ परिवार से नहीं थे, उन्होंने कई निबन्ध और किताबें लिखी हैं जिसके द्वारा उन्होंने हिन्दुत्व की विचारधारा को वैधता प्रदान की। अर्थशास्त्री के रूप में अपने सफल कार्यकाल की समाप्ति के बाद उन्होंने पत्रकारिता के क्षेत्र में क़दम रखा और इण्डियन एक्सप्रेस से पहल की। एक लेखक के तौर पर वे हमेशा बहुसृजनात्मक थे और अब भी हैं और न केवल विविध अपितु जटिल विषयों जैसे अर्थशास्त्र, प्रशासन और तत्त्वज्ञान पर भी अपने विचार प्रस्तुत करते हैं, सुझाव भी देते रहते हैं।

वाजपेयी प्रशासन में अरुण ने दो अहम आर्थिक मन्त्रालयों का संचालन किया था और कई विवादास्पद निर्णयों के भागीदार रहे थे जिनमें सार्वजनिक क्षेत्र का विनिवेश विशेष रूप से उल्लेखनीय है।

ग़ौरतलब है कि 2009 के चुनावी अभियान के दौरान (जिसमें भाजपा की हार हुई) अरुण शौरी ने ही नरेन्द्र मोदी को भावी प्रधानमन्त्री स्वरूप पेश करने की सलाह दी थी। यह भी सुझाया था कि आर.एस.एस. के पास दल का प्रत्यक्ष नियन्त्रण हो।

बहरहाल, भाजपा ने अनधिकारिक तौर पर अरुण शौरी से जुड़े इस पूरे विवाद को ही हलके में लेने का उपक्रम दिखाया। मुझे याद है कि मैंने कई नेताओं से उनकी प्रतिक्रिया और टिप्पणियाँ माँगी थीं। आज दस साल बाद भी जिनके कुछ अंश मुझे याद हैं–'आप क्या जानना चाहती हैं? क्या कोई और भी है जो आलोचना कर रहा है?' या, 'हम भी उतने ही अनजान हैं जितना कि आप' या फिर इन सबका सिरमौर, 'हम कोई टिप्पणी नहीं कर सकते, हम फिलहाल हम्प्टी डम्प्टी का हिन्दी में तर्जुमा करने में लगे हैं जिससे दल प्रमुख को इस अपमान का अर्थ समझाया जा सके।'

यह बात साफ़ ज़ाहिर थी कि भाजपा एक संक्षिप्त समय के लिए, मैड हैटर की चाय पार्टी में तब्दील हो गयी थी (ऐलिस इन वण्डरलैण्ड से) यानी पागलों की चाय पार्टी सरीखी दिखने लगी थी। इस अव्यवस्था में से निकल ऊर्ध्वागमन के आरम्भ होने में अभी काफ़ी वक़्त लगना था।

अरुण जेटली : खाँटी दिल्ली वाला

इस प्रकार, एक बार फिर, जहाज़ को अपनी यात्रा पुनः आरम्भ करने से पहले ही डूबना पड़ा। कथानक में तब्दीली तब आयी जब वर्ष 2013 में नरेन्द्र मोदी गुजरात के गाँधी नगर से दिल्ली स्थानान्तरण की महत्वाकांक्षी यात्रा का आग़ाज़ करने निकले। सालों से चल रहे मौखिक प्रहारों, नख़रों, हत्याओं, तबाही, वृद्धावस्था और उसके साथ बढ़ती जराजीर्णता और भी कितना और क्या कुछ से गुज़र जाना और वो भी सलामती के साथ, कम लोग ही ऐसा कर पाये हैं, अच्छे या फिर बुरे, जिस प्रकार से भी, यह और बात है। यहाँ यह कह देना अत्यन्त आवश्यक है कि मेरी नज़र में अटल बिहारी वाजपेयी, लालकृष्ण आडवाणी और नरेन्द्र मोदी के अलावा अगर कोई और भाजपा में महत्त्वपूर्ण नेता बन उभरा है, वह अरुण जेटली हैं। इतनी लम्बी दौड़ में बने रहना हौसले का काम है, अलबत्ता इन दिनों स्वास्थ्य सम्बन्धी कुछ परेशानियों ने उन्हें घेरा हुआ है।

उन्होंने कभी चुनावी राजनीति से सत्ता हासिल नहीं की, बल्कि 2014 में अमृतसर से चुनाव लड़ते हुए कांग्रेस के कप्तान अमरिन्दर से, जो इन दिनों पंजाब के मुख्यमन्त्री हैं, उन्हें हार का सामना करना पड़ा था। एक ऐसे राजनीतिक पारिस्थितिक तन्त्र में, जहाँ कांग्रेस का दशकों से दबदबा रहा है, विलक्षण व्यक्तित्व के धनी अरुण जेटली, मीडिया, न्यायतन्त्र और नौकरशाही, इन सबके साथ भाजपा के मूल संयोजक स्वरूप कार्य करते रहे हैं।

एक संयोजक के रूप में उनकी प्रतिष्ठा का कोई सानी नहीं है और इस पर पार्टी के सभी लोगों का एकमत रहा है। इनके मीडिया के साथ भी बड़े गहरे सम्बन्ध हैं, क्या संवाददाता, क्या सम्पादक, क्या मालिक। व्यक्तिगत तौर पर मैंने उन्हें हमेशा मुक्त और कारगर पाया। एक

संवाददाता के तौर पर मैंने उन्हें एक ऐसा इन्सान पाया जिनके साथ काम करना आसान था, वह आसानी से उपलब्ध होते थे और ऐसे विनोदपूर्ण कि बहुधा अपने दल की राजनीतिक यात्रा के तल्ख़ और बोझिल क्षणों को हास्य में ढाल उन्होंने स्थिति को हल्का किया है।

उनके लिए मेरी यह धारणा रही है कि देश के दूसरे राजनीतिज्ञों से वे अलग हैं और इसकी दो वजहें हैं : पहला, राजनीति उनके लिए उनका सर्वस्व नहीं है, और किसी दिन अगर अचानक सब ख़त्म भी होता है, उनके पास वकालत का पेशा है ही, जिसमें वे पुनः लौट सकते हैं। वे देश के चोटी के वकीलों में से हैं और यह वकालती उनकी अपनी बनायी हुई है, उन्हें धरोहर में नहीं मिली। दूसरे, वे एकमात्र ऐसे राजनीतिज्ञ हैं जिनके सच्चे मित्रों की एक बृहद् मण्डली है और उनमें से कई ऐसे हैं जिनकी अपनी विचारधारा भाजपा की विचारधाराओं के प्रतिकूल है।

देश के वित्तमन्त्री के रूप में इन्होंने देश का द्वितीय सबसे महत्त्वपूर्ण पद सँभाला हुआ है। वित्तमन्त्री के रूप में बातूनी तो हैं, साथ तुनकमिज़ाज भी, मिलनसार हैं और ग़ज़ब के मेज़बान। उनकी मेहमान नवाजी मशहूर है–क्या बेहतरीन दस्तरख़्वान सजाया जाता है, यही नहीं, व्यंजनों की विस्तृत जानकारी भी मिलती है। जब से मोदी प्रशासन में उन्हें ऐसा महत्त्वपूर्ण ओहदा मिला है, वे अपने दोस्तों से कहते पाये जाते हैं कि इस नये कार्य ने उन्हें आख़िरकार कम बोलने और ज़्यादा सुनने को विवश कर ही दिया।

जेटली के विनोदपूर्ण चुटकुले और हाज़िरजवाब उक्तियाँ हमेशा उनकी विशेषता रही हैं। वर्तमान भाजपा नेताओं में वे निःसन्देह ऐसे नेता हैं जो अपने पसन्दीदा लोगों के साथ, चाहे वे जो भी राजनीतिक विचारधारा लिए हों, दिली रिश्ते, समीकरण बनाने में दक्ष हैं। उनके मित्रों की इतनी विशाल मण्डली स्पष्ट रूप से दृष्टिगोचर है, ख़ासकर इसलिए भी कि राजनेताओं के अमूमन बहुत मित्र नहीं होते। उनके पास वक़्त ही कहाँ होता है कि अपने व्यक्तिगत जीवन में मित्रता को बढ़ावा दें। यही वजह है भारत के कुछ अत्यन्त सफल राजनेता मूलतः एकाकी ही रहे हैं।

अरुण जेटली की कुछ मित्रता तो चार–पाँच दशक से चली आ रही हैं–उनके कॉलेज के ज़माने के, आपातकाल के दौरान उनके तिहाड़ जेल के, जहाँ उन्होंने उन्नीस महीने साथ गुज़ारे–जिनमें वकील, डॉक्टर, और एक समाचार–पत्र का मालिक भी था!

अलबत्ता यह ख़ुशमिज़ाजी भाजपा में उनके दौर के सहयोगियों के साथ कभी नज़र नहीं आयी, ख़ासकर दिवंगत प्रमोद महाजन या सम्प्रति केन्द्रीय विदेशमन्त्री सुषमा स्वराज, एक ही पीढ़ी के होने से कदाचित् प्रतिद्वन्द्वी सदृश रहे।

फिलहाल, आज जिसका सबसे ज़्यादा महत्त्व है, वह है जेटली और मोदी का समीकरण। इस किताब में इसका पहले ज़िक्र आ चुका है कि उनका रिश्ता 2002 में पुख़्ता हुआ था, जब गोवा में आयोजित भाजपा की राष्ट्रीय कार्यकारिणी बैठक में अटल बिहारी गोधरा दंगों को लेकर जवाब तलब हेतु मोदी के रूबरू थे। ताल्लुकात हालाँकि 1996–2001 के बीच पनपे, जब गुजरात भाजपा में अन्दरूनी लड़ाइयाँ अपने चरम पर थीं। इसके चलते नरेन्द्र मोदी को गुजरात से वास्तव में निर्वासित किया गया था, क्योंकि एक वर्ग ऐसा था जो मोदी को एक खुराफ़ाती प्रचारक के तौर पर देखता था। मोदी और जेटली के बीच समीकरण का सृजन तब हुआ जब गुजरात से निकलकर मोदी भाजपा के दिल्ली मुख्यालय में रहने लगे थे।

2001 में लालकृष्ण आडवाणी के साथ जेटली ने मोदी को गुजरात के मुख्यमन्त्री पद के लिए समर्थन दिया–उस वक़्त के लिए यह एक बड़ा निर्णय था क्योंकि मोदी एक पूर्णकालिक आर.एस.एस. प्रचारक थे और ऐसा पहली बार होने जा रहा था कि एक प्रचारक प्रत्यक्ष रूप से सक्रिय राजनीति में पदार्पण कर रहा था। तदनन्तर, मोदी और जेटली एक–दूसरे के संग सहूलियत से काम करते रहे हैं। मोदी जहाँ एक आकर्षक सार्वजनिक वक्ता के रूप में उभरे, जो व्यक्तिगत जीवन में मितभाषी हैं, बेहतरीन श्रोता हैं वहीं जेटली जो अपने सहयोगियों और मित्र–मण्डली में बातूनी माने जाते हैं लेकिन आम जनता के साथ सम्पर्क साधने में सधे हुए नहीं हैं।

अपने दिल्ली आगमन के पहले ही मोदी ने यह सुनिश्चित कर दिया था कि गुजरात विधानसभा चुनाव जो 2007 और 2012 में होने जा रहे थे, जेटली ही भाजपा के वह राष्ट्रीय नेता हों जो गुजरात चुनाव के संचालन प्रमुख बनें। उन्होंने अभी वित्तमन्त्री के कार्यकाल में भी 2017 के गुजरात विधानसभा चुनाव का प्रबन्धन भी किया जिसमें दल की जीत दर्ज हुई। हालाँकि जीत में मिले वोट मोदी के मुख्यमन्त्री कार्यकाल में मिले वोटों से कम रहे।

मोदी–जेटली समीकरण में कालान्तर में एक स्थायित्व आया है, साथ ही, यह रिश्ता एक अजीब–सी उत्सुकता को भी जन्म देता है। बीते सालों में ऐसी कितनी ही विनोदपूर्ण उक्तियाँ और हास्य भरी चुटकियाँ, फ़ब्तियाँ हैं जो जेटली ने अपने सहयोगियों पर छोड़ी हैं ,उन्हें कैसे–कैसे नाम दिये हैं, और मज़ेदार क़िस्से याद कर सुनाये हैं पर आज तक उनके द्वारा की गयी एक भी फ़ब्ती या हास्योक्ति नरेन्द्र मोदी पर नहीं सुनी गयी।

दोनों एक–दूसरे के साथ जिस सहूलियत से काम कर पाये, इसका एक कारण यह भी हो सकता है कि चूँकि जेटली एक अत्यन्त व्यस्त वकील थे, उनके पास एक विशिष्ट राजनेता के दरबारी बनने का न तो वक़्त था और न ही तबीयत थी। मोदी भी ऐसे नेता नहीं रहे हैं जिन्हें चाटुकारों से घिरे रहना पसन्द हो।

2007 में, नरेन्द्र मोदी के गुजरात में दूसरे चुनावी अभियान को कवर करने के दौरान मुझे याद है मैं जेटली से अहमदाबाद में मिली थी। मैंने उनसे पूछा भी था कि क्यों वे एक विवादास्पद मुख्यमन्त्री की, जो कानूनी और राजनीतिक पचड़ों में फँसे हैं, अपनी हदों से बाहर जाकर उनकी मदद को तुले हुए हैं? और मुझे जवाब मिला था, 'आख़िर तुम मेरे बारे में क्यों लिखना चाह रही हो? मैं तो सालों से मोदी को जानता हूँ। उनके गुजरात आने के कहीं पहले से मैंने उनके साथ काम किया है। मैं उनमें एक विलक्षण प्रतिभा देखता हूँ।'

तब तो ख़ैर किसी को यह गुमान भी था कि मोदी एक दिन प्रधानमन्त्री पद सँभालेंगे, एक प्रश्न अक्सर पूछा जाता था : जेटली जैसे परिष्कृत शख़्स क्यों अपना नाम और साख उस व्यक्ति के साथ जोड़ रहे थे, जिनका नाम लोग गुजरात दंगों के साथ जोड़ते थे? (यह बात और है कि न्यायालयों ने उन्हें बाद में बरी कर दिया था)। बहरहाल, उस वक़्त और बाद के समय में उठाये गये इस प्रश्न का जवाब मुझे कभी नहीं मिला। मेरा अपना मानना है कि यह उन दोनों की साझी विचारधारा थी जो उन्हें बाँधती थी। छात्र के तौर पर अरुण जेटली अखिल भारतीय विद्यार्थी परिषद (एबीवीपी) के सदस्य रहे थे जो आर.एस.एस. का विद्यार्थी संगठन है, और आगे चल कर वे दिल्ली विश्वविद्यालय के छात्र संगठन के नेता बने थे। सम्भवतः अरुण एक सशक्त हिन्दू नेता की ज़रूरत महसूस कर रहे थे और मोदी का साथ देने का यह भी एक कारण रहा हो। ऐसा नेता जो अपने सिद्धान्तों को लेकर क्षमायाचक का भाव न रखता हो।

कालान्तर में जैसे–जैसे नरेन्द्र मोदी का वर्चस्व बढ़ता गया, कई भाजपा नेता और संघ परिवार के कुछ वर्ग में उन्हें लेकर एक ख़ौफ़ फैलने लगा।

जेटली स्वयं दृढ़ता से मोदी के पक्ष में डटे रहे और इसकी वजह से प्रधानमन्त्री की नाराज़गी आमन्त्रित कर ली। दोनों के मध्य पनपते समीकरण भी अब विकसित होने लगे : जहाँ जेटली ने एक वक़्त एक प्रचारक की सरपरस्ती की, 2007 तक आते–आते वह प्रचारक जननेता में तब्दील हो चुका था और अब जेटली परदे के पीछे के रणनीतिकार की भूमिका में आ गये थे।

मीडिया में अरुण जेटली के मित्रगण अब इस तर्क को हवा देने लगे थे कि एकमात्र मोदी ही ऐसे जोश और उत्साह लिए नेता थे, जो भाजपा को राष्ट्रीय स्तर पर पुनर्जीवित कर सकते थे। हालाँकि यह ऐसा दौर था जहाँ उन्हें एक अत्यन्त ध्रुवीकरण युक्त व्यक्तित्व स्वरूप भी देखा जाने लगा था। मेरे पूर्व सम्पादक स्वपन दासगुप्ता उन पहले सम्पादकों में से रहे जिन्होंने बड़े और लोकप्रिय समाचार–पत्रों के सम्पादकीय में मोदी पर लिख कर उन्हें प्रवर्तित किया।

× × ×

अरुण जेटली के अधिकतर मित्र अपने कार्यक्षेत्र के नामवर और रसूखवाले लोग हैं। जो सबसे ज़्यादा क़रीबी हैं, वो हैं दिल्ली के सॉलिसिटर (वकील) रेयान करंजावाला, जो दिल्ली के श्रीराम कॉलेज ऑफ़ कॉमर्स में जेटली के कनिष्ठ रह चुके हैं। 'जेटली की अधिकांश मित्रता उनके कॉलेज के दिनों के वाद–विवाद प्रतियोगिता के दिनों से जुड़ी है।' जेटली और रेयान एसआरसीसी की टीम का हिस्सा थे जो सेण्ट स्टीफेन कॉलेज वाद–विवाद प्रतियोगिताओं के लिए जाया करता था जहाँ उनका मुक़ाबला शशि थरूर और स्वपन दासगुप्ता से हुआ करता था। (स्वपन आते दिनों में उनके अच्छे मित्र बने) हिन्दी वाद–विवाद परिधि में थे पत्रकार रजत शर्मा और जेटली दल के एक अन्य सदस्य जो अब इण्डिया टीवी की रहनुमाई कर रहे हैं।

उनके वित्तमन्त्री बनने के बाद जब मैं उनकी शख़्सियत पर लिखने लगी तब इस सिलसिले में उनके कई मित्रों से मेरी बात हुई। रेयान

करंजावाला ने मज़ा लेते हुए कहा था कि उन दिनों वाद–विवाद प्रतियोगिताओं को जीतने का एक बड़ा प्रलोभन पुरुस्कार स्वरूप मिलने वाली धनराशि हुआ करती थी।

दिल्ली विश्वविद्यालय के उनके समकालीनों में सेवानिवृत्त आईएफएस अधिकारी हरदीप पुरी हैं (सम्प्रति शहरी और आवास मन्त्रालय का केन्द्रीय राज्य मन्त्री पद सँभाले हुए हैं)। एक अन्य सेवानिवृत्त आईएफएस और सम्प्रति लेखक पवन के. वर्मा, जो जनता दल (यू) के प्रवक्ता रह चुके हैं और रोहिंटन नरीमन जो सर्वोच्च न्यायालय में न्यायाधीश हैं। मैंने जेटली को स्वयं यह कहते सुना है कि वर्तमान में सर्वोच्च न्यायालय में रोहिंटन सबसे आला दर्जे का कानूनी दिमाग़ रखते हैं। (प्रसंगवश, रोहिंगटन और उनके पिता फली नरीमन भाजपा समर्थक नहीं रहे हैं।) उनके मित्रों की एक और मण्डली तब बनी जब उन्होंने वकालत शुरू की।

यह वो दौर था जब वे पश्चिम दिल्ली के नारायणा में रहे और निचली अदालत स्तर से अपनी वकालत आरम्भ की। साथी वकील और मित्र राजीव नैयर (वरिष्ठ पत्रकार कुलदीप नैयर के पुत्र) आज उनकी आन्तरिक मण्डली का हिस्सा हैं। सालों तक जेटली, करंजावाला और नैयर ने एक परिपाटी निभायी–हर हफ़्ते वे कनॉट प्लेस के एक रेस्त्राँ में मिलते और उसके बाद नैयर आल इण्डिया इंस्टिट्यूट ऑफ़ मेडिकल साइंसेज़ चौराहे तक अपनी गाड़ी में उन्हें ले जाते, जहाँ से जेटली एक ऑटो रिक्शा में सवार अपने पश्चिम दिल्ली निवास के जानिब हो लेते।

मैंने जब राजीव से पूछा था कि क्या वे कभी राजनीति पर भी चर्चा करते थे, या राजनीतिक विचारधारा को लेकर बहस, उनका यह जवाब था, 'अरुण अपने दोस्तों का ख़याल रखते हैं और यह अहम बात है। यही वजह है कि कानूनी व्यवसाय के इतने सारे लोग–जिनमें बहुत तो भाजपा समर्थक भी नहीं थे, बड़ी संख्या में उनके 2014 के चुनावी अभियान में हिस्सा लेने अमृतसर पहुँचे।'

राजीव स्वयं चार दफ़े अपने मित्र के लिए अमृतसर गये, यही नहीं, उनके पिता कुलदीप नैयर जो साल 2014 में 91 वर्ष के थे, और क़तई भाजपा के ख़िलाफ़, पुराने सम्बन्धों की ख़ातिर वह भी अमृतसर गये। हालाँकि अरुण चुनाव हार गये थे, इससे उस व्यवस्थित योजना में जिसका वो हिस्सा थे, उनकी अहमियत पर कोई आँच नहीं आयी।

मोदी ने उन्हें वित्त और कॉर्पोरेट मामलों का प्रभार सौंपा (उन्होंने रक्षा मन्त्रालय की भी खानापूर्ति की, जिससे उनका दीर्घ कार्यकाल सुनिश्चित हो सके), वकील के तौर पर अरुण जेटली ने अपने बहुत सारे मित्रों की मदद पारिश्रमिक लिए बग़ैर की है। मीडिया में अपनी मित्र मण्डली की वह वर्षों से नियमित स्वास्थ्य सम्बन्धी जानकारी लेते रहते हैं, कुशल–क्षेम पूछते रहते हैं, शादी–ब्याह में शिरकत कर, किताबों के विमोचन में उपस्थित हो, और ऐसे ही सामाजिक व्यवहारों से लोकाचार और शिष्टता निभाते रहे हैं। साल 2012 दिसम्बर में जब मेरी पहली किताब 'इन गुड फ़ेथ' का दिल्ली स्थित इण्डिया इण्टरनेशनल सेण्टर में मणिशंकर अय्यर और समाजशास्त्री आशिस द्वारा लोकार्पण हुआ, संसद में एक अत्यन्त व्यस्त दिन बिताने के बावजूद वे वहाँ पहुँचे थे।

ऐसा अक्सर कहा जाता है कि एक व्यक्ति के चरित्र का परिचय इससे मालूम होता है कि अपने साथ कार्य करने वालों के साथ वह कैसे पेश आता है। उनके व्यक्तिगत मातहतों में पद्म सिंह भी शामिल हैं, जो उनके साथ विगत तेरह वर्षों से हैं। सुरिन्दर और भाटिया जो उनके साथ पिछले एन.डी.ए. प्रशासन के वक़्त से ही रहे हैं और अब पुनः वित्त मन्त्रालय में उसकी हाज़िरी लगी है, इन सबके साथ अरुण जेटली का रवैया त्रुटिहीन रहा है। मुझे यक़ीन है मेरे कई पत्रकार सहयोगी गुरदीप सिंह को न भूले होंगे, जो बड़ी मेहनत से शार्टहैण्ड में नोट लिया करता था। जेटली उसे पन्द्रह मिनट में बोल दिया करते थे और फिर वह अरुण जेटली का ब्लॉग टाइप किया करता था। मैंने जेटली को बड़े गर्व से कहते सुना है कि गुरदीप के बच्चे बहुत बढ़िया कर रहे हैं। यही वो लम्हे हैं जिनमें आज के वित्तमन्त्री अरुण जेटली की शख़्सियत का मानवीय पक्ष प्रतिबिम्बित होता है।

× × ×

अरुण जेटली को राष्ट्रीय राजनीति में लाने का श्रेय किसी भाजपा नेता को नहीं, वरन् पूर्व प्रधानमन्त्री वी.पी. सिंह को जाता है और यह बात हैरान करती है। कहानी कुछ यूँ है कि इण्डियन एक्सप्रेस समूह के संस्थापक रामनाथ गोयनका को 1980 में दिल्ली स्थित उनकी एक इमारत को

गिराने के सिलसिले में नोटिस जारी हुआ जिसे तत्कालीन दिल्ली के गवर्नर जगमोहन ने जारी किया था।

अरुण जेटली उन वकीलों में से एक थे जिन्हें केस लड़ने के लिए नियुक्त किया गया क्योंकि, उनके मित्र रेयान करंजावाला के शब्दों में, 'समस्या का हल निकालने के लिए वे बिल्कुल नयी सोच का प्रयोग कर रहे थे और इसलिए बड़ी तेज़ी से उनका नाम हो रहा था।'

इण्डियन एक्सप्रेस में उनके और उनके सहयोगियों की जीत के बाद, वी.पी. सिंह ने उन्हें अतिरिक्त सॉलिसिटर जनरल बनाया और 37 वर्ष की उम्र इस ओहदे के लिए ख़ासी कम मानी जायेगी। आज कपिल सिब्बल और अरुण जेटली सख़्त राजनीतिक विरोधी और प्रतिद्वन्द्वी प्रतीत हो सकते हैं लेकिन उस दौर में जब जेटली अतिरिक्त सॉलिसिटर जनरल थे, करंजावाला याद करते हैं वे तीनों नियमित मिला करते थे। ऐसा भी हुआ है कि पूर्व वित्तमन्त्री और प्रसिद्ध वकील पी. चिदम्बरम और अरुण जेटली का सामाजिक तौर पर मिलना हुआ। बहरहाल, अब चिदम्बरम के पुत्र कार्ती जाँच–पड़ताल के घेरे में हैं और इसके चलते अब दोनों में मैत्री का होना कुछ असम्भव–सा दीख पड़ता है।

आख़िरकार अरुण के लिए यही कहना सबसे सटीक होगा कि वह दिल्ली वाले हैं जो अपनी मिलनसार पंजाबी तबीयत को अपनी व्यावसायिक सफलता के साथ मिश्रित कर बड़ी सुगमता से हर तबक़े, राजनीतिक वर्ग के साथ सम्बन्ध बनाते हैं और उन्हें सँभाल कर भी करते हैं। साथ ही उनकी अपनी गहरी राजनीतिक अवधारणाएँ भी हैं। उनकी एक और ज़िम्मेदारी यह भी रही है कि वे गुजरात के अलावा कई राज्यों जैसे बिहार और कर्नाटक के चुनाव प्रभारी रहे हैं। इन राज्यों में भाजपा ने उपलब्धि और सफलता हासिल की है। भाजपा में उनके व्यावसायिक जीवन का यह पहलू बहुत कम उजागर हुआ है और इसके लिए उन्हें वो मान्यता भी नहीं हासिल हुई, जिसके वह सच्चे हक़दार हैं।

यहाँ मैं उनके वित्त मन्त्रित्व पर न्याय देने नहीं बैठी हूँ कि एक वित्तमन्त्री के तौर पर वह कसौटी पर कैसे उतरे। व्यक्तिगत रूप से मैं यह मानती हूँ कि वह एक बढ़िया वकील हैं जिनका अपनी मान्यताओं पर अडिग विश्वास है। मुझे इस बात का पूर्ण विश्वास है कि वित्त जैसे मुआमले में प्रधानमन्त्री ही हैं जिनका निर्णय अन्तिम होता है।

सम्पूर्ण नेता

जनवरी 2007 को वाइब्रेंट गुजरात ग्लोबल समिट (जीवन्त गुजरात वैश्विक शिखर सम्मेलन) में भाग लेने गुजरात के अहमदाबाद और गाँधी नगर, दोनों शहरों में मेरा जाना हुआ। मुख्यमन्त्री नरेन्द्र मोदी के लिए यह एक सालाना जलसा सा बन गया था। अलबत्ता भाजपा के लिए यह वक़्त अच्छा नहीं था। अपने अन्दरूनी झगड़ों की वजहों से दल शक्ति और साख दोनों खो रहा था। इसके ठीक विपरीत मोदी हर क़दम अपनी स्थिति सुदृढ़ कर रहे थे। दल का ध्रुवीकरण केन्द्र स्पष्ट रूप से अब दिल्ली और नागपुर की जगह अहमदाबाद होता दीख रहा था। बहरहाल, साल का आग़ाज़ वाइब्रेंट गुजरात के जश्न से हुआ और ख़ात्मा गुजरात विधानसभा चुनाव से, जिसमें मोदी ने पुनः एक आसान जीत दर्ज़ की।

गोधरा दंगों को हुए पाँच साल बीत चुके थे। एक वक़्त था जब राष्ट्रीय और अन्तरराष्ट्रीय मीडिया ने मोदी पर आक्षेपों की बौछार लगा दी थी। वही नेता अब मीडिया की नज़रों में तब्दील हो रहा था। एक वैश्विक स्तर के हिन्दू नेता, उद्योगपतियों के मित्र, मुक्त बाज़ार के समर्थक और इन सबसे बढ़कर, गुजरात के रक्षक। अपने राज्य में उनका क़द अब बृहद् था। जनसाधारण पर उनके व्यक्तित्व का सम्मोहन और वाक्पटुता का जादू, मोदी के लिए दोनों बातें सकारात्मक रहीं। उन्होंने यह मुक़ाम और रुतबा दोनों, समीक्षकों को बिल्कुल असम्बद्ध बनाते हुए, अपने प्रतिद्वन्द्वियों की हस्ती मिटाकर हासिल किया।

2002 में 'हिन्दू' पहचान को उसके चरम तक ले जाने के बाद 2007 तक आते–आते उनमें एक दिलचस्प प्रवर्तन दिखा था। दक्षिणपन्थी अर्थशास्त्र को अपना लक्ष्य बनाने में उनकी कोशिश कभी बिल्कुल स्वच्छन्द, बेलगाम दिखी थी।

एक वक़्त के आर.एस.एस. प्रचारक रहे वही मोदी अब संरक्षणवादी स्वदेशी आर्थिक व्यवस्था की बयानबाज़ी से बिल्कुल पलट गये। उनकी ज़बान अब वैश्वीकरण और मुक्त अर्थव्यवस्था के सपने बेचने लगी; इसका कारण, एक तो गुजरातियों की व्यापार–निपुणता और फिर विश्व भर में फैला विशाल गुजराती समुदाय का होना था, जिसका अपना बड़ा महत्त्व है।

भारत के बड़े उद्योगपतियों के साथ उन्होंने रिश्ते सुदृढ़ बनाने आरम्भ किये। यह ख़ासियत उनके दिल्ली में सत्ता में आने के बाद भी सर्वदा देखने को मिलती रही है। नतीजतन एनआरआई उद्योगपति और व्यापारी उन्हें अपना समर्थक सदृश देखने लगे और विकसित देश जैसे सिंगापुर और जापान अब व्यापार–अनुकूल गुजरात के मुख्यमन्त्री के साथ व्यापार सन्धि में दिलचस्पी दिखाने लगे।

× × ×

2007 का वाइब्रेंट ग्लोबल समिट पहली नज़र में एक विशाल व्यापार मेले सा ही प्रतीत हुआ, जिसमें विभिन्न देशों, व्यापार संघों और अर्ध–सरकारी संगठनों के विविध स्टाल लगे थे। ग़ौरतलब बात इनमें यह थी कि एनआरआई के अलावा भारतीय उद्योग जगत के दिग्गज, रतन टाटा, मुकेश अम्बानी, शशि रुइया, और के.वी. कामथ भी यहाँ उपस्थित थे। जिस सम्मेलन में मैंने हिस्सा लिया, उन्होंने 2.5 लाख करोड़ के निवेश प्राप्ति की घोषणा भी कर दी। हबील खोराकीवाला, जो विशाल औषधि कम्पनी वोकहार्ट के मालिक हैं और उन्हीं दिनों उन्होंने एफसीआईआई का अध्यक्ष पद सँभाला था, नरेन्द्र मोदी का एक 'उत्साही दूरदर्शी' नेता के तौर पर वर्णन करते हैं। रतन टाटा के शब्दों में, 'अगर आप गुजरात में नहीं हैं, आप महामूर्ख हैं।' पश्चिम बंगाल में इनकी लघु गाड़ी परियोजना नैनो नाना प्रकार के झंझटों में फँस, बिल्कुल खटाई में पड़ चुकी थी।

समिट 2007 की विशेषता स्पेशल इकनॉमिक ज़ोन (एसइज़ी) रही– मुझे याद पड़ता है मोदी ने विशाल जमावड़े को सम्बोधित करते हुए उनका ध्यान इस बात की ओर आकर्षित किया था कि गुजरात उन पहले राज्यों में रहा जिसने 2004 में एसइज़ी क़ानून बनाया। केन्द्र इसे 2005 में ही बना पाया।

मोदी का भाषण जो उद्योगपतियों के साथ आम जनता को भी ध्यान में रखकर तैयार किया गया था, अपनी एक उक्ति के लिए समाचार–पत्रों की सुर्खियाँ बन गया। गुजरात में उन्होंने कहा एसइज़ी का मतलब है–एस से स्पिरिचुअलिटी (आध्यात्मिकता), इसे आंत्रप्रेन्योरशिप (उद्यमिता) और ज़ी से ज़ील (उत्साह)। कहना न होगा, सभागृह तालियों के शोर से गूँज उठा।

बीते दिनों पर दृष्टिपात करें तो फिर एक सवाल उठना चाहिए : 2004 का भारत उदय अभियान जिस तरह से अनुत्पादक (विफल) साबित हुआ था, वाइब्रेंट गुजरात अभियान की सफलता पर मोदी कैसे आशावान थे? यह एक सच्चाई है कि देश के कई हिस्सों में निरंकुश औद्योगीकरण अक्सर ग़लत राजनीति साबित हुई है। गुजरात 40 प्रतिशत शहरीकरण वाला राज्य है और यह तथ्य गुजरात को अन्य राज्यों से अलग करता है। जनसंख्या का एक तबक़ा यहाँ भी है जो हाशिये पर है और ग़रीब है, लेकिन ऐसे लोगों की संख्या में वृद्धि हुई है जिन्हें यह विश्वास है कि मोदी के शासन काल में वे सम्पन्न और शक्तिशाली बने हैं। साथ ही, उन्हें अपने हिन्दुत्व पर पुनः गर्व का अनुभव हुआ है।

गुजरात में जो भी घटित हो रहा था, इसके इतिहास और पृष्ठभूमि पर एक नज़र दौड़ा ली जाये।

बीसवीं सदी में होने वाले अधिकतर लोकप्रिय जन–आन्दोलनों की सृष्टि प्रतिक्रिया स्वरूप ही हुई है।[1] कम ही लोग इन तथ्यों को जानते हैं कि, 1986 में गुजरात में बजरंग दल की जो स्थापना हुई, उसका एक उद्देश्य बेरोज़गारों को आकर्षित करना था। इसी तरह भारतीय किसान संघ ने, जो आर.एस.एस. से जुड़ा हुआ है, पटेल समुदाय को संगठित किया और 2007 तक इसके दो लाख सदस्य बन चुके थे। स्वामी नारायण सम्प्रदाय ने हिन्दू गरिमा और पहचान को पुनःस्थापित करने में अपनी अहम भूमिका निभायी। ऐसे सामाजिक–राजनीतिक परिवेश में मोदी प्रथम बार एक सशक्त जन–नेता की तरह उभरे।

2007 तक आते–आते मोदी ने बड़ी चतुराई का परिचय देते हुए गुजराती अर्ध–राष्ट्रवाद को विकसित कर अपने विरोधियों को इस चाल से मात दे दी।

उदाहरणस्वरूप, हर बार जब नर्मदा नदी पर बन रहे सरदार सरोवर बाँध को लेकर सामाजिक कार्यकर्ता प्रदर्शन पर उतर आते, क्योंकि उनके अनुसार इससे बहुत सारे ग्रामीण और आदिवासी विस्थापित

हुए थे मोदी इसके जवाब में अपना एक प्रदर्शन करते जिसमें उनका प्रत्यारोप होता कि एक जल की कमी वाले प्रदेश में एक बाँध निर्माण का कार्य इतना शिथिल क्यों है। अपने भाषणों में वे इन कार्यकर्ताओं को 'मुम्बई और दिल्ली के पाँच सितारा कार्यकर्ता' कहने से न चूकते।[2] हमेशा ख़ुद को षड्यन्त्र का शिकार दर्शाते, तब भी जब मानवाधिकार वकील, एन.जी.ओ. और सभ्य समाज के सदस्य उनसे गुजरात दंगों पर प्रश्न करते। उन्होंने गुजरात दंगों को भी अपने लाभ के लिए इस्तेमाल किया। भाजपा रणनीतिकार यह मानते थे कि जितना मोदी पर हमला होगा, उनकी लोकप्रियता उतनी बढ़ेगी। कुछ भाजपा सदस्यों ने मुझे चोरी–छिपे सुझाया भी था कि क्या कुछ नामचीन सामाजिक कार्यकर्ता गुजरात में आकर उन्हें कृतार्थ करेंगे?

एक खुलासा : गुजरात दंगों के बाद जो 2002 में चुनाव हुए, मुझे उसका हिस्सा बनने नहीं दिया गया। कारण यह कि संवाददाताओं के पहचान की छानबीन हो रही थी। ऐसे वाक़ये हुए जहाँ टेलीविज़न के प्रस्तुतकर्ताओं को अपने दल में शामिल अल्पसंख्यक सदस्यों को 'छुपाना' पड़ा था। आउटलुक रिसाले के सम्पादक विनोद मेहता स्पष्ट रूप से निर्देश दे चुके थे कि मुझे न भेजा जाये और इस विषय में मैंने भी कोई बहस नहीं छेड़ी।

2002 की चुनावी जीत के बाद नरेन्द्र मोदी ने दिल्ली के गुजरात भवन में एक संवाददाता सम्मेलन रखा। इस चुनाव अभियान के दौरान ज़बरदस्त ध्रुवीकरण सामने आया था। मुझे याद है मेरे जैसे संवाददाता जिन्होंने भाजपा पर अरसे से काम किया था और जो मोदी को जानते थे, चुपचाप बैठे थे। नये संवाददाता अभिभूत, भावुक स्वरों में उनसे पूछ रहे थे कि अपने समीक्षकों का मुँह बन्द कर उन्हें कैसा लग रहा है? इसी तरह के कुछ और प्रश्न भी पूछे गये। इसमें क़तई कोई शुबहा नहीं रहा था कि मीडिया की भारी आलोचना के बावजूद वे आपादमस्तक विजयी होकर उभरे थे।

मुझे महसूस हुआ कि मेरा फ़र्ज़ बनता था कि मैं उनसे सवाल करूँ। मैंने 'आप कैसा महसूस कर रहे हैं' जैसा प्रश्न न पूछ अटल बिहारी के साथ उनके समीकरण को लेकर प्रश्न किया। उन्होंने बड़ी कुशलता से प्रश्न को दूसरी दिशा में मोड़ दिया।

मैंने उनसे एक और सवाल पूछा जिसके जवाब में उन्होंने कहा, 'सबा को अकेले मेरा साक्षात्कार कर लेने दिया जाये। मैं उससे इतना कहना चाहूँगा कि अपने चुनाव अभियान के दौरान मैं आउटलुक हमेशा अपने साथ रखता था, और मुझे उससे जो सहायता मिली है, मैं आउटलुक का शुक्रिया अदा करना चाहूँगा।'

संवाददाता सम्मेलन में उन्होंने उन जनमत सर्वेक्षणों पर भी अपनी राय दी कि वे कितना ग़लत साबित हुए थे।

उनकी बात बिल्कुल सही थी। विनोद मेहता ने ऐसा ही एक अधिकृत सर्वेक्षण करवाया था जो शानदार तरीक़े से ग़लत साबित हुआ। मैं यहाँ ज़रूर कहना चाहूँगी कि मेरे जैसे अदना संवाददाता के विरोध की आवाज़ अनसुनी कर दी गयी थी, भले अब ऐसा लगे कि मैं यहाँ ख़ुद को दोष मुक्त करने की गरज से कह रही हूँ। अलबत्ता, कभी मित्रवत रहे उस प्रचारक से पूछा गया वह मेरा आख़िरी सवाल था। तदनन्तर, राज्य और राष्ट्रीय दोनों स्तरों पर किये उनके हर अभियान की मैंने ख़बर रखी है। मैं बहुत जल्दी यह समझ गयी कि उनसे साक्षात्कार के लिए अनुग्रह करना व्यर्थ ही था। जबकि हर बार मैंने इसके लिए औपचारिक अनुरोध किया। यहाँ यह कहना ज़रूरी है कि मैं एकमात्र ऐसी संवाददाता नहीं थी जिन्हें वे उपलब्ध नहीं रहे। इस तथ्य को समझना ज़रूरी है कि उन्होंने जो स्वयं को यूँ अलग–थलग और अभेद्य रखा, इससे उनकी छवि और सुदृढ़ ही हुई। गुज़रे वक़्त पर दृष्टिपात कर मैं इस नतीजे पर पहुँची हूँ।

× × ×

गुजरात प्रान्त के विभिन्न और विशिष्ट गढ़ों से भाजपा के बड़े सशक्त नेता उभरे थे। इनका एक विशाल जालतन्त्र फैला था जिसने भाजपा को बड़े जैविक रूप से प्रान्त में विस्तार करने का मौक़ा दिया था। 2007 तक आते–आते, यह बात सुस्पष्ट थी कि नरेन्द्र मोदी ने सभी क्षेत्रीय नेताओं की महत्ता और शक्ति गौण करने में सफलता हासिल कर ली थी–सूरत में काशीराम राणा, कच्छ में सुरेश मेहता, और राज्य के पूर्व मुख्यमन्त्री केशुभाई पटेल। यह बात भी ज़ाहिर हो गयी थी कि मोदी के कार्यतन्त्र में

किसी मन्त्री की कोई अहमियत नहीं थी। अन्ततः मोदी की दस्तावेज़ों/फ़ाइलों को दी गयी मंजूरी ही निर्णायक होती थी।

इधर जिस प्रकार नरेन्द्र मोदी ने वीएचपी और आर.एस.एस. के कुछ वर्गों से दूरी बना ली थी, मुझे वह बड़ा दिलचस्प लगा।

दरअसल यह अच्छी तरह से लिपिबद्ध है कि 2002 के दंगों के तुरन्त बाद वीएचपी नेता प्रवीण तोगड़िया और मोदी के रिश्तों में खटास आ गयी थी, और तब से आज तक बरक़रार है। आर.एस.एस. का वह वर्ग जिसे मोदी के उदय से तकलीफ़ थी, उन्हें भी दरकिनार कर दिया गया। कालान्तर में इस वर्ग ने भाजपा में पनप रहे असन्तोष को हवा दी। कारण : ऐसा माना जा रहा था कि आर.एस.एस. अपने इस पूर्व प्रचारक की कार्यप्रणाली से सन्तुष्ट न था। इसके अलावा उनके अनुग्रहों की माँग को मोदी द्वारा ठुकराये जाने पर वे कुछ सशंकित भी हो गये थे। लेकिन साथ ही, आर.एस.एस. इस सच्चाई से भी वाकिफ़ था कि बतौर मुख्यमन्त्री मोदी सैद्धान्तिक एजेण्डा को बख़ूबी बढ़ाये चले जा रहे थे।

गुजरात में उन्होंने वफ़ादार नौकरशाहों के एक समूह के साथ प्रशासन प्रणाली सुव्यवस्थित की जैसा आज दिल्ली में भी देखने को मिलता है। अतः 2007 में मेरा पूछा गया प्रश्न यह था : शक्ति के अन्य केन्द्रों के समाप्त होने का क्या यह तात्पर्य होगा कि कुछ कैडर अब विधानसभा चुनावों में उनके लिए कार्य करना छोड़ देंगे? मैंने कुछ अन्दरूनी लोगों से यह सवाल किया था। उनका जवाब था कि ऐसा करना प्रतिशोध लेने हेतु ख़ुद का ही नुक़सान करने जैसा होगा। केन्द्र में भाजपा सत्ता से बाहर थी, गुजरात आर.एस.एस. का सबसे सुरक्षित और सैद्धान्तिक रूप से महत्त्वपूर्ण गढ़ था। मोदी तब तक दल के लिए राष्ट्रीय स्तर पर सबसे प्रमुख कोष संग्राहक बन चुके थे। यह मानी बात थी कि चुनाव के वक़्त सारी भगवा ताक़तें गुजरात में एकजुट होंगी।

मैंने 2007[3] में अपने एक लेख में यह कहा था, 'अगर मोदी इसी विशालकाय बहुमत से फिर सत्ता में लौटते हैं जैसा उन्हें वर्तमान गुजरात विधानसभा में प्राप्त हो रहा है, इसमें क़तई कोई शुबहा नहीं कि फिर उनकी नज़रें दिल्ली में भाजपा के सिंहासन पर होंगी।' मोदी के मूल्यांकन में मैंने भविष्यवाणी तब की थी जब उनके दिल्ली प्रस्थान की प्रक्रिया आरम्भ भी नहीं हुई थी। मेरी भविष्यवाणी खरी उतरी, इसका श्रेय मैं ज़रूर लेना चाहूँगी।

× × ×

2007 के शरद का चुनावी अभियान बड़ा जादुई था। मुख्यमन्त्री के भाषणों को सुनकर अगर कोई यह समझने की ग़लती कर बैठता कि 'गुजरात गणतन्त्र' ने 'दिल्ली सल्तनत' पर युद्ध की घोषणा कर दी है, उसे मुआफ़ किया जा सकता था–किस प्रकार गुजरात दिल्ली के आगे भीख के लिए हाथ नहीं पसारता; गुजरात के पास प्रचुर धन है जो सुरक्षित रखा हुआ है। मजाल है कोई उसमें से एक रुपया भी निकाल ले, यह पैसा गुजरात के लोगों के कल्याण के लिए है; यह भी कि वे गुजरात की समृद्धि और सम्पत्ति के चौकीदार हैं, गुजरात के शासक नहीं और ऐसी ही और बातें।[4]

मतदाताओं की रैलियों में मोदी इसी प्रकार के वक्तृत्व पेश किया करते। जब वे बोलते, मध्यवर्गीय शहरी गुजराती सम्मोहित होकर सुनता और रोमांच से भर जाता। अहमदाबाद की एक रैली में उनसे पहले बोल रहे वक्ता ने उन्हें 'हमारे मर्द मुख्यमन्त्री' कह कर सम्बोधित करते हुए आमन्त्रित किया। मुझे याद है मोदी एक योद्धा की तरह मंच पर पधारे और दहाड़ लगायी, 'दिल्ली और गुजरात के बीच एक प्रतियोगिता हो जाये' और समर्थन में जनता की अति उत्साही सम्मिलित दहाड़ सुनने को मिली।[5]

'मैं दिल्ली से कहता हूँ, गुजरात से न एक रुपया लो, न गुजरात तुमको एक रुपया देने को बाध्य है।' इसके बाद वे गुजरात में सिंचाई और बिजली के विकास और वितरण के क्षेत्र में उपलब्धियों की चर्चा करते। लोगों को बताते कि उनके राज्य गुजरात का विकास दर एशिया में सर्वाधिक है। इसी तबीयत की वे कुछ और भी बातें लोगों को बताते।

2007 तक आते–आते ऐसे गुजरातियों की कमी नहीं थी जो नरेन्द्र मोदी को अर्ध–देव का दर्जा दे चुके थे। एक ऐसे मसीहा जो पिछड़ेपन, ग़रीबी और तमाम विपदाओं से, जो उन्हें दिल्ली के लोगों और शासक से कमतर रखती है, उनका उद्धार करेंगे। उनके सबसे मुखर विरोधी ही उनको सबसे ज़्यादा अजेय मानने लगे थे। सामाजिक कार्यकर्ता गगन सेठी जिन्होंने 2002 के दंगों के विस्थापित मुसलमानों के बीच काम किया था, मुझे याद है मुझसे बोले थे, 'हम मोदी को खलनायक बनाकर प्रसन्न हो सकते हैं। लेकिन हमें यह तथ्य तो स्वीकारना ही होगा कि उन्होंने गुजरात के हिन्दू समाज के संवेदनशील हिस्से को छुआ है, उनके अस्तित्व को सम्बोधित किया है। मोदी ने स्वयं का एक संवर्ग (कैडर) तैयार किया है जो उनके प्रति अत्यन्त वफ़ादार है।'[6]

राजनीतिक विशेषज्ञ अच्युत याग्निक ने इस अद्भुत प्रकरण को 'मोदीत्व' का नाम दिया है, हिन्दुत्व का अगला चरण जिसमें एक व्यक्ति सिद्धान्त के सम्पूर्ण प्रतीक स्वरूप उभरा है।

ज्यों–ज्यों नरेन्द्र मोदी का वर्चस्व बढ़ता जा रहा था, मध्य गुजरात और सौराष्ट्र में कुछ भाजपा नेता ऐसे थे जो उन्हें गिराने में खुलेआम कांग्रेस का हाथ बँटा रहे थे। 2007 में, मैं सुरेन्द्रनगर के सांसद सोमाभाई पटेल से मिली। इनकी ज़िन्दगी के 47 वर्ष जनसंघ, भाजपा और वीएचपी को समर्पित रहे थे, अपने हर भाषण में पूर्व सहयोगी मोदी की निन्दा करते पाये जाते थे। वह मोदी के व्यक्तिगत जीवन पर जिस प्रकार का आक्रामक प्रहार करते थे, ऐसा प्रतीत होता था अपने बेमानी और निष्क्रिय जीवन की वे भड़ास निकाल रहे हों। इन्होंने मोदी को ढोंगी हिन्दू तक कहा।

मोदी के समक्ष कांग्रेस पार्टी का इतना विरोधाभास और स्पष्टता लिए असहायता, मुझे पहली बार 2007 के चुनावों के दौरान दिखी। केन्द्र में सत्तारूढ़ पार्टी की राज्य के लिए कोई सुनिश्चित वर्णनात्मक कार्यक्रम की योजना ही नहीं थी। वह भाजपा में पनप रहे असन्तुष्टों की ताक़त को ही अपना सम्बल बना चल रही थी। मोदी के शासन से पहले से ही भाजपा का गुजरात में वर्चस्व रहा है और बहुत मुमकिन है, इस वजह ने कांग्रेस को इतना खोखला कर दिया था। उदाहरणस्वरूप अहमद पटेल को ही ले लें। अस्सी के दशक के दक्षिण गुजरात के भरूच से लोकप्रिय सांसद रहे अहमद पटेल सोनिया के सबसे क़रीबी सलाहकारों में से एक रहे हैं। उनकी पहचान कभी सिर्फ़ एक मुस्लिम नेता की नहीं रही। आर.एस.एस. के सुनियोजित अभियानों की बदौलत एक मुस्लिम नेता के तौर पर उनकी छवि और लोकप्रियता बड़ी नकारात्मक हो गयी। एक नेता के लोकसभा कार्यकाल का बड़े प्रभावी ढंग से ख़ात्मा कर दिया गया। (कालान्तर में वे राज्यसभा के रास्ते संसद में आये जो अपेक्षाकृत अधिक सुरक्षित था)

अगर आँकड़ों को देखा जाये, गुजरात में वोटों की हिस्सेदारी में कांग्रेस का हिस्सा हमेशा चालीस फ़ीसद रहा। तब भी जब राज्य में भाजपा सत्ता में थी। (2017 के चुनावों में यह 41.5 फ़ीसद रहा) मोदी के आगमन के बाद, देश की सबसे पुरानी पार्टी के पास राज्य को पेश करने के लिए ऐसी सुनिश्चित क्रमबद्ध योजनाएँ न थीं जो मोदी का तोड़ साबित होतीं।

2007 में ऐसा प्रतीत हो रहा था कांग्रेस सत्ता विरोधी लहर और अपने कुछ गणित के आँकड़ों के बल पर चुनाव लड़ने निकली है। मसलन, उन्होंने सौराष्ट्र में भाजपा के असन्तुष्ट नेताओं में टिकट बाँटे; कुछ स्वतन्त्र चुनाव लड़ रहे थे, ऐसे जिन पर दंगों का संगीन आरोप लगा था और जिन्हें अप्रत्यक्ष तौर पर कांग्रेस का समर्थन प्राप्त था। कांग्रेस की मंशा रही होगी कि जैसे भी हो, आर.एस.एस.–वीएचएस–भाजपा में मतभेदों और असन्तोष का लाभ उठाया जाये।

गुजरात में कांग्रेस ने पहली बार 'सॉफ्ट हिन्दुत्व' (नरम हिन्दुत्व) की अवधारणा का प्रयोग किया। नतीजों पर ख़ैर कोई प्रभाव पड़ा नहीं और मोदी बड़ी आसानी से चुनाव जीत गये। आज एक दशक बाद 2017 के चुनावी अभियान में हमने राहुल गाँधी को एक मन्दिर से दूसरे मन्दिर का भ्रमण करते भी देख ही लिया है।

× × ×

2007 के अन्त तक मोदी स्वयं को समसामयिक राजनीतिक परिवेश में एक सशक्त नेता के तौर पर स्थापित कर चुके थे। वे पूर्णरूपेण स्वनिर्मित थे और इसलिए कई मायनों में, कदाचित् एकाकी भी। समसामयिक भारतीय राजनीतिक पटल पर ऐसे कई सशक्त नेता उभरे हैं जिन्होंने एकाकी जीवन चुना–जे. जयललिता, मायावती, ममता बनर्जी और नवीन पटनायक। मोदी इनसे बहुत अलहदा रहे। इन सबने ऐसी पार्टियों का नेतृत्व किया जो उनके चतुर्दिक बनी थी। भाजपा अपने ऐतिहासिक स्वरूप में ही ऐसा दल रही है जहाँ व्यक्ति उपासना की परम्परा का विरोध रहा है। अन्ततोगत्वा मोदी ने एक नेता की मर्ज़ी के आगे पार्टी को झुकाने को मजबूर किया।

2007 के चुनाव के बाद नरेन्द्र मोदी की शख़्सियत पर एक आलेख लिखने हेतु मैं अहमदाबाद रह गयी। मैंने बहुत सारे लोगों से बातचीत की, उनके पुराने परिचित, दल में उनके सहयोगी जो उनके क़रीबी माने जाते थे। उनकी जो छवि उभरी, वह एक एकान्तप्रिय इन्सान की थी– निकटतम रिश्तेदारों को भी बिल्कुल प्रश्रय नहीं देते थे, अकेले भोजन किया करते थे। एकमात्र सार्वजनिक स्थानों पर, विशाल और जीवन्त

जनसमूह के बीच एक राजनीतिक नेता के तौर पर उन्हें भावुक होते देखा गया है, वरना भावुकता का प्रदर्शन उनकी फ़ितरत नहीं है।

अब तक, उन्होंने न केवल अपने पहनावे की, अपितु अपने हाव–भाव की भी एक बड़ी सोची–समझी शैली विकसित कर ली थी, जो उनके व्यक्तित्व के साथ उपयुक्त लगे। उन्हें कार्य करने की लत है और चुनाव हों या नहीं, वह सुबह 6 बजे से रात 11 तक अपने कार्य में व्यस्त रहते हैं। जेटली पत्रकारों को बताया करते थे कि, 'जहाँ तक कार्य की बात है, मोदी पर उसका मानो भूत सवार है, वे रात 11 बजे तक अपने दफ़्तर में होते हैं।'

गुजरात के मुख्यमन्त्री अपनी शख़्सियत में कुछ और इजाफ़े भी करने लगे थे। उन्होंने कविता संग्रह की एक किताब प्रकाशित की, जिसका शीर्षक था 'आँख आ धन्य छे' (धन्य हैं यह आँखें)। इसमें एक कविता 'गौरव' में वे लिखते हैं :

मुझे गर्व है कि हूँ मैं मानव, और एक हिन्दू,
हर क्षण करता हूँ बोध, हूँ विशाल, बृहद्, हूँ मैं सिन्धु।

अगर इस छन्द को इस मनुष्य का प्रतिबिम्ब मान लें, तो नरेन्द्र मोदी के अन्तर में सिर्फ़ नरेन्द्र मोदी ही समाये थे। उनके द्वारा ओढ़ा हुआ अधिकार का कवच अभेद्य था; कोई भी व्यक्ति गुजरात के मुख्यमन्त्री को जानने का दावा नहीं कर सकता था, वे विरोधाभास की प्रतिमूर्ति थे–भारतीय राजनीति के एकाकी चलने वाले नेता, अतीव कर्मठ, अपनी राह स्वयं बनाते हुए, जिनके अनुगामियों की संख्या इतनी थी, जो दुनिया की बड़ी से बड़ी हस्तियों में भी रश्क पैदा कर दे।

मुझे बताया गया कि उनका निवास उनके व्यक्तित्व की व्याख्या बख़ूबी करता था। उनके निवास में जो सीमित लोग जा पाये, उनका कहना था कि व्यक्तिगत जीवन में वे बड़ी किफ़ायत बरतते थे। उनके निजी मातहतों में तीन लोग शामिल थे जिनमें एक रसोइया, और दो चपरासी थे जो उनके आधिकारिक निवास में ही रहते थे। रसोइया के अवकाश लेने पर उनका एक चपरासी ही उनका भोजन बना दिया करता था। ऐसा सादा जीवन उस मनुष्य का था जो कॉर्पोरेट भारत का प्रतीक बन चुका था। उस वक़्त के उनके सरकारी सहायक–ओ.पी., तन्मय और दिनेश–जो उन्हें प्राप्त फ़ोन कॉल की जाँच किया करते थे (जैसे मेरे सरीखे संवाददाता जो उनके साथ बातचीत हेतु आवेदन किया करते थे)

को भी उनके आवास में जाने की इजाज़त नहीं थी। भाजपा के पुराने अनुभवी और उनके क़रीबी माने जाने वाले एक ने मुझसे कहा था, 'उनसे व्यक्तिगत रिश्ता पनप नहीं पाता और इसलिए लोग आहत भी हुए हैं। इसमें उनका कोई दुराभाव नहीं छुपा है, वे बस ऐसे ही हैं, यह तथ्य अब सब समझने लगे हैं।'

मोदी ने न तब और न आज ही, दरबारियों को प्रश्रय दिया है। कितने ही ऐसे राजनेता हैं जो अपने कर्मचारियों और परिचारकों के जत्थों के साथ अपने विशाल, आकर्षक रिहाइशों में रहते हैं। जहाँ नियमित ख़ुशामदियों का ताँता लगा रहता है। मोदी अपनी दैनिक अतिव्यस्तता के बाद अपने निवास में निर्लिप्त, एकाकी अपना भोजन करना पसन्द करते हैं।

2007 के चुनावी अभियान में मैंने पहली बार 'मोदी मुखौटा' देखा। हर रैली में मुझे कुछ बच्चे दिख ही जाते थे जो मुखौटा लगाये कूदते–फाँदते रहते थे। अब वे महज़ एक जन नेता नहीं रहे; एक पन्थ के केन्द्रीय आधार स्वरूप उनके व्यक्तित्व के नये आयाम विकसित हो रहे थे।

× × ×

2012 में मैं विधानसभा चुनावी अभियान कवर करने पुनः गुजरात गयी। उस वक़्त केन्द्र में मनमोहन सिंह के नेतृत्व में यूपीए सरकार भ्रष्टाचार के दलदल में बुरी तरह से फँसी दिखाई देती थी। मोदी वहीं हर क़दम पर स्वयं को सशक्त बनाते आगे बढ़ रहे थे। 2007 में मोदी मुखौटे पहने बच्चों का अचरज भरा नज़ारा देखने को मिला था। बहरहाल, पाँच साल बाद महामोदी आयोजन का साज़–ओ–सामान बदल चुका था। अब अभियान में कथावस्तु स्वामी विवेकानन्द थे। मोदी को अब दार्शनिक विचारक स्वरूप दर्शाया जा रहा था।

'विवेकानन्द युवा विकास यात्रा' की हर रैली में उनका आगमन किसी रॉक स्टार के आगमन–सा होने लगा।

मुझे याद है मोटरसाइकिल पर सवार हमलावर सैनिकों का आभास देती टोली रथ के पीछे खड़ी थी। उनका पहनावा चटकीला नारंगी टीशर्ट था जिसके अग्रभाग में स्वामी विवेकानन्द की तस्वीर और पृष्ठभाग में सोच में डूबे मोदी की तस्वीर बनी थी। मंच के प्रवेश द्वार के निकट कई

युवक विवेकानन्द के जैसे गेरुआ परिधान और पगड़ी में सजे दिखाई दिये। मंच पर गायन प्रस्तुति चल रही थी और लड़कियाँ अपने सिर पर मटकी सँभाले मंच के पार्श्वभाग में तैयार खड़ी थीं। अचानक नगाड़ों की आवाज़ आरम्भ हुई और तेज़ होते हुए अपने चरम को पहुँची, भारत माता की जयकार से वातावरण गूँज उठा!

नरेन्द्र मोदी तेज़ क़दम बढ़ाते मंच पर आये, स्मृतिचिह्न स्वरूप कुछ पगड़ियाँ स्वीकार कीं और बिना वक़्त ज़ाया किये एक शानदार प्रस्तुति पेश की। उत्साह भरे चेहरे उनकी ओर उन्मुख थे। 'दिल्ली सल्तनत' पर अपनी सुपरिचित उक्तियाँ कहते हुए स्वयं को शान्ति का दूत सदृश प्रस्तुत किया जिसे अपनी 'प्रजा' से प्यार था। स्वामी विवेकानन्द का आह्वान करते हुए उन्होंने एकत्रित भीड़ से पूछा, 'क्या किसी ने स्वामी विवेकानन्द के सपनों को साकार करने का प्रयास किया है? गुजरात के छह करोड़ बाशिन्दे ऐसा करेंगे।' एक अच्छे वक्ता तो वे थे ही, श्रोताओं से प्रश्न पूछ उन्हें अपने साथ जोड़ने की एक अद्‌भुत कला उन्होंने विकसित की : 'क्या आपको इन दिनों पानी मिल रहा है?' हाँ, जनता ने चीखते हुए जवाब दिया, 'क्या आपको बिजली मिल रही है?' हाँ, 'क्या सड़कों की हालत अच्छी है?' हाँ, हाँ, बेशक, 'क्या आप ख़ुश और सन्तुष्ट हैं?' भीड़ सम्मिलित स्वर में पुकार उठी–हाँ! 'पर मैं नहीं हूँ। मैंने अपने लोगों के लिए इससे कहीं बेहतर और अधिक विकसित जीवन की कल्पना की है।' प्रस्तुति के चरमोत्कर्ष का यह वाक्य किसी रॉक स्टार प्रदर्शन से कम नहीं होता था।

उनकी जीत निश्चित थी। आउटलुक[7] रिसाले के लिए लिखी आवरण कथा में मैंने मोदी की तुलना लोकप्रिय हैरी पॉटर श्रृंखला के महान जादूगर लॉर्ड वोल्देमोर्ट से की : इस अत्यन्त लोकप्रिय नॉवेल में वोल्देमोर्ट एक शक्तिशाली जादूगर हैं जिन्हें वह–जिनका–नाम–लेना–वर्जित–है–से सम्बोधित किया जाता है। वे हक़ीक़ी और तिलिस्मी, दोनों दुनिया पर विजय पाने के लिए निकल पड़ते हैं। उनकी शख़्सियत और महत्वाकांक्षा इस नाटकीय प्रस्तुति की धुरी हैं। हैरी पॉटर और उसके मित्रगण, शिक्षक और दूसरे सहायक अपेक्षाकृत साधारण लोग हैं जो जादूगर द्वारा कृत घटनाक्रमों का प्रतिक्रिया स्वरूप सामना करते दिखाये गये हैं।

सात किताबों की श्रृंखला में रचित यह ऐसा रोमांचक विवरण है जिसने एक पूरी पीढ़ी को आसक्त रखा।

हक़ीक़ी दुनिया के जादुई क्षणों के प्रतीक स्वरूप मैंने नरेन्द्र मोदी को लिया है। एक ऐसी शख़्सियत जिनके सम्मोहन के वशीकरण मन्त्र ने उन्हें तीन बार गुजरात पर विजय दिलवाई। इसके बाद बारी हिन्दुस्तान की थी। अब तक गुजरात में कांग्रेस ख़ासी ख़ौफ़ज़दा हो चुकी थी; यह हिदायत दी गयी थी कि बहुत ज़रूरी होने पर ही उनका नाम लिया जाये, अभियान को सादा रखा जाये और सिर्फ़ 'गणित' पर तवज्जो दी जाये।

यही वह दौर था जब मीडिया का एक बड़ा तबक़ा मन्त्रमुग्ध हो यह सम्भावना तलाशता दिखा कि मोदी कैसे यह नहीं कि कब अब भारत के बाक़ी हिस्सों पर अपना प्रभुत्व स्थापित करेंगे। भारतीय मध्यम वर्ग भी, बहाव के दौर में, अब केन्द्र में एक सशक्त नेता की परिकल्पना से उत्साहित था; युवा वर्ग मोदी में एक जोशीला, गतिमान व्यक्तित्व देख रहा था; औरतें उनके विशाल, सशक्त व्यक्तित्व से अभिभूत नज़र आती थीं; भाजपा धड़ल्ले से यह आँकड़े पेश कर रही थी कि गुजरात और देश के बाक़ी हिस्सों के मुसलमान भी अब मोदी को अपरिहार्य नेता स्वरूप स्वीकार चुके थे।

हालाँकि उनकी यह तीव्र वृद्धि वाद–विवाद का विषय बनी–बहुतों ने इसे अतिउत्साही मोदी वफ़ादारों की कारस्तानी कहा। मेरी नज़र में, बड़े कॉर्पोरेट समूहों की वित्तीय सहायता के बल पर मोदी हिन्दुत्व संयोजन के प्रतीक स्वरूप उभरे, जिससे उनके आगे का मार्ग भी प्रशस्त हुआ। प्रधानमन्त्री पद की सम्भावित उम्मीदवारी के बहुत पहले उनके वफ़ादारों ने मीडिया और इण्टरनेट जैसी संगोष्ठियों में उनके समर्थन में संग्राम का आग़ाज़ कर दिया था। 31 दिसम्बर, 2012 की आवरणकथा में मैंने लिखा था :

> हम सबको अब यह प्रश्न उठाना होगा कि क्या 'प्रधानमन्त्री स्वरूप मोदी' एक ऐसे व्यक्ति की दुस्साहसिक योजना है जिन्होंने विगत वर्षों में कई ऐसी योजनाओं को बड़ी सफलतापूर्वक निष्पादित किया है?
>
> मोदी के ऐसे प्रयास की अगर सम्भावना भी रहती है, यह अपने आप में महत्त्वपूर्ण होगा। यह एकमात्र ऐसा मुद्दा बन उभरेगा जो अन्य नेताओं की राजनीति निर्धारित करेगा। अगर स्थिति वह–जो–पी.एम.–न–बन–सका वाली बनती है, फिर भी उनके प्रयास हमें यह सोचने

पर मजबूर करेंगे कि क्या यह शख़्स देश का इतिहास बदलकर रहेगा?[8]

मोदी जिस प्रकार स्वयं को किसी भी कार्य में झोंक देते थे, वह स्पष्ट दृष्टिगोचर और सराहनीय था। मानवाधिकार वकील, सामाजिक कार्यकर्ता और दंगों के पीड़ित, कोई भी उन्हें किसी तरह की कानूनी परेशानी में नहीं डाल पाया था, हालाँकि केन्द्र सरकार का रुख़ मोदी के लिए प्रतिरोधी और शत्रुतापूर्ण था। इसके अलावा, जिस प्रकार के आक्षेप और निन्दा का सामना उन्हें पश्चिमी देशों से करना पड़ा था, किसी भारतीय नेता के साथ यह पहली बार हुआ था। (कितने देशों ने उन्हें वीसा देने से मनाही की थी) इन सबके बावजूद गुजरात के 'सम्पदा जनक' की प्रतिष्ठा उन्होंने अर्जित की। भारत का एक वर्ग अब उन्हें प्रधानमन्त्री स्वरूप देखने को विकल था।

× × ×

सतर्कतापूर्ण बनायी अपनी सुनियोजित योजना में अब मोदी का अगला क़दम अपने सैद्धान्तिक परिवार पर लगाम खींचना था। दल की अन्दरूनी असहमतियों और विरोध को अब नियन्त्रण करने का वक़्त था। यद्यपि 2012 की जीत ने उन्हें निस्सन्देह सशक्त किया था तथापि, भाजपा और आर.एस.एस. के कुछ वर्ग उनसे इतनी आसानी से हार मानने वाले नहीं थे। मुक़ाबले के लिए वे निश्चित रूप से एन.डी.ए. के सहयोगी दल जेडी (यू) का दामन थामते। जेडी (यू) नेता और बिहार के मुख्यमन्त्री नीतीश कुमार मोदी मुद्दे पर दल छोड़ने की धमकी दे चुके थे।

2013 में नीतीश यह ऐलान कर चुके थे कि अगर मोदी प्रधानमन्त्री–उम्मीदवार रहते हैं, वे बिहार में भाजपा गठबन्धन से अलहदा हो जायेंगे। (बिहार में भाजपा–जेडी (यू) गठबन्धन सरकार थी) मोदी को उन्होंने अपनी प्रतिष्ठा का प्रश्न बना लिया था।

2015 में बिहार के चुनाव में नीतीश कुमार ने आरजेडी के साथ गठजोड़ कर नया रास्ता बनाया लेकिन 2017 के आते–आते उन्होंने आरजेडी नेता लालू प्रसाद यादव का साथ छोड़ दिया था और पुनः भाजपा के साथ सन्धि कर ली (यह कहना ग़लत न होगा, यह आचरण जनादेश के विरुद्ध था)। नीतीश के मुक़ाबले में जीत आख़िरकार मोदी की ही हुई।

भाजपा की यात्रा का आरम्भ अटल बिहारी के दौर में 'अस्पृश्यता' से 'स्वीकृति' में हुआ था। गठबन्धन के सहयोगियों के मत को प्रधानता दी गयी जिसकी बदौलत नीतीश कुमार जैसे नेता केन्द्र में मन्त्री पद पर आसीन हुए। दूसरी ओर 'मोदी परियोजना' वाजपेयी मॉडल से एकदम विपरीत थी। यह वह दौर था जब भाजपा एक मज़बूत ताकत और कांग्रेस के समानान्तर एवं विपरीत सत्ता के तौर पर उभर चुकी थीं। इसने अपनी धुरी में एक सशक्त नेता को रखा था जिसके चारों ओर क्षेत्रीय पार्टियाँ संवादरत थीं। इसी कारणवश मोदी के प्रधानमन्त्री–उम्मीदवारी के विरुद्ध दल में ही बड़े कड़े विवाद हुए। लेकिन साथ ही भाजपा के ख़ुद की ओर लौटने के पक्ष में भी मज़बूत तर्क दिये जा रहे थे। अपने केन्द्र के पुनर्निर्माण और सशक्तीकरण करने का मुद्दा उठाया जा रहा था जिसके लिए ऐसे प्रतिभावान नेता की दरकार थी जिसे कैडर करिश्माई समझती। तमाम रैलियों और सार्वजनिक जनसभाओं से यह बात सुस्पष्ट थी कि एकमात्र मोदी ही दल के सदस्यों और कार्यकर्ताओं को प्रेरित कर पाने में सक्षम थे। जब भी किसी सम्मेलन में आते, नारों से उनका स्वागत होता। भाजपा के दूसरे मुख्यमन्त्री और उनके समसामयिक जैसे मध्य प्रदेश के शिवराज सिंह चौहान, छत्तीसगढ़ के रमण सिंह और गोवा के मनोहर परिकर, ऐसे नेता थे जिनकी दल में कोई पैठ या साख न थी। दूसरी तरफ़ मोदी बहुत ही सहजता से कैडर के मस्तिष्क पर हावी हो गये थे।

कुछ भाजपा रणनीतिज्ञों[9] ने एक और कारण पेश किया जो कुछ जटिल–सा था। एक तर्क यह था कि विवादों से भरे नेतृत्व के दौर में मोदी एकमात्र ऐसे नेता थे, जो परदे के पीछे खेली गयी आर.एस.एस. की चालों का प्रबन्धन करने में सक्षम थे। यहाँ गुजरात के मुख्यमन्त्री अधीनस्थ नायक की तरह आगे किये गये थे, वह ओबीसी नेता जिसके पास ब्राह्मण बाहुल्य आर.एस.एस. के कुचक्रों के लिए न वक़्त था और न ही सब्र।

दल के अन्दर कुछ और चर्चाएँ भी हो रही थीं। संघ कुलीन वर्ग का एक विशिष्ट पद्धति से निर्मित पारम्परिक जगत है। मोदी एकमात्र ऐसे नेता थे जो इसे बाधित कर सकते थे। आर.एस.एस. के एक वर्ग के चहेते हमेशा ही नितिन गडकरी रहे हैं। नितिन गडकरी 2010–2013 में दल प्रमुख रह चुके हैं (जिसके बाद राजनाथ सिंह की दूसरी पारी आयी) नितिन मराठी ब्राह्मण हैं और नागपुर से, जो आर.एस.एस. का मुख्यालय है, सांसद हैं। आर.एस.एस. का अधिकांश नेतृत्व पारम्परिक रूप से ब्राह्मण

श्रेणी से रहा है। नितिन स्वयं एक सफल व्यवसायी भी हैं और एक दक्ष मन्त्री माने जाते हैं। (सम्प्रति वह सड़क परिवहन, राजमार्ग मन्त्रालय, नौवहन और जल संसाधन, नदी विकास और गंगा संरक्षण का कार्यभार सँभाले हुए हैं) बड़ी बात यह है कि वे एक अत्यन्त मधुर स्वभाव वाले और सर्वप्रिय व्यक्ति हैं जिससे आर.एस.एस. को कभी कोई ख़तरा महसूस होने की सम्भावना नहीं है। आर.एस.एस. के लिए आज भी वह ऐसी शख़्सियत हैं जिन्हें वह सर्वोच्च पद पर देखना चाहेगा। यदि भविष्य में ऐसे सूरत दरपेश हों जहाँ दल को पूर्ण बहुमत न हासिल हो और सरकार के गठन में सहयोगी दलों का समर्थन आवश्यक हो जाये।

इसको मद्देनज़र रख नितिन को राष्ट्रीय स्तर के नेतृत्व के उम्मीदवार स्वरूप पेश करने की बात हुई। अलबत्ता यह कोशिश कुछ बुझी हुई सी थी। इसके कामयाब होने के लक्षण नहीं के बराबर थे और स्वयं गडकरी का ऐसा मानना था। 2012 के विधानसभा चुनाव में मोदी विजयी हुए थे। 2013 की ग्रीष्म को दिल्ली में आयोजित मुख्यमन्त्रियों के सम्मेलन में हिस्सा लेने मोदी दिल्ली पहुँचे। भाजपा 2013 के चुनावों के लिए कमर कस रही थी। उसे एक ऐसा नेता चाहिए था जो उसके राष्ट्रीय चुनाव अभियान समिति की अध्यक्षता करे। दल प्रमुख राजनाथ सिंह अपने पूर्ववर्ती नितिन से इसकी पेशकश कर चुके थे और नितिन अस्वीकार कर चुके थे। इस पद के लिए नरेन्द्र मोदी सर्वथा उपयुक्त रहेंगे, यह पूर्व निर्णीत निष्कर्ष था। पुनरावलोकन करने पर नितिन का निर्णय एक बुद्धिमत्तापूर्ण निर्णय रहा।

दल का कैडर यह निश्चय कर चुका था कि उसे मोदी का नेतृत्व पूर्ण रूप से स्वीकार्य है। मोदी ने अथक परिश्रम से अपनी शख़्सियत को इस प्रकार निखारा था जो दल, नेतागण, क्षेत्र और सिद्धान्त सब पर हावी होकर रहा। इसका ज़िक्र यहाँ पहले भी हो चुका है। उन्होंने गुजरात के विकास को अपनी छवि के संसर्ग पेश किया था और हिन्दू गरिमा और क्षेत्रीय गौरव, दोनों ही अवधारणाओं पर बल दिया। इस उद्देश्य के लिए बहुधा अपने राज्य गुजरात को केन्द्र के ख़िलाफ़ भी खड़ा किया। अपने गृह राज्य में तमाम प्रशासनिक प्रणाली और तन्त्र पर पूर्ण नियन्त्रण हासिल कर, विश्वस्त नौकरशाहों के माध्यम से राजकीय प्रशासन व्यवस्थित किया। सबसे महत्त्वपूर्ण बात यह कि इन्होंने स्वयं को वाइब्रेट गुजरात के रूप में प्रस्तुत किया। एक ऐसा नेता जो आधारभूत सुविधा लोगों को मुहैया कराने हेतु प्रतिबद्ध था–बिजली, सड़क, पानी। उदारीकरण के बाद

का दौर था। देश में तेज़ी से होते शहरीकरण के साथ देशवासियों की आकांक्षाएँ भी बढ़ी थीं। देश एक ऐसे नेतृत्व के लिए तैयार था जो अपनी ज़िम्मेदारियों को लेकर संजीदा और उत्साही था।

× × ×

अन्ततः मोदी के प्रधानमन्त्रित्व[10] की उम्मीदवारी को चुनौती देने वाले एकमात्र लालकृष्ण आडवाणी रहे। उनके अनुसार अटल बिहारी वाजपेयी के बाद वे दल के वरिष्ठतम नेता थे, दल की सेवा का रिकॉर्ड उनका ज़बरदस्त था। लेकिन तब तक आर.एस.एस. की तरफ़ से पुरानी पीढ़ी को सेवानिवृत्त होकर युवा नेतृत्व को स्थान देने जैसे कई स्पष्ट बयान आ चुके थे। आडवाणी का पक्ष कुछ कमज़ोर इसलिए भी था कि यद्यपि 2009 के आम चुनावों में वे दल के निर्विवाद प्रधानमन्त्री चेहरा रहे, (कोई और प्रतियोगी उम्मीदवार नहीं था) उनकी बड़ी शर्मनाक हार हुई थी। अपनी हदों और ख़ामियों को समझना बुद्धिमत्ता है, ऐसा माना गया है। 1996 में इसका परिचय देते हुए आडवाणी ने अपनी महत्वाकांक्षा को परे रख अटल बिहारी को भविष्य का प्रधानमन्त्री स्वरूप उभारा था।

ऐसा कर उन्होंने स्वयं को दूसरे नेताओं से पृथक् साबित किया था और यह उनकी ख़ास जीत थी। 2013 में वह ऐसा नहीं कर पाये और दल का भी उन्हें समर्थन नहीं मिला। हालाँकि नीतीश कुमार मोदी की उम्मीदवारी को लेकर नाखुश थे जिसके फलस्वरूप आडवाणी को भले ही अपने पक्ष में दलील देने का मौक़ा मिला हो, पर यह पर्याप्त नहीं था। भाजपा में गुजरात के मुख्यमन्त्री के लिए समर्थन ज़बरदस्त था।

व्यक्तिगत तौर पर मेरी लालकृष्ण आडवाणी के प्रति सहानुभूति रही है। अपने राम रथ अभियान द्वारा उन्होंने भाजपा को राष्ट्रीय मंच पर ला खड़ा किया था और इसे वह दो दशक पहले क्रियान्वित कर चुके थे। अब उनका यह दुर्भाग्य रहा कि प्रधानमन्त्री पद के लक्ष्य में बदलाव होता रहा। दल के श्रेष्ठतम नेता स्वरूप उनकी निरन्तरता को निश्चित रूप से नाकाम किया गया। वे एक ऐसे नेता रहे जिन्होंने अपने दल को देश के राजनीतिक नक्शे पर उकेरा, लेकिन उनका आख़िरी युद्ध उनके जीवन में बड़ी देर से आया। प्रधानमन्त्री उम्मीदवारी हेतु जब वे मोदी का मुकाबला करने चले, वे 86 वर्ष के हो चुके थे।

वह हार चुके थे। भाजपा और आर.एस.एस. में मोदी के प्रभावी समर्थकों का अब यह तर्क था कि वे पुनः अपने मूल को पुख़्ता कर सकते हैं अगर उन्हें 'अकेले छोड़ दिया जाये'। वे गुजरात के महान व्यक्तित्व का अनुसरण करना चाह रहे थे, जिनका अब उनकी नज़र में, देश जीतना अवश्यम्भावी था। उन्होंने अपने विचार यूँ रखे : भाजपा में आडवाणी की प्रभुता ख़त्म थी, सहयोगियों को दल की दिशा–निर्धारण का हक़ न था, ख़ासकर अगर वह सहयोगी केन्द्र में सत्ता में नहीं था, इसलिए नरेन्द्र भाई के 'आगमन' का इससे बेहतर और कोई वक़्त न था।

14 सितम्बर, 2013 को भाजपा प्रमुख राजनाथ सिंह ने नरेन्द्र मोदी को प्रधानमन्त्री उम्मीदवार घोषित किया। भाजपा दल की संसदीय समिति द्वारा लिया गया यह आधिकारिक निर्णय था–मोदी का अभिषेक अपरिहार्य था। मोदी की इस उन्नति के अभिनन्दन में राजनाथ ने कोई कसर न छोड़ी। आर.एस.एस. जिसने कभी राजनाथ को मोदी के पंख कतरने के निर्देश दिये थे, वही अब नरेन्द्र दामोदरदास मोदी के प्रधानमन्त्री पद की उम्मीदवारी घोषित कर रहे थे।

× × ×

भारत के राज संगठन में भी अब महत्त्वपूर्ण बदलाव परिलक्षित हो रहे थे : 11 अप्रैल को अन्ना हजारे की अगुवाई में भ्रष्टाचार विरोधी आन्दोलन हुआ और तदनन्तर 2013 में आम आदमी पार्टी (आप) का गठन हुआ। इन दोनों से कांग्रेस पार्टी को गहरी क्षति पहुँची। डॉ. मनमोहन सिंह के नेतृत्व में यूपीए की सरकार एक दुर्घटना बन कर रह गयी थी, जो एक के बाद एक भ्रष्टाचार सम्बन्धी निन्दनीय मामलों में फँसती जा रही थी।

मुझे रामलीला मैदान में उपस्थित वह विशाल प्रदर्शनकारियों का जनसमूह याद है–कामकाजी मर्द, औरतें, उम्रदराज़ लोग और स्कूली बच्चे भी, जो महाराष्ट्र के 76 वर्षीय अन्ना के समर्थन में वहाँ मौजूद थे। मैंने बाद में इस आन्दोलन में आर.एस.एस. कैडर की उपस्थिति पर लिखा भी था।[11] (यहाँ योगगुरु बाबा रामदेव भी अच्छी–खासी भीड़ जुटा लाये थे) पीछे दृष्टिपात करते हुए आज यह कहा जा सकता है कि आर.एस.एस. की इस आन्दोलन से जुड़ने की यह बढ़िया रणनीति रही। कांग्रेस को खोखला करने में यह बड़ा सहायक रहा।

'आप' पार्टी का सृजन इसके दो वर्ष पश्चात् हुआ। (जिसकी जड़ें आर.एस.एस. में नहीं थीं) इस पार्टी नें दिल्ली में अपने पाँव बेशक़ जमाये हैं लेकिन कांग्रेस की जो नाक कटी, उसका भरपूर फ़ायदा भाजपा को मिला जिसकी कमान अब नरेन्द्र मोदी के हाथ थी। उन्हीं के शब्दों में, 'दिल्ली सल्तनत' की चूलें अब हिल गयी थीं और अब आगे बढ़ धक्का देने का वक़्त था।

आम आदमी पार्टी का उदय एक हलचल मचा गया। नरेन्द्र मोदी की उम्मीदवारी इससे और पुख़्ता हो गयी। 'आप' ने देश के सबसे बड़े और शक्तिशाली उद्योगपतियों के विरोध में अभियान छेड़ा था। आर्थिक सूचीस्तम्भ के शीर्षस्थों में उनकी छवि एक विघ्नकारक और अराजक की उभरी।

कांग्रेस की नैया डूब ही रही थी; इस वक़्त व्यवसाय–मेहरबान मुख्यमन्त्री के अभियान को खुला और उदार समर्थन देना एक अच्छी व्यावसायिक रणनीति थी। अतएव, कांग्रेस का पतन और आप (आम आदमी पार्टी) का सृजन, दोनों ही उत्प्रेरक सिद्ध हुए। इससे हिन्दुत्व के साथ बड़े और सशक्त उद्योगपतियों की सन्धि सुदृढ़ और प्रगाढ़ हुई।

मेरा यह मानना है, नरेन्द्र मोदी की सबसे बड़ी उपलब्धि उनका चुनाव जीतना नहीं था, चुनाव सम्बन्धित विवरणों पर उनका नियन्त्रण होना था। उदाहरणस्वरूप, मीडिया में किसी ने उनके दल से संजीदगी से यह प्रश्न नहीं किया कि 2014 का अब तक का जो सबसे महँगा चुनावी अभियान आयोजित होने जा रहा था, उसके लिए धन कहाँ से अर्जित हुआ–चुनाव आयोग को जो व्ययगणना प्रस्तुत की गयी, वह 700 करोड़ से अधिक की थी।

2013 में राजस्थान, मध्य प्रदेश और छत्तीसगढ़ के विधानसभा चुनावों के नतीजों में तीनों पर ही भाजपा की जीत दर्ज हुई थी। इधर दिल्ली में 70 में से 28 सीटों पर आप को जीत हासिल हुई। आप के नेता अरविन्द केजरीवाल ने कांग्रेस की दिग्गज नेता शीला दीक्षित को उनकी ही चुनावी सीट पर मात दी थी, जो तीन सावधि दिल्ली की मुख्यमन्त्री रह चुकी थीं। कांग्रेस का सूर्यास्त स्पष्टतः निकट था–उनके पास न अब कद्दावर क्षेत्रीय नेता रहे थे, जो इस ज्वार को रोकते, न ही उनके पास संगठित कैडर की शक्ति थी जो इस ज्वार का सामना करती। मनमोहन सिंह सरकार अब 'लँगड़ा बत्तख' नहीं, तेज़ी से 'मृत बत्तख' में तब्दील हो रही थी।

पुनरावलोकन करने पर आज यह चर्चा का विषय हो सकता है कि भाजपा का उन तीन राज्यों में शानदार प्रदर्शन कदाचित् मोदी के प्रधानमन्त्री–उम्मीदवार घोषित करने के परिणामस्वरूप रहा। सच्चाई यह थी कि आर.एस.एस. कैडर एक दशक की डाँवाडोल वाली स्थिति से निकलकर पुनः एक संगठित इकाई बन संग्राम के लिए तैयार थी।

2013 के अन्त और 2014 के शुरुआत में ही यह स्पष्ट हो चुका था कि भाजपा संसद में सबसे बड़ी पार्टी बन कर आने वाली था।

× × ×

भाजपा ने 7 अप्रैल, 2014 को आम चुनावों के लिए अपना घोषणा–पत्र जारी किया। अस्सी वर्षीय नेता आडवाणी यह बोले कि अपनी ज़िन्दगी में हुए 16 आम चुनावों में उन्हें इतनी खुशी नहीं मिली थी। उन्हीं बातों का समर्थन किया जिनके ख़िलाफ़ पिछले एक वर्ष से वे संघर्षरत रहे : 'मैंने आज तक प्रधानमन्त्री–उम्मीदवार की घोषणा पर ऐसी अनुकूल प्रतिक्रिया नहीं देखी...इसके बाद का चुनावी अभियान अभूतपूर्व रहा है।'[12] जिस तरह का उनका आत्मसमर्पण और समर्पण दिखा, दोनों ही दयनीय थे। मुझे उनके लिए ठीक वैसा ही महसूस हुआ जैसे पहले हुआ था– एक ऐसा शख़्स जो वर्षों से अपने पारितोषक की प्रतीक्षा में रहा, उसके लिए सहानुभूति ही हो सकती थी।

2014 को जिस दिन भाजपा का घोषणा–पत्र जारी हुआ, उस दिन दिल्ली के भाजपा मुख्यालय का रंग ही और था। विविध व्यंजनों से सजे स्टॉल लगे थे जिनमें पिज्जा, गुजरात का मशहूर ढोकला और खाकरा, डोसा, बनारस की चाट और तरह–तरह की अन्य खाद्य सामग्री उपलब्ध थी। भाजपा की पारम्परिक जलेबी और समोसा अब पुरानी बात थी। जिस प्रकार से 2014 का घोषणा–पत्र बनाया गया था, उसमें मुझे गुजरात की निपुणता (और उनका नाश्ते के प्रति प्रेम!) की छाप स्पष्ट दिखाई दी।

अभियान में कोई जटिलता नहीं थी; सम्पूर्ण स्पष्टता थी। मोदी उदय, मोदी मुस्कान, मोदी अवतरण, मोदी आगमन, मोदी का हाथ हिलाने का संकेत, मोदी की वक्तृता आदि–इत्यादि। हम चतुर्दिक मोदी ब्राण्ड से घिरे थे। टीवी, रेडियो, होर्डिंग और छपे विज्ञापनों पर, हर जगह मोदी विद्यमान थे। जिन्होंने इस चुनावी अभियान के पैमाने का प्रत्यक्ष अनुभव नहीं किया

है, इसे 'प्रेसिडेन्शियल स्टाइल' अभियान कहना इस अभियान की रूपरेखा की तौहीन होगी।

अभियान–रणनीति तहत, जहाँ भी कमल भाजपा चुनाव–चिह्न स्वरूप स्मरणीय नहीं था, मोदी की छवि और नाम लोगों को दल का परिचय दे रहे थे। जो उनकी सैद्धान्तिक विचारधारा का हिस्सा नहीं थे, उनके लिए भी नरेन्द्र मोदी ने जैसे असीमित सम्भावनाओं के द्वार खोल दिये। भाजपा के पारम्परिक तन्त्रों के अलावा भी, कितने ही व्यावसायिक लोगों के समूहों ने वक़्त निकाल अभियान के लिए कार्य किया।

ज़मीनी तौर पर मोदी की अपार सफलता लोगों में अब मानो यकायक दर्ज़ होने लगी थी। फ़ैसले के दिन के महीना भर पहले तक, दिल्ली की सत्ता के गलियारों में इस तथ्य को स्वीकारने में अलबत्ता वक़्त लग रहा था। कांग्रेस पार्टी ने पराजय भाँपते हुए देश के कई हिस्सों में उम्मीदवारों को राशि भेजना बन्द कर दिया; हालाँकि ऐसा करना पार्टी और उम्मीदवार के बीच अमानत में ख़यानत जैसा ही था। मैंने ऐसे कई आलेख उस दौरान लिखे।

एक ओर प्रभावशाली कांग्रेसी नेता निजी तौर पर अपनी हार स्वीकार चुके थे, तो दूसरी ओर मोदी अभियान के मुख्य कर्ता–धर्ता अब अगले स्तर की योजना बनाने में लग गये; मोदी जब (नहीं का प्रश्न न था) प्रधानमन्त्री बनें, उनका प्रदर्शन कैसा हो।

अटल बिहारी भी ऐसे नेता रहे जिनकी शख़्सियत को केन्द्रित कर चुनावी अभियान का निर्माण हुआ था। चुनावी प्रचार में वह इतना सक्रिय नहीं रहे, जितना मोदी रहे। चुनाव अभियान के चरम पर अटल बिहारी ज़्यादा से ज़्यादा दो रैलियों को सम्बोधित किया करते थे; मोदी दिन में चार से पाँच रैलियाँ करते थे, कई बार ऐसे दूर–दराज़ जगहों पर जहाँ उनकी जीत की सम्भावनाएँ न के बराबर थीं। अपने सम्पूर्ण अभियान में मोदी ने द्वि–आयामी पद्धति अपनायी : आधुनिक तकनीक की मदद से वह मतदाताओं तक पहुँचे; उन्होंने सार्वजनिक रैलियों को भी बहुत महत्त्व दिया।

मोदी अभियान के बृहद् प्रस्तुतीकरण की पार्श्व–प्रक्रिया को समझना दिलचस्प होगा। योजना के केन्द्र में निश्चित तौर पर स्वयं नरेन्द्र मोदी थे। इनके साथ राज्यसभा के निवर्तमान विपक्ष नेता अरुण जेटली और पीयूष गोयल थे, जो भाजपा के राष्ट्रीय कोषाध्यक्ष और दल के सूचना और प्रसार अभियान कमिटी के अध्यक्ष थे।

यह दोनों सज्जन अभियान के कर्ता–धर्ता थे। दल के एक वरिष्ठ नेता ने, जो इन दिनों एक महत्त्वपूर्ण मन्त्रालय में हैं, अभियान को अधिक दल केन्द्रित बनाने का सुझाव दिया था। उनके सुझाव के पक्ष में ज़ाहिर है, कोई आवाज़ नहीं उठी।

अभियान कई स्तरों पर चलाया गया। लोधी एस्टेट की एक इमारत में पेशेवर लोगों का समूह विचारमन्थन में था कि चुनाव के हर चरण में लहज़ा बिल्कुल सही हो। तमाम मीडिया या सामाजिक मंच पर सम्भावित संकर्षणों, नारों और जिंगल्स, इन सारे विवरणों को मद्देनज़र रखा जा रहा था। इसके बाद बारी थी औपचारिक विज्ञापनों की, जिस पर नामचीन विज्ञापन एजेंसी ओएएम की सहायक एजेंसी ने काम किया। अभियान के हर चरण में कई वफ़ादारों के साथ मशविरा किया गया। इनमें तीन नाम विशेष रूप से उल्लेखनीय हैं जो टीवी पर दल और प्रधानमन्त्री के पक्ष में बोले : ब्रितानिया इण्डस्ट्रीज़ के पूर्व एमडी सुनील अलघ, स्वपन दासगुप्ता, सम्प्रति राज्यसभा सांसद और साथी पत्रकार अशोक मलिक जो सम्प्रति राष्ट्रपति रामनाथ कोविंद के सलाहकार हैं।

नरेन्द्र मोदी ने दिल्ली में अपना पड़ाव डालने की बजाय गुजरात के गाँधीनगर से अपना कार्य संचालन करने का निर्णय लिया। अपने 'गुजरातीपन' को कुछ हद तक नर्म करने की कोशिश की जिससे उनकी शख़्सियत से क्षेत्रीय रंग कुछ कम हो। अपनी इस किताब पर कार्य करने के दौरान मैं कई ऐसे एनआरआई उद्योगपतियों के सम्पर्क में आयी, जो अब देश लौट आये हैं, अपनी पहचान गोपनीय रखना पसन्द करते हैं और प्रधानमन्त्री की अन्दरूनी मण्डली का हिस्सा हैं। 2014 की इस सम्पूर्ण प्रक्रिया के दौरान वे मोदी को बेशक़ीमती जानकारी देते रहे। जैसे, यद्यपि गुजराती एक प्यारी ज़बान है, उसमें कुछ हद तक एक रूखापन, उज्जड्डुता है। वही बात गर हिन्दी में कही जाये, बातों की कठोरता कुछ कम हो जाती है। उसी तरह, गुजराती भाषा में व्यंग्य–हास्य की एक ख़ूबसूरत परम्परा है जिसकी हिन्दी में सटीक अभिव्यक्ति आसान नहीं। चूँकि मोदी हिन्दी में भी यथेष्ट कुशल थे, उन्हें अपने भाषणों की शैली में कुछ सूक्ष्म बदलाव लाने का सुझाव दिया गया। यह जानकारियाँ प्रधानमन्त्री–उम्मीदवार की छवि को परिष्कृत करने में सहायक साबित हुईं।

वडनगर, जहाँ से उनका जीवन आरम्भ हुआ और आर.एस.एस. की उनकी पृष्ठभूमि, इन सबके सम्बन्ध में विस्तृत जानकारी उनकी विविध

जीवनियों से हमें मिल जाती है। ऐसी भी अनेक जानकारियाँ हैं जो कहीं दर्ज़ नहीं हैं, मसलन देश और विदेश में बसर करते अनेक समृद्ध और परिष्कृत गुजराती जिनके साथ उन्होंने सम्बन्ध स्थापित किये। एक विश्वसनीय सूत्र जो मोदी से सुपरिचित हैं, बताते हैं कि 'सारी जीवनियाँ इस तथ्य से बिल्कुल अपरिचित ही रह गयीं कि कैसे मोदी ने पाश्चात्य संस्कृति से प्रभावित लोगों से भी सम्बन्ध बनाये जिन्होंने उन्हें बिल्कुल अलग दुनिया और संस्कृतियों की जानकारी दी, जिससे वे अब तक अनभिज्ञ थे। अधिकतर लोगों ने उनकी आर.एस.एस. पृष्ठभूमि पर ही ध्यान केन्द्रित रखा।' लोगों में उनकी छवि एक सीमित रुचि वाले इन्सान की है लेकिन वास्तविकता इसके विपरीत है। वे स्वाभाविक रूप से उत्सुक और जिज्ञासु प्रवृत्ति के हैं। अपने युवा काल में जिन विषयों के सम्बन्ध में उन्हें जानकारी नहीं मिल पायी, जैसे पाश्चात्य संगीत, पाकिस्तानी ड्रामे, और ऐसे ही दूसरी संस्कृतियों की प्रस्तुतियाँ जब उन्हें भेजी गयी, उन्होंने इनमें बड़ी दिलचस्पी दिखाई और अधिक जानने को उत्सुक दिखे।

लन्दन में बसे एक गुजराती सज्जन मनोज लाडवा, जो लन्दन स्कूल ऑफ़ इकोनॉमिक्स से स्नातक, पेशे से वकील और एफडीआई विशेषज्ञ हैं ने आधिकारिक तौर पर हमसे बात की। उन्होंने बताया कि कैसे 2014 के चुनावी अभियान के दौरान वह छह महीने भारत आकर रहे और अभियान के प्रमुख मुद्दों में फेर–बदल किये गये। लाडवा उस वक़्त लन्दन, यूके में लेबर पार्टी के सदस्य थे। समुदाय संविद समिति के अध्यक्ष स्वरूप उन्हें राजनीतिक सूचनाओं के प्रसार का कुछ अनुभव था। एमएलएस चेज़ ग्रुप प्लस इण्डिया इंक के संस्थापक स्वरूप वह राम (रिसर्च, एनालिसिस, मैसेजिंग) नामक समूह की सरपरस्ती कर रहे थे।

इसका संचालन अशोक मार्ग स्थित भाजपा मुख्यालय से हो रहा था। इनका कार्य मोदी के सन्देश को बढ़ा–चढ़ा कर और आवश्यक घुमाव देकर देश में चतुर्दिक फैले प्रवक्ताओं तक पहुँचाना था। 2014 के चुनावी अभियान में इस समूह की तैयारी टीवी या सिनेमा में दिखाई गयी, जो पाश्चात्य देशों की गणतान्त्रिक तैयारियों जैसी ही थी। रात भर, 12–15 शोधकर्ता समाचार देखते थे, दूसरे दिन कमोबेश जो कहा जाना होता, उसका एक संक्षिप्त विवरण सुबह आठ बजे तक उनके पास तैयार होता था; 9.30 बजे तक प्रवक्ताओं के साथ एक बार इन्हें दोहराने के बाद, घण्टे भर में एक ब्रीफिंग (पत्रसार) तैयार कर, दोपहर 1 बजे

तक, अलग–अलग प्रदेशों के 250–300 प्रवक्ताओं के साथ एक श्रव्य पुल (ऑडियो ब्रिज) के माध्यम से सम्पर्क स्थापित हो जाता था। विषय–वस्तु को सावधानीपूर्वक, आलोचनात्मक ढंग से तैयार किया जाता था और यह सब एक एनआरआई गुजराती की देख–रेख में क्रियान्वित होता था।

यह स्पष्ट हो रहा था कि मनोज लाडवा प्रधानमन्त्री के क़रीबी थे फिर भी उनके योगदान को लेकर बहुत कुछ गोपनीय ही रहा है। मसलन, फ़रवरी 2014 में भाजपा के चुनाव चिह्न कमल का रंग भगवा से काले और सफ़ेद में बदलाव उनके सुझाव पर हुआ। यह बिना किसी टीमटाम के, चुपचाप हुआ। इस अपेक्षाकृत सूक्ष्म लेकिन महत्त्वपूर्ण बदलाव के पीछे एक उद्देश्य था। मतदाताओं को ईवीएम (इलेक्ट्रॉनिक वोटिंग मशीन) में यह चिह्न जैसा दिखाई देने वाला था, उसे ठीक वैसा ही बनाया गया। मुझे याद है मैंने लाडवा से दो प्रसिद्ध गुजरातियों एम.के. गाँधी और नरेन्द्र मोदी को लेकर बड़ा ज़ाहिर सा सवाल पूछा था कि दोनों एक–दूसरे से कैसे अलग हैं। उत्तर में वे तपाक से बोले थे, 'अगर हमें वाक़ई इस दृष्टिकोण से इसे देखना है, हम कह सकते हैं, गाँधी के बाद मोदी अकेले ऐसे भारतीय नेता रहे हैं जिनका विश्व भर में भारतीय प्रवासी, गुजराती और ग़ैर–गुजराती सबके साथ ऐसा प्रगाढ़ सम्बन्ध बना है।'

इस प्रख्यात अभियान के और भी क्रियाकलाप थे जिनका संचालन सैन्य परिशुद्धता से हो रहा था।

एक कार्यवाही ऐसी थी जिसका संचालन प्रशान्त किशोर कर रहे थे। किसी समय यूएन में कार्यरत सार्वजनिक स्वास्थ्य विशेषज्ञ जो आज चुनाव प्रबन्धन में महारथ हासिल कर चुके हैं। इन्होंने कुपोषण पर एक आलेख लिखा था जिसे मोदी ने पढ़ और, गुजरात में कुपोषण कैसे कम किया जाये, इस पर सहायता भी माँगी थी। चूँकि किशोर अब विचार मन्थन के साथ जुड़ चुके थे, उन्हें 2012 के गुजरात विधानसभा चुनाव की रणनीति तैयार करने की ज़िम्मेदारी सौंपी गयी। 2014 में प्रशान्त किशोर ने सीएजी (सिटीजन फॉर अकाउंटेबल गवर्नेंस) की स्थापना की जो एक ग़ैर–मुनाफ़े वाली संस्था थी। इस संस्था ने अभियान के कुछ विशेष पहलुओं पर काम किया, जिसने यूएस के राष्ट्रपति चुनावों की याद दिला दी। अपने अभियान की चरमावस्था में, सीएजी की विविध राज्यों में पन्द्रह शाखाएँ, एक हज़ार सदस्य और लाख से ऊपर स्वयंसेवक थे। स्वयं को एक स्वाधीन समर्थन देने वाली संस्था के तौर पर पेश कर इन्होंने

बुद्धिमत्ता का ही परिचय दिया। ऐसी संस्था जो अभियान की गतिविधियों में फ़क़त सहायता कर रही थी। 2014 अभियान के कुछ प्रमुख नये प्रयोगों में से एक थी 'चाय पे चर्चा', जिसके द्वारा सीएजी ने संक्षिप्त अवधि के लिए, छात्रों का स्वयंसेवक दल जुटा लिया था। 2015 में प्रशान्त किशोर ने प्रधानमन्त्री से अलग हो अपनी अलग संस्था कायम की, जिसका नाम आई–पैक (इण्डियन पॉलिटिकल एक्शन कमिटी) रखा। बिहार के मुख्यमन्त्री नीतीश कुमार के साथ वे बिहार विधानसभा चुनाव अभियान के साथ जुड़ गये (इसमें भाजपा की हार हुई थी)। तदनन्तर उन्होंने कांग्रेस के साथ काम किया और इन दिनों दक्षिण भारत के क्षेत्रीय दलों के साथ कार्यरत हैं।

× × ×

भारत के चुनावी इतिहास में 2014 के अभियान जैसा स्तर नहीं देखा गया था। इसमें आधुनिक तकनीक, आँकड़ों और संसाधनों का भरपूर उपयोग था। इनमें सबसे उपयोगी रियल टाइम पोल ट्रैकर रहा, जिसका उपयोग किसी राजनीतिक दल ने इस पैमाने पर भारत में पहले कभी नहीं किया था। इसमें वैज्ञानिक तौर पर निर्धारित नमूनों के आकार की मदद से, समय–समय पर सम्भावित परिणाम प्राप्त होते रहे जिसके ज़रिये भाजपा के विभिन्न संसदीय क्षेत्रों में हार या जीत की स्थिति का निरीक्षण होता रहा।

इन नतीजों को अभियान से जुड़े ख़ास केन्द्रीय गुट के साथ साझा किया जाता था जिसे तदनन्तर मोदी नियमित पढ़ा करते थे (आँकड़ों में मोदी काफ़ी रुचि रखते हैं)। इससे ज़रूरत मुताबिक़ उनका कहाँ, किस प्रकार का हस्तक्षेप दरकार था, जिससे भाजपा को और अधिक समर्थन प्राप्त हो, यह तय करने में उन्हें काफ़ी मदद मिली।

उदाहरणस्वरूप, उत्तर प्रदेश में यह विशेष रूप से सहायक सिद्ध हुआ। उत्तर प्रदेश में सर्वाधिक 80 लोकसभा सीटें हैं और इसका संचालन प्रधानमन्त्री के मुख्य सहायक (सम्प्रति भाजपा प्रमुख) अमित शाह कर रहे थे। उल्लेखनीय है कि इसकी पृष्ठभूमि में मुज़फ़्फ़र नगर के दंगों के बाद का ज़हरीला वातावरण था (अगस्त–सितम्बर 2013), प्रभावशाली जाटों और मुसलमानों के बीच इस हिंसा के बाद पूरा क्षेत्र मानो सुलग रहा

था। चुनाव के मौसम में कुछ भाजपा नेता इसका फ़ायदा उठा खुलेआम साम्प्रदायिक सम्भाषण देने लगे थे।

नरेन्द्र मोदी एक सशक्त नेता की हैसियत से, भ्रष्टाचार उन्मूलन और प्रणाली में आये सड़न को जड़ से समाप्त करने की बातें कर, 'अच्छे दिन' के वायदे करते रहे। उत्तर प्रदेश के चुनावी आकलन तभी कारगर सिद्ध होते जब समुदायों को उनके जात–पाँत के वर्गीकरण से ऊपर उठा कर एक किया जा पाता। वह पारम्परिक वर्गीकरण जिसकी बदौलत एसपी और बीएसपी जैसी क्षेत्रीय पार्टियाँ दो दशकों तक प्रदेश में सत्तारूढ़ रहीं। इन वर्गों में क़ैद वोट खण्डों को तोड़ उन्हें भाजपा की तरफ़ खींचना अब मोदी का काम था। उन्होंने इसका बेहतरीन संचालन कर अन्ततः 80 में से 71 सीटों पर क़ब्ज़ा किया और भाजपा को शानदार जीत दिलाई। भाजपा का कुल वोट हिस्सा 42.5% रहा।

उत्तर प्रदेश की चुनावी प्रक्रिया छह चरणों में हुई और एक महीने तक चली। 10 अप्रैल, 2014 को 80 में से 10 चुनाव क्षेत्र में मतदान आरम्भ हुआ और प्रक्रिया का आख़िरी चरण 12 मई को हुआ, जिसमें राज्य के अन्य क्षेत्रों के साथ प्रधानमन्त्री के चुनाव क्षेत्र वाराणसी में भी मतदान हुआ।

अभियान के दौरान अगर मोदी की वक्रपटुता में बदलाव आया भी, वह पोल ट्रैकर के सुझाव पर ही हुआ। मसलन, उसने यह सुझाव दिया कि कुछ नयी–पुरानी भ्रंश–रेखाओं पर बात कर अभियान को गतिमान बनाया जा सकता था। अब तक मोदी इस कला में प्रवीण हो ही चुके थे कि कब ऊँची उड़ान भरी जाये और कब नीचे रहा जाये। उन्हें किसी प्रकार के शिक्षण की आवश्यकता नहीं थी।[13]

इसी कारणवश, इस राष्ट्रपति शैली के चुनाव में, जो प्रधानमन्त्रित्व के लिए लड़ा गया, कई ऐसे मुद्दों के सन्दर्भ में बयानबाज़ी हुई जो धार्मिक ध्रुवीकरण के लिए पर्याप्त थे। भारतीय चुनावी परिप्रेक्ष्य में यह कोई नयी बात न थी, लेकिन 2014 में यह प्रत्यक्ष रूप में बहुत ज़हरीला हो गया था। यह कार्य कैडर, मातहतों और उम्मीदवारों द्वारा किया गया। भाजपा के उम्मीदवारों ने अल्पसंख्यकों को अपमानजनक शब्दों से सम्बोधित किया। दल के वरिष्ठ नेताओं ने अपने विपक्ष के प्रतिद्वन्द्वियों को 'पाकिस्तानी एजेण्ट' जैसे भड़काऊ सम्बोधनों से नवाज़ा। पिंक रेवोल्यूशन की बातें हुईं (कांग्रेस के नेतृत्व में यूपीए सरकार का तथाकथित कसाईबाड़ों और मांस

निर्यात को बढ़ावा देना)।[14] इसमें कोई सन्देह नहीं कि भावी प्रधानमन्त्री की उँगलियाँ हर अचेतन बटन पर थी। एक विश्लेषक के शब्दों में, यह सच है कि उनके अभियान का कथानक विकास और वृद्धि ही था लेकिन जगह विशेष को देख उनमें ऐसे 'विषयान्तर' पैदा किये जाते थे।

मूल योजना बड़ी सरल–सी थी : एक व्यक्ति जिसका ऐसा प्रभावशाली प्रतिमूर्ति स्वरूप उत्थान हुआ, उसे ख़ासकर उत्तर प्रदेश और बिहार जैसे हिन्दीभाषी राज्यों के सन्दर्भ में जातीय वर्गीकरण से परे उठकर सब पर हावी होना होगा। अभियान की नीयत यह भी थी कि धर्मनिरपेक्षता, साम्प्रदायिकता, समाजवाद और पूँजीवाद जैसे पारम्परिक विवादों को किसी ख़ातिर न लाया जाये। यह उस परम्परागत समझ के तोड़ स्वरूप था कि भाजपा एक निश्चित सीमा से परे नहीं जा सकती है। बहरहाल, जो हुआ वह यह कि देश के इतिहास का अब तक का सबसे शानदार, ख़र्चीला और महत्वाकांक्षी चुनावी अभियान अपने आरम्भिक प्रवर्तकों की सोची हुई अपेक्षाओं से कहीं अधिक सफल रहा।

गुजरात क्षेत्र के बाहर, राष्ट्रीय राजनीति में अपने पदार्पण हेतु नरेन्द्र मोदी ने बहुत सोच–समझकर ही पवित्र शहर वाराणसी को अपना चुनाव क्षेत्र चुना। घोषणा के बाद ही वाराणसी भाजपा का क़िला बन गया जहाँ देश भर से आर.एस.एस. कैडर पहुँचने लगे। अभियान के दौरान मैं तीन बार वाराणसी गयी : मार्च के आख़िरी दिनों में भी, दल का दफ़्तर रात 8 बजे तक गूँजता था, जबकि मतदान दिवस को अभी छह हफ़्ते बाक़ी थे।

मेरा प्रेम कपूर से मिलना हुआ, जो उत्तर प्रदेश के चौदह जिलों के खजांची थे। बातचीत के दौरान उन्होंने बताया, 'हमारे कोषों में अभूतपूर्व धनराशि की आपूर्ति हुई है और इसमें तक़रीबन सबका योगदान रहा है।' उनकी बात से वाराणसी भाजपा अध्यक्ष लक्ष्मण आचार्य सहमत दिखाई दिये और उन्होंने बताया कि 'आप' के स्वयंसेवक और कुछ 'गर्म मिज़ाज' आर.एस.एस. कार्यकर्ताओं के बीच झड़प की ख़बर बिल्कुल ग़लत थी। (अरविन्द केजरीवाल ने वाराणसी में मोदी से मुक़ाबले की ठानी थी) सच्चाई यह थी कि वाराणसी वासियों के लिए यह सौभाग्य की बात थी कि देश के भावी प्रधानमन्त्री का चुनाव अब उनकी ज़िम्मेदारी थी। वे धड़ल्ले से अपनी तैयारी बताने लगे, 'हम पूरी तरह तैयार हैं। सारे शहर में पाँच वीडियो वैन हैं। शहर के हर बूथ के लिए 15–20 कैडर बिल्कुल प्रस्तुत हैं।'

वाराणसी का पुरातन नगर जो आस्थावानों के लिए जीवन और मृत्यु के चक्र से मुक्ति की आस है, चुनाव के दौरान एक जनसमुद्र–सा प्रतीत हो रहा था। शहर की हर गली में, जहाँ गाय, श्रद्धालु और फेरीवालों के बीच से जगह निकाल गुज़रना पड़ता है, दीवारें और होर्डिंग्स नरेन्द्र मोदी की तस्वीरों से सजे थे। मेरी तन्द्रा तोड़ते हुए लक्ष्मण आचार्य मुझे जानकारी देने की गरज से बोले कि भावी प्रधानमन्त्री के प्रति यह उनके शुभचिन्तकों का प्यार था जो चारों ओर दिखाई दे रहा था।

(मोदी स्वयं अप्रैल के आरम्भ में ही आये और वाराणसी को कुछ ही मुलाक़ातों में अपना बना लिया)

ख़ैर, एक दूसरे कमरे में आईटी सेल सक्रिय था जिसकी अगुवाई सैलष कर रहे थे जो मोदी अभियान में कार्य करने हेतु आठ महीने पूर्व भारतीय नौसेना में अपनी नौकरी छोड़ चुके थे। इन सबका मुख्य कार्य भाजपा मतदाताओं को नेट पंजीकरण में सुविधा प्रदान करना और बूथ प्रबन्धन को परिष्कृत करना था। शहर में वैसे ही कांग्रेस का पत्ता साफ़ था अलबत्ता, सामाजिक मीडिया के टकरावों में आप का जोश फूटता दिखाई पड़ता था।

मोदी के अपने चुनाव क्षेत्र में अभियान का केन्द्र–बिन्दु सशक्त हिन्दू पहचान का निर्धारण रहा। यहाँ यह कहना आवश्यक है कि 2014 के अभियान में मोदी को बिल्कुल अलग दर्शाया गया। लोगों ने मूल सन्देश को जिस अर्थ में लिया, उसे अनदेखा करना असम्भव था। मुझे बारम्बार यह बताया गया कि स्वयं शिव काशी में अवतरित हुए थे। राज्य के भाजपा प्रवक्ताओं में से एक अशोक पाण्डेय ने इसे अधिक सारगर्भित रूप में यूँ कहा कि 'हम हर हर मोदी जाप जपेंगे, चूँकि वे शंकर भगवान का अवतार हैं, वे देश की हर सीट से खड़े हैं।'

अभियान के आख़िरी चरण में, भाजपा की राष्ट्रीय टीम ने वाराणसी के छावनी इलाके के सूर्या होटल की एक पूरी मंज़िल अपने लिए सुरक्षित कर ली। इस इलाके की सड़कें शहर की सड़कों से अपेक्षाकृत अधिक चौड़ी थीं। प्रेस वार्ता के लिए यह जगह सुनिश्चित हो गयी जहाँ भाजपा प्रवक्ता हर दिन संवाददाता सम्मेलन करने लगे। सूर्या होटल के निकट रैडिसन ब्लू होटल में दल के दिग्गजों और अमित शाह ने अपना डेरा डाल लिया।

पत्रकार अशोक मलिक और स्वपन दासगुप्ता भी वहाँ आये और उनसे यह उम्मीद थी कि वे विदेशी पत्रकारों को मोदी घटना (फेनोमेना) की व्याख्या सही–सटीक करें।

पंजाब में अपना चुनाव अभियान समाप्त कर कुछ दिनों के लिए अरुण जेटली भी वहाँ पहुँच गये। उस वर्ष मेरा वाराणसी कई बार जाना हुआ और ऐसे ही एक बार जब चोटी के नेता दोपहर भोजन के लिए एकत्रित हुए थे, मैं भी उनके बीच थी।

अमित शाह भी सम्मिलित हुए और हमेशा की तरह अरुण जेटली मेज़बानी कर रहे थे। यद्यपि मैं अमित शाह को भली प्रकार जानती नहीं थी, मैंने दल की सम्भावनाओं के बारे में उनसे प्रश्न पूछ ही लिया। अमित शाह ने कहा कि दशकों बाद उत्तर प्रदेश में वह दिन आया था जब सारे गणित और समीकरण दोनों भाजपा के साथ क्रमबद्ध कार्य कर रहे थे। वे आत्मविश्वास से पूर्ण दिखे, 'यह चुनाव तो हम उड़ा ले जायेंगे।' यूपी में मैंने भाजपा की 55 सीटों की भविष्यवाणी की थी, मुझ पर 'अधिमूल्यांकन' का दोष भी लग रहा था। अमित शाह से मेरा ऐसा कहना किसी आफ़त से कम नहीं था।

14 मई, 2014 को नतीजे घोषित हुए। एक गणतान्त्रिक प्रक्रिया के अन्तर्गत चुनाव लड़ते हुए, जिसे दुनिया ने एक अद्‌भुत मिसाल कहा, भारत ने अपना सर्वोच्च नेता चुना। देश अपनी धुरी से हट चुका था। भारी बहुमत से भाजपा विजयी हुई थी और गठबन्धन राजनीति का अन्त हुआ था। अपने दल और संघ परिवार में भी उनकी मुक़म्मल जीत हुई थी। अब उन दाँव–पेंचों और खुदरा झड़पों के लिए कोई गुंज़ाइश न बची थी, जिसमें भाजपा दशकों से फँसी रही थी। उत्तेजना का चरम अब हक़ीक़त में तब्दील था। मीडिया और विज्ञापनों जैसे बल–गुणक द्वारा मोदी ने एक लहर का सृजन किया जिस पर सवार हो उन्हें ऐसी उम्दा जीत नसीब हुई।

× × ×

अटल बिहारी का शपथ ग्रहण समारोह सुबह के वक़्त किया गया राष्ट्रपति भवन में एक सादगी भरा आयोजन था। प्रधानमन्त्री नरेन्द्र मोदी ने जब

अपना शपथ ग्रहण किया, शाम हो चुकी थी। 26 मई, 2014 को राष्ट्रपति भवन के उसी स्थान पर एक भव्य समारोह आयोजित हुआ था।

आवश्यक पासों से लैस मेरे जैसे तमाम पत्रकारों को घण्टों पहले, 40 डिग्री के आसपास तापमान में वहाँ पहुँचना पड़ा था। ख़ुशी थी कि प्रयास बेज़ा न था। शाम 6 बजे के आसपास चार हज़ार अतिथियों की उपस्थिति में नरेन्द्र मोदी ने प्रधानमन्त्री पद का शपथ ग्रहण किया। इनमें सार्क देशों के प्रमुख शामिल थे; तत्कालीन पाकिस्तानी प्रधानमन्त्री नवाज़ शरीफ; उद्योग जगत के दिग्गज; धार्मिक पन्थों के गुरु; सम्पादक; सांसद; और कुछ फ़िल्मी सितारे भी शामिल हुए। वह शाम नरेन्द्र मोदी के नाम थी, सूर्यास्त की अद्‌भुत पृष्ठभूमि थी, इतिहास रचा जा रहा था और मैं वहाँ गवाह बन उपस्थित थी।

भाजपा आईएनसी (निगमित)

18 फ़रवरी, 2018 को प्रधानमन्त्री नरेन्द्र मोदी ने भाजपा के नये राष्ट्रीय मुख्यालय का उद्घाटन किया। यह नयी दिल्ली रेलवे स्टेशन और अत्यन्त व्यस्त आईटीओ चौराहे के बीच दीनदयाल मार्ग पर स्थित है।

सर्वोच्च न्यायालय का आदेश था कि राजनीतिक पार्टियाँ अपने कार्यालय दिल्ली के लुटियंस इलाके से बाहर ले जायें और भाजपा वह पहला दल थी जिसने यह किया। 1.7 लाख स्क्वायर फ़ीट ज़मीन पर बने इस भवन का निर्माण कार्य डेढ़ साल की रिकॉर्ड अवधि में पूरा कर लिया गया। भाजपा प्रमुख को यह घोषणा करते देर नहीं लगी कि विश्व के तमाम राजनीतिक दलों के कार्यालयों में यह सबसे विशाल है।

इसकी पुष्टि करना कठिन है, लेकिन यह किसी बृहद निगम के मुख्यालय–सा लगता है, वैसा ही शानदार, चमक–दमक लिए, अपने पुराने कार्यालय से बहुत अलहदा, जो एक पर्यटन बँगला हुआ करता था। मीडिया के लिए तैयार ब्रीफिंग कक्ष, दिल्ली के बेहतरीन ऑडिटोरियम (सभाघर) के टक्कर के हैं। पहली दफे जब मैं गयी, यह देख मुझे बड़ी खुशी मिली कि स्त्रियों के लिए बने प्रसाधन कक्ष किसी भी आलीशान होटल के प्रसाधन कक्ष जैसे ही हैं। (ऐसा लुटियंस स्थित दूसरे राजनीतिक पार्टी के मुख्यालयों के लिए नहीं कहा जा सकता) भवन स्वयं बड़ा आलीशान है जिसके शीर्ष पर दल की कई ध्वजाएँ लहराती नज़र आती हैं। यहाँ वाईफाई, भूतल पार्किंग, सम्मेलन कक्ष, स्टूडियो, वाचनालय के साथ–साथ बेहतरीन संचार सुविधाएँ उपलब्ध हैं जिससे सभी आपराचिक (रूसी शब्द मायने अत्यन्त वफ़ादार नौकरशाह) राज्य इकाइयों के साथ सम्पर्क साध सकें।

2014 के पश्चात् देश में नरेन्द्र मोदी के नेतृत्व में भाजपा ने अपने उद्यम से देश पर विजय की जो सफलता अर्जित की है, मेरी नज़र में

यह भवन उस उद्यम को समर्पित स्मृतिचिह्न है। हर प्रकार की सुविधाओं से लैस इस भवन के परिसर में प्रवेश करते ही नरेन्द्र मोदी और अमित शाह की बड़ी तस्वीर नज़र आती है। इनके साथ ही भारत का मानचित्र भी रखा गया है जिसमें भाजपा शासित राज्यों को केसरिया रंग से रंगा गया है। पूर्व की तटीय क्षेत्रीय पट्टी जिसमें कर्नाटक, केरल और पश्चिम बंगाल आते हैं, उन्हें सफ़ेद रख छोड़ा है। यह मानचित्र मोदी–शाह के नेतृत्व में जारी भाजपा के आशय का कथन स्वरूप है : अधिकांश पर विजय हासिल हो चुकी, कुछ ही क्षेत्र हैं, जिन्हें जीतना बाक़ी है।

आज भाजपा के नेतृत्व की कमान एक सशक्त नेता के हाथ तो है ही, कुछ और भी तथ्य हैं जो सकारात्मक हैं। कोष भरा हुआ है और सबसे महत्त्वपूर्ण बात यह कि नीचे तक पहुँचते–पहुँचते यह लूटा नहीं जाता। अन्य क्षेत्रीय और राष्ट्रीय पार्टियों में, जहाँ व्यापार से अर्जित धन के साथ काम होता है (इसलिए इसे 'सुहृद पूँजीवाद' भी कहते हैं) ज़ाहिर तौर पर ऐसी लूट–खसोट होती है।

भारतीय चुनाव आयोग को दी गयी दिनांक 8 फ़रवरी, 2018 को नवीनतम वार्षिक ऑडिट रिपोर्ट के अनुसार भाजपा की वर्ष 2016–17 की वार्षिक आमदनी 2015–16 के 570 करोड़ की आमदनी से बढ़कर 1034 करोड़ हो गयी थी। रिपोर्ट के अनुसार, भाजपा की 2016–17 की रसीदें पिछले साल की उन सातों पार्टियों की रसीदों के साथ मेल खाती थीं, जो राष्ट्रीय पार्टियों के नाम से दर्ज थीं (जिनमें भाजपा भी एक थी) और तब जमा कुल धनराशि 1,033 करोड़ रही थी।[1]

यह आँकड़े अपने आप में हैरतअंगेज़ हैं। इसका तात्पर्य यह हुआ कि राष्ट्रीय स्तर की सारी पार्टियों की सम्मिलित धनराशि का दो तिहाई हिस्सा अब भाजपा के पास है। यह 2004–2005 के कांग्रेस नेतृत्व वाले यूपीए से कहीं ज़्यादा है। 2004 में जब यूपीए सरकार सत्ता में आयी, जमा की गयी राष्ट्रीय पार्टियों की रसीदों के मुताबिक़ कांग्रेस का हिस्सा 58% था, वहीं 2013–2014 में यूपीए सत्ता के आख़िरी चरण तक आते–आते कांग्रेस का हिस्सा घटकर 39% ही रह गया था। भाजपा का हिस्सा इसी दौरान बढ़कर 44% हो गया था। यह इस तथ्य की ओर इंगित करता है कि पैसा भी उस दिशा जाता है जहाँ सत्ता और शक्ति है। 2013 तक सारे बड़े कॉर्पोरेट कांग्रेस के स्थान पर भाजपा को दान देने लगे थे। वर्तमान में इस वजह से एक अभूतपूर्व स्थिति की सृष्टि हुई है। नरेन्द्र मोदी के

नेतृत्व में भाजपा दल का जहाँ वित्तीय विस्तार पर पूरा क़ब्ज़ा है, वहीं दूसरी पार्टियाँ योजनाबद्ध तरीक़े से ग़रीब से और ग़रीब होती जा रही है।

चुनाव आयोग के पास जमा आँकड़ों के अनुसार, 2014 में भाजपा ने अपने चुनावी अभियान में 712 करोड़ का व्यय दिखाया है। पहले ही कहा जा चुका है, देश के चुनावी इतिहास में यह सबसे ख़र्चीला अभियान रहा। विडम्बना देखिए कि एक दशक से सत्तारूढ़ रही कांग्रेस पार्टी को अभियान के मध्य में ही उम्मीदवारों को राशि भेजना बन्द करना पड़ा ख़ासकर ऐसी जगह जहाँ जीतने की कोई उम्मीद नहीं थी। मुझे इसकी सुस्पष्ट जानकारी पार्टी के वरिष्ठ नेताओं से ही मिली।[2]

भारत के इतिहास में सर्वाधिक सालों तक सत्तारूढ़ रही कांग्रेस पार्टी, भारतीय अर्थव्यवस्था को मुक्त बनाने का श्रेय जिसके सिर रहा, उस पार्टी का दिवालिया कैसे पिटा? धनराशि एकत्रण बड़ा ही बेतरतीब और तदर्थ रहा होगा जिसकी कोई ख़ास जवाबदेही भी नहीं रही होगी। यही एकमात्र कारण दीख पड़ता है। राजनीतिक वित्तपोषण हमेशा अस्पष्ट, धुँधलापन लिए रहा है और लोकतन्त्र प्रणाली को खोखला करने का यह प्रधान कारण है। सत्ता में कोई भी हो, धोखाधड़ी, धाँधली और घोटालों के ज़बरदस्त क़िस्से नियमित रूप से सामने आते रहते हैं।

वर्तमान में भाजपा का कोष एकत्रण वाजपेयी दौर की तुलना में अधिक केन्द्रित है। उसकी कथनी और करनी में फ़र्क़ नहीं है। मोदी की व्यवस्था के तहत, हर विस्तार योजना, हर वह दुस्साहसी चाल जिसके ज़रिये दूसरी पार्टी के लोगों को या फिर उन छोटी क्षेत्रीय पार्टियों को जिनकी कल सरकार प्रबन्धन में ज़रूरत आन पड़े, इन कार्यों के लिए धनराशि उपलब्ध है। नरेन्द्र मोदी की सरपरस्ती में भाजपा को उन्हीं कॉर्पोरेट समूहों से धनराशि प्राप्त होती है जिनका अब राजनीतिक कार्यों में उपयोग होता है। चुनावों में बढ़ते खर्चों को देखते हुए, पार्टियों के पास उपलब्ध धनराशि लोगों का समर्थन जुटाने या उन्हें दल से जोड़ने में प्रलोभन का काम करती है।

सिर्फ़ धनराशि ही राजनीतिक परिणामों का निर्धारण नहीं करती, लेकिन सहायक अवश्य है। जनादेश की अस्पष्टता की स्थिति में वित्तीय वज़न यह निर्धारित करता है कि सत्ता किसके हाथ आयेगी।

2014 के बाद भाजपा ने कई नये राज्य अपनी झोली में डाले हैं और आज कितने राज्यों में सतारूढ़ है। केन्द्र में भी भाजपा सरकार की

उपस्थिति और नरेन्द्र मोदी के ज़ोरदार चुनाव प्रचार की बदौलत भाजपा ने कितने सारे विधानसभा चुनावों पर विजय पायी है : झारखण्ड, जम्मू कश्मीर, हरियाणा, महाराष्ट्र (सहयोगी दल शिवसेना के साथ) असम और सबसे महत्त्वपूर्ण 2017 में उत्तर प्रदेश। हिमाचल प्रदेश को फिर से जीता और गुजरात में अपना वर्चस्व बनाये रखा है। यद्यपि गोवा और उत्तर पूर्व के कुछ छोटे राज्यों में वह चुनाव नहीं जीत पायी, अपने राजनीतिक और वित्तीय प्रभाव के बलबूते पर उसने क्षेत्रीय दलों के साथ गठजोड़ कर सरकार बना ली। हालाँकि दिल्ली और बिहार में उसकी पराजय भी हुई। आज के हालात देखते हुए यह प्रश्न भी उठता है कि क्या यह मोदी–शाह–भाजपा की वही विशिष्ट योजना थी या संयोग मात्र कि जिन्होंने हराया, आज वही मुश्किल स्थिति में पड़े हैं? अगर राजनीति को हम मुक्केबाज़ी की रिंग समझें, भाजपा अपने वर्तमान अवतार में अपने प्रतिद्वन्द्वी को एक प्रहार से पछाड़ने में (नॉक आउट पंच) सक्षम है।

2015 में अरविन्द केजरीवाल के नेतृत्व में दिल्ली में आप ने भाजपा को करारी शिकस्त दी। तबसे, आप पार्टी नाना प्रकार के कानूनी दलदलों में फँसी हुई है जिनमें कुछ उसके अपने किये–धरे हैं लेकिन ज़्यादातर शत्रुतापूर्ण प्रणाली और व्यवस्था की बदौलत हैं। अक्टूबर 2015 में बिहार में जेडी (यू) और आरजेडी के गठबन्धन के हाथों भाजपा को ऐसी ही हार भुगतनी पड़ी। अलबत्ता यह गठबन्धन अब ख़त्म हो चुका है और बिहार में वर्तमान में भाजपा, जेडी (यू) के नीतीश कुमार के साथ एक बार फिर सत्ता में है और आरजेडी के लालू प्रसाद यादव हवालात में हैं।

भाजपा अपनी ओर से गठबन्धन को धीरे–धीरे नष्ट करती रही और इसके ख़ात्मे के बाद बड़ी बुद्धिमत्ता से परदे के पीछे की करामातों की बदौलत आज बिहार सरकार में हिस्सेदार है।

वर्तमान 2018 में भाजपा के पदचिह्न देश के जितने बड़े हिस्से में दृष्टिगोचर हैं, पिछले तीन दशकों में देश की किसी एक पार्टी का ऐसा विस्तार नहीं देखा गया। ग़ौरतलब बात यह भी है कि पश्चिम बंगाल और ओडिशा में यद्यपि भाजपा सत्ता से अभी काफ़ी दूर है, तथापि, प्रमुख विपक्ष स्वरूप अपनी उपस्थिति दर्ज करा ही चुकी है।

मेरा दृष्टिकोण यह है कि दूसरी पार्टियों के बनिस्बत भाजपा ज़्यादा लचीली और व्यवस्थानुकूल है और इसके कई कारण हैं–अपनी विचारधारा का अंशशोधन करना, कैडर का बुद्धिमत्तापूर्ण उपयोग और परिस्थिति

अनुसार नेताओं को उभार कर उनका उपयोग करना। हर अवसर को उसने दोनों हाथों से थामा है; उसके पास ऐसा कर सकने के लिए लोग भी दूसरी पार्टियों से कहीं ज़्यादा हैं। यह टिप्पणी मैंने आर.एस.एस. के विशाल बल के सन्दर्भ में की है, जो भाजपा के साथ काधा मिलाये खड़ा है। उनकी भूमिका को क़तई नज़रअन्दाज़ नहीं किया जा सकता।

फलस्वरूप, आज स्थिति यह है कि मोदी–शाह के नेतृत्व में भाजपा की आकांक्षाएँ असीमित हैं। कुछ वर्ष पहले जब मैं वर्तमान भाजपा प्रमुख द्वारा आयोजित पहली प्रेस वार्ता में शामिल हुई थी, उनसे बातचीत के दौरान एक डिजिटल मॉनिटर उनके पीछे रखा हुआ था जिसमें लगातार आवाज़ के साथ अंक दिखाई दे रहे थे। उस दिन वे 2014 में दल के विकास चक्र के दौरान जुड़े नये सदस्यों की गिनती की नुमाइश कर रहे थे। ऐसा प्रतीत होता था मानो हर लम्हा दल में नये सदस्यों का आगमन हो रहा था! यह प्रेस वार्ता मेरी याददाश्त में हमेशा बनी रहेगी। अमित शाह के राजनीति हेतु अधिकतमवादी दृष्टिकोण का इससे बड़ा और क्या मुज़ाहिरा हो सकता था।

नरेन्द्र मोदी के प्रधानमन्त्रित्व काल में कुछ विशेष नीतिगत फ़ैसले भी लिए गये। महात्मा गाँधी शृंखला के 500 और 1000 रुपये के नोटों का विमुद्रीकरण इसमें महत्त्वपूर्ण है। यह विवादास्पद निर्णय स्वयं प्रधानमन्त्री ने 8 नवम्बर, 2016 को देश को सम्बोधित करते हुए लिया।

इस एक क़दम का असर देश के हर नागरिक पर पड़ा जिसको लेकर क्या–क्या नहीं लिखा गया, काग़ज़ों के पुलिन्दे काले किये गये। महीनों रुपयों की किल्लत रही, राजनीतिक तौर पर इसका भाजपा पर कोई विशेष प्रभाव परिलक्षित नहीं हुआ। विमुद्रीकरण के छह महीने के भीतर, मार्च 2017 में देश के सबसे बड़े राज्य उत्तर प्रदेश में हुए विधानसभा चुनावों में भाजपा ने शानदार जीत दर्ज की। 2014 की जीत के बाद राजनीतिक दृष्टि से यह भाजपा की एक ऐतिहासिक उपलब्धि रही। गोरखनाथ धार्मिक पन्थ के प्रमुख योगी आदित्यनाथ मुख्यमन्त्री पद पर आसीन हुए। भाजपा का यह चुनाव उसकी तीक्ष्ण पहचान की राजनीति के उत्थान का द्योतक भी था।

चुनावी विस्तार के साथ ही, कैडर के विजयी चेहरे का घिनौना पक्ष भी सामने आया। गौमांस खाने और जानवरों की चोरी या तस्करी का शुबहा होने पर मुसलमानों की पीट–पीट कर हत्याएँ हुईं। हरियाणा,

झारखण्ड, राजस्थान और उत्तर प्रदेश से सबसे ख़ौफ़नाक मामले सामने आये और यह सभी राज्य भाजपा शासित हैं।

इसमें दो राय नहीं कि आज भारत में नफ़रत से जुड़े अपराधों में वृद्धि हुई है।

× × ×

अगर हम विगत चार वर्षों की सुर्ख़ियाँ बटोरने वाली ख़बरों को परे रख दें, दल में बिना किसी शोर-शराबे के, बिना ध्यान आकर्षित किये, कुछ बदलाव हुए हैं।

पहला, वह सामाजिक अभियान्त्रिकी परियोजना, जिसका भाजपा ने बढ़िया सदुपयोग किया और जिसका विश्लेषण इस किताब में हो चुका है। नेतृत्व के सन्दर्भ में, इस परियोजना का ठीक विपरीत देखने को मिला। निस्सन्देह दल पिछड़ी जातियों और दलितों (यहाँ कम सफलता लिए) में अपनी पहुँच बढ़ा रही है। ऐसा प्रचलन रहा है कि राज्य का मुख्यमन्त्री उस जाति का होता है, जिस जाति का प्रभाव राज्य में ज़्यादा रहा है, लेकिन संसद में जबसे भाजपा ने बहुमत हासिल किया है, इस प्रचलन को उसने बिल्कुल दरकिनार कर दिया है।

अक्टूबर 2014 को भाजपा ने कांग्रेस को पराजित कर महाराष्ट्र और हरियाणा में सत्ता हासिल कर ली। इन दोनों राज्यों के उन्होंने ऐसे प्रमुख चुने जिनकी न तो जाति ही राजनीतिक प्रभाव लिए थी और न संख्यानुसार जाति मज़बूत थी–दोनों प्रमुख आर.एस.एस. से थे। महाराष्ट्र के लिए युवा देवेन्द्र फडनवीस को चुना गया। (राज्य के यह दूसरे ब्राह्मण मुख्यमन्त्री हैं, पहले शिवसेना के मनोहर जोशी मुख्यमन्त्री रह चुके हैं, जिन्हें 1999 में मराठा नेता नारायण राणे के लिए कुर्सी छोड़नी पड़ी थी) एक ऐसा राज्य जहाँ दलित और ओबीसी के अलावा मराठा समुदाय भारी संख्या में है। सम्प्रति युवा मुख्यमन्त्री को अपने कार्यकाल में बड़े पैमाने पर मराठा प्रदर्शन का सामना करना पड़ा है। जाति के मुद्दे का उन्होंने प्रत्यक्ष सामना किया है और बारम्बार कहा है, 'मैं अपना पद नहीं त्यागूँगा क्योंकि मैं ब्राह्मण हूँ।'[3]

कमोबेश इसी समय मनोहरलाल खट्टर हरियाणा के मुख्यमन्त्री नियुक्त हुए जो पंजाबी खत्री हैं, (क्षत्रिय, जो पारम्परिक वर्ण श्रेणी में दूसरे

स्थान पर होते हैं) यह भी आर.एस.एस. के पूर्व प्रचारक रह चुके हैं। राज्य के वे प्रथम ग़ैर–जाट मुख्यमन्त्री बने हैं; इनका शासन काल भी जाति आधारित जाट प्रदर्शनों से भरा रहा, जिनके प्रबन्धन में कई जानें गयी हैं।[4]

ग़ौरतलब है कि इन दोनों राज्यों में भाजपा, डॉमिनेंट कास्ट सिंड्रोम (प्रभुत्व जाति संलक्षण) के प्रतिकूल गयी, जिसकी मेरी परिभाषा यह है कि ऐसे उम्मीदवार का चुनाव जो राज्य के उस बड़े और प्रभावी तबके से नहीं है लेकिन जिसका बहुत बड़ा जनमत आधार है।

इसी प्रकार का तीसरा नेतृत्व चुनाव झारखण्ड में किया गया जहाँ दिसम्बर 2014 में भाजपा सत्ता में आयी। यह ऐसा राज्य है जिसे बिहार से काट अलग किया गया था। प्रारम्भ में इसे आदिवासी और जनजातियों की मातृभूमि स्वरूप प्रस्तुत किया गया था जिनकी आबादी 27% है। झारखण्ड 15 नवम्बर, 2000 को अस्तित्व में आया और 27 दिसम्बर, 2014 तक यहाँ सिर्फ़ जनजातियों के ही नेता मुख्यमन्त्री पद पर रहे और उसके बाद रघुबर दास मुख्यमन्त्री बने जो अभी भी उस पद पर कार्यरत हैं। रघुबर पिछड़ी जाति से हैं।

तीनों ही राज्यों के मुख्यमन्त्री का चुनाव ग़ैर–मामूली रहा है जहाँ प्रभावी समुदायों को उनकी बेसब्री का फल भुगतना पड़ा है। स्वयं नरेन्द्र मोदी ने इसे गुजरात में कर दिखाया था जब उन्होंने एक पटेल नेतृत्व की जगह ली थी लेकिन हमें नहीं भूलना चाहिए कि मोदी एक असाधारण शख़्सियत रहे हैं। बहरहाल, यह ग़ैर–मामूली चुनाव आर.एस.एस. की सोच मुताबिक़ ही है जिसमें किसी एक समुदाय के पास वीटो ताक़त नहीं होनी चाहिए (गर आप देना न चाहें)। इस सोच ने भाजपा के लिए अलबत्ता चुनौतियाँ ज़रूर खड़ी कर दी हैं। भविष्य में भाजपा इस पारम्परिक जाति परिप्रेक्ष्य और गणनाओं पर, जो भारतीय चुनावों में रणनीतियाँ तैयार करने में कारगर सिद्ध होती है, विजय पाती है या इसमें बदलाव लाती है, यह देखना बड़ा दिलचस्प होगा।

उत्तर प्रदेश के मुख्यमन्त्री योगी आदित्यनाथ ठाकुर समुदाय से हैं जो ऊँची जाति है। जाति के परिप्रेक्ष्य में इनका चयन भी ग़ैर–मामूली है, ख़ासकर इसलिए भी कि 2017 के विधानसभा चुनाव में दल को गैर–यादव ओबीसी का भारी मतदान प्राप्त हुआ था जिसके बल पर भाजपा उत्तर प्रदेश में भारी बहुमत से सत्ता में आयी थी। यहाँ भी मुख्यमन्त्री चुनाव

परम्परागत अधीनस्थ की राजनीति की दिशा से अलग है, जिस राजनीति ने उत्तर प्रदेश के परिदृश्य पर दशकों तक प्रभुत्व जमाये रखा।

यह चर्चा का विषय हो सकता है कि योगी आदित्यनाथ भाजपा–आर.एस.एस. के लिए सैद्धान्तिक रूप से एक महत्त्वपूर्ण शख़्सियत हैं और इस वजह से भी जातीय गणना को पदच्युत होना पड़ा। कइयों का यह मानना भी हो सकता है कि एक धार्मिक पन्थ के प्रमुख होने के नाते वे जाति–तटस्थ होंगे। उत्तर प्रदेश की जिसे समझ है (मेरा गृह राज्य) उसे यह मालूम होगा कि गोरखपीठ ठाकुर बाहुल्य पन्थ स्वरूप जाना जाता है। इस तथ्य को भी झुठलाया नहीं जा सकता कि पिछड़ी जाति के नेता कल्याण सिंह (जो लोध, ओबीसी से हैं) को सामाजिक अभियान्त्रिकी योजना के फलस्वरूप उभारा गया था, जिसे दो दशक पूर्व उत्तर प्रदेश में भाजपा अमल में ला चुकी थी, जब पहली बार भाजपा ने अपनी उपस्थिति राज्य में दर्ज करायी थी।

वर्तमान चरण के लिए यह कहना उपयुक्त होगा कि भाजपा नेतृत्व और सामाजिक रणनीति के साथ प्रयोग करने में जुटी है। पिछले कुछ दशकों में कुछ तथ्य उनके लिए सकारात्मक साबित हुए हैं। पहला, कांग्रेस का पतन जिसने एक शून्य की सृष्टि की। दूसरे, भाजपा ने बड़ी बुद्धिमत्तापूर्वक अटल बिहारी और नरेन्द्र मोदी जैसे अपने नेताओं को सही श्रेणी में रखा और दोनों ही अपनी बिल्कुल अलग शैली और तरीकों के माध्यम से चुनावी राजनीति में सफल होते हुए अन्ततः प्रधानमन्त्री बने। साथ ही, आर.एस.एस. कैडर की अहम भूमिका के बिना भाजपा के लिए सुयोग को परिणामों में बदलना असम्भव था।

दो क्लासिक स्थिति जिनमें भाजपा सफल रही है : पहली, जब मतदाताओं ने बदलाव की ख़ातिर शासन के विरुद्ध मत दिया है? तब भी जब विकल्प पहले से परखा हुआ नहीं था। दूसरी, श्रेणी आधारित ध्रुवीकरण जो उसके अपने विकास में मददगार साबित हुआ है, जैसा गुजरात में और हाल के दिनों में उत्तर प्रदेश में देखा गया। इसकी गणना इसलिए जुटाव की रणनीति में होती है, जो खेदपूर्ण है।

दो दशक पहले मैं एक युवा, अक्खड़ दल को कवर करने निकली थी, जो यदा–कदा अपनी विचारधारा के प्रदर्शन को लेकर अनिश्चित होता रहता था। पुरानी भाजपा की एक और ख़ासियत उसका पारम्परिक सामूहिक नेतृत्व रही थी। अगर इसने सत्ता के लिए अन्दरूनी झड़पों को

बढ़ावा दिया, तो यह आन्तरिक लोकतन्त्र का परिचायक भी रही। आज भाजपा अपने वैचारिक अभिविन्यास को लेकर ग़ैर–शर्मसार है और इसे नरेन्द्र मोदी के नेतृत्व के इर्द–गिर्द निर्मित किया गया है। नेतृत्व की सार्वजनिक समीक्षा कोई नहीं करता और मोदी के बाद अमित शाह का कथन सर्वोपरि है।

आज भाजपा का राजनीतिक शक्ति और संस्थानों पर कमोबेश आधिपत्य है। हम यह कदापि न भूलें कि राजनीति अजब नाटकीय मोड़, बदलाव और घुमावों से भरी है और भविष्य में भाजपा की अंक–सम्बन्धी चुनौती यह रहेगी कि किस तरह विपक्ष को विभाजित रखा जाये। सांख्यिकी यह कहती है कि भाजपा ने 2014 में सर्वाधिक सीटें जीती थीं लेकिन संख्यात्मक वोट की हिस्सेदारी न्यूनतम रही, जो 31% के अन्दर थी।

भविष्य में चाहे जो हो, समसामयिक वैश्विक इतिहास में बहुत कम राजनीतिक दल ऐसे हुए हैं, जिन्होंने चुनावी लोकतन्त्र में इतनी अल्पावधि में इतनी गहरी जड़ें जमायी हैं, जैसा भारतीय जनता पार्टी ने कर दिखाया है। यह एक अकाट्य सत्य है।

सन्दर्भ–सूची

वाजपेयी के नाम वह सहर

1. 'पेरिलियसली योर्स', *इंडिया टुडे*, स्वपन दासगुप्ता, 30 मार्च, 1998

शुरुआत सफर की

1. *माई कण्ट्री माई लाइफ़*, लालकृष्ण आडवाणी, रूपा एण्ड कम्पनी, दिल्ली, 2008
2. 'हमारे देश में हिन्दू–मुसलमानों की समस्या राजनीतिज्ञों द्वारा निर्मित है', *इंडिया टुडे*, नानाजी देशमुख द्वारा 11 अगस्त, 1997 को लेखिका को दिये गये साक्षात्कार से उद्धृत।
3. 'बीजेपीज़ चेंजिंग कलर्स : इज़ इट फॉर रियल', *इंडिया टुडे*, सबा नक़वी, 5 फ़रवरी, 1998

खुला माहौल

1. लेखिका के लिए साक्षात्कार से उद्धृत, *इंडिया टुडे*, 27 अप्रैल, 1998

गृहस्वामी

1. 'कैट्स, डॉग्स एण्ड डिज़्नीलैंड' *इंडिया टुडे*, सबा नक़वी, 20 अप्रैल, 1998
2. पूर्वोक्त।

परमाणु परीक्षण पर विवाद

1. *माई कण्ट्री माई लाइफ़*, लालकृष्ण आडवाणी, रूपा एण्ड कम्पनी, दिल्ली, 2008
2. पूर्वोक्त।
3. 'जय श्री बम', *इंडिया टुडे*, 1 जून, 1998
4. पूर्वोक्त।

5. पूर्वोक्त।
6. पूर्वोक्त।

राजा के सारे सिपाही

1. 'वाजपेयी'ज हेल्थ बिकम्स मैटर ऑफ़ स्पेक्यूलेशन', *इंडिया टुडे,* 17 अगस्त, 1998
2. पूर्वोक्त।
3. पूर्वोक्त।
4. पूर्वोक्त।

सत्यमेव जयते

1. 'ऑलपॉम्प, नो पार्टी', *इंडिया टुडे,* 29 मार्च, 1999
2. पूर्वोक्त।

टूट–शिकस्त

1. 'एवरीबॉडी लूज़ेज़', *इंडिया टुडे,* अप्रैल 1999
2. *अ कॉल टू ऑनर,* जसवन्त सिंह, रूपा एण्ड कम्पनी, दिल्ली, 2006

कारगिल युद्ध

1. *इंडिया टुडे,* राज चेंगप्पा, जुलाई 2004
2. *माई कण्ट्री माई लाइफ़,* लालकृष्ण आडवाणी, रूपा एण्ड कम्पनी, दिल्ली, 2008, पृ. 562
3. *अ कॉल टू ऑनर,* जसवन्त सिंह, रूपा एण्ड कम्पनी, दिल्ली, 2006, पृ. 229

सोनिया फैक्टर

1. *ऑन माई टर्म्स : फ्रॉम द ग्रासरूट्स टू द कॉरीडोर्स ऑफ पावर,* शरद पवार, स्पीकिंग टाइगर पब्लिशिंग, दिल्ली, 2015
2. 'बिज़ार कैट एण्ड माउस गेम', *इंडिया टुडे,* 30 अगस्त, 1999
3. पूर्वोक्त।

अभियान–1999

1. 'ओल्ड हैण्ड वर्सेस न्यू फेस', *इंडिया टुडे,* 20 सितम्बर, 1999

2. पूर्वोक्त।
3. 'वाजपेयी अ हैबिचुअल लायर', रीडिफ. कॉम, 24 अगस्त, 1999
4. 'ओल्ड हैण्ड वर्सेस न्यू फेस', *इंडिया टुडे*, 20 सितम्बर, 1999
5. 'मोरारजी पेपर्स : फॉल ऑफ द जनता गवर्नमेंट', अरुण गाँधी, विज़न बुक्स, 1984
6. 'स्लैण्डर कैम्पेन', *फ्रंटलाइन*, 11–24 सितम्बर, 1999

कारगिल से कन्दहार तक

1. *अ कॉल टू ऑनर*, जसवन्त सिंह, रूपा एण्ड कम्पनी, दिल्ली, 2006, पृ. 232

भाजपा में मेरी यात्रा

1. 'नीडेड अ लव जिहाद फॉर द सोल', *आउटलुक*, 8 सितम्बर, 2014

रस्साकशी आडवाणी और वाजपेयी की

1. 'नेक्स्ट बेस्ट मैन', *आउटलुक*, 11 सितम्बर, 2000
2. 'द आईटेनेररी ऑफ आइडियाज़', *आउटलुक*, 18 सितम्बर, 2000
3. पूर्वोक्त।

गुरुदक्षिणा

1. 'वन मैन बैंड', *आउटलुक*, 9 अक्टूबर, 2000
2. पूर्वोक्त।

दो दिग्गजों के बीच का संघर्ष

1. 'अपोस्टेट क्राउन प्रिंस', *आउटलुक*, 30 अक्टूबर, 2000
2. पूर्वोक्त।
3. 'जसवन्त पर सीधा हमला बोलने की मेरी कोई मंशा नहीं थी', लालकृष्ण आडवाणी द्वारा लेखिका को दिये गये साक्षात्कार से उद्धृत, *आउटलुक*, 30 अक्टूबर, 2000

हे राम!

1. 'द सेकण्ड कमिंग ऑफ़ लॉर्ड राम', *आउटलुक*, 18 दिसम्बर, 2000

नरेन्द्र मोदी का प्रवेश

1. 'शेकी ग्राउण्ड', *आउटलुक,* 19 फ़रवरी, 2001
2. पूर्वोक्त।
3. 'मोदीश ट्विस्ट' *आउटलुक,* 15 अक्टूबर, 2001
4. 'द हॉक इन फ्लाइट', *आउटलुक,* 24 दिसम्बर, 2007

ऑपरेशन भ्रष्टाचार

1. रिगिंग द पी.एम.ओ.', *आउटलुक,* 5 मार्च, 2001
2. *लखनऊ ब्वॉय : अ मेमॉयर,* विनोद मेहता, पेंगुइन वाइकिंग, नयी दिल्ली, 2011, पृ.199–200
3. 'द पीएम'स अकिलीस हील', *आउटलुक,* 26 मार्च, 2001
4. 'विथ डैगर शीथ्ड', *आउटलुक,* 9 अप्रैल, 2001
5. *लखनऊ ब्वॉय : अ मेमॉयर,* विनोद मेहता, पेंगुइन वाइकिंग, नयी दिल्ली, 2011, पृ. 205–206

फाख्ता बनाम बाज : नकली विरोधाभास

1. *माई कण्ट्री माई लाइफ,* लालकृष्ण आडवाणी, रूपा एण्ड कम्पनी, देहली, 2008, पृ. 699–710
2. पूर्वोक्त।
3. 'द इनविजिबल हैण्ड?', *आउटलुक,* 3 जुलाई, 2001
4. पूर्वोक्त।
5. पूर्वोक्त।
6. पूर्वोक्त।

आतंक का कहर

1. *लखनऊ ब्वॉय : अ मेमॉयर,* विनोद मेहता, पेंगुइन वाइकिंग, नयी दिल्ली, 2011, पृ. 213

अटल और जवाहरलाल

1. अटल बिहारी वाजपेयी के पूर्व प्रेस सचिव अशोक टंडन का सिफ़ी न्यूज़ में बयान, 24 दिसम्बर, 2014
2. 'व्हाई इण्डिया मस्ट कंटिन्यू विथ एक्स–पीएम वाजपेयी'ज़ स्ट्रैटजी ऑफ़

नॉट गेटिंग ड्रैग्ड इनटु अ वॉर', द इकोनॉमिक टाइम्स, सबा नक़वी, 17 नवम्बर, 2015

वह 'फील गुड' अनर्थ

1. 'फेबल ऑफ़ द रूस्टर', *आउटलुक,* 26 जनवरी, 2004
2. 'ओल्ड मैन एंड द होली सी', *आउटलुक,* 17 फ़रवरी, 2004
3. बैक टू द गुड लॉर्ड', *आउटलुक,* 24 मई, 2004

भाजपा का प्रहसन

1. 'बैटर', *आउटलुक,* 31 मई, 2004
2. 'आयरन डेफिशियेंसी', *आउटलुक,* 8 नवम्बर, 2004

जिन्नाह की प्रेतछाया और भाजपा

1. 'पार्टीशन ऑफ़ अ पार्टी', *आउटलुक,* जून, 2005
2. 'सुदर्शन का आडवाणी और वाजपेयी को पदत्याग कर युवा नेताओं के लिए स्थान खाली करने का बयान', द *हिन्दू,* 10 अप्रैल, 2005
3. 'आडवाणी एडवाईसेस आरएसएस टू लीव पॉलिटिक्स टू द बीजेपी', *आउटलुक,* 19 सितम्बर, 2005

वह धीर–गम्भीर स्वर

1. 'आडवाणी इज़ नॉट फिट...टू सर्व द इंटरेस्ट्स ऑफ़ द कंट्री', जसवन्त सिंह लेखिका से, आउटलुक, 7 सितम्बर, 2009

रौद्ररूपिणी संन्यासिन

1. व्हेन द लास्ट डोम फेल : अ फर्स्ट पर्सन अकाउंट ऑफ़ द बाबरी मस्जिद डेमोलिशन', द *हिन्दू,* 6 दिसम्बर, 2017
2. 'दिस वे टू फ्री फॉल', *आउटलुक,* 20 दिसम्बर, 2004
3. पूर्वोक्त

भाजपा का प्रहसन : भाग–2

1. 'आइकोनोक्लास्ट' *आउटलुक,* 12 फ़रवरी, 2007
2. पूर्वोक्त।
3. पूर्वोक्त।

4. 'आउटलुक इंटरव्यू कॉन्ट्राडिक्टेड' *डीएनए*, 31 जुलाई, 2007
5. 'राजनाथ सिंह'स इंटरव्यू', *आउटलुक*, 6 अगस्त, 2007
6. 'फाइनल सॉल्यूशन', *आउटलुक*, 31 अगस्त, 2007

सम्पूर्ण नेता

1. 'शेपिंग ऑफ़ मॉडर्न गुजरात', अच्युत याग्निक और सुचित्रा शेठ, पेंगुइन बुक्स इण्डिया, नयी दिल्ली, 2005
2. 'गुजरात गुरु', *आउटलुक*, 29 जनवरी, 2007
3. पूर्वोक्त।
4. 'वेंडेटा वेंडर, *आउटलुक*, 17 दिसम्बर, 2007
5. पूर्वोक्त।
6. पूर्वोक्त।
7. द मास्क ऑफ़ ऑगर्स', *आउटलुक*, 31 दिसम्बर, 2012
8. पूर्वोक्त।
9. 'व्हाई डिड बीजेपी अपोज़ *आरएसएस चीफ़*, 'द *इकोनॉमिक टाइम्स*, 22 सितम्बर, 2015
10. 'ऐडमंट आडवाणी अपोज़ेज मोदी एज़ पीएम कैंडिडेट', द *टाइम्स ऑफ़ इण्डिया*, 12 सितम्बर, 2013
11. 'द जागरण एट जन्तर मन्तर', *आउटलुक*, 10 अप्रैल, 2011
12. 'मोदी मेट्रिक्स', *आउटलुक*, 10 अप्रैल, 2011
13. पूर्वोक्त।
14. 'मोदी टारगेट्स पिंक रिवोल्यूशन', द *टेलीग्राफ*, 4 अप्रैल, 2014

भाजपा आईएनसी (निगमित)

1. 'बीजेपी'ज इनकम डबल दैट ऑफ़ 6 अदर नेशनल पार्टीज टुगेदर', द *टाइम्स ऑफ़ इण्डिया*, 11 अप्रैल, 2018
2. 'कर्टेंस ऑन द रेग्नल', *आउटलुक*, 16 जून, 2014
3. 'मुझे नहीं हटाया जायेगा क्योंकि मैं ब्राह्मण हूँ', *लाइवमिंट*, 25 अक्टूबर, 2016
4. 'जाट कोटा डेथ रोल : 30 किल्ड इन थ्री डेज़', द *इंडियन एक्सप्रेस*, 17 मार्च, 2017

❑❑